WENDEL DE BRITO LEMOS TEIXEIRA

A PROVA ILÍCITA NO PROCESSO CIVIL

Revisado, atualizado e ampliado

2ª edição

Impresso no Brasil | Printed in Brazil
EDITORIAL DEL REY LTDA

www.editoradelrey.com.br

Editor: Arnaldo Oliveira

Editor Adjunto: Ricardo A. Malheiros Fiuza
(*in memoriam*)

Diagramação: Studio Schaffer

Coordenação Editorial: Letícia Neves

Revisão: Responsabilidade do autor

Editora:
Rua dos Goitacazes, 71 – Lojas 20 a 24
Centro – Belo Horizonte-MG
CEP 30190-909

Comercial:
Tel.: (31) 3284-3284 | 3293-8233
vendas@editoradelrey.com.br

Editorial:
editorial@editoradelrey.com.br

T266p Teixeira, Wendel de Brito Lemos.

A prova ilícita no Processo Civil: 2ª Edição Revista e atualizada / Wendel de Brito Lemos Teixeira; Prefácio de Humberto Theodoro Júnior; Professor Bedaque. – 2. ed. – Belo Horizonte, MG : Editora Del Rey, 2020.
358 p.; 15,5x22,5 cm.

Inclui bibliografia.
ISBN 978-65-5791-012-2

1. Direito. 2. Ilícita. 3. Processo Civil. 4. Prova. I. Título. II. Assunto. III. Teixeira, Wendel de Brito Lemos.

20-990680017 CDD 341.4641
CDU 347.94

ÍNDICE PARA CATÁLOGO SISTEMÁTICO
1. Direito Processual Civil: Provas em geral.
2. Processo Civil: Provas.

Ficha catalográfica elaborada pelo bibliotecário Pedro Anizio Gomes CRB-8 8846

WENDEL DE BRITO LEMOS TEIXEIRA

A PROVA ILÍCITA NO PROCESSO CIVIL

Revisado, atualizado e ampliado

2ª edição

Del Rey editora

Belo Horizonte
2021

Ao Prof. Edson Prata pela contribuição e amor ao processo civil brasileiro.

À minha amada esposa, Taciana, que das escolhas da vida, foi a mais acertada.

Aos meus filhos, Felipe e Ana Beatriz, razões da minha vida.

AGRADECIMENTOS

Ao meu estimado orientador, Prof. Fernando Rodrigues Martins, um dos maiores juristas mineiros, pela grandiosidade de sua paixão pelo Direito e pela nobreza da sua vontade de ajudar as pessoas.

Aos Profs. Humberto Theodoro Júnior e Camilo Zufelato, duas estrelas do processo civil brasileiro, pela imensurável ajuda na elaboração do presente livro e grande profundidade técnica das observações realizadas.

"Artigo IV
Fica decretado que o homem
não precisará nunca
duvidar do homem.
Que o homem confiará no homem
como a palmeira confia no vento,
como o vento confia no ar,
como o ar confia no campo azul do céu.
Parágrafo único:
O homem, confiará no homem como um menino confia em outro menino".

Thiago de Mello – Estatutos do Homem

PREFÁCIO À 1ª EDIÇÃO

O Professor WENDEL DE BRITO LEMOS TEIXEIRA já brindou as letras jurídicas nacionais com dois livros importantes, "Inibições processuais" e "Associações civis". Agora, divulga, com ampliações, o trabalho com que granjeou, com louvor, o título de Mestre em direito, conferido pela Universidade Federal de Uberlândia.

O estudo é meticuloso e se acha muito bem assentado sobre o papel da jurisdição e do processo dentro das modernas teorias do *processo justo* e do *neoconstitucionalismo*, sob o domínio das ideias fundantes do atual Estado Democrático de Direito.

Evidencia o autor intimidade com as amplas transformações operadas no plano do direito constitucional e que conduziram à concepção ora em voga não apenas de um Estado de Direito, mas de um Estado Constitucional de Direito. Na passagem do século XX para o século XXI logrou esse novo Estado superar o positivismo jurídico, para implantar a centralidade de todo o sistema normativo na primazia da ordem constitucional e, sobretudo, dos direitos fundamentais. Coube-lhe, principalmente, a tarefa de humanizar a organização social e política, por meio de uma "reaproximação entre o Direito e a Ética", no dizer de LUIS ROBERTO BARROSO[1].

---

1 Para o Supremo Tribunal Federal, fiel intérprete e revelador do espírito de nossa Constituição, "o formalismo desmesurado ignora a boa-fé processual que se exige de todos os sujeitos do processo, inclusive, e com maior razão, do Estado-Juiz, bem como se afasta da visão neoconstitucionalista do direito, cuja teoria proscreve o legicentrismo e o formalismo interpretativo na análise do sistema jurídico, desenvolvendo mecanismos para a efetividade os princípios constitucionais que abarcam os valores mais caros à nossa sociedade" (STF, 1ª T., HC 101.132-ED/MA, Rel. Min. Luiz Fux, ac. 24.04.2012, DJe 22.05.2012; RT

A vigente Constituição brasileira deixa bem nítido esse caráter do Estado Democrático de Direito, na medida em que o proclama destinado "a assegurar o exercício dos direitos sociais e individuais, a liberdade, a segurança, o bem-estar, o desenvolvimento, a igualdade e a justiça como *valores supremos* de uma sociedade fraterna, pluralista e sem preconceitos, fundada na harmonia social" (Preâmbulo da CF de 1988). Tais valores, de acentuado caráter ético, são reiterados nos dispositivos iniciais do texto constitucional, em que se enunciam os denominados "Princípios Fundamentais" da República Federativa do Brasil, dentre os quais se destacam sua fundamentação na "dignidade da pessoa humana" (art. 1º, III) e a inserção, dentre seus "objetivos fundamentais", o de "construir uma sociedade *livre*, *justa* e *solidária*" (art. 3º, I).

Em semelhante estrutura institucional, não só o direito constitucional se remodelou. Todo o ordenamento jurídico sofreu enorme impacto. Novas feições e dimensões se impuseram a todos os seguimentos teóricos e práticos do direito, numa autêntica criação de nova teoria geral do direito, acarretando modalidades também inovadoras nos meios de interpretar e aplicar o direito positivo, em toda sua extensão. Ou seja – na lição de LUIS ROBERTO BARROSO acolhida fielmente pelo autor –, "antes de aplicar a norma [qualquer que seja] deverá o intérprete verificar se ela é compatível com a Constituição, porque, se não o for, não deverá fazê-la incidir". Além do mais, "ao aplicar a norma, o intérprete deverá orientar [sempre] seu sentido e alcance à realização dos fins constitucionais". Cumprindo, todavia, evitar os inconvenientes da hipertrofia dos princípios constitucionais, já que o excesso cometido nesse terreno é capaz de provocar a atrofia do sistema norma-

---

922/719). Na doutrina mais atualizada, vale a pena recorrer à lição de CARLOS ALBERTO ALVARO DE OLIVEIRA, que repudia o formalismo puro, substituindo-o pelo "formalismo valorativo", que atribui ao processo democraticamente concebido as seguintes características: a) a prevalência dos direitos fundamentais; b) a subordinação da técnica para alcance do valor fundamental; c) a realização da justiça material no caso concreto; d) a existência de um juiz ativo e cooperativo (Do formalismo no processo civil: proposta de um formalismo-valorativo. São Paulo: Saraiva, 2009, p. 3).

tivo infraconstitucional – o que, por certo, conduziria a níveis intoleráveis de insegurança e incerteza jurídica (PIETRO PERLINGIERI) –, na verdade o que se impõe observar é um permanente "diálogo entre a Constituição e todos os ramos do Direito".

Dentre as características do neoconstitucionalismo – que, obrigatoriamente, se expandem para o terreno do direito processual, como instituidor do *processo justo* –, o autor ressalta, dentre outros predicamentos, os seguintes: a constitucionalização de todo o sistema normativo, e, consequentemente, do direito processual; a admissão dos princípios constitucionais como normas; a aplicação imediata dos direitos fundamentais; a máxima eficácia desses direitos; a expansão da jurisdição constitucional e a preocupação com a realização do *processo justo*.

Assim, no campo do processo, o reconhecimento da força normativa da Constituição elimina a antiga visão que a enxergava como carta meramente ideológico-programática, para impregná-la de caráter vinculante na condução e julgamento dos feitos judiciais. Tal como se afirma a existência de um *neoconstitucionalismo* no Estado Democrático, defende o autor o surgimento de um *neoprocessualismo*, que consiste precisamente em entender e aplicar as normas processuais sempre à luz da prevalência dos direitos fundamentais. São estes, enfim, que haverão de prevalecer, sempre que algum conflito se instale entre eles e as normas processuais ordinárias.

O processo justo não é mais visto como aquele que apenas se conformasse com a lei. Torna-se, ele mesmo, um direito fundamental, concebido como garantia de "realização da justiça material". Por meio dele é que se opera a "humanização do processo", cujo objetivo é proporcionar decisões formal e materialmente *justas*.

É a partir dessa visão ética e jurídica do processo constitucionalizado, e do papel essencial que nele desempenha a atividade de pesquisa e acertamento da base fática do litígio, que o autor se dispôs a enfrentar um dos mais controvertidos e angustiantes problemas da teoria da prova, qual seja, o de atribuição [ou não] de efeitos às *provas ilícitas*.

Reconhece que, no sistema dialético do processo, fundado no contraditório e ampla defesa, a prova se apresenta como instrumento básico por excelência na tarefa de demonstração da "verdade lógico-razoável", necessária para se perseguir o resultado justo do processo constitucionalizado[2].

Com isso, o direito à prova assume a categoria de *direito fundamental implícito*, dada sua evidente importância, extraída precisamente do regime e princípios constitucionais aplicáveis à jurisdição e ao processo de sua atuação.

Em nome da essencialidade da prova no processo justo, explora o autor a tese de que, enquanto o direito à prova é em si, um direito fundamental (CF, art. 5º, LV), a vedação da prova ilícita (CF, art. 5º, LVI) não teria, na ordem constitucional, a natureza de um direito fundamental propriamente dito; funcionaria apenas como regra de limitação do direito fundamental à prova (i.é, direito fundamental à ampla defesa em juízo). Com isso, sua extensão não seria tão profunda como a de um direito fundamental. Funcionaria mais como um critério ou postulado a ser aplicado na colisão eventual entre princípios constitucionais, e não como vedação absoluta e intransponível à eficácia de toda e qualquer prova obtida por meios ilícitos. Caberia, por isso mesmo, recorrer aos critérios da proporcionalidade e/ou razoabilidade para, nos casos concretos, apurar e analisar os eventuais direitos e princípios constitucionais em jogo, diante do litígio para cuja solução a parte se valeu de prova obtida por meio não aprovado pela ordem jurídica processual. Assim agindo, evitar-se-ia o radicalismo, seja na repulsa, seja na permissão desse tipo irregular de pesquisa processual da verdade.

---

2 Lembra o autor um importante aresto em que o STF afastou a barreira da coisa julgada, para permitir a renovação de uma ação de investigação de paternidade cujo insucesso se deveu a não realização da prova de DNA, por falta de recursos econômicos do autor. Reportando-se à ordem constitucional, a Suprema Corte assentou que "não devem ser impostos óbices de natureza processual ao exercício do direito fundamental à busca da identidade genética, como natural emanação do direito de personalidade de um ser, de forma a tornar-se igualmente efetivo o direito a igualdade entre os filhos, inclusive de qualificações, bem assim o princípio da paternidade responsável". Assim, "deve ser relativizada a coisa julgada estabelecida em ações de investigação de paternidade em que não foi possível determinar-se a efetiva existência do vínculo genético a unir as partes, em decorrência da não realização do exame de DNA, meio de prova que pode fornecer segurança quase absoluta quanto à existência de tal vínculo" (STF, Pleno, RE 363.889/DF, Rel. Min. Dias Tóffoli, ac. 02.06.2011, DJe 16.12.2011).

Lembra o autor que no tratamento da prova ilícita há duas correntes tradicionais contrapostas: (i) a da *admissibilidade absoluta* da prova ilícita, ficando o responsável sujeito apenas às sanções da ilicitude cometida, sem, entretanto, afetar a força de convencimento dela emanada; e (ii) a da *inadmissibilidade também absoluta*, segundo a qual nenhum efeito probatório seria extraível do meio de prova qualificado como ilícito.

Ambas o autor considera inaceitáveis, diante das características e compromissos do processo justo com a pacificação social à luz da verdade lógico-razoável. A saída preconizada, de tal sorte, residiria na adoção de uma *admissibilidade relativa* da prova ilícita, somente aplicável em hipóteses excepcionais, nas quais atuariam regras ou princípios constitucionais capazes de se sobreporem à limitação, também constitucional, ao uso das provas não licitamente omitidas.

A tese é desenvolvida com argumentação farta, coerente e de elevado teor de convencimento. Apoia-se em rica e atualizada bibliografia e vem acompanhada de vários ensaios de aplicação prática, achando-se, ainda, enriquecida com ilustração por meio de muitos casos concretos já enfrentados e discutidos nos tribunais, tanto no juízo criminal como no cível.

Como todo trabalho sério e arguto, nela se depara, quando nada, com um convite instigante, aos leitores afeitos a mais atualizada doutrina constitucional e processual, a se enfronharem no universo fascinante da teoria da prova e do seu papel fundamental na implantaçao do processo justo idealizado pelo Estado Democrático de Direito.

Humberto Theodoro Júnior

Junho/2013.

PREFÁCIO À 2ª EDIÇÃO

Muito honrado, aceitei o convite do Prof. WENDEL DE BRITO LEMOS TEIXEIRA para prefaciar a 2ª edição de seu importantíssimo estudo sobre a prova ilícita no processo civil. Não sei o que poderia acrescentar às preciosas observações feitas à 1ª edição pelo querido amigo e ilustre jurista, Prof. Humberto Theodoro Junior, sem dúvida um dos maiores nomes do processo civil brasileiro.

O tema desenvolvido pelo autor é, como disse, extremamente relevante. Por isso, necessário compreendê-lo, tarefa difícil em razão da grande complexidade de questões.

Encontramos no plano constitucional a premissa geral, a partir da qual temos de nortear nossas conclusões: são inadmissíveis no processo as provas obtidas por meios ilícitos (art. 5º, inciso LVI).

A vedação, conforme se verifica, é ampla. Incide sobre todos os processos, independentemente da natureza do direito material discutido: civil, penal, administrativo, trabalhista, etc. Não obstante, a jurisprudência tem flexibilizado o rigor do dispositivo, especialmente para favorecer o réu no processo penal. Esse entendimento leva em consideração o princípio da proporcionalidade, pois a liberdade deve prevalecer sobre os valores tutelados pela limitação constitucional. À luz dessa premissa, sustentei a possibilidade de extensão da ideia a todos os ramos do processo, sempre em caráter excepcional, ou seja, o valor protegido pela prova deve ser indiscutivelmente superior àquele violado pela ilicitude do meio. Não me parece razoável, por exemplo, manter o incapaz sob a guarda de quem confessa comportamento incompatível com a moral e o ordenamento jurídico penal, porque a prova fora obtida mediante interceptação telefônica não autorizada (cfr. Poderes instrutórios do juiz, São Paulo, Revista dos Tribunais, 7ª edição, pp. 150/158).

Pois bem. Wendel de Brito enfrenta o problema.

Antes, todavia, apresenta a evolução do pensamento processual e desenvolve minuciosamente os principais aspectos da influência constitucional sobre as regras processuais, o que a seu ver, caracteriza o processo civil constitucional e o neoprocessualismo. Trata-se de um dos ângulos do método denominado por Cândido Rangel Dinamarco de direito processual constitucional: "o processo é profundamenté influenciado pela Constituição e pelo generalizado reconhecimento da necessidade de tratar seus institutos e interpretar sua lei em consonância com o que ela estabelece". (Instituições de direito processual civil, vol. I, São Paulo, Editora JusPodivm e Malheiros Editores, 1ª edição, 2020, p. 64).

Tece pertinentes considerações sobre a relação entre prova e verdade, considerados os vários sentidos desse termo. Em seguida, e fixadas as premissas constitucionais, o autor aponta de forma específica o nexo direto entre a prova no processo e regras previstas na Constituição. A seu ver, o direito fundamental aos meios de prova (art. 5º, LV), comporta limitação, consistente na licitude da obtenção (art. 5º, LVI).

Essa relevante distinção – direito fundamental de um lado e limite à prova de outro, permite-lhe chegar ao que considero a principal contribuição deste estudo. Para evitar repetições desnecessárias, resporto-me à posição por mim defendida e resumida acima. Wendel reforça minhas conclusões com argumento, a meu entender, incontestável: "Essa teoria, compatível com o neoprocessualismo e com a visão atual de prova, defende que, via de regra, não se admite a prova ilícita, por força do art. 5º, LVI, da Constituição Federal, mas, em determinadas situações excepcionais, em que o valor confrontado com a segurança jurídica sobrepõe-se a esta, poderá ser utilizada tal prova ilícita. Fala-se, "excepcionalmente", porque prevalece a regra da limitação constitucional da prova ilícita, dada a natureza das regras, que, *a priori*, sobrepõem-se aos princípios de mesma hierarquia."

Após essa relevantíssima opção, o autor continua a analisar a prova ilícita, agora com a preocupação de identificar o controle da admissibilidade, a aplicação de sua posição a casos concretos, as consequências da inadmissibilidade, além das várias causas da ilicitude.

Trata-se de estudo completo sobre a (in)admissibilidade, no processo civil, da prova obitida por meio ilícito. Nossos entendimentos são coincidentes, o dele amparado em fundamentos que passarei a invocar.

José Roberto dos Santos Bedaque

Setembro/2020

SUMÁRIO

INTRODUÇÃO

Inicialmente, cumpre salientar que a presente obra tem como base, trabalho de dissertação de Mestrado em Direito Público da Universidade Federal de Uberlândia apresentado perante banca composta pelos Profs. Fernando Rodrigues Martins, Humberto Theodoro Júnior e Camilo Zufelato, onde se obteve a nota máxima, e que nesta nova edição já é feita à luz do CPC de 2015.

Quanto à obra, nota-se que tanto na doutrina como na jurisprudência há grande dificuldade no trato da prova ilícita na atual fase do processo civil, notadamente no que se refere à sua admissibilidade ou inadmissibilidade e respectivas consequências jurídicas.

Vê-se diariamente várias notícias na mídia sobre processos e sobre a ilicitude ou não de provas processuais (principalmente diante das novas formas tecnológicas de comunicação), redobrando a importância para a sociedade desta parte da disciplina probatória.

Apesar da importância, em análise da literatura jurídica, observa-se também a escassez de trabalhos a respeito da (in)admissibilidade da prova ilícita no processo civil (principalmente sob a óptica da atual fase evolutiva do processo civil), o que é força motriz para a realização do presente labor.

Igualmente, percebe-se que a lacuna literária jurídica é incompatível com a importância da matéria, pois, como mencionado por Aureliano Gusmão, o "Direito Probatório é o ponto culminante de toda a processualística"[3], sendo a prova, segundo aponta Souza Pinto, "a alma do processo"[4]. Alessandro Giu-

---

3 GUSMÃO, Manuel Aureliano de. Processo Civil e Comercial: explanação de um programa. Vol. II. São Paulo: Saraiva & Cia., 1924, p. 11.

4 SOUZA PINTO, José Maria Frederico. Primeiras linhas sobre o processo civil brasileiro. Tomo I. Rio de Janeiro: Eduardo e Henrique Laemmert Editores, 1850, p. 158.

liani chega a mencionar que "toda a ciência jurídica se reduz a uma ciência de prova, e o direito não existe independentemente da sua prova"[5].

Assim, a intenção deste trabalho é verificar qual a atual fase evolutiva do processo civil, como a prova ilícita deve ser vista neste período e investigar se há possibilidade ou não de sua utilização nesta etapa da processualística civil com as respectivas consequências jurídicas, contribuindo para a evolução do instituto jurídico da prova ilícita com o objetivo último de viabilizar a realização de um processo justo.

Para cumprir a proposta aqui externada, elege-se a pesquisa teórica e jurisprudencial do STF e do STJ, com compilação e revisão de material bibliográfico acerca das questões aqui citadas, utilizando-se do método dedutivo e comparativo.

Para tanto, a obra atualmente se divide em 7 (sete) capítulos. No primeiro capítulo, busca-se analisar as fases evolutivas do processo civil e verificar se atualmente estar-se-ia diante de uma nova fase de desenvolvimento de tal ramo do direito, e no caso de se entender positivo, apurar qual fase é esta, bem como suas características.

No segundo capítulo, disserta-se sobre a prova, sua relação com a verdade, sua conceituação, suas fases, sua caracterização ou não como direito fundamental e os respectivos efeitos desta (não) caracterização, além de suas limitações.

Já no terceiro capítulo, aborda-se a prova ilícita no que se refere aos aspectos históricos, ao tratamento alienígena, à existência ou não de uma teoria geral do processo e da prova, à conceituação, à diferenciação das provas atípicas, o problema relativo ao art. 13 da LINDB, provas imorais e ao sistema legal de prova, bem como às teorias tradicionais sobre a admissibilidade da prova ilícita.

No quarto capítulo, estuda-se a teoria sobre a admissibilidade relativa da prova ilícita no processo civil constitucional, seu controle de admissibilidade e aplicações em casos concretos, bem como as consequências jurídicas da admissibilidade ou não da prova ilícita no processo judicial.

---

5 GIULIANI, Alessandro. Il concetto di prova: contributo alla logica giuridica. Milano: Giuffrè Editore, 1971, p. 233.

No quarto capítulo, abordamos várias espécies de prova ilícita no processo civil como as consistentes ou decorrentes de interceptação *stricto sensu*, interceptação ambiental, escuta, escuta ambiental, gravações, busca e apreensão, coação ou tortura, quebra de sigilo (telefônico, epistolar, bancário, fiscal e profissional), prova eletrônica ilícita, invasão de domicílio, denúncia anônima e flagrante preparado e esperado, dentre outros.

No quinto capítulo discutimos sobre a responsabilidade civil na obtenção ou utilização de prova ilícita.

No sexto e último capítulo analisamos os negócios jurídicos processuais envolvendo a prova ilícita.

Como em toda nova edição, procuramos fazer acréscimos significativos de tal forma que seja interessante a aquisição não só para quem não tem nenhuma edição anterior como para aqueles que as tem.

Desta forma, incluímos discussões sobre a diferenciação entre a prova ilícita e a prova imoral, o problema do art. 13 da Lei de Introdução às Normas do Direito Brasileiro, discussões sobre a (i)licitude da prova em interceptações, escutas ambientais, gravações, e-mails, busca e apreensão, polígrafo, soro da verdade, soliquóquio, câmeras térmicas de *presence*, amostra de sangue ou material genético, quebra de sigilo, WhatsApp e aplicativos de mensagens, Facebook e redes sociais, filmagem, fotos, celulares, *blockchain*, computadores, obtidas por autorização judicial por juízo incompetente, quebra da cadeia de custódia da prova, carta psicografada, diários pessoais, provas obtidas no lixo, prova estatística, prova por amostragem, responsabilidade civil na obtenção ou utilização de prova ilícita, negócios jurídicos processuais e prova ilícita, dentre outros.

Esta é a nossa caminhada.

1

AS FASES EVOLUTIVAS DO PROCESSO CIVIL

O processo civil é um dos ramos do Direito que mais fascinam os estudiosos da ciência jurídica no Brasil, o que pode ser facilmente vislumbrado pela grande quantidade de publicações (ainda mais se comparadas com outras disciplinas), de congressos e estudos, de professores de graduação e pós-graduação que ministram a matéria, de trabalhos de conclusões de curso, dentre outros exemplos.

Tal fascínio deve-se, dentre outras coisas, ao desafio de se estudar matéria complexa, à cultura brasileira de supervalorizar o processo judicial e as normas processuais, ao crescimento desenfreado de demandas judiciais e à crença da população pátria na jurisdição como meio essencial de resolver conflitos. E este processo civil, como todo ramo do Direito, está, desde seu nascimento, sujeito às variações do tempo e do espaço, passando por fases[6], as quais serão tratadas no presente escólio.

Pretende-se neste estudo estudar as etapas de evolução do processo civil e investigar se no atual momento está se vivendo um novo período de desenvolvimento deste ramo do Direito. É nosso intento ainda – caso se entenda estar diante de um novo período de progresso do processo civil – investigar quais são as suas características e como tal fase influencia a interpretação e a aplicação da processualística civil.

Cumpre salientar de antemão que a doutrina majoritária defende a existência de três ondas desenvolvimentistas do processo civil: a) o sincretismo; b) o autonomismo ou processualismo; e c) o instrumentalismo ou instrumentalidade do processo. Importante esclarecer também que cada uma das etapas de desen-

---

6 Fases evolutivas do processo civil são frações de tempo e espaço em que não se vigorou o processo civil ou vigorou com determinadas características significativas próprias diferenciadoras de outros períodos.

volvimento do processo civil teve ou tem sua importância e seu ciclo, surgindo de tempos em tempos uma nova fase, pois quando a sociedade muda, o direito há de mudar. Faz-se necessário esclarecer, ainda, que cada um dos períodos, em alguns momentos, não possui uma separação estanque, totalmente dividida. Ao contrário, esses períodos muitas vezes se imiscuem um no outro e criam uma verdadeira zona gris, com características inerentes a mais de uma fase.

SINCRETISMO

O período chamado de sincretismo, que antecedeu o reconhecimento do processo civil como ciência, foi o mais longo de todos, tendo perdurado até 1868 (data do nascimento do autonomismo).

Conforme se percebe do próprio *nomen iuris*, nessa etapa, a relação processual fundia-se (era sincrética) com a relação material. A ação era o próprio direito material subjetivo exercido em juízo e nada mais, não podendo ser visualizada ou imaginada em apartado. Valia a máxima *Actio autem nihil aliud est quam jus persequendi in judicio quod sibi debeatur* (ação nada mais é do que o direito de perseguir em juízo o que lhe é devido).

Nesse interregno, pode-se falar tão somente do processo civil como técnica e não como ciência, haja vista que não havia preocupação crítica e metodológica, além do que em muitas vezes nem racionalidade existia. Houve momentos desse período, exemplificativamente, em que a regra de prova era direcionada a Deus para que decidisse quem possuía a razão.

Somente existia processo como procedimento como "simples mecânica dos trâmites"[7]. Outrossim, conforme ensina Dinamarco, na etapa sincrética o conhecimento era meramente empírico[8]. Apesar de ausente preocupação crítica e metodológica, tal período, em seu findar, já possuía consideráveis traços de organização e experiência.

7 ECHANDIA, Hernando Devis. Compendio de Derecho Procesal. Tomo I. Bogotá: Editorial ABC, 1974, p. 32.

8 DINAMARCO, Cândido Rangel. Instituições de Direito Processual Civil. Vol. I. São Paulo: Malheiros Editores, 2004, p. 255.

AUTONOMISMO OU PROCESSUALISMO

Apesar das limitações do período sincrético e notadamente da técnica, tal período foi essencial para o nascimento da ciência processual civil porque já possuía - como dito alhures - organização e experiência, conforme leciona Aroldo Plínio Gonçalves em sua obra Técnica processual e teoria do processo[9].

O pontapé inicial para o surgimento da autonomia do direito processual civil (autonomismo ou processualismo) deu-se na Alemanha com o debate entre Benhard Windscheid e Theodor Muther travado em 1856.

Até 1856, como conta Pugliese, nem ao menos se levou a sério a possibilidade de a *actio* (ação) romana ser diversa da ação moderna, apesar da advertência do romanista Ortolan de que o significado da *actio* romana para os sistemas jurídicos havia sofrido mudanças no decorrer da história[10].

Inobstante a pouca profundidade e coerência do entendimento de que a *actio* romana equivalia à ação moderna, esta posição reinou por longo período tranquilamente até quando Windscheid, em 1856, escreveu o artigo chamado A *actio do direito civil romano*, do ponto de vista do direito atual (ou moderno) (*Die Actio des römischen Civilrechts, vom Standpunkte des heutigen Rechts*) advogando a diferenciação entre a actio romana e a ação moderna, bem como a de que a ação moderna assegurava um direito subjetivo material.

No ano seguinte, Theodor Muther, apesar de contar com apenas 30 anos, de ter sido recém-nomeado para professor extraordinário da Universidade de Könisberg e não ter uma rica produção intelectual, escreveu artigo criticando o trabalho anterior de Windscheid (que era quase dez anos mais velho, consagrado professor de Bonn e da Basileia e convidado a Greifswald, além de possuir vasta e consagrada produção intelectual)[11].

---

9 GONÇALVES, Aroldo Plínio. Técnica processual e teoria do processo. Rio de Janeiro: Aide Editora, 31-35.

10 Introdução de PUGLIESE in WINDSCHEID, Bernhard; MUTHER, Theodor. Polêmica sobre la 'actio'. Trad. Tomáz A. Banzhaf, 1974, p. XII.

11 Introdução de PUGLIESE in WINDSCHEID, Bernhard; MUTHER, Theodor. Polêmica sobre la 'actio'. Trad. Tomáz A. Banzhaf, 1974, p. XVII.

O trabalho de Muther foi intitulado sobre a doutrina da *actio romana*, do moderno direito de queixa, da litiscontestação e da sucessão singular nas obrigações (Zur Lehre von der Römischen Actio, dem heutigen Klagrecht, der Listicontestation und der Singularsucession in Obligationen). Neste artigo, Muther defende a similitude entre a *actio romana* e a *actio moderna*.

Ainda em 1857, Windscheid escreveu em réplica outro artigo chamado A *actio*. Réplica a Theodor Muther (Die Actio Abwehr gegen Dr. Theodor Muther), no qual manteve sua tese, aperfeiçoando-a com a incorporação de algumas poucas críticas realizadas por Muther e deixando claro que o direito de ação (que dizia respeito ao processo) divergia do direito material, servindo o primeiro para tutelar o segundo ou até quem não tivesse direito material algum.

Posteriormente (1868), Oskar Robert Arthur von Bülow, ou simplesmente Oskar von Bülow, publicou a obra *Teoria das Exceções e dos Pressupostos Processuais* (Die Lehre von den Processeireden und die Processvoraussetzungen) na qual prega de forma contundente, a existência de uma relação processual autônoma (relação triangular entre o juiz e as partes) e de um direito processual, reivindicando a esta ramificação do direito, nas palavras de Castro Mendes, "um domínio verdadeiramente científico-jurídico"[12]. Neste sentido, destaca-se que, no prólogo da sua obra histórica, von Bülow inicia seu texto chamando o processo civil de "ciência"[13].

O processo, nesse passo, é visto como relação jurídica pública que "não se identifica com as relações jurídicas privadas que constituem a matéria do debate judicial porque estas se apresentam totalmente concluídas, enquanto aquela se encontra apenas no embrião"[14], ou seja, o processo refoge do âmbito privado porque deixa de ser visto como de interesse somente das partes para ser abarcado no âmbito público, por ser do escopo do Estado aplicar a lei ao caso concreto.

12 MENDES, João de Castro. Direito processual civil. Lisboa: Faculdade, 1973, p. 7.

13 BÜLOW, Oskar von. La teoria de las excepciones procesales y los presupuestos procesales. Trad. Miguel Angel Rosas Lichtschein. Buenos Aires: Ediciones Jurídicas Europa-America, 1964, p. XV.

14 CARREIRA ALVIM, J. E. e CABRAL, Luciana Gontijo Carreira Alvim. Teoria geral do processo. Rio de Janeiro: Forense, 1997, p. 36.

Dessa forma, a obra de Oskar von Bülow, que foi dedicada a Rudolf Ihering, é a certidão de nascimento do direito processual civil, ou seja, do processo civil como ciência.

A aceitação da tese de von Bülow foi rápida, tendo inclusive dado origem à era das codificações do processo civil. Vários Códigos de Processo Civil foram editados: austríaco (1895), húngaro (1911), português (1939), brasileiro (1939), italiano (1940), dentre outros[15].

A precitada obra também estimulou uma legião de estudiosos de tal ramo do direito por todas as partes do mundo, notadamente na Alemanha, na Áustria e na Itália, como Adolfo Wach, Degenkolb, Plósz, Klein, Rosenberg, James Goldschmit, Wolf, Köhler, Stein, Hellwig, Kisch, Lent, Chiovenda, Carnelutti, Calamandrei, dentre outros.

Com Chiovenda e seus estudos na Universidade de Bolonha em 1903, o direito processual civil recebeu esta nomenclatura e teve outro grande salto de desenvolvimento[16].

Assim, nasceu e floresceu o processo civil como ciência, com racionalidade, metodologia e criticismo, ainda que em menor intensidade.

No período do autonomismo ou processualismo surgiram as grandes bases teóricas do processo civil atual, sua sistematização, as definições de conceitos, seus princípios e as principais codificações.

Por outro lado, como herança do liberalismo do final do século XIX e da desconfiança quanto à atuação do Poder Judiciário, houve grande apego à legalidade, devendo o intérprete do processo civil da época se ater apenas à legislação, independentemente do resultado da aplicação do direito, partindo-se de uma suposta completude do sistema. Mauro Cappelletti também

15 O ZPO alemão de 1877 (que ainda se encontra em vigor) apesar de editado primeiro, não teve a base científica do direito processual civil, o que só obteve após reformas posteriores.

16 SATTA, Salvatore e PUNZI, Carmine. Diritto Processuale Civile. PADOVA: Rivista di diritto processuale, n. 3, 1992, p. 703.

deixa claro que o autonomismo foi erguido sob a égide do individualismo, não se atentando e dando relevância para os grupos intermediários e coletividades.[17]

Diante dessas características, também se engessou muito a aplicação do Direito pelo operador jurídico. O autonomismo também não possuía preocupação ética ou deontológica. Ainda se deu demasiada importância às formalidades, fazendo-se sacrificar muitas vezes o direito material por filigranas processuais.

A efetividade da prestação jurisdicional era um capítulo de pouca ou quase nenhuma preocupação nessa fase desenvolvimentista do processo civil. O processo civil era um fim em si, pouco importando seu resultado e sua efetividade. Não eram raras as vezes em que alguma das partes saia vitoriosa na demanda judicial e não conseguia levar a termo sua vitória, por ausência de efetividade e grande burocracia processual, em uma intensidade muito maior do que ocorre atualmente.

INSTRUMENTALISMO DO PROCESSO

Como mencionado anteriormente, apesar do enorme desenvolvimento do direito processual civil no período sincrético, este período não se deu à luz de preceitos éticos ou deontológicos. Em muitas vezes, também não se deu o grande aprofundamento crítico necessário, além de se fazer sobrepor o direito processual ao direito material, tornando o processo um fim em si. Ainda houve excessivo culto à forma, gerando enormes injustiças, impossibilidade de resolução satisfatória das situações legalmente não previstas e inefetividade do Poder Judiciário.

Verificou-se então a necessidade de deslocar o foco da análise da causa para os efeitos da aplicação do processo civil, ou seja, superar a mera aplicação fria da lei para adotar aquela realizada à luz das finalidades dos atos.

Esta necessidade fez surgir a instrumentalidade do processo, consagrada como a terceira fase de desenvolvimento do processo civil.

17 CAPPELLETTI, Mauro. Formações sociais e interesses coletivos diante da justiça civil. Revista de Processo, São Paulo, Vol. 5, jan.-mar. de 1977, p. 128

Tal movimento originou-se de estudos e apontamentos surgidos na Itália, mais especificamente a partir da palestra proferida por Piero Calamandrei em 1952, denominada Processo e Democracia, tendo grande impulso com os posteriores estudos promovidos por Mauro Cappelletti e Vittorio Denti, os quais foram trazidos ao Brasil na década de 1980 por Cândido Rangel Dinamarco.

A instrumentalidade do processo tem por escopo evitar "os males do exagerado processualismo (tal é o aspecto negativo do reconhecimento do seu caráter instrumental) – e ainda cuidar de predispor o processo e o seu uso de modo tal que os objetivos sejam convenientemente conciliados e realizados tanto quanto possível"[18]. Tal movimento altera o objeto central do processo civil da ação para a jurisdição, visando fazer com que sejam sobrepostos os fins da norma aos meios.

A instrumentalidade do processo teve bons frutos, tanto no aspecto da interpretação e da aplicação do direito, quanto do próprio processo legislativo. Operadores do Direito, notadamente os magistrados, passaram a decidir à luz da instrumentalidade do processo, dispensando o rigor excessivo da forma quando o ato tenha atingido sua finalidade, se recusando a decretar nulidades sem prejuízo[19], negando a produção de provas inúteis ou desnecessárias[20], facilitando o

---

18 DINAMARCO, Cândido Rangel. A instrumentalidade do processo. São Paulo: Malheiros Editores, 2009, p. 366.

19 "PROCESSO CIVIL. AUSÊNCIA DE INTIMAÇÃO DA PARTE. INEXISTÊNCIA DE PREJUÍZO E ALCANCE DA FINALIDADE. NULIDADE. INOCORRÊNCIA. APELAÇÃO. COLOCAÇÃO EM MESA, POR INADMISSIBILIDADE. INOBSERVÂNCIA DOS ARTS. 551 E 552, CPC. RECURSO ESPECIAL PROVIDO. II – O Código de Processo Civil (arts. 551 e 552) exige que o julgamento da apelação seja precedido de conclusão ao revisor e inclusão do feito em pauta, com publicação dessa no órgão oficial com antecedência mínima de 48(quarenta e oito) horas, desde que como apelação tenha sido recebida, sem embargo da irregularidade em sua interposição. II – Não há que se declarar a nulidade do ato se a ausência de intimação da parte não lhe causa prejuízo e atinge a finalidade" (STJ – REsp. 111994/RJ – 4ª T. – Rel. Min. Sálvio de Figueiredo Teixeira – DJ 12/04/1999).

20 "PROCESSO CIVIL. PROVA. DESNECESSIDADE. A PRODUÇÃO DA PROVA NECESSÁRIA AO DESATE DA LIDE NÃO PODE SER INDEFERIDA; JÁ A

acesso à Justiça, etc. No campo legislativo, houve grande proliferação no Brasil de legislação pensada e promulgada com fulcro na instrumentalidade do processo, como no caso dos Juizados Especiais, das Ações Civis Públicas, das Ações Diretas de Constitucionalidade, do Código de Defesa do Consumidor, etc. O produto legislativo do período da instrumentalidade do processo apoiou-se em duas vigas: busca da efetividade do processo e tutela de interesses metaindividuais.

Apesar das falhas (comuns a qualquer período do desenvolvimento de qualquer ramo do Direito), o instrumentalismo processual melhorou muito o sistema jurídico pátrio ao aprimorar a efetividade, o acesso à justiça, ao trazer economia processual e financeira para os sujeitos processuais, etc. Basta pensar o que seria da nação e dos jurisdicionados sem seus frutos. Os problemas hoje existentes (ex.: dificuldade de acesso à Justiça, morosidade e injustiça do processo) seriam infinitamente maiores. Por tudo isso, o Brasil deve muito ao professor Cândido Rangel Dinamarco.

Inobstante seus méritos, o próprio Cândido Rangel Dinamarco em sua obra Nova era do processo civil publicada em 2003 já deixava a entender ter a instrumentalidade do processo cumprido seu papel ao externar que estava se passando por um período de mudança de épocas, em busca de um modelo processual compatível com a realidade atual. Em suas palavras,

> Ninguém duvida de que o processo civil está no tempo presente em busca de sua própria identidade e da construção de um modelo fiel às novas realidades da sociedade atual, mas também ninguém vê com clareza alguma os caminhos do futuro dos sistemas processuais. (...) Diante do que já se viu, do que já se propôs, se discutiu, se aceitou no direito positivo e nas práticas dos juízes, é lícito afirmar que a busca de soluções de aperfeiçoamento está encetada e em plena efervescência nos escritos dos juristas e o na evolução do direito processual civil[21].

PROVA INÚTIL, COM FINALIDADE DE PROCRASTINAÇÃO DEVE, SIM, SER OBSTADA - CARACTERIZANDO-SE COMO TAL AQUELA QUE VISA A DEMONSTRAR FATO ADMITIDO EXPRESSAMENTE PELA OUTRA PARTE. RECURSO ESPECIAL CONHECIDO E PROVIDO" (STJ - REsp 142563/RS - 2ª Turma - Rel. Min. Ari Pargendler - DJ 02/04/1998).

21 DINAMARCO, Cândido Rangel. Nova era do processo civil. São Paulo: Malheiros Editores, 2003, p. 11 e 18.

Carlos Alberto Álvaro de Oliveira também entende ter ocorrido a superação da fase da instrumentalidade do processo, afirmando em sua obra que "o mais relevante de tudo – com repercussão em diversas passagens desta edição – talvez tenha sido, no entanto, a constatação de que a tese detecta uma nova fase metodológica do fenômeno processual, superando o mero instrumentalismo[...]"[22].

Como todos os outros períodos de crescimento da disciplina processual civil, a instrumentalidade do processo chegou a seu ponto de estrangulamento principalmente por não dar tanto relevo aos preceitos constitucionais e notadamente aos direitos fundamentais[23].

Os preceitos constitucionais e, principalmente, os direitos fundamentais (núcleo de proteção de todo o direito) no âmbito do instrumentalismo do processo não possuem tratamento diferenciado[24], fazendo com que muitas vezes a busca pela efetividade sacrifique tais direitos. A instrumentalidade das formas passou, em alguns casos, a sobrepor-se aos direitos fundamentais. Um dos extremos desta situação pode ser percebido no processo do trabalho, mas que bem representa o que também ocorre no processo civil.

A Súmula 293 do TST dispõe que o Juiz pode condenar o empregador em insalubridade com base em agente insalubre não apontado na petição inicial pelo empregado, mas encontrado pelo perito quando da realização da prova pericial[25]. Ou seja, na hipótese de o Reclamante alegar que tenha insalubridade decorrente de poeira e a Reclamada fazer defesa contestando esta alegação, se o perito realizar a perícia e não constar a insalubridade por tal agente, mas en-

---

22 OLIVEIRA, Carlos Alberto Alvaro de. Do formalismo no processo civil: proposta de um formalismo-valorativo. São Paulo: Saraiva, 2009, p. XIII.

23 OLIVEIRA, Carlos Alberto Alvaro de. Do formalismo no processo civil: proposta de um formalismo-valorativo. São Paulo: Saraiva, 2009, p. 3.

24 Neste sentido: OLIVEIRA, Carlos Alberto Alvaro de. Do formalismo no processo civil: proposta de um formalismo-valorativo. São Paulo: Saraiva, 2009, p. 3.

25 TST. Súmula nº 293 – Perícia – Agente Nocivo Diverso do Apontado na Inicial – Adicional de Insalubridade – Causa de Pedir A verificação, mediante perícia, de prestação de serviços em condições nocivas, considerado agente insalubre diverso do apontado na inicial, não prejudica o pedido de adicional de insalubridade.

contrar insalubridade por radiação não ionizante, por exemplo, o empregador será condenado.

O empregador será condenado em insalubridade com base em agente insalubre que não tenha sido alegado e sobre o qual não se tenha tido oportunidade de fazer prévia defesa. Trata-se das chamadas decisões de surpresa, caracterizadas por "decisões fundadas sobre a resolução de questões de fato e de direito não submetidos à discussão com as partes e não indicadas preventivamente pelo juiz"[26].

Sob a alegação de instrumentalidade, às vezes, o Julgador sai de sua imparcialidade e se traveste de parte ao substituí-la na ordenação de prova que deveria ser por esta realizada. Assim, a instrumentalidade foi levada a extremo, notadamente no que se refere à efetividade, fazendo com que se cobrasse, em diversas oportunidades, um alto preço por aquela: os direitos fundamentais dos envolvidos.

Diante da morosidade e do crescimento exponencial da demanda judicial, a instrumentalidade passou a centrar-se na celeridade, mas, em algumas situações, não veio acompanhada de preocupação com o contraditório ou com a justiça[27]. O arbítrio judicial não poucas vezes foi justificado com base na instrumentalidade das formas[28].

Por conseguinte, apesar de a instrumentalidade do processo ter tido suas imperfeições, natural a tudo o que vem da natureza humana, cumpriu com grandes méritos seu papel e seu ciclo, contribuindo para a evolução do processo civil, dando – com sua superação – lugar a uma nova fase de desenvolvimento do processo civil.

---

26 NUNES, Dierle et al. Curso de direito processual civil: fundamentação e aplicação. Belo Horizonte: Forum, 2011, p. 85.

27 LEAL, André Cordeiro. Instrumentalidade do processo em crise. Belo Horizonte: Método, 2008, p. 25.

28 ABBOUD, Georges e OLIVEIRA, Rafael Tomaz de. o dito e não-dito sobre a instrumentalidade do processo: críticas e projeções a partir de uma exploração hermenêutica da teoria processual. Revista de Processo, São Paulo, Editora Revista dos Tribunais, v. 166, ano 33, 2008; p. 66.

PROCESSO CIVIL CONSTITUCIONAL OU NEOPROCESSUALISMO

Passados pouco mais de 160 anos do nascimento do direito processual civil como ciência e 40 anos do surgimento da instrumentalidade do processo no país, vive-se uma nova etapa do processo civil. Além da superação da fase instrumentalista do processo, houve uma mudança drástica na forma de interpretar e aplicar o direito processual civil (principalmente no que diz respeito à sua relação com a Constituição Federal), gerando a revisitação de conceitos e de todo sistema processualístico civil, pelo que se acredita estar em um novo ciclo de desenvolvimento desse ramo do Direito.

Segundo já mencionado, o professor Carlos Alberto Álvaro de Oliveira denomina a nova fase do processo civil como formalismo-valorativo e coloca como suas características: a) a prevalência dos direitos fundamentais; b) a subordinação da técnica como instrumento para alcance do valor fundamental; c) a realização de justiça material no caso concreto; d) a existência de um juiz ativo e cooperativo[29].

Apesar do pioneirismo e da genialidade da proposta, acredita-se que a expressão formalismo-valorativo não abarca todas as peculiaridades da nova fase do processo civil e tampouco contém todas as características desta. Entende-se que a designação neoprocessualismo, ou processo civil constitucional, por sua vez, é mais recomendado por expressar melhor a nova fase do processo civil, bem como por ser compatível com todas as características desta (notadamente a influência neoconstitucional), conforme passamos a demonstrar.

A expressão neoprocessualismo foi primeiro cunhada no Brasil por Eduardo Cambi em obra homônima[30] para designar o instrumentalismo do processo numa nova roupagem compatibilizada com o garantismo (tutela dos direitos processuais das partes).

Apesar de se entender adequada a denominação (neoprocessualismo), as características percebidas neste estudo são mais amplas e um pouco diver-

29 OLIVEIRA, Carlos Alberto Alvaro de. Do formalismo no processo civil: proposta de um formalismo-valorativo. São Paulo: Saraiva, 2009, p. 3.

30 CAMBI, Eduardo. Neoconstitucionalismo e neoprocessualismo: direitos fundamentais, políticas públicas e protagonismo judiciário. São Paulo: RT, 2009.

sas das referidas por Eduardo Cambi. Pode-se definir este neoprocessualismo como o neoconstitucionalismo aplicado ao direito processual civil, o que acarreta por óbvio que a definição de neoprocessualismo passe anterior e obrigatoriamente pela compreensão do fenômeno do neoconstitucionalismo e da análise prévia do momento em que tal teoria surgiu.

A situação anterior ao neoconstitucionalismo era totalmente diversa da atual. Como escrevemos em outra oportunidade[31], o direito constitucional (emanação do direito público) e a legislação ordinária não se misturavam. Como bem relembra Luis Roberto Barroso, antigamente, no país, valorizava-se a legislação infraconstitucional, portarias e atos administrativos[32]. Daniel Sarmento deixa claro que "até 1988 a lei valia muito mais que a Constituição no tráfico jurídico, e, no direito público, o decreto e a portaria ainda valiam mais do que a lei"[33]. No campo do direito processual civil, por exemplo, prevalecia o Código de Processo Civil em detrimento da Constituição Federal. A Constituição Federal possuía pouquíssima aplicabilidade, parecendo muitas vezes mera carta de boas intenções ou uma obra poética e quando muito era apenas aplicada nas relações entre o Estado e o povo.

Pietro Perlingieri afirma que outrora na Itália (o que também se aplica ao Brasil), a Constituição não influenciava a interpretação da lei ordinária[34]. O

---

31 TEIXEIRA, Wendel de Brito Lemos. A desconsideração da personalidade jurídica nas associações civis em relações de consumo à luz do neoconstitucinalismo. In MARTINS, Fernando Rodrigues e LOTUFO, Renan (Orgs.) 20 anos do Código de Defesa do Consumidor: conquistas, desafios e perspectivas. São Paulo: Saraiva 2010, p. 197-216.

32 BARROSO, Luis Roberto. Curso de Direito Constitucional: os conceitos fundamentais e a construção do novo modelo. São Paulo: Saraiva, 2010, p. XX.

33 Neste sentido: SARMENTO, Daniel. O neoconstitucionalismo no Brasil: riscos e possibilidades. In: SARMENTO, Daniel, LEITE, Salomão e SARLET, Ingo Wolfgang (Orgs.). Direitos Fundamentais e Estado Constitucional: estudos em homenagem a J. J. Gomes Canotilho. São Paulo: Editora Revista dos Tribunais, 2009, p. 22.

34 PERLINGIERI, Pietro. o direito civil na legalidade constitucional. Trad. Maria Cristina De Cicco. Rio de Janeiro: Renovar, 2008, p. 571.

apego à limitada e rígida legislação infraconstitucional deparava-se com quebras no sistema[35] [36], que se mostravam intransponíveis.

A forma tradicional de interpretação e aplicação do direito estava defasada, pois se verificou que não havia a completude do sistema (como se imaginava). A identificação do direito com a lei e a não admissão de princípios como norma limitava a interpretação e a aplicação do direito e os fins a que se prestava. Ainda havia insuficiência de critérios para resolver as antinomias mais complexas.

Em paralelo, cresceram vultuosamente, no âmbito mundial, movimentos e declarações de direitos humanos e a preocupação ética com o Direito, principalmente após períodos traumáticos da humanidade, como as Guerras Mundiais, quando, segundo Eric Hobsbawn, ocorreram as "megamortes", falecendo mais pessoas por vontade humana do que em toda história[37].

Diante desse cenário, surgiu a doutrina denominada neoconstitucionalismo. Entende-se que a teoria neoconstitucional tornou-se possível no pós-positivismo graças ao advento do giro-linguístico[38] a ser tratado no capítulo 2, haja vista que no positivismo defendia-se a completude do sistema, e a interpretação e a aplicação do direito davam-se de forma rígida, sem sopesamento/ponderação, além de não se admitirem os princípios como normas.

O neoconstitucionalismo somente veio a aportar no Brasil após o marco histórico, filosófico e teórico da Constituição de 1988. Nessa carta constitucional, ocorreu a consagração no ordenamento jurídico pátrio dos direitos humanos (o que já vinha ocorrendo em todo mundo, principalmente após as Guerras Mundiais) e da democracia, tendo aquela ainda ganhado força normativa e supremacia.

---

35 Quebras sistemáticas são contradições de valores e princípios. CANARIS, Claus Wilhelm. Pensamento sistemático e conceito de sistema na ciência do Direito. Trad. Menezes Cordeiro. Lisboa: Fundação Calouste Gulbenkian, 2008, p. 285.

36 Também chamadas de "falhas lógicas no sistema" por NINO, Carlos Santiago. Introdução à análise do Direito. Trad. Elza Maria Gasparatto. São Paulo: 2010, p. 321.

37 HOBSBAWN, Eric J. Era dos extremos: o breve século XX: 1914-1991. Trad. Marcos Santarrita. São Paulo: Companhia das Letras, 1995, p. 21.

38 Neste sentido: ABBOUD, Georges. Jurisdição constitucional e direitos fundamentais. São Paulo: Editora Revista dos Tribunais, 2011, p. 47.

Esse ambiente de onipresença da Constituição Federal de 1988 consolidou a nova fase da relação da legislação ordinária com o direito constitucional no país: o neoconstitucionalismo, que se caracteriza principalmente pela constitucionalização do direito[39], o que já havia ocorrido anteriormente mundo afora (notadamente na Alemanha, Espanha e Itália).

Seja no direito privado ou no direito público, os institutos jurídicos passaram a ser repensados diante do fenômeno denominado de neoconstitucionalismo ou novo direito constitucional:

> [...] identificado como um conjunto amplo de transformações ocorridas no Estado e no direito constitucional, em meio às quais podem ser assinalados, (i) como marco histórico, a formação do Estado constitucional de direito, cuja consolidação se deu ao longo das décadas finais do século XX; (ii) como marco filosófico, o pós-positivismo, com a centralidade dos direitos fundamentais e a reaproximação entre Direito e ética; e (iii) como marco teórico, o conjunto de mudanças que incluem a força normativa da Constituição, a expansão da jurisdição constitucional e o desenvolvimento de uma nova dogmática da interpretação constitucional[40].

O fenômeno do neoconstitucionalismo é, na voz de Luis Prieto Sanchís, uma nova cultura jurídica[41] em contraposição ao antigo constitucionalismo (movimento político-social com o escopo principal de limitar o poder arbitrário) por meio de constituições (escritas ou não).

O neoconstitucionalismo é uma verdadeira teoria geral do direito e verdadeiro modo de interpretação e aplicação.

---

39 BARROSO, Luis Roberto. Curso de Direito Constitucional: os conceitos fundamentais e a construção do novo modelo. São Paulo: Saraiva, 2010, p. 369.

40 BARROSO, Luís Roberto. Neoconstitucionalismo e constitucionalização do Direito. o triunfo tardio do Direito Constitucional no Brasil. Jus Navigandi, Teresina, ano 9, n. 851, 1 nov. 2005. Disponível em: <http://jus2.uol.com.br/doutrina/texto.asp?id=7547>. Acesso em: 10 jun. 2012.

41 SANCHÍS, Luis Pietro. El constitucionalismo del derecho. IN: CARBONELL, Miguel. (Org.) Teoria del neoconstitucionalismo: ensaios escogidos.Madrid: Editorial Trotta, 2007, p. 213.

A consideração da existência do neoconstitucionalismo é motivo de grande celeuma porque envolve doutrinadores de linhas teóricas diversas, tendo a referida expressão sido intensamente divulgada por Miguel Carbonell numa série de livros sobre o tema publicados na Espanha a partir de 2003[42]. Autores como Humberto Ávila[43] e Dimitri Dimoluis[44] criticam esta perspectiva de neoconstitucionalismo.

Entende-se, no entanto, que a expressão deve ser utilizada a uma porque, ainda que absorvendo doutrinadores de linhas teóricas variadas, tais doutrinadores podem ser agrupados por identidade de alguns aspectos[45] (como a constitucionalização do Direito); a duas porque a expressão tem sido fortemente utilizada em nível mundial (inclusive no Brasil[46]); e a três pela sua im-

---

42 CARBONELL, Miguel (Org.). Neoconstitucionalismo(s). Madrid: Editorial Trotta, 2003; CARBONELL, Miguel (Org.). Teoria del neoconstitucionalismo: ensaios escogidos. Madrid: Editorial Trotta, 2007; CARBONELL, Miguel e JARAMILLO, Leonardo Garcia (Org.). El canon neoconstitucional. Madrid: Editorial Trotta, 2010.

43 ÁVILA, Humberto. Neoconstitucionalismo: entre a "ciência do direito" e o "direito da ciência" in SOUZA NETO, Cláudio Pereira de e SARMENTO, Daniel e BINEBOJM, Gustavo. Vinte anos da Constituição Federal de 1988. Rio de Janeiro: Lumen Juris, 2008; p. 187-202.

44 DIMOULIS, Dimitri. uma visão crítica do neoconstitucionalismo. In LEITE, George Salomão e LEITE, Glauco Salomão. Constituição e efetividade constitucional. Salvador: JusPodivm, 2008; p. 43-60.

45 CARBONELL, Miguel. Nuevos tiempos para el Constitucionalismo in Neoconstitucionalismo(s). Madrid: Editorial Trotta, 2003, p. 9-12.

46 Adotam a expressão e a teoria neoconstitucional dentre outros: BARROSO, Luís Roberto. Neoconstitucionalismo e constitucionalização do Direito. O triunfo tardio do Direito Constitucional no Brasil. Jus Navigandi, Teresina, ano 9, n. 851, 1 nov. 2005. Disponível em: <http://jus2.uol.com.br/doutrina/texto. asp?id=7547>. Acesso em: 10 jun. 2012; BARCELLOS, Ana Paula de. Neoconstitucionalismo, direitos fundamentais e controle de políticas públicas. In: SARMENTO, Daniel (org.). Direitos fundamentais: estudos em homenagem ao Prof. Ricardo Lobo Torres. Rio de Janeiro: Renovar, 2006; SARMENTO, Daniel. O neoconstitucionalismo no Brasil: riscos e possibilidades. In: SARMENTO, Daniel e LEITE, Salo-

portância didática ao se permitir a identificação e mais fácil compreensão de um fenômeno de grande envergadura. Há adesão a esta corrente por vários autores como constitucionalismo e neoprocessualismo: direitos fundamentais, políticas públicas e protagonismo judiciário. São Paulo: RT, 2009.

Também nos tribunais:

> UNIÃO CIVIL ENTRE PESSOAS DO O SEXO – ALTA RELEVÂNCIA SOCIAL E JURÍDICO-CONSTITUCIONAL DA QUESTÃO PERTINENTE ÀS UNIÕES HOMOAFETIVAS – LEGITIMIDADE CONSTITUCIONAL DO RECONHECIMENTO E QUALIFICAÇÃO DA UNIÃO ESTÁVEL HOMOAFETIVA COMO ENTIDADE FAMILIAR: POSIÇÃO CONSAGRADA NA JURISPRUDÊNCIA DO SUPREMO TRIBUNAL FEDERAL (ADPF 132/RJ E ADI 4.277/DF) – O AFETO COMO VALOR JURÍDICO IMPREGNADO DE NATUREZA CONSTITUCIONAL: A VALORIZAÇÃO DESSE NOVO PARADIGMA COMO NÚCLEO CONFORMADOR DO CONCEITO DE FAMÍLIA – O DIREITO À BUSCA DA FELICIDADE, VERDADEIRO POSTULADO CONSTITUCIONAL IMPLÍCITO E EXPRESSÃO DE UMA IDÉIA-FORÇA QUE DERIVA DO PRINCÍPIO DA ESSENCIAL DIGNIDADE DA PESSOA HUMANA – ALGUNS PRECEDENTES DO SUPREMO TRIBUNAL FEDERAL E DA SUPREMA CORTE AMERICANA SOBRE O DIREITO FUNDAMENTAL À BUSCA DA FELICIDADE – PRINCÍPIOS DE YOGYAKARTA (2006): DIREITO DE QUALQUER PESSOA DE CONSTITUIR FAMÍLIA, INDEPENDENTEMENTE DE SUA ORIENTAÇÃO SEXUAL OU IDENTIDADE DE GÊNERO – DIREITO DO COMPANHEIRO, NA UNIÃO ESTÁVEL HOMOAFETIVA, À PERCEPÇÃO DO BENEFÍCIO DA PENSÃO POR MORTE DE SEU PARCEIRO, DESDE QUE OBSERVADOS OS REQUISITOS DO ART. 1.723 DO CÓDIGO CIVIL – O ART. 226, § 3º, DA LEI FUNDAMENTAL CONSTITUI TÍPICA NORMA DE INCLUSÃO – A FUNÇÃO CONTRAMAJORITÁRIA DO SUPREMO TRIBUNAL FEDERAL NO ESTADO DEMOCRÁTICO DE DIREITO – A PROTEÇÃO DAS MINORIAS ANALISADA NA PERSPECTIVA DE UMA CONCEPÇÃO MATERIAL DE DEMOCRACIA CONS-

---

mão e SARLET, Ingo Wolfgang. Direitos Fundamentais e Estado Constitucional: estudos em homenagem a J. J. Gomes Canotilho. São Paulo: Editora Revista dos Tribunais, 2009, p. 11; CAMBI, Eduardo. Neo-

> TITUCIONAL – O DEVER CONSTITUCIONAL DO ESTADO DE IMPEDIR (E, ATÉ O, DE PUNIR), "QUALQUER DISCRIMINAÇÃO ATENTATÓRIA DOS DIREITOS E LIBERDADES FUNDAMENTAIS", (CF, ART. 5º, XLI) – A FORÇA NORMATIVA DOS PRINCÍPIOS CONSTITUCIONAIS E O FORTALECIMENTO DA JURISDIÇÃO CONSTITUCIONAL: ELEMENTOS QUE COMPÕEM O MARCO DOUTRINÁRIO QUE CONFERE SUPORTE TEÓRICO AO NEOCONSTITUCIONALISMO – RECURSO DE AGRAVO IMPROVIDO (...) (STF – RE 477554 AgR/MG – Rel. Min. Celso de Mello – DJ 16/08/2011).

Miguel Carbonell[47], Luís Roberto Barroso, Daniel Sarmento[48], Luiz Guilherme Marinoni[49], Luis Prieto Sanchís[50], Carlos Bernal Pulido[51], Georges

47 CARBONELL, Miguel. El neoconstitucionalismo: significado y niveles de análisis. CARBONELL, Miguel e JARAMILLO, Leonardo Garcia (Org.). El canon neoconstitucional. Madrid: Editorial Trotta, 2010; p. 153-164.

48 SARMENTO, Daniel. O neoconstitucionalismo no Brasil: riscos e possibilidades. In: SARMENTO, Daniel; LEITE, Salomão; SARLET, Ingo Wolfgang. Direitos Fundamentais e Estado Constitucional: estudos em homenagem a J. J. Gomes Canotilho. São Paulo: Editora Revista dos Tribunais, 2009, p. 27.

49 MARINONI, Luiz Guilherme. Teoria geral do processo. São Paulo: Editora Revista dos Tribunais, 2010; p. 42-47.

50 SANCHÍS, Luis Pietro. El constitucionalismo del derecho. In: CARBONELL, Miguel (Org.). Teoria del neoconstitucionalismo: ensaios escogidos.Madrid: Editorial Trotta, 2007, p. 213-236.

51 PULIDO, Carlos Bernal. Refutácion y defensa del neoconstitucionalismo. IN: CARBONELL, Miguel (Org.). Teoria del neoconstitucionalismo: ensaios escogidos.Madrid: Editorial Trotta, 2007, p. 289-325.

Abboud[52], Ingo Wolfgang Sarlet[53], Eduardo Cambi[54], Fredie Didier Jr.[55], dentre outros[56].

Com o neoconstitucionalismo, institutos jurídicos processuais civis, administrativos, etc. tiveram que ser repensados, além de terem sua aplicabilidade revisada, agora à luz da Constituição Federal de 1988 (no caso do Brasil)[57].

Novos institutos e normas jurídicas passaram a ser limitados em sua elaboração e aplicação por aquela Constituição recém-promulgada, que, diga-se de passagem, possui elevados níveis de normas materiais ou substantivas que condicionam a atuação do Estado[58] e particulares.

Quando da interpretação e aplicação das normas infraconstitucionais, o operador do Direito deverá seguir os seguintes passos:

> a) antes de aplicar a norma, o interprete deverá verificar se ela é compatível com a Constituição, porque, se não for, não deverá fazê-la incidir; esta operação está sempre presente no raciocínio dos operadores do Direito, ainda que não seja por ele explicitada; b) ao aplicar a norma,

52 ABBOUD, Georges. Jurisdição constitucional e direitos fundamentais. São Paulo: Editora Revista dos Tribunais, 2011, p. 46-53.

53 SARLET, Ingo Wolfgang. Neoconstitucionalismo e influência dos direitos fundamentais no direito privado: algumas notas sobre a evolução brasileira. In: SARLET, Ingo Wolfgang (Org.). Constituição, Direitos Fundamentais e Direito Privado. Porto Alegre: Livraria do Advogado, 2010; p. 13-36.

54 CAMBI, Eduardo. Neoconstitucionalismo e neoprocessualismo: direitos fundamentais, políticas públicas e protagonismo judiciário. São Paulo: Editora Revista dos Tribunais, 2009, p. 21-54.

55 DIDIER JR., Fredie. Curso de Direito Processual Civil. Vol. I. Salvador: Editora Jus Podium, 2010, p. 26.

56 SARMENTO, Daniel. O neoconstitucionalismo no Brasil: riscos e possibilidades. In: SARMENTO, Daniel; LEITE, Salomão; SARLET, Ingo Wolfgang.

57 Direitos Fundamentais e Estado Constitucional: estudos em homenagem a J. J. Gomes Canotilho. São Paulo: Editora Revista dos Tribunais, 2009, p. 15.

58 CARBONELL, Miguel (coord). Teoria del neoconstitucionalismo: ensaios escogidos. Madrid: Editorial Trotta, 2007, p. 10.

o intérprete deverá orientar seu sentido e alcance à realização dos fins constitucionais[59].

Na interpretação e na aplicação das normas infraconstitucionais, devem-se observar os dispositivos constitucionais, sendo aquelas limitadas por estes com o desiderato de atender aos fins da Carta Magna, sem, no entanto, gerar uma "'hiperinterpretação' do documento constitucional, com consequente abrandamento, seja das 'regras de interpretação culturalmente aceitas', seja do 'controle da cultura social sobre a atribuição de significados aos enunciados', de maneira a produzir um alto grau de instabilidade na organização jurídica e uma notável incerteza jurídica"[60]. Ocorre, assim, um permanente diálogo entre a Constituição Federal e todos os ramos do Direito.

Quanto às características intrínsecas do neoconstitucionalismo, podemos destacar: a) a constitucionalização do direito; b) a supremacia dos direitos fundamentais; c) a admissão dos princípios como normas; d) a impossibilidade de supressão ou retrocesso do núcleo essencial dos direitos fundamentais (ainda que por emenda constitucional) (art. 60, §4º da CF); e) a aplicação imediata dos direitos fundamentais (art. 5º, §1º da CF); f) a máxima eficácia dos direitos fundamentais; g) a expansão da jurisdição constitucional; h) a preocupação com a realização de justiça.

Essas características do neoconstitucionalismo também existem no neoprocessualismo, com a peculiaridade de serem adequadas à natureza processual do último. Assim, são características do neoprocessualismo: a) a constitucionalização do direito processual civil; b) a supremacia dos direitos fundamentais; c) a admissão dos princípios como normas; d) a impossibilidade de supressão ou retrocesso do núcleo essencial dos direitos fundamentais (ainda que por emenda constitucional) (art. 60, §4º da CF); e) a aplicação imediata dos direitos fundamentais (art. 5º, §1º da CF); f) a máxima eficácia dos direitos fundamentais; g) a expansão da jurisdição constitucional; h) a preocupação com a realização do justo processo.

---

59 BARROSO, Luis Roberto. Curso de Direito Constitucional: os conceitos fundamentais e a construção do novo modelo. São Paulo: Saraiva, 2010, p. 364.

60 PERLINGIERI, Pietro. o direito civil na legalidade constitucional. Trad. Maria Cristina De Cicco. Rio de Janeiro: Renovar, 2008, p. 576.

A primeira das características, a constitucionalização do direito processual civil,

> (...) interfere com os limites de atuação do legislador ordinário e com a leitura constitucional a ser empreendida pelo Judiciário em relação ao tema que foi constitucionalizado... tem como principal marca a reinterpretação de seus institutos sob uma ótica constitucional[61].

Ou, nas palavras de Pietro Perlingieri,

> (...) a normativa constitucional eleva-se a justificação da norma ordinária, que com a primeira deve se harmonizar coerente e razoavelmente, 'segundo critérios ou princípios de adequação e de proporcionalidade que postulam o conhecimento aprofundado também das peculiaridades do caso concreto[62].

Faz-se necessário um aparte para mencionar que o processo e a Constituição possuíam caminhos díspares, principalmente pela visão privatista do processo. Somente em momento posterior e de forma

> Da Constituição a lei não deve mediar senão um processo de desenvolvimento sistemático. Não só a lei processual deve ser fiel intérprete dos princípios da Constituição, senão que seu regime do processo, e em especial o de ação, a defesa e a sentença, somente podem ser instituídos por lei. O regime do processo deve determinar a lei. Ela concede ou nega poderes e faculdades dentre as bases estabelecidas na Constituição. O espírito desta se traslada a aquela, que deve inspirar-se nas valorações estabelecidas pelo constituinte. Para aqueles que negam que dentro de nosso sistema constitucional existam lacunas geralmente obrigatórias, o em regime de cassação esta fidelidade da lei a Constituição representa a base de toda uma construção que está reclamando desenvolvimento[63].

61 BARROSO, Luis Roberto. Curso de Direito Constitucional: os conceitos fundamentais e a construção do novo modelo. São Paulo: Saraiva, 2010, p. 363.

62 PERLINGIERI, Pietro. O direito civil na legalidade constitucional. Trad. Maria Cristina De Cicco. Rio de Janeiro: Renovar, 2008, p. 575.

63 COUTURE, Eduardo J. Estudios de Derecho Procesal Civil. Tomo I. Buenos Aires: Ediciones Depalma, 1979, p. 21.

Couture defendia a existência de um processo civil constitucional, o que foi seguido por vários juristas de envergadura como Niceto Alcalá-Zamora y Castillo[64], Héctor Fix-Zamudio[65], Liebman[66] e no Brasil por Ada Pelegrini Grinover[67], José Alfredo de Oliveira Baracho[68] e Humberto Theodoro Júnior[69], dentre outros.

No caso específico do processo civil, a constitucionalização do direito processual civil se dá por três formas: a) o reconhecimento da força normativa da Constituição e de sua supremacia; b) a previsão constitucional de institutos processuais; c) a irradiação da Constituição Federal para as normas processuais infraconstitucionais.

O reconhecimento da força normativa da Constituição foi defendido por Konrad Hesse[70] em contraposição à Constituição de papel (apenas com força política) de Lassale[71], trazendo maior eficácia ao texto constitucional que deixa de ser visto em vários aspectos como mera carta ideológico programática e passa a ter caráter vinculante.

---

64 CASTILLO, Niceto Alcalá-Zamora y. Proceso, autocomposición y autodefensa. México: UNAM, 1970, p. 135.

65 FIX-ZAMUDIO, Héctor. Latinoamerica: Constitucion, processo e derechos humanos. México: Miguel Angel Porrúa, 1998, p. 191.

66 LIEBMAN, Enrico Tulio. Diritto costituzionale e processo civile. In: Rivista di Diritto Processuale. Padova, 1952, p. 327-332.

67 GRINOVER, Ada Pellegrini. As garantias constitucionais do direito de ação. São Paulo: Revista dos Tribunais, 1973; GRINOVER, Ada Pellegrini. Os princípios constitucionais e o código de processo civil. São Paulo: Bushatsky, 1975.

68 BARACHO, José Alfredo de Oliveira. Processo constitucional. Rio de Janeiro: Forense, 1984.

69 THEODORO JÚNIOR, Humberto. A execução de sentença e a garantia do devido processo legal. Rio de Janeiro: Aide, 1987, p. 9 e 39-59.

70 HESSE, Konrad. A força normativa da Constituição. Trad. Gilmar Mendes. Porto Alegre: Sergio Antonio Fabris Editor, 1991.

71 LASSALE, Ferdinand. A essência da Constituição. Rio de Janeiro: Lumen Juris, 1998.

Importante salientar que o reconhecimento da força normativa da Constituição brasileira, não se deu logo após a promulgação. Pelo contrário, por mais de uma década, a Constituição não foi reconhecida como portadora de força normativa.

Somente a partir meados da década de 1990 iniciou-se, com maior intensidade, a defesa da aplicação direta e rotineira da Constituição Federal aos processos judiciais[72], como se pode depreender das obras de Luis Roberto Barroso e Clemerson Mérlin[73].

O reconhecimento da força normativa da Constituição do Brasil pode ser considerado uma verdadeira mutação constitucional, eis que houve radical mudança de entendimento pelo STF sem qualquer alteração textual. Gilmar Mendes e Paulo Gonet Branco descrevem o fenômeno da mutação constitucional

> ocorre que, por vezes, em virtude de uma evolução na situação de fato sobre a qual incide a norma, ou ainda por força de uma nova visão jurídica que passa a predominar na sociedade, a Constituição muda, sem que as suas palavras hajam sofrido modificação alguma. O texto é um, mas o sentido que lhe é atribuído é outro. Como a norma não se confunde com o texto, repara-se, aí, uma mudança na norma, mantido o texto. Quando isso ocorre no âmbito constitucional, fala-se em mutação constitucional.[74]

Como exemplo de mutação constitucional realizada pelo STF pode-se citar o mandado de injunção.

---

72 SARMENTO, Daniel. o neoconstitucionalismo no Brasil: riscos e possibilidades in SARMENTO, Daniel e LEITE, Salomão e SARLET, Ingo Wolfgang. Direitos Fundamentais e Estado Constitucional: estudos em homenagem a J. J. Gomes Canotilho. São Paulo: Editora Revista dos Tribunais, 2009, p. 25.

73 BARROSO, Luís Roberto. o direito constitucional e a efetividade de suas normas. Rio de Janeiro: Renovar, 1996; CLÈVE, Clemerson Mèrlin. A teoria constitucional e o direito alternativo: para uma dogmática constitucional emancipatória. In: uma vida dedicada ao direito: homenagem a Carlos Henrique de Carvallho, o editor dos juristas. São Paulo: Editora Revista dos Tribunais, 1995, p. 34-53.

74 MENDES, Gilmar Ferreira *et al.* Curso de direito constitucional. São Paulo: Saraiva, 2010, p. 306.

Anteriormente, o mandado de injunção era visto tão somente como instrumento processual para constituir em mora o órgão responsável pela regulamentação normativa segundo aresto abaixo:

> MANDADO DE INJUNÇÃO, DE INICIATIVA DE DEPUTADOS FEDERAIS PELO ESTADO DE SÃO PAULO, PARA QUE O SUPREMO TRIBUNAL DETERMINE, EM SETENTA, O NÚMERO DE REPRESENTANTES DAQUELA UNIDADE DA FEDERAÇÃO, A CÂMARA DOS DEPUTADOS, DIANTE DO VAZIO LEGISLATIVO, DECORRENTE DE NÃO TER SIDO ELABORADA A LEI COMPLEMENTAR, PREVISTA NO ART. 45, PAR. 1., DA CONSTITUIÇÃO. LEGITIMIDADE ATIVA DOS IMPETRANTES, COMO CIDADÃOS, TITULARES DE PRERROGATIVAS POLÍTICO-JURÍDICAS QUE SÃO INEQUIVOCAMENTE DIFUSAS, MAS POR SUA PRÓPRIA NATUREZA. PEDIDO DEFERIDO, EM PARTE, DENTRO DOS LIMITES DE PROVISÃO CONSTITUCIONALMENTE CABÍVEL, PARA, RECONHECIDAS A OMISSÃO E A MORA APONTADAS, DAR CIÊNCIA DAS MESMAS AO CONGRESSO NACIONAL, A FIM DE QUE SUPRA A OMISSÃO. VOTOS VENCIDOS, TANTO NO TOCANTE A PRELIMINAR DE LEGITIMIDADE, COMO A PROPÓSITO DA EXTENSÃO OU FINALIDADE DO DEFERIMENTO DA MEDIDA. (STF – MI 219/DF – Rel. Min. Octavio Gallotti – DJ 22/08/1990).

Posteriormente e sem que houvesse alteração no texto constitucional, passou-se a entender que o mandado de injunção poderia aplicar o direito ao caso concreto e não apenas constituir em mora o órgão regulamentar omisso:

> DIREITO CONSTITUCIONAL E ADMINISTRATIVO. MANDADO DE INJUNÇÃO. SERVIDORA PÚBLICA. ATIVIDADES EXERCIDAS EM CONDIÇÕES DE RISCO OU INSALUBRES. APOSENTADORIA ESPECIAL. § 4º DO ART. 40 DA CONSTITUIÇÃO FEDERAL. AUSÊNCIA DE LEI COMPLEMENTAR. MORA LEGISLATIVA. REGIME GERAL DA PREVIDÊNCIA SOCIAL. 1. Ante a prolongada mora legislativa, no tocante à edição da lei complementar reclamada pela parte final do § 4º do art. 40 da Magna Carta, impõe-se ao caso a aplicação das normas correlatas previstas no art. 57 da Lei nº 8.213/91, em sede de processo administrativo. 2. Precedente: MI 721, da relatoria do ministro Marco Aurélio. 3. Mandado de injunção deferido nesses termos. (STF – MI 788/DF – Rel. Carlos Britto – DJ 15/04/2009).

Ademais, como se entendeu que a Carta Magna brasileira era portadora de força normativa, disposições como a igualdade de direitos e obrigações entre homens e mulheres (art. 5º, I da Constituição Federal) passaram a ter aplicabilidade imediata. Assim, os requisitos para percepção de pensão por morte do cônjuge passaram a ser idênticos, independentemente de se tratarem de homens ou mulheres, como apontou o STF:

> CONSTITUCIONAL. PREVIDENCIÁRIO. PENSÃO: EXTENSÃO AO VIÚVO. PRINCÍPIO DA IGUALDADE. NECESSIDADE DE LEI ESPECÍFICA. C.F., art. 5º, I; art. 195 e seu § 5º; art. 201, V. I. - A extensão automática da pensão ao viúvo, em obséquio ao princípio da igualdade, em decorrência do falecimento da esposa-segurada, assim considerado aquele como dependente desta, exige lei específica, tendo em vista as disposições constitucionais inscritas no art. 195, *caput*, e seu § 5 º, e art. 201, V, da Constituição Federal. II. - R.E. conhecido e provido (RE 204193/ RS - Rel. Min. Carlos Velloso - DJ 30/05/2001).

No que se refere à supremacia, a Constituição foi colocada no pedestal do ordenamento jurídico, vinculando todos os ramos do direito e fazendo com que eventuais incompatibilidades da legislação infraconstitucional fossem extirpadas do ordenamento jurídico e/ou desconsideradas.

O instituto administrativo, por exemplo, da verdade sabida[75], após a Constituição Federal, passou a ser considerado como não recepcionado pela nova Carga Magna por patente contrariedade com o princípio do contraditório.

Quanto à previsão constitucional de institutos processuais, dá-se pelo fato de que alguns desses foram eleitos de maior envergadura pelo Constituinte, como ocorre com o devido processo legal (art. 5º, LV da Constituição Federal), a ampla defesa e o contraditório (art. 5º, LIV da Constituição Federal).

Essa previsão constitucional de um determinado instituto processual serve para demonstrar o relevo do país por tal instituto, pois vários outros institutos jurídicos não têm previsão na Carta Magna. Trata-se de demonstração de

---

75 Instituto do direito administrativo no qual permitia que a autoridade que tivesse o poder de punir aplicasse a punição de imediato, independentemente de processo administrativo, quando tivesse conhecimento direto das circunstâncias ensejadoras da punição.

um valor ideal, político e jurídico[76]. Outrossim, outros institutos processuais também foram elencados como direitos fundamentais, expressamente no art. 5º da Constituição Federal.

No que se refere à irradiação da Constituição Federal para as normas infraconstitucionais processuais, tal situação afeta tanto a produção legislativa quanto a interpretação e a aplicação. As disposições constitucionais servem de guia e baliza ao legislador e ao intérprete e aplicador do processo civil. Desta feita, não pode o legislador ordinário, por exemplo, criar um procedimento sem fim porque atentaria contra o direito fundamental à razoável duração do processo (art. 5º, LXXVIII da Constituição Federal).

A maior expressão desta irradiação da Constituição Federal para as normas infraconstitucionais processuais é o CPC de 2015 que foi elaborado à luz da Carga Magna e deixou expresso no seu art. 1º:

> O processo civil será ordenado, disciplinado e interpretado conforme os valores e normas fundamentais estabelecidos na Constituição da República Federativa do Brasil, observando-se as disposições deste Código.

A irradiação da Constituição Federal para o CPC de 2015 também pode ser percebida pela forma democrática como foi a tramitação do projeto de lei do código, pois poucas leis federais foram tão abertas a audiências públicas (quase uma centena foi realizada), sugestões (colhidas inclusive pela Internet) e participação da sociedade jurídica e sociedade em geral como bem pontuado pelo Presidente da Comissão elaboradora e Ministro do STF, Luiz Fux:

> É mister destacar o caráter democrático-participativo dessa novel codificação. É que o anteprojeto foi submetido à integralidade da comunidade científica e laica, abrindo rumo à edificação de um código da nação brasileira. (FUX, Luiz. Teoria geral do processo civil. Rio de Janeiro: Forense, 2019; p. 37.)

É ainda característica do neoprocessualismo a prevalência dos direitos fundamentais sobre outros interesses e valores que não tenham o traço de fun-

76 CAPPELLETTI, Mauro e VIGORITI, Vicenzo. I diritti costituzionali delle parti nel processo civile italiano. PADOVA: Rivista di diritto processuale, n. 4, 1971, p. 607.

damentalidade[77], a admissão dos princípios como normas, a impossibilidade de supressão ou retrocesso do núcleo essencial dos direitos fundamentais processuais (ainda que seja por emenda constitucional), a aplicação imediata dos direitos fundamentais processuais, a máxima eficácia dos direitos fundamentais, a expansão da jurisdição constitucional e a preocupação com a realização do justo processo.

A atribuição de enorme relevo aos direitos fundamentais, colocando-os no topo da Constituição e, por conseguinte, do ordenamento jurídico, é cariz do neoprocessualismo.

Tal característica aponta que, quando houver confronto jurídico entre normas que não sejam direitos fundamentais com outras que o sejam, prevalecerão as últimas, pois essas são originárias da dignidade da pessoa humana, razão de ser de todo o Direito, salvo em relação a normas direta ou indiretamente constitucionais limitadoras de tais direitos, as quais têm *status* semelhantes àqueles para fins de sopesamento. Os direitos fundamentais são verdadeiros trunfos que podem ser utilizados contra as minorias e maiorias[78]. A supremacia dos direitos fundamentais é utilizada no sopesamento, mais especificamente no postulado da proporcionalidade ao se decidir qual das normas em conflito sobressairá no caso concreto. Segundo bem defende Humberto Ávila[79], as normas se subdividem em regras, princípios e postulados e a diferenciação dá-se pelos seguintes motivos:

> Os postulados funcionam diferentemente dos princípios e das regras. A uma, porque não se situam no mesmo nível: os princípios e as regras são normas objeto da aplicação; os postulados são normas que orientam a aplicação de outras. A duas, porque não possuem os mesmos destinatários: os princípios e as regras são primariamente dirigidos ao poder

---

77 A fundamentalidade pode se dar por expressa previsão no Título II da Constituição Federal (Dos direitos e garantias fundamentais) e/ou por ser considerada de extrema importância para o ordenamento jurídico pátrio e decorrer do regime e dos princípios adotados pela Carta Magna ou dos tratados internacionais dos quais o Brasil é parte.

78 NOVAIS, Jorge Reis. Direitos fundamentais: trunfos contra a maioria. Coimbra: Coimbra Editora, 2006, p. 17-67.

79 ÁVILA, Humberto Bergmann. Teoria dos princípios. São Paulo: Malheiros, 2009, p. 124.

> público e aos contribuintes; os postulados são frontalmente dirigidos ao intérprete e aplicador do Direito. A três, porque não se relacionam da forma com outras normas; os princípios e as regras, até porque se situam no nível do objeto, implicam-se reciprocamente, quer de modo preliminarmente complementar (princípios), quer de modo preliminarmente decisivo (regras); os postulados, justamente porque se situam num metanível, orientam a aplicação dos princípios e das regras sem conflituosidade necessária com outras normas.[80]

E a proporcionalidade é um postulado[81] segundo Humberto Ávila:

> ...a proporcionalidade, por exemplo, não pode ser considerada uma espécie de princípio, porque não tem elevado grau de abstração e generalidade: ela dirige-se a situações determinadas (colisão entre princípios em razoa da utilização de um meio cuja adoção provoca efeitos que promovem a realização de um princípio, mas restringem a realização de outro) e a pessoas determinadas (sujeitos, normalmente autoridades públicas, que adotam medidas com a pretensão de realizar determinados princípios). Também não pode ser considerada uma regra, pois não tem uma hipótese e uma consequência que permita a subsunção do conceito do fato ao conceito de norma. Em vez de uma hipótese de fato ou da definição de um efeito, a proporcionalidade estabelece uma estrutura de aplicação, algo bem diverso. (...) Também não pode ser considerada uma espécie de princípio, porque não é realizada em vários graus, mas num só (a medida é ou não é adequada, necessária ou proporcional), e porque não é o objeto de ponderação, mas o próprio critério dela, sendo inconcebível sua superação em razão de princípios horizontalmente colidentes. Do modo, não pode ser considerada uma regra, pois não tem uma hipótese e uma consequência a ser implementada no caso de subsunção. Muito menos poderá ser objeto de colisão e de decretação de invalidade.[82]

---

80 Idem; p. 124-125.

81 Outros autores entendem que a proporcionalidade é um princípio: GUERRA FILHO, Willis Santiago. Derechos Fundamentales, proceso y principio de proporcionalidade. Revista de Processo, São Paulo, vol. 95, 2003; p. 64; NERY JR., Nelson. Princípios do processo na Constituição Federal: processo civil, penal e administrativo. São Paulo: Revista dos Tribunais, 2009, p. 260.

82 Idem; p. 140-141.

O STF tem em várias oportunidades classificado a proporcionalidade como postulado (AC 2940 MC-QO/MG – Rel. Min. Ayres Britto – DJ 27/03/2012; HC 103362/PI – Rel. Min. Celso de Mello – DJ 06/03/2012; HC 94912/RJ – Rel. Min. Ayres Britto – DJ 20/10/2009; RE 200844 AgR/PR – Rel. Min. Celso de Mello – DJ 25/06/2002; ADI 2623 MC/ES – Rel. Min. Maurício Corrêa – DJ 06/06/2002).

Se fosse editada, por exemplo, uma lei alterando o Código de Processo Civil prevendo a prisão civil do depositário infiel, tal lei limitadora da liberdade e dignidade da pessoa humana não prevaleceria por não possuir suporte em lei constitucional e não ter *status* constitucional.

Na hipótese do exercício da profissão de advogado, a limitação prevista de inscrição na Ordem dos Advogados do Brasil e submissão a exame de admissão prevista no art. 84 da Lei n. 8.906/94 (art. 3º), por se tratar de limitação baseada em norma constitucional (restrição prevista na parte final do art. 7º, XIII da Constituição Federal), prevalece sobre a liberdade de profissão prevista na primeira parte do art. 7º, XIII da Constituição Federal, uma vez que há grande potencial lesivo para a sociedade no caso de qualquer pessoa não inscrita na Ordem dos Advogados exercer sua profissão. No caso do exercício da advocacia por quem não seja inscrito na Ordem dos Advogados, as consequências podem ser gravíssimas, como no caso do ajuizamento de uma ação de guarda sem o mínimo conhecimento ou uma atuação em processo criminal sem preparo para tal, dentre outras inúmeras hipóteses. Por isto, agiu com acerto o STF ao analisar tal questão:

> TRABALHO – OFÍCIO OU PROFISSÃO EXERCÍCIO. Consoante disposto no inciso XIII do artigo 5º da Constituição Federal, 'é livre o exercício de qualquer trabalho, ofício ou profissão, atendidas as qualificações profissionais que a lei estabelecer'. BACHARÉIS EM DIREITO – QUALIFICAÇÃO. Alcança-se a qualificação de bacharel em Direito mediante conclusão do curso respectivo e colação de grau. ADVOGADO – EXERCÍCIO PROFISSIONAL – EXAME DE ORDEM. O Exame de Ordem, inicialmente previsto no artigo 48, inciso III, da Lei nº 4.215/63 e hoje no artigo 84 da Lei nº 8.906/94, no que a atuação profissional repercute no campo de interesse de terceiros, mostra-se consentâneo com a Constituição Federal, que remete às qualificações previstas em lei. Considerações (RE 603583/RS – Rel. Min. Marco Aurélio – DJ 26/10/2011).

Outro exemplo entre conflitos de direitos fundamentais dá-se entre o inc. XXXV do art. 5º da Constituição Federal (garante a todos o acesso à justiça) e os incisos LIV e LV desta Carta Magna (garante o devido processo legal, contraditório e ampla defesa). Segundo os últimos direitos fundamentais, teoricamente o indivíduo somente poderia ser atingido em sua liberdade e patrimônio com decisão definitiva, ou seja, com o trânsito em julgado da decisão. Inobstante, é cediço que várias vezes a realização integral da ampla defesa e contraditório tornariam a tutela inócua em situações de risco de dano imediato e irreparável. Luiz Fux demonstra a importância das tutelas provisórias:

> Há muito se reclama da morosidade emprestada à solução da causa pela técnica do processo de *sentence* ou processo de conhecimento, cuja solução final é antecedida de amplíssimo debate e *excess* de formas. Por essa razão é que se atribuem o crescimento e a proliferação da 'tutela urgente' em geral como meio de superar a ineficiência do procedimento ordinário com seu 'formalismo lento e machinoso', como a ele se referiu Ferrucio Tommaseo. (FUX, Luiz. Teoria geral do processo civil. Rio de Janeiro: Forense, 2019; p. 383.)

Aplicando-se o postulado da proporcionalidade, permite-se que no caso concreto seja deferida tutela de urgência (inclusive sem ouvir a outra parte), postergando para depois o contraditório e a ampla defesa. Há uma inversão momentânea da ordem dos fatores, que restaurará o contraditório e ampla defesa após a decisão, além de ter esta caráter provisório e precário, bem como ser capaz de responsabilizar civilmente o beneficiário da tutela de urgência pelos danos advindos de tal tutela.

E na hipótese de confronto entre direitos fundamentais ou entre direitos fundamentais com limitações destes, a questão deverá ser solucionada por sopesamento (também chamada ponderação) à luz do caso concreto, observando a prevalência *prima facie* das regras:

> PROCESSUAL CIVIL E CONSTITUCIONAL. AGRAVO REGIMENTAL NA MEDIDA CAUTELAR. AÇÃO RESCISÓRIA. PRETENDIDA SUSPENSÃO DA EXECUÇÃO DE DECISÃO TRANSITADA EM JULGADO. ADMISSIBILIDADE SOMENTE EM SITUAÇÕES EXCEPCIONALÍSSIMAS, DE COLISÃO ENTRE DIREITOS FUNDAMENTAIS. INEXISTÊNCIA NA ESPÉCIE. CAUTELAR EXTINTA.

Somente na hipótese de colisão entre direitos fundamentais é que se deve admitir, pelo menos em tese, a chamada "relativização da coisa julgada", fazendo-se uma ponderação dos bens envolvidos, com vistas a resolver a conflito e buscar a prevalência daquele direito que represente a proteção a um bem jurídico maior.

- Apenas nas situações de colisão entre direitos fundamentais é que é cabível suspender, via provimento cautelar, a execução da decisão rescindenda, a fim de que outro direito fundamental em jogo, que represente a proteção a um bem jurídico maior do que aquele da segurança jurídica decorrente da coisa julgada, prevaleça.
- Agravo não provido (STJ – AgRg na MC 12581/RN – Rel. Min. Nancy Andrighi – DJ 08/06/2011).

Entende-se também ser traço do neoprocessualismo a consideração dos princípios como normas.

Anteriormente, os princípios eram considerados apenas como mecanismo integrador de lacunas, tanto que a Lei de Introdução ao Direito de 1942 dispõe em seu art. 4º: "quando a lei for omissa, o juiz decidirá o caso de acordo com a analogia, os costumes e os princípios gerais do direito". Entendem que os princípios jurídicos não são normas: Karl Larenz[83], Carl Schmitt[84] e Amauri Mascaro do Nascimento[85], dentre outros.

A antiga doutrina que não aceitava a força normativa dos princípios encontra-se superada, sendo esses considerados normas (assim como as regras jurídicas), exercendo importante papel de guia, oxigenação e resolução de casos complexos.

---

83 LARENZ, Karl. El derecho justo: fundamentos de ética jurídica. Madrid: Civitas, 2002, p. 33-35.

84 SCHMITT, Carl. Teoria de la Constitucion. Madrid: Editorial Revista de Derecho Privado, 1927, p. 28.

85 NASCIMENTO, Amauri Mascaro. Iniciação ao Direito do Trabalho. São Paulo: LTr, 2009, p. 111.

Sintetiza Daniel Sarmento que os princípios dão maior plasticidade ao direito e permitem maior abertura da argumentação jurídica à moral e ao mundo empírico subjacente[86]. Veem os princípios como espécie de normas, Josef Esser, Canaris, Dworking e Robert Alexy[87].

Mister se faz esclarecer que a admissão dos princípios como normas não sepultam as regras. Coexistem como espécies de normas, as regras e os princípios, sendo que as primeiras também mantêm sua importância ao garantir: a) maior previsibilidade e segurança jurídica para seus destinatários; b) diminuição dos riscos de erro e arbitrariedade em sua incidência, já que não dependem tanto da valoração do intérprete em cada caso; c) menor custo em seu processo de aplicação[88]. Desta forma, regras e princípios coexistem e se complementam, guardando cada qual sua importância na interpretação e aplicação do direito. Não entendemos que o neoconstitucionalismo pregue a supremacia dos princípios em relação às regras, mas apenas que coloca força normativa aos primeiros (assim como às segundas).

Soma-se ainda que, pela expressão histórica dos direitos fundamentais como expressão do princípio da dignidade da pessoa humana (amplamente relevante no neoprocessualismo), estes direitos são considerados cláusulas pétreas e não podem ser suprimidos ou terem seu núcleo essencial minorado, ainda que por emenda constitucional, conforme previsão do art. 60, §4º da Constituição Federal: "não será objeto de deliberação a proposta de emenda tendente a abolir: (...) IV – os direitos e garantias individuais". Isso não induz a

---

86 SARMENTO, Daniel. O neoconstitucionalismo no Brasil: riscos e possibilidades. In: SARMENTO, Daniel; LEITE, Salomão; SARLET, Ingo Wolfgang (Orgs.). Direitos Fundamentais e Estado Constitucional: estudos em homenagem a J. J. Gomes Canotilho. São Paulo: Editora Revista dos Tribunais, 2009, p. 43.

87 ÁVILA, Humberto Bergmann. Teoria dos princípios. São Paulo: Malheiros, 2003, p. 35.

88 SARMENTO, Daniel. O neoconstitucionalismo no Brasil: riscos e possibilidades. In: SARMENTO, Daniel; LEITE, Salomão; SARLET, Ingo Wolfgang (Orgs.). Direitos Fundamentais e Estado Constitucional: estudos em homenagem a J. J. Gomes Canotilho. São Paulo: Editora Revista dos Tribunais, 2009, p. 42. ÁVILA, Humberto Bergmann. Teoria dos princípios. São Paulo: Malheiros, 2003, p. 113-114.

acreditar que não possa o legislador alterar a configuração dos direitos fundamentais. O que resta vedado é tão somente extirpar o direito fundamental da Constituição ou alterar a configuração de forma a reduzir seu núcleo essencial (aquele espaço que uma vez retirado, desnaturaria tal direito).

Assim, não poderia o legislador excluir do ordenamento jurídico a hipótese de a parte alegar suspeição de determinado magistrado, mas poderia, por exemplo, reduzir o prazo de tal alegação de 15 (quinze) para 10 (dez) dias, haja vista que esta última alteração não afetaria o núcleo essencial do direito fundamental da imparcialidade. Plenamente legal e constitucional alteração legislativa como a ocorrida pela Lei n. 11.232/2005 que (antes do advento do CPC de 2015) eliminou a execução de sentença e promoveu abreviação do processo com a criação de um procedimento unitário por meio do cumprimento de sentença. Importante salientar que tal modificativa já era amplamente defendida por Humberto Theodoro Júnior em sua tese de doutoramento em 1987 (antes do advento da Constituição Federal) segundo se denota de suas palavras:

> Dentro dessa salutar inspiração é que se pretende nortear o presente trabalho, cujo objetivo final é demonstrar que a atual sistemática da execução de sentenças, apegada a uma injustificada tradição romanística, está a merecer profunda reforma, para, de fato, harmonizar-se com o devido processo legal, hoje erigido à categoria de direito fundamental no Estado Democrático de Direito.
>
> O plano da tese compreende três estágios básicos: no primeiro, cogitar-se-á da conceituação do Estado Democrático de Direito e da função que nele se reserva ao processo; no segundo, proceder-se-á ao levantamento histórico da execução forçada de sentença, desde suas origens romanas até sua forma atual; e no terceiro tentar-se-á demonstrar que a ação de execução de sentença, como ação autônoma e distinta da ação de condenação, tal como um retrato moderno da vetusta e anacrônica *actio iudicati*, é perfeitamente eliminável, desde que se adote uma concepção unitária do processo e, consequentemente, da relação jurídica processual a ser estabelecida com o exercício do direito de ação e a exaurir-se apenas com a efetiva e completa pacificação da lide, que só se atinge, de fato, com os atos executórios de julgado.

> A inovação só renderia frutos positivos, quer em eficácia quer em celeridade da prestação jurisdicional, em nossos dias tão desprestigiada por notória morosidade e inoperância[89].

Também constitucional, por exemplo, o CPC de 2015 na parte que eliminou o agravo retido e substitui os embargos infringentes pela técnica de complementação de julgamento (art. 942 do CPC de 2015).

O STF já entendeu que nem as reservas legais constitucionais podem atingir o núcleo essencial dos direitos fundamentais. Ao se analisar a necessidade ou não de diploma de curso superior para o exercício da profissão de jornalista, o STF entendeu que, caso se optasse por tal necessidade, estar-se-ia autorizando o legislador a atingir o núcleo essencial, o que não poderia ocorrer:

> JORNALISMO. EXIGÊNCIA DE DIPLOMA DE CURSO SUPERIOR, REGISTRADO PELO MINISTÉRIO DA EDUCAÇÃO, PARA O EXERCÍCIO DA PROFISSÃO DE JORNALISTA. LIBERDADES DE PROFISSÃO, DE EXPRESSÃO E DE INFORMAÇÃO. CONSTITUIÇÃO DE 1988 (ART. 5º, IX E XIII, E ART. 220, *CAPUT* E § 1º). NÃO RECEPÇÃO DO ART. 4º, INCISO V, DO DECRETO-LEI Nº 972, DE 1969. 1. RECURSOS EXTRAORDINÁRIOS. ART. 102, III, 'A', DA CONSTITUIÇÃO. REQUISITOS PROCESSUAIS INTRÍNSECOS E EXTRÍNSECOS DE ADMISSIBILIDADE. (...) 4. ÂMBITO DE PROTEÇÃO DA LIBERDADE DE EXERCÍCIO PROFISSIONAL (ART. 5º, INCISO XIII, DA CONSTITUIÇÃO). IDENTIFICAÇÃO DAS RESTRIÇÕES E CONFORMAÇÕES LEGAIS CONSTITUCIONALMENTE PERMITIDAS. RESERVA LEGAL QUALIFICADA. PROPORCIONALIDADE. A CONSTITUIÇÃO DE 1988, AO ASSEGURAR A LIBERDADE PROFISSIONAL (ART. 5º, XIII), SEGUE UM MODELO DE RESERVA LEGAL QUALIFICADA PRESENTE NAS CONSTITUIÇÕES ANTERIORES, AS QUAIS PRESCREVIAM À LEI A DEFINIÇÃO DAS 'CONDIÇÕES DE CAPACIDADE' COMO CONDICIONANTES PARA O EXERCÍCIO PROFISSIONAL. NO ÂMBITO DO MODELO DE RESERVA LEGAL QUALIFICADA PRESENTE NA FORMULAÇÃO DO ART. 5º, XIII, DA CONSTITUIÇÃO DE 1988, PAIRA UMA IMANENTE QUESTÃO CONSTITUCIONAL QUANTO À RAZOABILIDADE E PROPORCIO-

89 THEODORO JÙNIOR, Humberto. A execução de sentença e a garantia do devido processo legal. Rio de Janeiro: Aide, 1987, p. 9-10.

> NALIDADE DAS LEIS RESTRITIVAS, ESPECIFICAMENTE, DAS LEIS QUE DISCIPLINAM AS QUALIFICAÇÕES PROFISSIONAIS COMO CONDICIONANTES DO LIVRE EXERCÍCIO DAS PROFISSÕES. JURISPRUDÊNCIA DO SUPREMO TRIBUNAL FEDERAL: REPRESENTAÇÃO N.º 930, REDATOR P/ O ACÓRDÃO MINISTRO RODRIGUES ALCKMIN, DJ, 2-9-1977. A RESERVA LEGAL ESTABELECIDA PELO ART. 5º, XIII, NÃO CONFERE AO LEGISLADOR O PODER DE RESTRINGIR O EXERCÍCIO DA LIBERDADE PROFISSIONAL A PONTO DE ATINGIR O SEU PRÓPRIO NÚCLEO ESSENCIAL. 5. (...) RECURSOS EXTRAORDINÁRIOS CONHECIDOS E PROVIDOS. (RE 511961/SP – REL. MIN. GILMAR MENDES – DJ 17/06/2009).

Outro aspecto importante é que os direitos (inclusive os processuais) passam a ter aplicação imediata, não dependendo de qualquer regulamentação ou atitude dos poderes constituídos.

Exemplificativamente, ainda que inexistindo norma processual prevendo a produção de provas em um determinado processo administrativo, deve o administrador conceder tal prazo porque o direito fundamental possui aplicação imediata.

Interessante expor que, por muitos anos, o STF tornou letra morta a aplicabilidade imediata dos direitos fundamentais, mencionando que havia normas programáticas que careciam de regulamentação e, quando isto ocorria, devia-se aguardar tal regulamentação, inobstante terem alguns juristas, como Ada Pellegrini Grinover, defendido a aplicação imediata nestas circunstâncias[90].

Citemos o direito de greve dos servidores públicos civis. O art. 9º do Título II da Constituição Federal coloca o exercício da greve como direito fundamental:

> É assegurado o direito de greve, competindo aos trabalhadores decidir sobre a oportunidade de exercê-lo e sobre os interesses que devam por meio dele defender. § 1º – A lei definirá os serviços ou atividades essenciais e disporá sobre o atendimento das necessidades inadiáveis da comunidade; § 2º – Os abusos cometidos sujeitam os responsáveis às penas da lei.

---

90 GRINOVER, Ada Pellegrini. Le garanzie del processo civile nella nuova Costituzione brasiliana. PADOVA: Rivista di diritto processuale, n. 2, Apr-Giu, 1989, p. 486.

Como inexistia a lei prevista no §1º do art. 9º da Constituição Federal regulamentando o direito de greve, o STF entendia por sua impossibilidade de aplicação imediata, promovendo-se, quando muito, apenas a notificação da Câmara de sua mora:

> MANDADO DE INJUNÇÃO. DIREITO DE GREVE DOS SERVIDORES PÚBLICOS. ARTIGO 37, VII, DA CONSTITUIÇÃO FEDERAL. Configurada a mora do Congresso Nacional na regulamentação do direito sob enfoque, impõe-se o parcial deferimento do *writ* para que tal situação seja comunicada ao referido órgão (MI 585/TO – Rel. Min. Ilmar Galvão – DJ 15/05/2002).

Com o passar dos tempos e com a renovação dos quadros de componentes do STF, iniciou-se movimento inverso, dando aplicação imediata aos direitos fundamentais, embora a regulamentação ainda fosse inexistente.

Este direito fundamental de greve – em momento posterior – foi aplicado de forma imediata pelo STF:

> MANDADO DE INJUNÇÃO. GARANTIA FUNDAMENTAL (CF, ART. 5º, INCISO LXXI). DIREITO DE GREVE DOS SERVIDORES PÚBLICOS CIVIS (CF, ART. 37, INCISO VII). EVOLUÇÃO DO TEMA NA JURISPRUDÊNCIA DO SUPREMO TRIBUNAL FEDERAL (STF). DEFINIÇÃO DOS PARÂMETROS DE COMPETÊNCIA CONSTITUCIONAL PARA APRECIAÇÃO NO ÂMBITO DA JUSTIÇA FEDERAL E DA JUSTIÇA ESTADUAL ATÉ A EDIÇÃO DA LEGISLAÇÃO ESPECÍFICA PERTINENTE, NOS TERMOS DO ART. 37, VII, DA CF. EM OBSERVÂNCIA AOS DITAMES DA SEGURANÇA JURÍDICA E À EVOLUÇÃO JURISPRUDENCIAL NA INTERPRETAÇÃO DA OMISSÃO LEGISLATIVA SOBRE O DIREITO DE GREVE DOS SERVIDORES PÚBLICOS CIVIS, FIXAÇÃO DO PRAZO DE 60 (SESSENTA) DIAS PARA QUE O CONGRESSO NACIONAL LEGISLE SOBRE A MATÉRIA. MANDADO DE INJUNÇÃO DEFERIDO PARA DETERMINAR A APLICAÇÃO DAS LEIS nºs 7.701/1988 E 7.783/1989. 1. SINAIS DE EVOLUÇÃO DA GARANTIA FUNDAMENTAL DO MANDADO DE INJUNÇÃO NA JURISPRUDÊNCIA DO SUPREMO TRIBUNAL FEDERAL (STF). 1.1. (...) 6.7. Mandado de injunção conhecido e, no mérito, deferido para, nos termos acima especificados, determinar a aplicação das Leis nos n. 7.701/1988 e n. 7.783/1989 aos conflitos e às ações judiciais que envolvam a inter-

pretação do direito de greve dos servidores públicos civis (MI 670/ ES – Rel. Min. Gilmar Mendes – DJ 25/10/2007).

Também é característica do neoprocessualismo, a máxima eficácia dos direitos fundamentais (inclusive os processuais). Na dúvida, sobressai a interpretação que gera a maior eficácia dos direitos fundamentais processuais. Cite-se, por exemplo, a questão da ampla defesa. Se no processo houver dúvida sobre a utilidade de uma prova requerida pela parte, deve o julgador permitir sua produção, pois prevalece a máxima eficácia dos direitos fundamentais processuais (que, no caso, é a ampla defesa ou direito à prova).

Ilustremos com outro exemplo: o direito do empregado demitido de permanecer no plano de saúde no período anterior à regulamentação da questão pela ANS (Agência Nacional de Saúde). A Lei n. 9.656/98 previa, como direito do empregado demitido, permanecer no plano de saúde oferecido pela empresa (art. 30), nos termos da regulamentação da ANS. No entanto, por muitos anos inexistiu tal regulamentação. Diante de um pedido judicial de um empregado demitido a manter o plano de saúde, abria-se hipótese para duas soluções alternativas: ou se interpretava o art. 30 isoladamente e não se concedia o direito por omissão de regulamentação da ANS, ou se interpretava o art. 30 à luz do direito fundamental à saúde e se concedia tal direito, independentemente da edição de qualquer norma. A interpretação deste caso à luz da máxima eficácia dos direitos fundamentais levaria à opção pela segunda alternativa. O STJ analisou caso idêntico a este chegando à idêntica conclusão:

> Recurso especial. Ação de obrigação de fazer. Empregado demitido. Pretensão à permanência em plano de saúde oferecido pela empresa. Direito previsto no art. 30 da Lei n.º 9.656/98. Exercício condicionado à regulamentação pela Agência Nacional de Saúde Suplementar (ANS), por força do inciso XI, do 4.º, da Lei n.º 9.961/2000. Desnecessidade. Norma autoaplicável. Interpretação das leis ordinárias para dar máxima eficácia ao direito fundamental à saúde, assegurado no art. 196 da CF.
>
> O art. 30 da Lei n.º 9.656/98 confere ao consumidor o direito de contribuir para plano ou seguro privado coletivo de assistência à saúde, decorrente de vínculo empregatício, no caso de rescisão ou exoneração do contrato de trabalho sem justa causa, assegurando-lhe o direito de

> manter sua condição de beneficiário, nas as condições de que gozava quando da vigência do contrato de trabalho, desde que assuma também o pagamento da parcela anteriormente de responsabilidade patronal.
>
> O art. 30 da Lei n.º 9.656/98 é norma autoaplicável, razão pela qual não tem sua eficácia condicionada à ulterior edição de qualquer instrumento normativo para produzir todos os seus efeitos, não havendo qualquer óbice à sua imediata e plena aplicabilidade.
>
> O inciso XI, do 4.º, da Lei n.º 9.961/2000, não tem o propósito de regulamentar o direito conferido pelo art. 30 da Lei n.º 9.656/98, mas ampliá-lo, determinando que a Agência Nacional de Saúde Suplementar adote medidas 'para garantia dos direitos assegurados' nesse dispositivo.
>
> Recurso especial não conhecido (REsp 820379/DF – Rel. Min. Nancy Andrighi – DJ 28/06/2007).

Ainda há outro aspecto do neoprocessualismo referente à expansão da jurisdição constitucional. Combinou-se a teoria da separação dos poderes com a teoria dos *checks and ballances*, segundo a qual um poder controla o outro.

O Poder Judiciário, em uma onda de ativismo e devido à inércia dos demais poderes, passou a atuar em matérias em que, tradicionalmente, não atuava, como no caso de questões administrativas e políticas, inclusive pelo fato da criatividade e a substitutividade serem características da jurisdição.

O STF entendeu, por exemplo, que o Poder Judiciário pode obrigar o Executivo a fornecer medicamentos às pessoas necessitadas, podendo inclusive, se necessário for, promover o bloqueio de valores para garantir tal fornecimento:

> AGRAVO REGIMENTAL EM AGRAVO DE INSTRUMENTO. CONSTITUCIONAL. DIREITO À SAÚDE. MEDICAMENTOS. FORNECIMENTO A PACIENTES CARENTES. OBRIGAÇÃO DO ESTADO. I – O acórdão recorrido decidiu a questão dos autos com base na legislação processual que visa assegurar o cumprimento das decisões judiciais. Inadmissibilidade do RE, porquanto a ofensa à Constituição, se existente, seria indireta. II – A disciplina do art. 100 da CF cuida do regime especial dos precatórios, tendo aplicação somente nas hipóteses de execução de sentença condenatória, o que não é o caso dos autos.

> Inaplicável o dispositivo constitucional, não se verifica a apontada violação à Constituição Federal. III – Possibilidade de bloqueio de valores a fim de assegurar o fornecimento gratuito de medicamentos em favor de pessoas hipossuficientes. Precedentes. IV – Agravo regimental improvido. (AI 553712 Ag. R/RS – Rel. Min. Ricardo Lewandowski – DJ 19/05/2009).

O STJ, nesta linha, também entendeu que é possível obrigar judicialmente um município a promover obras de recuperação de área degradada por erosões, em determinadas regiões, que estivessem causando danos ao meio ambiente e riscos à população circunvizinha:

> ADMINISTRATIVO E PROCESSO CIVIL – AÇÃO CIVIL PÚBLICA – OBRAS DE RECUPERAÇÃO EM PROL DO MEIO AMBIENTE – ATO ADMINISTRATIVO DISCRICIONÁRIO.
>
> 1. Na atualidade, a Administração pública está submetida ao império da lei, inclusive quanto à conveniência e oportunidade do ato administrativo.
>
> 2. Comprovado tecnicamente ser imprescindível, para o meio ambiente, a realização de obras de recuperação do solo, tem o Ministério Público legitimidade para exigi-la.
>
> 3. O Poder Judiciário não mais se limita a examinar os aspectos extrínsecos da administração, pois pode analisar, ainda, as razões de conveniência e oportunidade, uma vez que essas razões devem observar critérios de moralidade e razoabilidade.
>
> 4. Outorga de tutela específica para que a Administração destine do orçamento verba própria para cumpri-la.
>
> 5. Recurso especial provido (REsp 429570/GO – Rel. Min. Eliana Calmon – DJ 11/11/2003).

A última das características do neoprocessualismo é a preocupação com a realização do processo justo. Anteriormente, preocupava-se tão somente com o devido processo legal (*due process of law*), que seria o processo realizado de acordo com a lei.

A partir da década de 1960, como informa Nicolò Trocker, como fruto de uma técnica que buscava seus valores na Constituição, surge a noção de "giusto processo", ou justo processo, capitaneada por Calamandrei e Eduardo Couture e posteriormente difundida por Cappelletti, dentre outros[91]. O direito fundamental do devido processo legal evolui e se transforma no direito fundamental do justo processo, que, além das características do processo legal, exige a realização da justiça material. O processo deixa, então, de ser visto como um fim em si e direciona o olhar para a efetividade e a justiça no caso concreto.

Assim, a mera legalidade cede lugar à força normativa da constituição e à caracterização dos princípios como normas. O processo deixa de ser apenas o *due process of law* e evolui para o *giusto* processo.

O direito fundamental do processo justo busca tutelar a realização da humanização do processo e obter uma decisão formal e materialmente devida e justa. Em decorrência do justo processo, passou-se a admitir, em alguns casos, a relativização da coisa julgada.

O STF entendeu ser possível a relativização da coisa julgada em ações de investigação de paternidade cujo investigado era pobre e o Estado não providenciou a realização, às suas custas, de exame de DNA, admitindo ajuizamento de nova ação para a realização do exame:

> RECURSO EXTRAORDINÁRIO. DIREITO PROCESSUAL CIVIL E CONSTITUCIONAL. REPERCUSSÃO GERAL RECONHECIDA. AÇÃO DE INVESTIGAÇÃO DE PATERNIDADE DECLARADA EXTINTA, COM FUNDAMENTO EM COISA JULGADA, EM RAZÃO DA EXISTÊNCIA DE ANTERIOR DEMANDA EM QUE NÃO FOI POSSÍVEL A REALIZAÇÃO DE EXAME DE DNA, POR SER O AUTOR BENEFICÁRIO DA JUSTIÇA GRATUITA E POR NÃO TER O ESTADO PROVIDENCIADO A SUA REALIZAÇÃO. REPROPOSITURA DA AÇÃO. POSSIBILIDADE, EM RESPEITO À PREVALÊNCIA DO DIREITO FUNDAMENTAL À BUSCA DA IDENTIDADE GENÉTICA DO SER, COMO EMANAÇÃO DE SEU DIREITO DE

91 TROCKER, Nicolò. Il valore costituzionale del 'giusto processo'. In: CIVININI, Maria Giuliana; VERARDI, Carlo Maria (Org.). Il nuovo articolo 111 della Costituzione e il giusto processo civile. Milano: Franco Angeli, 2007, p. 44.

> PERSONALIDADE. 1. É dotada de repercussão geral a matéria atinente à possibilidade da repropositura de ação de investigação de paternidade, quando anterior demanda idêntica, entre as partes, foi julgada improcedente, por falta de provas, em razão da parte interessada não dispor de condições econômicas para realizar o exame de DNA e o Estado não ter custeado a produção dessa prova. 2. Deve ser relativizada a coisa julgada estabelecida em ações de investigação de paternidade em que não foi possível determinar-se a efetiva existência de vínculo genético a unir as partes, em decorrência da não realização do exame de DNA, meio de prova que pode fornecer segurança quase absoluta quanto à existência de tal vínculo. 3. Não devem ser impostos óbices de natureza processual ao exercício do direito fundamental à busca da identidade genética, como natural emanação do direito de personalidade de um ser, de forma a tornar-se igualmente efetivo o direito à igualdade entre os filhos, inclusive de qualificações, bem assim o princípio da paternidade responsável. 4. Hipótese em que não há disputa de paternidade de cunho biológico, em confronto com outra, de cunho afetivo. Busca-se o reconhecimento de paternidade com relação a pessoa identificada. 5. Recursos extraordinários conhecidos e providos (RE 363889/DF – Rel. Min. Dias Toffoli – DJ 02/06/2011).

Por tudo o que se expôs, crê-se que se está realmente em uma nova etapa evolutiva do processo civil, com características, técnicas e efeitos particulares distintos da instrumentalidade do processo. Esta nova fase evolutiva é chamada neoprocessualismo[92], ou processo civil constitucional, porque visa à aplicação do neoconstitucionalismo no âmbito processual civil e por colocar em destaque o diálogo constitucional. O CPC de 2015 veio sacramentar esta nova fase evolutiva do processo civil.

Entende-se que não faz sentido diferenciar o processo civil constitucional do processo constitucional, porque o primeiro abrange ambas as perspectivas e porque tal diferenciação não possui contornos bem delimitados. Tal discussão já foi encerrada no âmbito do direito civil, predominando o entendimento, atualmente, de que somente existe o direito civil constitucional, englobando todas as características da relação deste ramo do direito com a Constituição

92 No mesmo sentido: DIDIER JR., Fredie. Curso de Direito Processual Civil. Vol. I. Salvador: Editora Jus Podium, 2010, p. 28.

Federal, não tendo que se falar em direito constitucional civil. Por esta razão, o tratamento da prova ilícita na presente dissertação se dará à luz do neoprocessualismo (processo civil constitucional).

2

A PROVA

A prova sempre foi vista como instrumento de obtenção da verdade, independentemente da natureza desta verdade (religiosa, mítica, científica etc.). Também no senso comum, hodiernamente, as pessoas, em várias situações do cotidiano, conclamam a prova para convencerem outrem de que têm razão no alegado. Diante disto, procura-se analisar a relação entre a busca da verdade e a prova, as principais teorias da verdade (ou do conhecimento), elegendo-se, ao final, aquela que melhor se encaixa nos tempos atuais.

2.1 A BUSCA DA VERDADE E A PROVA

Existem questões que geram um enorme fascínio nos seres humanos como algo de mágico, sagrado ou mítico, ad exemplum: "o que é justiça?", "o que é belo?", "as coisas são como aparentam ser?", "o que é filosofia?", "o que é ético?", "o que é a ideia?". Dentre estas incontáveis questões, pelas quais vários filósofos e estudiosos consumiram muito de seu tempo e até suas vidas, incluem-se indagações sobre a verdade: "o que é a verdade?", "como alcançar a verdade?" ou "como conhecer a verdade?".

Descartes buscou, durante sua vida e em especial no Discurso do Método e Regras para a direção do Espírito, a criação de uma metodologia para a busca da verdade, *in verbis*:

> E sempre tive um grande desejo de aprender a distinguir o verdadeiro do falso, para ver claro ações e caminhar com segurança nesta vida. (...) antes de empregar bastante tempo para elaborar o projeto da obra que me propus e procurar o verdadeiro método para alcançar o conhecimento de todas as coisas das quais o meu espírito fosse capaz[93].

93 DESCARTES, René. Discurso do Método. Regras para a direção do Espírito. Trad. Pietro Nassetti. São Paulo: Martin Claret, 2002, p. 26.

Blaise Pascal relembra que o ser humano, "feito para conhecer a verdade, deseja-a ardentemente, procura-a"[94], pelo que é complementado por Del Vecchio para quem, apesar de a verdade ser relativa, o homem sempre busca o posto do absoluto e tem "sede do céu" ao aspirar a mais alta esfera de verdades que lhe é dado entrever[95]. Neste sentido, Jesús García Lopes afirma que a problemática da verdade, juntamente com a do ser e do conhecimento, pertencem ao conjunto dos eternos problemas da filosofia[96]. Marilena Chauí vai mais longe e afirma que a busca da verdade é o motor da filosofia e suscita filosofias[97].

Ousa-se ainda dar um passo à frente para defender que a busca da verdade não é o motor apenas da Filosofia, mas de todas as ciências. Sem a verdade não faz sentido o conhecimento e a ciência e, como advoga Jesús García Lopes, sem a verdade não se tem liberdade (liberdade física baseia-se na verdade ontológica da própria natureza e a liberdade moral baseia-se na verdade de nossa razão), sem a verdade não se unem os seres humanos (uma verdade é capaz de aglutinar várias pessoas que creem nela), não nos fazemos fortes (a verdade supera outras questões do mundo) e nem nos aperfeiçoamos (a verdade aperfeiçoa o homem)[98]. Santo Agostinho afirma que "não há deleite maior no coração do homem do que a luz da verdade e o oceano da sabedoria"[99].

Não se sabe exatamente quando se iniciou a preocupação com a verdade, mas pode-se dizer seguramente que, com o advento da Filosofia, tal interesse

---

94 PASCAL, Blaise. Pensamentos. Trad. Paulo M. Oliveira. Bauru: EDIPRO, 1995, p. 183.

95 DEL VECCHIO, Giorgio. Lições de Filosofia do Direito. Trad. Antônio José Brandão e Cabral de Moncada. Coimbra: Armênio Amado Editor, 1959, p. 352.

96 LóPEZ, Jesús García. El valor de la verdad y otros estudios. Madrid: Editorial Gredos S.A., 1965, p. 7

97 CHAUÍ, Marilena. Convite `a Filosofia. São Paulo: Editora Ática, 2004, p. 88.

98 LóPEZ, Jesús García. El valor de la verdad y otros estudios. Madrid: Editorial Gredos S.A., 1965, p. 40-64.

99 SANTO AGOSTINHO apud LóPEZ, Jesús García. El valor de la verdad y otros estudios. Madrid: Editorial Gredos S.A., 1965, p. 15.

tomou grande impulso. A preocupação com a verdade já se fazia sentir em várias passagens da Bíblia, *ad exemplum*:

> – Então você é rei? – perguntou Pilatos. – É o senhor que está dizendo que eu sou rei! – respondeu Jesus. – Foi para falar da verdade que eu nasci e vim ao mundo. quem está do lado da verdade ouve minha voz. – O que é a verdade? perguntou Pilatos. Depois de dizer isso, Pilatos saiu outra vez para falar com a multidão..." (Jo 18, 37); Então Tomé perguntou: – Senhor, nós não sabemos aonde é que o senhor vai. Como podemos saber o caminho? Jesus respondeu: – Eu sou o caminho, a verdade e a vida" (Jo 14,6); De Davi (...)Ensina-me a viver de acordo com a tua verdade, pois tu és o meu Deus, o meu Salvador (Sl 25, 5); "quando a verdade é dita, a justiça é feita; mas a mentira produz a injustiça (Pv 12, 17).

Anatole France advoga que a pergunta "o que é a verdade?" é a interrogação mais profunda que já se formulou[100]. A verdade na Grécia antiga era representada como alétheia (ἀλήθεια), "palavra composta do prefixo a (que em grego indica 'negação') e de léthe (que significa 'esquecimento')"[101] e se referia à correspondência do enunciado com a realidade. Muito posteriormente, Heidegger, ao estudar a etimologia da palavra alétheia, concluiu que correspondia não à verdade em si (objetiva), mas à busca da verdade, colocando-a como sinônimo de desvelamento[102].

Marilena Chauí professa que

> [...] em latim, a verdade se diz veritas e se refere à precisão, ao rigor e à exatidão de um relato, no qual se diz com detalhes, pormenores e fidelidade o que realmente aconteceu. Verdadeiro se refere, portanto, à linguagem como narrativa de fatos acontecidos, refere-se a enunciados que dizem fielmente as coisas tais como foram ou aconteceram. Um relato é veraz ou dotado de veracidade quando a linguagem enuncia os fatos reais[103].

---

100 FRANCE, Anatole apud DURANT, Will. Filosofia da vida. Trad. Monteiro Lobato. São Paulo: Companhia Editora Nacional, 1970, p. 23.

101 CHAUÍ, Marilena. Convite `a Filosofia. São Paulo: Editora Ática, 2004, p. 95.

102 HEIDEGGER, Martin. ser e tempo. Trad. Márcia Sá Cavalcante Schuback. Petrópolis: Vozes, 2009, p. 282-302.

103 CHAUÍ, Marilena. Convite `a Filosofia. São Paulo: Editora Ática, 2004, p. 96.

Para os hebreus, por sua vez, a verdade (emunah) tem o sentido de confiança, além disso, esse povo pregava que os seres humanos Deus eram verdadeiros[104]. A verdade em inglês é designada *truth*, em francês *vérité*, em alemão *wahrheit* e em italiano *veritá*.[105] Inúmeros filósofos e estudiosos escreveram sobre a verdade ou a abordaram, como Euripedes (Ión), Platão (Discurso de Crátilo), Aristóteles (Da interpretação), Schelling (Bruno ou do Princípio Divino e Natural das Coisas), Ockham (Summa Logicae), Baruch de Espinosa (Pensamentos Metafísicos), David Hume (Investigação sobre o entendimento humano), Thomas Hobbes de Malmesbury (Leviatã), Locke (Ensaio sobre o entendimento humano), Descartes (Discurso do Método e Regras para a direção do Espírito), Santo Tomás de Aquino (questões Discutidas sobre a verdade), Santo Anselmo de Cantuária (A verdade), Hegel (A fenomenologia do espírito), Leibniz (Novos Ensaios), Michel de Montaigne (Ensaios), Kant (Crítica da Razão Pura e Crítica da Razão Prática), John Austin (Truth), Heidegger (Ser e Tempo e Sobre a essência da verdade), Foucault (Discurso e verdade na Grécia Antiga), Gadamer (Verdade e método) dentre vários outros.

2.1.1 As teorias da verdade (teorias do conhecimento)

A epistemologia é a ciência que estuda "o que é verdade" por meio da análise das teorias do conhecimento, enquanto a gnoseologia estuda a validade do conhecimento a partir do sujeito cognoscente.

Existem várias teorias do conhecimento, ou da verdade, que procuram solucionar "o que é verdade", podendo-se citar principalmente: a) verdade por correspondência; b) verdade por revelação ou manifestação; c) verdade por coerência; d) verdade pragmática ou por utilidade; e) verdade por consenso e f) verdade lógico-razoável da linguagem.

Abordam-se criticamente cada uma delas, pois a metodologia da busca da verdade é utilizada em todas as demais ciências, inclusive no Direito.

---

104 Idem.

105 ABBAGNANO, Nicola. Dicionário de Filosofia. Trad. Alfredo Bossi e Ivone Castilho Benedetti. São Paulo: 2007, p. 1182.

A verdade por correspondência

A verdade por correspondência surgiu com Platão em seu diálogo Crátilo, expressada pela máxima "verdadeiro é o discurso que diz as coisas como são; falso aquele que diz como não são"[106]. Esta teoria da verdade – que pode ser classificada como a mais antiga – tem em Aristóteles o seu sistematizador e um de seus primeiros expoentes[107], ao pregar que "dizer que é o que não é, ou que não é o que é, é falso, enquanto que dizer que é o que é, ou que não é o que não é, é verdadeiro".

Tal teoria liga diretamente o sujeito ao objeto, fazendo com que a realidade somente possa ser conhecida empiricamente, donde se pode depreender que "os limites da veracidade do fato eram os de seu próprio campo empírico"[108].

Pode-se definir a verdade, por correspondência, "pela adequação entre determinado enunciado e a realidade referida. Um enunciado é verdadeiro quando condizente com a realidade por ele descrita e falso quando não condizente"[109]. Assim, o céu é azul se realmente se verificar pelos sentidos que o céu é azul.

Como bem observado por Marilena Chauí, na teoria da correspondência, são as coisas e as ideias que são consideradas verdadeiras ou falsas[110]. São partidários da verdade por correspondência, dentre outros, Aristóteles, os estoicos, empiristas, G.E. Moore, Russel e Wittgenstein (em sua primeira fase), salientando-se que os dois últimos abandonaram posteriormente esta concepção[111].

---

106 ABBAGNANO, Nicola. Dicionário de Filosofia. Trad. Alfredo Bossi e Ivone Castilho Benedetti. São Paulo: 2007, p. 1183

107 ACERO, Juan José *et al.* Introducción à la filosofia del lenguage. Madrid: Ediciones Catedra, 2001, p. 121.

108 HARET, Florence Cronemberger. Presunções no Direito Tributário: teoria e prática. São Paulo: USP, 2010, 651 p. Tese de doutoramento, Curso de Pós-graduação em Direito da USP, Departamento econômico e financeiro, São Paulo, 2010, p. 246.

109 CARVALHO, Aurora Tomazini. Curso de teoria geral do Direito. São Paulo: Noeses, 2010, p. 28.

110 CHAUÍ, Marilena. Convite `a Filosofia. São Paulo: Editora Ática, 2004, p. 97.

111 ACERO, Juan José et al. Introducción à la filosofia del lenguage. Madrid: Ediciones Catedra, 2001, p. 122-123.

As mais relevantes críticas à teoria da verdade por correspondência podem ser assim resumidas: a) existem situações que somente podem ser entendidas no âmbito intelectual, como ocorre com a noção de justo e de ético, e não em coisas em si; b) a realidade empírica depreendida do objeto nunca pode ser totalmente apreendida pela linguagem devido ao fato de o ser humano ser naturalmente parcial; c) a teoria da verdade por correspondência ignora a capacidade construtiva da linguagem, capaz de criar realidades como, por exemplo, ao fazer alguém crer em algo (uma criança crer na existência do Papai Noel); d) a teoria da verdade por correspondência olvida que pessoas podem ter concepções diversas de uma a realidade (objeto), como no caso de uma pessoa enxergar de longe um pássaro preto quando, para outra pessoa que esta próxima ao animal, ele é azul; ou ainda que uma única pessoa possa ter concepções distintas, dependendo de sua referência, como no caso de ver este pássaro como portador de determinada cor quando estiver na sombra e de outra cor quando estiver exposto ao sol.

A verdade por revelação (manifestação)

A teoria da verdade por revelação – por sua vez – se estriba como dá conta Abbagnano, na

> [...] 'evidência, assumida ao o tempo como definição e critério da verdade'.[112] A verdade por revelação se dá sob 2 (duas) formas diversas: empirista (a verdade é o revelado de pronto ao ser humano como a intuição, sensação e fenômeno) e metafísica ou teleológica (a verdade é revelada mediante situações privilegiadas e excepcionais onde se evidencia a essência das coisas, seu ser ou seu princípio-Deus)[113].

A falibilidade dessa teoria da verdade se dá por sua pouca cientificidade e pelo fato de que determinadas situações não podem ser apreendidas pelos sentidos, ou, quando o são, podem estar totalmente deturpadas.

A noção de boa-fé, exemplificativamente, escapa aos sentidos, existindo tão somente no intelecto. Outra situação: segundo o sentir humano, o sol gira

---

112 ABBAGNANO, Nicola. Dicionário de Filosofia. Trad. Alfredo Bossi e Ivone Castilho Benedetti. São Paulo: 2007, p. 1184.

113 Idem.

em torno da Terra, mas ocorre o inverso (a Terra gira em torno do Sol e sobre seu próprio eixo) em conformidade com a teoria heliocêntrica de Copérnico. Os sentidos são, assim, traiçoeiros e podem nos falsear as situações[114].

A verdade por coerência

Já a teoria da verdade por coerência conforme aponta Aurora Tomazini Carvalho

> [...] parte do pressuposto que a realidade é um todo coerente. Uma proposição é verdadeira quando deduzida de outras proposições e não-contraditória com as demais de um o sistema. Tais critérios definem a verdade de um certo sistema e preservam a ausência da contradição entre seus termos[115].

A teoria da verdade por coerência, define a realidade como coerência entre o juízo e o sistema, podendo se deduzir isto do todo, ignorando-se totalmente os dados empíricos. Tal teoria não vinga, pela dificuldade de se conceituar o que seria coerência. Também conta com fragilidade pelo fato de a mera coerência não poder ser suficiente para espelhar a verdade, pois a mentira ou um conto de fadas podem ser coerentes. Ademais, essa teoria, equivocadamente, coloca a verdade como algo absoluto.

A verdade por utilidade (pragmática)

No que se refere à teoria da verdade pragmática, ou por utilidade, esta é definida como aquilo que seja útil ao prolator do enunciado. É partidário desta concepção Nietzche, para quem "verdadeiro em geral significa apenas o que é apropriado à conservação da humanidade. O que me faz perecer quando lhe dou fé não é verdadeiro para mim: é uma relação arbitrária e ilegítima do meu ser com as coisas externas"[116].

---

114 Neste sentido: DESCARTES, René. Discurso do Método. Regras para a direção do Espírito. Trad. Pietro Nassetti. São Paulo: Martin Claret, 2002, p. 41.

115 CARVALHO, Aurora Tomazini. Curso de teoria geral do Direito. São Paulo: Noeses, 2010, p. 28-30.

116 ABBAGNANO, Nicola. Dicionário de Filosofia. Trad. Alfredo Bossi e Ivone Castilho Benedetti. São Paulo: 2007, p. 1186.

Critica-se tal teoria pelo fato de ela sofrer de falta de cientificidade ao se embasar tão somente na utilidade. Além disso, uma mentira pode ser útil e não ser verdadeira.

A verdade por consenso

No que se refere à teoria da verdade por consenso, esta prega a verdade como "a crença da comunidade científica em determinada proposição científica. Enunciado verdadeiro seria aquele detentor de maior prestigio no meio do qual emerge, levando-se em conta a coerência com os demais enunciados do sistema cientifico no qual está inserido"[117]. Para Maria Rita Ferragut, tal teoria tem o inconveniente de transformar a concepção da comunidade em certeza, gerando grande insegurança[118].

Muitas vezes, as teses minoritárias, com o passar dos tempos, vingam e se transformam em entendimento pacífico. Cite-se o mandado de injunção. Desde o seu nascimento, foi aplicado somente como um meio de constituição em mora do responsável pela regulamentação legislativa, mas, posteriormente, passou a ser utilizado como instrumento processual de aplicação imediata do direito, independentemente de omissão legislativa. Além do mais, há situações em que a noção de verdade pode ser contra majoritária, como na hipótese dos direitos fundamentais como "trunfo contra a maioria"[119].

A verdade lógico-razoável da linguagem

A teoria da verdade lógico-razoável da linguagem, a que Aurora Tomazini chama apenas de "verdade lógica", seria a "verdade como valor do qual se fala, característica lógica necessária de qualquer discurso descritivo (verdade

117 MOUSSALEM, Tárek Moysés. Fontes no direito tributário. São Paulo: Noeses, 2006, p. 17.

118 FERRAGUT, Maria Rita. Presunções no direito tributário. São Paulo: Dialética, 2001, p. 43.

119 NOVAIS, Jorge Reis. Direitos fundamentais: trunfos contra a maioria. Coimbra: Coimbra Editora, 2006.

lógica)"[120], adotando tal teoria "o critério da consonância da proposição com certo sistema de referência. Uma proposição é verdadeira quando está de acordo com uma interpretação aceita, instituída nos moldes de referenciais, dentro dos quais é processada"[121].

Incluiu-se a razoabilidade no tipo de verdade lógica adotada segundo os passos de Recasens Siches[122]. Isso porque, consoante Recasens Siches

> [...] a lógica tradicional ou físico-matemática não é adequada para tratar a vida humana nem seus problemas práticos, por conseguinte, tampouco para os ministérios jurídicos, entre os quais figura a interpretação do Direito. Para todo quanto pertença a nossa humana existência – incluindo a prática do Direito – há que empregar um tipo diferente do logos, que tem tanta dignidade como a lógica tradicional, si é que não superior a desta: há que manejar o logos do humano, a lógica do razoável, a qual é a razão, tanto razão como a lógica do racional, mas diferente desta. A lógica do humano ou do razoável é uma razão impregnada de pontos de vista estimativos, de critérios de valoração, de pautas axiológicas, que, ademais, levam nas suas costas como instrumento dos ensinos recebidos da experiência, da experiência própria e da experiência do próximo através da história[123].

Lourival Vilanova, seguindo tal trilha e defendendo a ocorrência de uma "conclusão além das premissas" e "caráter extralógico da decisão", aponta que "a Lógica não é suficientemente potente para ir à concreção material da experiência jurídica"[124].

Também designamos verdade lógico-razoável da linguagem em detrimento de mera verdade lógico-razoável, pois a última se resume tão somente

120 CARVALHO, Aurora Tomazini. Curso de teoria geral do Direito. São Paulo: Noeses, 2010, p. 28-30

121 Op. Cit. p. 30.

122 SICHES, Luis Recasens. Filosofia del Derecho. México: Editorial Porrúa, 2010.

123 SICHES, Luis Recasens. Filosofia del Derecho. México: Editorial Porrúa, 2010, p. 642.

124 VILANOVA, Lourival. As estruturas lógicas e o sistema de Direito Positivo. São Paulo: Noeses, 2010, p. 284.

às condições normais atinentes à validade e à razoabilidade e a primeira vai além, incluindo os mecanismos da linguagem.

A espécie de verdade lógica pregada neste trabalho é baseada na filosofia da linguagem de Wittgenstein[125] e de Habermas[126], que é a nova etapa pós-filosofia do conhecimento, iniciada com o giro-linguístico[127,128] por meio do Tractatus Logico-Philosophicus do autor primeiramente citado. Isto porque a verdade deixa de ser uma correspondência entre um objeto e um enunciado e passa a ser uma correspondência entre linguagens. A linguagem deixa de ter o caráter secundário de liame entre sujeito e objeto e passa a ser geradora do próprio conhecimento, podendo inclusive criar a verdade.

No direito, a situação não diverge, como aponta Castanheira Neves:

> [...] o direito é linguagem, e terá de ser considerado em tudo e por tudo como uma linguagem. O que quer que seja e como quer que seja, o que quer que ele se proponha e como quer que nos toque, o direito é-o numa linguagem e como linguagem – propõem-se sê-lo numa linguagem (nas significações linguísticas em que se constitui e exprime) e atinge-nos através dessa linguagem, que é[129].

Isso porque é por meio da linguagem (ou língua) que se conhece a verdade, sendo aquela nas palavras de Ortega y Gasset "um uso social"[130].

---

125 No mesmo sentido: ABBOUD, Georges; OLIVEIRA, Rafael Tomaz de. o dito e não-dito sobre a instrumentalidade do processo: críticas e projeções a partir de uma exploração hermenêutica da teoria processual. São Paulo, Editora Revista dos Tribunais, v. 166, ano 33, 2008.

126 No mesmo sentido: MARINONI, Luiz Guilherme e ARENHART, Sérgio Cruz. Prova. São Paulo: Revista dos Tribunais, 2009, p. 42-46.

127 Linguist turn (giro-linguístico) foi expressão cunhada por Richard Rorty.

128 Também chamada de guinada linguística por Habermas ou revolta linguística por Manfredo Oliveira segundo STRECK, Lênio Luiz. Hermenêutica Jurídica e(m) Crise: uma exploração hermenêutica da construção do Direito. Porto Alegre: Livraria dos Advogados, 2003, p. 157.

129 CASTANHEIRA NEVES, Antônio. Metodologia jurídica: problemas fundamentais. Coimbra: Coimbra Ed, 1993, p. 90.

130 GASSET, José Ortega. El hombre y la gente. Madrid: Revista de Occidente, 1957, p. 263.

Exemplifique-se com um caso recente. Descobriu-se que pessoas estavam morrendo na Alemanha por conta da bactéria E.coli e noticiou-se que esta bactéria seria proveniente do pepino importado da Espanha. Em virtude disto, a Espanha teve uma queda abrupta na exportação de verduras, frutas e legumes. Posteriormente, descartou-se que a bactéria fosse originária do pepino espanhol e verificou-se que a causa provável da bactéria seria sementes de feno-grego importadas do Egito. Esta notícia mostra muito bem que a linguagem foi capaz de criar uma verdade (que o pepino importado da Espanha seria o responsável pela bactéria E.coli), trazendo inúmeras consequências, verificando-se que tal situação não correspondia à realidade.

Outro exemplo pode ser verificado com a situação do corpo celeste Plutão, que, desde a década de 1930, foi considerado um planeta. Apesar disto, em período muito posterior (ano 2000, aproximadamente) e com o desenvolvimento dos telescópios, notou-se que existiam inúmeros corpos celestes maiores que Plutão, o que fez com que ele deixasse de ser considerado um planeta. Neste caso, a linguagem foi capaz de criar uma realidade (que Plutão era um planeta), ou melhor, foi capaz de criar um planeta!

Como último exemplo, podemos nos valer da história do cinema. Os irmãos Auguste e Louis Lumiére, ao fazerem a primeira projeção cinematográfica em Paris, apresentaram o filme "A chegada do Trem na Estação". As pessoas que pela 1ª vez se deparavam com o cinema assustaram-se quando o trem se movimentava na tela e vinha em sentido ao público, levantando-se e saindo correndo da sala de exibição do filme. A linguagem (no caso, a cinematográfica) criou a verdade de que os espectadores seriam atropelados pela locomotiva. Como apontado por Aurora Tomazini, "a linguagem cria e destrói objetos, coisas, fatos e relações, independentemente de eles serem verificados empiricamente"[131].

Hans-Georg Gadamer conclama que "a linguagem não é somente um dentre muitos dotes atribuídos aos homens que está no mundo, mas serve de base absoluta para que os homens tenham mundo, nela se representa mun-

131 CARVALHO, Aurora Tomazini. Curso de teoria geral do Direito. São Paulo: Noeses, 2010, p. 32.

do"[132]. Este autor defende a necessidade e a possibilidade de superação dos pré-conceitos e pré-julgamentos na obtenção do conhecimento por meio do diálogo. Por isso, considera-se acertada a expressão de Wittgenstein: "os limites de minha linguagem significam os limites do meu mundo"[133].

A relação entre o enunciado e o objeto deixa de ser verdadeira ou falsa, o que passa a ser verificado somente em relação à proposição que, segundo Wittgenstein, "é tudo que pode ser verdadeiro ou falso. (...) E o que é uma proposição é, num sentido, determinado pelas regras da sua construção (em português, p. ex.), num outro sentido, pelo uso dos signos no jogo de linguagem"[134].

Como bem aponta Fabiana Del Padre Tomé, "isso não significa, porém, a inexistência de quaisquer objetos físicos quando não haja linguagem. O que queremos demonstrar é ser pela linguagem e somente por ela que podemos ter acesso às coisas existentes no mundo, compreendo-as e criando, desse modo, a realidade objetiva do ser cognoscente"[135].

Acresce-se que esta relação entre linguagens deve-se dar em um sistema de referência, que são "as condições que informam o conhecimento sobre algo"[136], as vivências do indivíduo. Num sistema de referência de um adulto, uma bolinha com espinhos gelatinosos chega a ser um mero instrumento de brincadeiras, enquanto no de uma criança que não a conheça pode ser motivo de medo e pavor. Devido à existência de sistemas de referência diversos é que

---

132 GADAMER, Hans-Georg. Verdade e método. Trad. Flávio Paulo Meurer. Petrópolis: Vozes, 2008, p. 571.

133 WITTGENSTEIN, Ludwig. Tractatus Lógico-Philosophicus. Trad. Luiz Henrique Lopes dos Santos. São Paulo: Editora da Universidade de São Paulo, 2010, p. 245.

134 WITTGENSTEIN, Ludwig. Investigações filosóficas. Trad. Marcos G. Nontagnoli. Petrópolis: Vozes, 2009, p. 78.

135 TOMÉ, Fabiana Del Padre. A prova no direito tributário. São Paulo: Noeses, 2008, p. 4.

136 44 CARVALHO, Aurora Tomazini. Curso de teoria geral do Direito. São Paulo: Noeses, 2010, p. 22.

se torna possível ter conhecimentos diferentes de uma a situação[137]. Ortega y Gasset salienta que "é tão tênue a reação da língua aos caracteres da sociedade que, não apenas se diferenciam os de duas sociedades, como também dentro de uma mesma se modificam segundo o grupo social"[138].

O sistema de referência de Wittgenstein foi baseado na fenomenologia de Husserl (seu mestre)[139], haja vista que esta tem por objetivo descrever aquilo que parece[140]. A fenomenologia surgiu com Franz Brentano, o qual foi professor de Husserl. Wittgenstein aponta também a existência de uma teoria dos jogos de linguagem[141], significando que "nos diferentes contextos, existem diferentes regras, podendo-se, a partir delas, determinar o sentido das expressões linguísticas"[142].

Como bem pondera Lourival Vilanova "um sistema de normas jurídicas é um sistema de linguagem"[143], donde se pode depreender que o jogo da linguagem jurídica é o jogo do sistema de normas. O jogo jurídico e sociológico, como os diversos esportes, por exemplo, possui cada um seu regramento e suas verdades estabelecidas por aquelas regras. A afirmação de que a verdade teria uma característica lógica da linguagem, acarreta sua relatividade.

---

137 No mesmo sentido: TOMÉ, Fabiana Del Padre. A prova no direito tributário. São Paulo: Noeses, 2008, p. 8.

138 GASSET, José Ortega. El hombre y la gente. Madrid : Revista de Occidente, 1957, p. 269.

139 GUERRA FILHO, Willis Santiago. Teoria processual da constituição. São Paulo: Celso Bastos Editor: Instituto Brasileiro de Direito Constitucional, 2000, p. 200.

140 ABBAGNANO, Nicola. Dicionário de Filosofia. Trad. Alfredo Bossi e Ivone Castilho Benedetti. São Paulo: 2007, p. 510.

141 WITTGENSTEIN, Ludwig. Tractatus Lógico-Philosophicus. Trad. Luiz Henrique Lopes dos Santos. São Paulo: Editora da Universidade de São Paulo, 2010.

142 CARVALHO, Aurora Tomazini. Curso de teoria geral do Direito. São Paulo: Noeses, 2010, p. 34.

143 VILANOVA, Lourival. As estruturas lógicas e o sistema de Direito Positivo. São Paulo: Noeses, 2010, p. 157.

Importante salientar que a classificação da verdade como lógica da linguagem, como relativa, longe de levar a um ceticismo em que não se acredita em qualquer verdade, admite sua ocorrência, mas dá ciência de sua mutabilidade, de sua dinâmica e do caráter autopoiético do Direito. Neste sentido, vale-se, aqui, das palavras de Descartes: "Não imitava, para tanto, os céticos, que só duvidam por duvidar e dão mostras de estar sempre irresolutos. Todo o meu intuito tendia, ao contrário, a me certificar, a afastar a terra movediça e a areia, para descobrir a rocha ou a argila"[144]. Inclusive porque a verdade e sua utilidade jurídica podem ser concebidas como constituição de alegações pela linguagem do sistema jurídico, admitida conforme as regras da pertinente comunidade[145].

Lênio Streck, em sua obra Hermenêutica Jurídica e(m) Crise: uma exploração hermenêutica da construção do Direito, além de pregar o equívoco da não recepção da viragem linguística no modelo interpretativo jurídico vigorante no Brasil até então, defende uma mudança de paradigmas com a adoção na hermenêutica da viragem precitada em solo pátrio e a adoção de uma verdade que não é empírica e nem absoluta[146]. Nesta concepção de verdade lógico-razoável da linguagem, inexiste sentido na diferenciação entre verdade formal e material[147], pois, tendo a última caráter absoluto, refulgiria ao conhecimento humano[148].

Toda verdade científica seria formal[149], "pois todas estão impregnadas de um conteúdo concreto, determinado pelas épocas históricas em que foram

---

144 DESCARTES, René. Discurso do Método. Regras para a direção do Espírito. Trad. Pietro Nassetti. São Paulo: Martin Claret, 2002, p. 39.

145 TOMÉ, Fabiana Del Padre. A prova no direito tributário. São Paulo: Noeses, 2008, p. 15.

146 Op. Cit. p. 61-87 e 168.

147 No mesmo sentido: CAMBI, Eduardo. Direito constitucional à prova no processo civil. São Paulo: 2001, p. 72.

148 Também entendendo pelo colapso da diferenciação entre verdade formal e material: NEVES, Daniel Amorim Assumpção. Manual de direito processual civil. Rio de Janeiro: Forense; São Paulo: Método, 2012, p. 410-411.

149 FERRAJOLI, Luigi. Direito e razão: teoria do garantismo penal. São Paulo: Revista dos Tribunais, 2010, p. 53; NEVES, Daniel Amorim Assumpção. Manual de direito processual civil. Rio de Janeiro: Forense; São Paulo: Método, 2012, p. 409.

proclamadas. A verdade de um momento histórico não é a de outro"[150].

Carnelutti, no alto de sua inteligência, deixa claro que a verdade jurídica é formal:

> [...] o resultado da pesquisa juridicamente limitada ou disciplinada não é mais verdade material, ou, como se diz com um eficaz truísmo, a verdade verdadeira, mas uma verdade convencional, que se batiza por verdade formal, sendo que essa conduz uma visão baseada nas formas, ou por verdade jurídica, obtida mediante leis jurídicas, não só mediante leis lógicas...[151].

Mattirolo relembra que "o ímpeto das paixões e as mil imperfeições humanas que recaem sobre a humanidade podem servir de véu à razão, escondendo o erro sob a aparência da verdade"[152]. E ainda, como no processo somente se obtém a verdade de acordo com o ordenamento jurídico e não se pode prolongar eternamente a busca desta verdade, entende se, por mais este motivo, ser ela (a verdade) formal. Ainda que se buscasse a verdade eternamente não se poderia alcançá-la, além do que o preço desta perenização da busca seria muito mais maléfica do que a solução do conflito por meio da utilização do alto grau de probabilidade.

Lopes da Costa ensina que a pesquisa da verdade é um problema político, mas "a eternização do litígio é a negação do processo"[153]. Humberto Theodoro Júnior afirma que: "O juiz não pode eternizar a pesquisa da verdade, sob pena de inutilizar o processo e de sonegar a justiça postulada pelas partes".[154]

---

150 BARROS, Marco Antônio de. A busca da verdade no processo penal. São Paulo: RT, 2011, p. 26.

151 CARNELUTTI, Francesco. La prova civile. Roma: Edizione Dell'ateneo, 1947, p. 29.

152 MATTIROLO, Luis. Tratado de derecho judicial civil. Tomo II. Trad. Constancio Bernaldo de quirós e Manuel López-Rey y Arrojo. Madrid: Editorial Réus, 1933, p. 236.

153 LOPES DA COSTA, Alfredo Araújo. Direito processual civil brasileiro. Rio de Janeiro: Forense, 1959, p. 69.

154 THEODORO JR., Humberto. Curso de Direito Processual Civil. Vol. 1. Rio de Janeiro: Forense, 2010, p. 424.

A finalização do processo é, segundo Chiovenda, uma "necessidade social"[155], devendo-se salientar que tal finalização deve se dar em prazo razoável, por ser este (duração e término do processo em prazo razoável) um direito fundamental processual (art. 5º, LXXVIII da Constituição Federal). Esta verdade formal não se confunde com verossimilhança, ao contrário do que alguns defendem[156]. Isto porque a verossimilhança conforma-se com um grau de conhecimento menor do que no alto grau de probabilidade existente na verdade formal. Acreditar que o processo se contente com a verossimilhança implicaria em acreditar que poder-se-ia condenar um acusado de crime, ou alguém à perda do poder familiar, com base nela (na verossimilhança), o que seria desarrazoável, injusto e não pacificaria a sociedade. Ademais, como se depreende do art.300 do CPC[157], a verossimilhança equivale à mera probabilidade/plausibilidade e não mais que isso.

Já a condenação com base no alto grau de probabilidade alcançável no processo seria uma decisão legítima diante das limitações do conhecimento humano. O alto grau de probabilidade tem segundo o que segundo Calamandrei chama de "aparência (que pode ser ilusão também) de verdade".[158]

Importante salientar que, apesar de a verdade se basear no alto grau de probabilidade, ela pode sofrer mitigação quando em confronto com outro interesse mais relevante no caso concreto. Por isso, admitem-se decisões em sede de cognição sumária (liminares e tutela provisória) com base apenas na probabilidade do direito, não se exigindo o alto grau de probabilidade existente quando do exaurimento da cognição. Também há situações em que o grau de probabilidade é tamanho que se pode falar em uma "tutela de evidência", ainda que em sede de cognição não exauriente como bem ensina o professor e

155 CHIOVENDA, Giuseppe. Principi di Diritto Processuale Civile. Napoli: Jovene, 1923, p. 809.

156 ALVIM, Arruda. Manual de Direito Processual Civil. Vol. 2. São Paulo: RT, 2008, p. 470.

157 "Art. 300 do NCPC – A tutela de urgência será concedida quando houver elementos que evidenciem a plausibilidade do direito e o perigo de dano ou o risco ao resultado útil do processo".

158 CALAMANDREI, Piero. Opere giuridiche. Vol. III. Napoli: Morano, 1965; p. 319.

Ministro Luiz Fux[159]. Segundo o Ministro Luiz Fux, que trouxe a ideia de tutela de evidência para o Brasil:

> cuida-se de modalidade de tutela diferenciada, por meio da qual ocorre a adaptação do procedimento às peculiaridades da causa, permitindo a satisfação de direitos bem demonstrados de plano, quando diminutas as chances de sucesso final do ex adverso. (FUX, Luiz. Teoria geral do processo civil. Rio de Janeiro: Forense, 2019; p. 387.)

Trata-se da consideração da verdade como evidência pregada como primeiro preceito por Descartes: "nunca aceitar alguma coisa como verdadeira sem que a conhecesse evidentemente como tal".[160] Apesar disto, Marinoni e Arenhart deixam claro que "não se pode negar que a ideia de se atingir, por meio do processo, a verdade real sobre determinado acontecimento não passa de mera utopia"[161].

Como bem lembrado por Fredie Didier[162], Carlos Drummond de Andrade em seu poema "A verdade" aponta muito bem a impossibilidade do alcance da verdade absoluta:

> A porta da verdade estava aberta,
> mas só deixava passar
> meia pessoa de cada vez.
> Assim não era possível atingir toda a verdade
> porque a meia pessoa que entrava
> só trazia o perfil de meia verdade,

159 FUX, Luiz. Tutela de segurança e tutela da evidência: fundamentos da tutela antecipada. São Paulo: Saraiva, 1996, p. 305-334.

160 Trata-se da consideração da verdade como evidência pregada como primeiro preceito por Descartes: "nunca aceitar alguma coisa como verdadeira sem que a conhecesse evidentemente como tal". Apesar disto, Marinoni e Arenhart deixam claro que "não se pode

161 Op.cit. p. 33

162 DIDIER JR., Fredie. Curso de Direito Processual Civil. Vol. I. Salvador: Editora Jus Podium, 2010, p. 166.

e a sua segunda metade
voltava igualmente com meios perfis
e os meios perfis não coincidiam verdade...

Táreky Moysés Moussallem avaliza tal entendimento deixando claro que "a tradicional classificação da verdade em material e formal passa a ser irrelevante, uma vez que, no sistema adotado, toda verdade passa a ser formal, ou seja, verdade dentro de um sistema de linguagem"[163].

Conclui-se, portanto, que não vinga a tese de que a verdade material seria o escopo básico do processo. Ademais, esta espécie de verdade, baseia-se no positivismo clássico, recém-ultrapassado pelo pós-positivismo e incompatível com a realidade atual. Igualmente, ao se entender que a verdade jurídica, notadamente a verdade processual, caracteriza-se como formal, não se está falando em uma não verdade, mas em uma verdade obtida de acordo com determinadas regras do jogo jurídico.

A verdade é obtida de acordo com as normas jurídicas e dentro de um agir comunicativo (dialética e discursivamente) como aponta Habermas[164]. Trata-se da forma de melhor argumento, que assegura aos indivíduos participar e influenciar na construção da decisão judicial por meio de um procedimento[165]. Acresce-se também que o mero fato de a verdade obtida ser formal e não material não retira a importância da primeira, a uma porque verdade material é utópica e a duas porque, inobstante seja formal, ainda sim é uma verdade, e mais, é a verdade passível de ser apreendida pelo intelecto humano e pelas normas jurídicas.

A mera busca da verdade atrelada à resolução do conflito, conforme as normas do ordenamento jurídico, já acarretaria a legitimidade da decisão ju-

163 MOUSSALLEM, Tárek Moysés. Fontes no direito tributário. São Paulo: Noeses, 2006, p. 18.

164 HABERMAS, Jurgen. Verdad y justificacion. Madrid: Editorial Trotta, 2002, p. 261.

165 ALMEIDA, Gregório Assagra de. Direito material coletivo: superação da summa divisio. Direito Público e Direito Privado por uma nova summa Divisio Constitucionalizada. Belo Horizonte: Del Rey,

dicial, tendo como objetivo-mor a justiça da decisão[166]. Caso haja a carência de qualquer uma destas 3 características (busca da verdade, ou resolução de conflitos, ou conformidade com as normas do ordenamento jurídico), a decisão será ilegítima.

Como já dito, a noção de absolutismo da verdade material (certeza)[167] cede quando colocada frente à noção de verdade formal que, por sua vez, é atrelada à noção de alto grau de probabilidade[168].

Pelo exposto, adotamos a verdade lógico-razoável da linguagem no presente estudo por ser a que melhor se relaciona com o tema do neoconstitucionalismo[169]-[170], neoprocessualismo e das provas[171], deixando claro que, no

166 Neste sentido: CAMBI, Eduardo. Direito constitucional à prova no processo civil. São Paulo: 2001, p. 76.

167 Defendida por SOUZA, Joaquim José Caetano Pereira. Primeiras linhas sobre o processo civil. Accommodadas ao fôro do Brasil até o anno de 1877 por Augusto Teixeira de Freitas. Imprensa: Rio de Janeiro, H. Garnier, 1906, p. 158; LESSONA, Carlos. Teoria General de la Prueba en Derecho Civil. Madrid: Instituto Editorial Reus, 1957, p. 3; MITTERMAYER, C. J. A. Tratado de La prueba em matéria criminal. Madrid: Editorial Reus, 1929, p. 104 e MALATESTA, Nicola Framarino dei. A lógica das provas em matéria criminal. Trad. J. Alves de Sá. Lisboa: Livraria Clássica Editora, 1927, p. 84-85.

168 É chamada de "verdade aproximativa" por FERRAJOLI, Luigi. Direito e razão: teoria do garantismo penal. São Paulo: Revista dos Tribunais, 2010, p.52.

169 Ana Araújo Ximenes Teixeira Mendes verifica o nexo entre o giro linguístico e o neoconstitucionalismo, a que ela chama de Nova Hermenêutica Constitucional. MENDES, Ana Araújo Ximenes Teixeira. A eficácia das normas constitucionais e a interpretação pragmática da Constituição. Themis: Revista da EsMEC, Fortaleza, v. 6, n. 2, p. 79-110, ago./dez. 2008. Disponível em: <http://bdjur.stj.jus.br/dspace/handle/2011/25851>. Acesso em: 10 jun. 2012.

170 Lênio Streck menciona que a nova hermenêutica – que segundo nós é o neconstitucionalismo – baseia-se na filosofia da linguagem e coloca a Constituição em toda sua substancialidade no topos hermenêutico. Op. Cit. p. 241.

171 No mesmo sentido: CARVALHO, Aurora Tomazini. Curso de teoria geral do Direito. São Paulo: Noeses, 2010, p. 28.

âmbito jurídico, a verdade dá-se quando as alegações realizadas por meio da linguagem do Direito é aceita conforme as normas deste sistema por meio de um método dialético-discursivo.

A RELAÇÃO DA PROVA COM A VERDADE LÓGICO-RAZOÁVEL DA LINGUAGEM

O meio, por excelência, para viabilizar o alcance da verdade lógico-razoável da linguagem (verdade formal) é a prova que também tem como função conceder legitimidade à decisão judicial e segurança jurídica que está prevista no caput do art. 5º da Constituição Federal. A prova não intenta demonstrar a verdade material (absoluta), mas apenas como o fato provavelmente ocorreu (verdade lógico-razoável da linguagem)[172]. Os sempre lembrados Marinoni e Arenhart apontam "ser impossível atingir-se a verdade sobre certo evento histórico. Pode-se ter uma elevada probabilidade sobre como ele se passou, mas nunca a certeza da obtenção da verdade"[173]. Como bem observado por Elmir Duclerc a prova seria uma comunicação entre sujeitos[174].

Apesar de a lógica ser base para todo o Direito positivo[175], é no campo das provas que ela incide com maior intensidade. A preponderância da lógica no campo probatório pode ser percebida a partir do título de algumas obras clássicas como "A Lógica das provas em matéria criminal", de Malatesta.

Crê-se, no entanto, que não reina a lógica tradicional, mas aquela concepção por nós defendida de lógico-razoável da linguagem. Por conseguinte, é por meio das provas que se alcança a verdade jurídica, a qual tem natureza eminentemente formal (e não material), como aponta Comoglio, Ferri e Taruf-

172 MARINONI, Luiz Guilherme; ARENHART, Sérgio Cruz. Prova. São Paulo: RT, 2009, p. 37.

173 Op.cit. p. 37.

174 DUCLERC, Elmir. Prova penal e garantismo: uma investigação crítica sobre a verdade fática construída através do processo. Rio de Janeiro: Lúmen Juris, 2004, p. 16.

175 VILANOVA, Lourival. VILANOVA, Lourival. As estruturas lógicas e o sistema de Direito Positivo. São Paulo: Noeses, 2010, p. 157.

fo: "deve-se ter em conta o fato que no processo, como de resto em cada outro contexto nos quais se realizam conhecimentos práticos e empíricos, se trata sempre de verdade relativa e nunca de verdade absoluta".

Deve-se, portanto, romper com o dogma de que o direito (e notadamente o processo civil) busca a verdade material (absoluta), o que, há muito, já foi abandonado pela filosofia e em outros setores do conhecimento[176,177], reconhecendo na prova o instrumento por excelência para o alcance da verdade formal (verdade lógico-razoável da linguagem).

Como pontifica Luiz Fux, "a conclusão a que chega o juízo não tem compromisso absolute com a verdade, senão com a justice, a estabilidade e a segurança sociais, alcançadas mediante a colaboração das partes".

CONCEITO

Affonso Fraga noticia que a palavra prova advém do latim, *probatio*, que, por sua vez, procede do verbo *probare* que, por sua vez, origina-se de probo, relacionado a homem de fé, sendo que dar prova seria demonstrar um fato como caberia aos homens de fé[178]. A palavra prova é, no entanto, polissêmica, admitindo vários significados, tanto no sentido comum como no âmbito jurídico.

Apesar de vários doutrinadores desejarem conceituar a prova conforme se tratar de instrumento, atividade, meio ou resultado, entende-se ser possível delimitar um conceito único, como bem o fazem Marinoni e Arenhart[179] e

---

176 MARINONI, Luiz Guilherme; ARENHART, Sérgio Cruz. Prova. São Paulo: RT, 2009, p. 81.

177 Entendendo também que o processo civil alcança apenas a verdade formal: THEODORO JR., Humberto. Curso de Direito Processual Civil. Vol. 1. Rio de Janeiro: Forense, 2010, p. 425; GIANNICO, Maricí. A prova no código civil: natureza jurídica. São Paulo: Saraiva, 2005, p. 76-77.

178 FRAGA, Affonso. Instituições do processo civil brasileiro. Tomo II. São Paulo: Livraria Acadêmica, 1940.

179 Op. Cit. p. 57.

Sentis Melendo[180]. Acredita-se, entretanto, que, para bem se poder conceituar a prova jurídica, deve-se anteriormente delimitar qual seu objeto e sua finalidade. Quanto ao objeto, a doutrina clássica (positivista) sempre relacionou a prova aos fatos da causa, classificando a verdade como correspondência do enunciado ao dito fato. Entendem que os fatos são objeto da causa, dentre outros Chiovenda[181], Carlos Lessona[182], Moacyr Amaral dos Santos[183], Liebman[184], José Frederico Marques[185], Medina e Teresa Arruda Alvim Wambier[186], Leonardo Greco[187], Cássio Scarpinella[188] e Arruda Alvim[189].

A doutrina clássica entende que a prova seria "um instrumento para descobrir e conhecer com exatidão os fatos da causa (função epistêmica, que considera a prova instrumento de conhecimento)" e que "um fato 'está provado' quando o juiz consegue atestar, objetiva e racionalmente, a sua existência, à luz

---

180 Op. Cit. p. 557.

181 CHIOVENDA, Giuseppe. Instituciones de Derecho Procesal Civil. Vol. III. Trad. E. Gómez Orbaneja. Madrid: Editorial Revista de Derecho Privado, 1940, p. 205.

182 LESSONA, Carlos. Teoria General de la Prueba en Derecho Civil: parte general. Madrid: Instituto Editorial Reus, 1928, p. 3.

183 SANTOS, Moacyr Amaral dos. Prova judiciária no cível e comercial. Vol. I. São Paulo: Max Limonad, 1971, p. 10.

184 LIEBMAN, Enrico Tullio. Manuale di Diritto Processuale Civile. Vol. II, 1. Milano: Dott. A. Giuffrè Editore, 1968, p. 75.

185 MARQUES, José Frederico. Manual de direito processual civil. Vol. I. São Paulo: Saraiva, 1977, p. 176.

186 MEDINA, José Miguel Garcia e WAMBIER, Teresa Arruda Alvim. Parte geral e processo de conhecimento. São Paulo: RT, 2009, p. 197.

187 GRECO, Leonardo. o conceito de prova. Campos: Revista da Faculdade de Direito de Campos, Ano IV, n.º 4 e Ano V, nº 5 – 2003-2004, p. 229.

188 BUENO, Cássio Scarpinella. Curso sistematizado de direito processual civil: procedimento comum, procedimento ordinário e sumário. Vol. 2. São Paulo: Saraiva, 2011, p. 281.

189 ALVIM, Arruda. Manual de Direito Processual Civil. Vol. 2. São Paulo: RT, 2008, p. 472.

dos elementos obtidos com a atividade probatória"[190]. Crê-se que tal corrente não é a mais adequada na atualidade[191].

A doutrina mais avançada sobre a matéria de prova pondera que "importa, assim, buscar nova dimensão para situar o conceito, apta a fazer frente às premissas anteriormente expostas sobre a forma do conhecimento, conforme verificadas pela filosofia atual"[192].

Atendendo a isto, a teoria adotada (verdade lógico-razoável da linguagem) tem na prova o instrumento processual que busca demonstrar a veracidade das alegações e não a veracidade dos fatos, pois estes últimos somente fazem sentido diante de um dado sistema de linguagem (*in casu*, o sistema jurídico). Sem o sistema de linguagem, os fatos nada representariam, pois, em processo, como lembra Taruffo, no geral, ou se fala ou se escreve, sendo os fatos objetos da atividade linguística e conteúdo de enunciados linguísticos. O fato deve ser construído pelo enunciado[193]. Ortega y Gasset arremata dizendo que

> as palavras não são palavras senão quando são ditas por alguém a alguém. Somente assim, funcionando como concreta ação, como ação vivente de um ser humano sobre outro ser humano, tem realidade verbal. E como os homens entre quem as palavras se cruzam são vidas humanas e toda vida se é em todo instante uma determinada circunstância ou situação, é evidente que a realidade 'palavra' é inseparável de quem a diz, de quem a ouviu e da situação em que isto acontece. Tudo o que não seja tomar assim a palavra é converte-la em uma abstração, é desvirtuá-la, amputa-la e quedar-se apenas como um fragmento sem vida dela[194].

Castro Mendes não destoa ao concluir que

---

190 MEDINA, José Miguel Garcia e WAMBIER, Teresa Arruda Alvim. Parte geral e processo de conhecimento. São Paulo: RT, 2009, p. 198-199

191 MARINONI, Luiz Guilherme e ARENHART, Sérgio Cruz. Prova. São Paulo: RT, 2009, p. 57.

192 Op. Cit. p. 57.

193 TARUFFO, Michelle et all. La prova nel processo civile. Milano: Dott. A. Giuffrè Editore, 2012, p. 3 e 6-16.

194 GASSET, José Ortega. El hombre y la gente. Madrid : Revista de Occidente, 1957 ; p. 274.

> [...] os atributos que podemos ligar ao objecto substantivo da prova – máxime os de verdadeiro e falso – mostram que esse objecto substantivo não é a realidade em si, mas uma representação intelectual da a – formada por conceitos e juízos ou proposições –, ou a sua expressão em termos e afirmações[195].

Carnelutti advoga que o objeto da prova são preposições (alegações) e não fatos, pois os fatos se conhecem e as alegações se provam:

> Na linguagem comum prova se usa para controle da verdade de uma proposição; não se fala de prova se não a respeito à qualquer coisa que venha afirmada, quando se trata de controlar lhe a exatidão; não pertence a prova o procedimento pelo qual se descobre uma verdade não afirmada, mas ao invés, aquele pelo qual se demonstra ou se encontra uma verdade afirmada. Talvez o exemplo mais apropriado para por em evidência este conteúdo comum do conceito seja a antítese entre a operação aritmética e a prova da operação; a prova não se sabe antes que a operação seja completa e se pensa apenas para controlar o resultado novo, que aquela porta ao afirmar.
>
> A rigor, portanto, a prova se deve distinguir do procedimento empregado para o controle da preposição (afirmada); a distinção emerge claríssima do exemplo da operação aritmética: a prova (do resultado) de uma operação se faz mediante uma outra operação que é a operação de prova. Assim, a prova da afirmação entorno da existência de um fato se faz mediante o conhecimento do o fato; o conhecimento não é a prova mas dá a prova das afirmações. Deste lado é justo reconhecer que objeto da prova não são os fatos, mas as afirmações; as afirmações não se conhecem, mas sim controlam, e os fatos não se controlam, mas se conhecem[196],[197].

---

195 CASTRO MENDES, João de. Do conceito de prova em processo civil. Lisboa: Edições Ática, 1961, p. 482.

196 Op. Cit. p. 48-51.

197 No mesmo sentido: MELENDO, Santiago Sentis. Estudios de Derecho Procesal. Vol. I. Buenos Aires: Ediciones Juridicas Europa-America, 1967, p. 523; CARRATTA, Antônio. Funzione dimostrativa della prova: verità del fatto nel processo e sistema probatorio. Rivista di Diritto Processuale. Bologna: CEDAM, Ano LVI, , p. 73-74, Gen-Mar 2001; SPIEGELBERG, José Luis Seoane. La prueba en la ley de

Cambi, a esse respeito, não diverge:

> Entretanto, os fatos não são um dado, mas, ao contrário, algo a ser investigado, construído, no processo, a partir do resultado da atividade probatória desenvolvida pelas partes, em colaboração com o juiz, e da valoração a ser atribuída a essas provas. Os fatos, por si só, não tem sentido; são as partes, conforme a leitura que fazem desses fatos, segundo seus interesses, e o juiz, conforme o seu dever de resolver os conflitos de interesses para pacificá-los com justiça, que, ao longo do procedimento participativo, vão dar significação aos fatos. O mundo empírico, por ser exterior, deve ser trazido ao processo, não como um dado, mas como algo a ser investigado, confrontado e, portanto, construído; enfim, o sentido dos fatos, para a solução das controvérsias jurídicas, é obtido ao longo da celebração dialética e contraditória do procedimento[198].

Sentis Melendo cita duas situações processuais em que resta demonstrado que a prova tem como objeto as alegações e não os fatos: a absolvição por falta de provas e a confissão judicial não correspondente à realidade109. Inclui-se também que, acaso fosse objeto probatório a obtenção dos fatos ocorridos, melhor seria valer-se no processo de um historiador e não de um magistrado.

O ZPO alemão, que é um dos mais avançados códigos de processo civil do mundo, prevê em seu §286 que o objeto da prova são as alegações fáticas.

Outra razão para se entender que o objeto das provas são as alegações (e não os fatos) dá se porque há alegações de direito segundo ensina Sentis Melendo:

> Ao dar o conceito de prova se há estabelecido que se provam afirmações; mas essas afirmações podem referir-se aos direitos ou ao direito; normalmente, apenas os direitos exigem prova; mas nem sempre a exigem; e tampouco sempre se há de provar na a forma; será necessário estudar quando o fato não necessita ser provado (fatos notórios; fatos

enjuiciamento civil 1/2000: disposiciones generales y presunciones. Pamplona:Editorial Aranzadi, 2007, p. 165; ROSENBERG, Leo. Tratado de Derecho Procesal Civil. Tomo I. Trad. Ângela Romera Vera e Superv. Eduardo B. Carlos e Ernesto Krotoschin. Buenos Aires: Ediciones Jurídicas Europa-America, 1955, p. 200.

198 CAMBI, Eduardo. Direito constitucional à prova no processo civil. São Paulo: 2001, p. 52-53.

> evidentes); e quando a prova se há de submeter a determinadas normas (fato novo). Como regra geral, o direito não há de ser provado; mas excepcionalmente pode exigir prova; será necessário estudar os casos em que o direito nacional escrito necessita ser provado; quando há de ser provado, e quando não, o direito estrangeiro; e quando há de ser provado o direito consuetudinário; e, com respeito a todos eles, como se há de efetuar a prova[199,200].

Exemplifique-se com uma ação direta de inconstitucionalidade de lei municipal que obriga Shoppings Centers de determinada cidade a oferecer estacionamento gratuito. Tal ação pode não necessitar de prova de nenhum fato, mas será imprescindível a prova do direito, ou seja, da existência da lei municipal com tal teor. Por isso, o art. 376 do CPC dispõe corretamente que a prova se vincula às alegações: "A parte que alegar direito municipal, estadual, estrangeiro ou consuetudinário, provar-lhe-á o teor e a vigência, se assim o juiz determinar".

Ademais, em outras passagens da legislação pátria, quando se faz menção aos fatos como objeto da prova como, por exemplo, no art. 369 do CPC[201], devem tais menções serem entendidas, como explicita Carratta, como abreviação da prova da veracidade das alegações do fato[202,203].

---

199 Op. Cit. p. 557.

200 No mesmo sentido: LESSONA, Carlos. Teoria General de la Prueba en Derecho Civil: parte general. Madrid: Instituto Editorial Reus, 1928; p. 185; SPIEGELBERG, José Luis Seoane. La prueba en la ley de enjuiciamento civil 1/2000: disposiciones generales y presunciones. Pamplona:Editorial Aranzadi, 2007, p. 189.

201 Art. 369 do CPC – As partes têm o direito de empregar todos os meios legais, bem como os moralmente legítimos, ainda que não especificados neste Código, para provar a verdade dos fatos em que se funda o pedido ou a defesa e influir eficazmente na convicção do juiz.

202 CARRATTA, Antônio. Funzione dimostrativa della prova: verità del fatto nel processo e sistema probatorio. Rivista di Diritto Processuale. Bologna: CEDAM, Ano LVI. Gen-Mar 2001, p. 74.

203 No mesmo sentido: TARUFFO, Michele. La prova dei fatti giuridici: nozioni generali. Milano: Giuffrè Editore, 1992a, p. 67-71.

Dinamarco avaliza:

> [...] provar é demonstrar que uma alegação é boa, correta e portanto condizente com a verdade. O fato existe ou não existe, aconteceu ou não aconteceu, sendo portanto insuscetível dessas adjetivações ou qualificações. As alegações, sim, é que podem ser verazes ou mentirosas – e daí a pertinência de prová-las, ou seja, demonstrar que são boas e verazes[204].

Também como mencionado por Camilo Zufelato já se pacificou que a coisa julgada não diz respeito a imutabilidade dos fatos, mas sim de uma necessidade de imutabilidade dos conflitos no âmbito processual.[205]

Correta era a disposição do art. 273 do CPC revogado que previa como requisito da antecipação de tutela a verossimilhança das "alegações" e não dos "fatos". Marinoni e Arenhart seguem igual trilho ao definir a prova como "meio retórico, regulado pela lei, e dirigido, dentro dos parâmetros fixados pelo direito e de critérios racionais, a convencer o Estado-juiz da validade das proposições, objeto de impugnação, feitas no processo"[206].

Quanto à crítica de alguns de que a teoria defendida não procederia em decorrência de existir provas independentemente de alegações, ela não prospera. Não prospera porque, ainda que a prova tenha sido produzida sem qualquer alegação, ela somente fará sentido se verificada em consonância com uma interpretação. Assim, a prova tem como objeto a demonstração da veracidade das alegações e não dos fatos.

Fabiana Del Padre Tomé conceitua prova como um instrumento de "demonstração da veracidade de uma proposição, de acordo com determinados princípios lógicos e regras de inferência"[207]. Entendem que a prova tem como

---

204 DINAMARCO, Cândido Rangel. Instituições de Direito Processual Civil. V. 3. São Paulo: Malheiros, 2005, p. 58.

205 ZUFELATO, Camilo. Coisa julgada coletiva. São Paulo: Saraiva, 2011; p. 28.

206 Op. Cit. p. 57.

207 Op. Cit. p. 10.

objeto alegações e não fatos, Friedrich Lent[208], João de Castro Mendes[209], Couture[210], João Batista Lopes[211], Alexandre Freitas Câmara[212] e José Luis Seoane Spiegelberg[213], além dos já citados Carnelutti, Sentis Melendo, Dinamarco, Marinoni e Arenhart e Fabiana Del Padre Tomé. Destarte, a prova conecta a verdade (formal) ao enunciado e não aos fatos.

No que se refere à finalidade da prova, Echandia noticia que há três correntes cujas finalidades são: a) estabelecer a verdade material; b) obter o convencimento do juiz; c) fixar os fatos do processo[214]. A prova como fim para o estabelecimento da verdade material – como já demonstrado anteriormente – não procede, por aquela refugir ao conhecimento humano. Ainda há situações em que, segundo a visão de cada um dos litigantes, cada um tem a convicção de que a "verdade" está a seu lado.

Já no que se refere ao entendimento da prova como meio para a fixação dos fatos do processo, este (entendimento) também não vinga, em primeiro lugar por tornar o instrumento (prova) como meio em si, em segundo lugar porque a prova visa comprovar as alegações e não os fatos e finalmente porque ignora o destinatário da prova (o julgador). Por conseguinte, acredita-se

208 LENT, Friedrich. Diritto processuale civile tedesco. Parte Prima. Trad. Edoardo F. Ricci. Napoli: Morano Editore, 1962, p. 197.

209 MENDES, João de Castro. Do conceito de prova em processo civil. Lisboa: Edições Ática, 1961, p. 481.

210 COUTURE, Eduardo J. Estudios de Derecho Procesal Civil. Tomo I. Buenos Aires: Ediciones Depalma, 1979, p. 65.

211 LOPES, João Batista. A prova no direito processual civil. São Paulo: RT, 2006, p. 25.

212 CÂMARA, Alexandre Freitas. Lições de direito processual civil. Vol. II. Rio de Janeiro: Lumen Juris, 2012, p. 392.

213 SPIEGELBERG, José Luis Seoane. La prueba en la ley de enjuiciamento civil 1/2000: disposiciones generales y presunciones. Pamplona: Editorial Aranzadi, 2007, p. 165.

214 ECHANDIA, Hernando Devis. Compendio de Derecho Procesal: pruebas judiciales. Tomo II. Bogotá: Editorial ABC; 1973, p. 74-75.

que a finalidade da prova no processo civil é convencer o julgador[215], pois, como mencionado, é no processo que a prova tem relevância dobrada. Portanto, acertada a redação do CPC que dispôs em seu art. 369 que as partes têm o direito de empregar provas para convencer o juiz: "as partes têm o direito de empregar todos os meios legais, bem como os moralmente legítimos, ainda que não especificados neste Códigos, para provar a verdade dos fatos em que se funda o pedido ou a defesa e influir eficazmente na convicção do juiz."

Do explicitado, pode-se concluir que prova judicial é o instrumento processual para a comprovação das alegações das partes e demais participantes do processo, com o escopo de convencer o julgador. Na prova judicial, o magistrado é – portanto – o destinatário da prova[216], tendo em vista que esta visa convencê-lo das alegações para se obter uma tutela jurisdicional favorável ao bem da vida pretendido.

---

215 No mesmo sentido: FUX, Luiz. Curso de direito processual civil. Rio de Janeiro: Forense, 2005; p. 691 e 692;THEODORO JR., Humberto. Curso de Direito Processual Civil. Vol. 1. Rio de Janeiro: Forense, 2010, p. 422; RAMALHO, Joaquim Ignácio. Prática civil e commercial. São Paulo: Typographia Imparcial de Joaquim Roberto de Azevedo Marques, 1861, p. 92; Vol. III. Trad. E. Gómez Orbaneja. Madrid: Editorial Revista de Derecho Privado, 1940, p. 205; SANTOS, Moacyr Amaral dos. Prova judiciária no cível e comercial. Vol. I. São Paulo: Max Limonad,1971, p. 8; ALSINA, Hugo. Tratado Teórico Práctico de Derecho Procesal Civil y Comercial. Tomo II. Tucumán: Compañia Argentina de Editores, 1956, p. 178; SANTOS, Gildo dos. A prova no processo civil. São Paulo: RT, 2010, p. 25; WAMBIER, Luiz Rodrigues et al. Curso Avançado de Processo Civil. São Paulo: RT, 2007, p. 409; ANDRADE, Adalberto Guedes Xavier de. A aplicabilidade do princípio da inadmissibilidade das provas obtidas por meio ilícito no processo civil. Revista de Processo, São Paulo, Editora Revista dos Tribunais, v. 126, ano 30, 2005; p. 219; ARAGÃO, E. D. Moniz de. Direito à prova. Revista de Processo, São Paulo, Editora Revista dos Tribunais, v. 39, 1995; p. 98; LENT, Friedrich. Diritto processuale civile tedesco. Parte Prima. Trad. Edoardo F. Ricci. Napoli: Morano Editore, 1962, p. 197.

216 GRECO, Leonardo. O conceito de prova. Campos: Revista da Faculdade de Direito de Campos, Ano IV, nº 4 e Ano V, nº 5, p. 229, 2003-2004; DEDA, Artur Oscar de Oliveira. A prova no processo civil. São Paulo: Saraiva, 2006, p. 5; MARQUES, José Frederico. Manual de direito processual civil. Vol. I. São Paulo: Saraiva, 1977, p. 176.

Tanto as provas quanto as alegações são mecanismos de argumentação jurídica (retórica)[217], sendo que – como conta Elicio de Cresci Sobrinho – a ideia de prova como argumentum não é nova, existindo desde a Grécia antiga[218].

FASES DA PROVA

A prova passa por fases. São elas: proposição ou requerimento, admissão, produção e valoração. Proposição é a fase em que a parte pleiteia a admissão ou a produção de determinada prova. É o momento em que a parte especifica quais as provas pretende produzir.

A proposição é realizada, via de regra, pelo Autor em sua petição inicial (art. 319, VI do CPC[219]) e pelo Réu em sua contestação (art. 336 do CPC[220]). Pode-se admitir a proposição de prova após tais momentos processuais, de forma excepcional, nas hipóteses legalmente previstas, como no caso de fato novo (art. 493 do CPC[221]), de segunda perícia, quando a primeira for inconclusiva (art. 480 do CPC[222]).

---

217 Também entendem que as provas são instrumentos de retórica (argumentação jurídica): PERELMAN, Chaïm. Retóricas. Trad. Maria Ermantina Galvão G. Pereira. São Paulo: Martins Fontes, 1997, p. 164; MARINONI, Luiz Guilherme e ARENHART, Sérgio Cruz. Prova. São Paulo: RT, 2009, p. 51-53.

218 SOBRINHO, Elicio de Cresci. Fundamentos Histórico-Retóricos da Teoria Geral da Prova. Revista de Processo, São Paulo, vol. 63, 2007; p. 42-43.

219 Art. 319 do CPC – A petição inicial indicará: (...) VI – as provas com que o autor pretende demonstrar a verdade dos fatos alegados.

220 Art. 336 do CPC – Incumbe ao réu alegar, na contestação, toda a matéria de defesa, expondo as razões de fato e de direito, com que impugna o pedido do autor e especificando as provas que pretende produzir.

221 Art. 493 do CPC – Se, depois da propositura da ação, algum fato constitutivo ou extintivo do direito influir no julgamento do mérito, caberá ao juiz torná-lo em consideração, de ofício ou a requerimento da parte, no momento de proferir a decisão.

222 Art. 437 do CPC – O juiz poderá determinar, de ofício ou a requerimento da parte, a realização de nova perícia, quando a matéria não lhe parecer suficientemente esclarecida.

Admissão é o momento pelo qual o magistrado permite/determina ou não a produção de determinada prova. Trata-se de verdadeiro juízo de admissibilidade da prova. Na fase de admissibilidade, na maioria das vezes, dá-se a análise se a prova é lícita, pertinente e relevante. A necessidade de licitude se dá por exigência do art. 5º, LVI da Constituição Federal, que proíbe, *a priori*, provas ilícitas: "art. 5º, LVI da Constituição Federal: "são inadmissíveis, no processo, as provas obtidas por meios ilícitos."

A necessidade de pertinência e relevância da prova se dá pela disposição do art. 370 do CPC ao mencionar que "caberá ao juiz, de ofício ou a requerimento da parte, determinar as provas necessárias ao julgamento do mérito". A questão da licitude e ilicitude da prova vem tratada no próximo capítulo.

Já a pertinência é o liame lógico entre a prova que se deseja produzir e as alegações que se deseja provar. A pertinência verifica se a prova tem a possibilidade lógica-abstrata de produzir os efeitos previstos nas alegações. A pertinência se vincula à utilidade. Assim, um pedido de realização de prova pericial de uma construção supostamente mal feita se mostraria impertinente se a dita construção já tivesse sido demolida.

A relevância mencionada é a relevância jurídica, a qual ocorre quando as provas propostas visam demonstrar a veracidade das alegações que tenham importância para a demanda. Q uestões que não são importantes para a lide são irrelevantes e não são admitidas. A exigência da relevância da prova é tamanha que entendem alguns que existe até um princípio de relevância[223]. Seria irrelevante, por exemplo, o deferimento de oitiva de testemunha sobre fato incontroverso nos autos.

Caso a prova seja pré-constituída (prova existente anteriormente e fora do processo)[224], verificar-se-á se ela é lícita, pertinente e relevante e se poderá permanecer nos autos, ou, no caso de ser constituenda (prova a ser produzida no curso do processo)[225], analisar-se-á se esta é lícita, pertinente e relevante

223 COMOGLIO, Luigi Paolo. Le prove civili. Torino: UTET Giuridica, 2012, p. 182.

224 COMOGLIO, Luigi Paolo. Le prove civili. Torino: UTET Giuridica, 2012, p. 182.

225 MARINONI, Luiz Guilherme e ARENHART, Sérgio Cruz. Prova. São Paulo: Revista dos Tribunais, 2009, p. 110.

para ser produzida. Como somente se permite a produção de prova lícita, pertinente e relevante, pode o magistrado determinar que as partes especifiquem as provas, justificando-as, sob pena de não admiti-las.

A produção, por sua vez, é o momento em que a prova é realizada ou introduzida no processo. Quanto às provas pré-constituídas, a produção se dá normalmente acompanhando a petição inicial e a contestação. As provas constituendas são produzidas comumente na audiência, uma vez que o art. 449 do CPC dispõe que "salvo disposição especial em contrário, as provas devem ser produzidas em audiência". Ao se admitir a prova pré-constituída no processo, considera-se a prova produzida naquele momento, segundo magistério de Marinoni e Arenhart, porque "produzir" é utilizar a prova[226].

Já a valoração é o momento processual em que o magistrado analisa a prova para a formação de seu convencimento judicial ou "o processo intelectual destinado a estabelecer a verdade produzida pelas provas"[227]. É quando se determina o valor da prova. Normalmente, tal valoração é realizada em sede de antecipação de tutela ou sentença e julgamento pelo tribunal, devendo a prova ser valorada individualmente e em conjunto com os demais elementos do processo.

Acontece de, em algumas situações, se alterarem ou eliminarem alguma das fases da prova. Assim, pode ocorrer de a proposição da prova ser realizada antes do ajuizamento do processo a que se destina, como é o caso da produção antecipada de prova (arts. 381/383 do CPC). Cite-se, por exemplo, a oitiva de testemunha de avançada idade ou gravemente enferma, a busca e apreensão de computador de indivíduo acusado de invadir computador de terceiro e divulgar fotos comprometedoras da vítima.

Pode o juiz ainda verificar a ilicitude de uma prova somente na sentença. Ainda pode ocorrer de uma prova pré-constituída que se encontrava com terceiros vir aos autos e ser admitida, quando se confundiria a fase de proposição e admissão.

---

226 SANTOS, Moacyr Amaral dos. Prova judiciária no cível e comercial. Vol. I. São Paulo: Max Limonad, 1971, p. 352.

227 MELENDO, Santiago Sentis. Estudios de Derecho Procesal. Vol. I. Buenos

A PROVA COMO DIREITO FUNDAMENTAL

Debate-se ser a prova um direito fundamental, ou não. Antes de obter resposta a tal questionamento, importante será debruçar-se sobre a origem dos direitos fundamentais, analisar a in(existência) de diferenciação entre direitos e garantias fundamentais, estudar a possibilidade de ocorrência de direitos implícitas e a importância da prova. Com tais análises (empreendidas com apego em trabalho realizado anteriormente sobre o tal tema[228]), poder-se-á responder com maior segurança se a prova é um direito fundamental.

2.5.1 ORIGEM DOS DIREITOS FUNDAMENTAIS

Para os jusnaturalistas, existem direitos universais inerentes e indissociáveis do ser humano, os quais são chamados de direitos naturais. Aristóteles, em sua Ética a Nicômaco, afirma que "existe um direito natural, que é igual em toda parte e possui força de lei universal, seja reconhecido como tal, ou não o seja"[229]. Direitos estes nascidos com os primeiros seres humanos e que apenas serão fulminados com o perecimento da humanidade[230].

Assim, os direitos naturais acima citados (não positivados) foram designados de direitos do homem. Apesar da denominação de "direitos", eles eram somente reconhecidos no campo da filosofia. Foram os filósofos gregos os primeiros a pregar a existência de direitos naturais (Homero, Hesíodo, Sófocles, Heráclito, Protágoras, Sócrates, Platão, dentre outros).

O Cristianismo – por sua vez – foi o responsável pela propagação de tais direitos naturais, incluindo o direito de resistência ao soberano em determinados casos. O Cristianismo, conjuntamente com a doutrina germânica de resistência ao poder, provocou, segundo José Soder, uma clara limitação aos poderes do Estado[231].

---

228 TEIXEIRA, Wendel de Brito Lemos. O princípio da imparcialidade do julgador como garantia fundamental e seus efeitos no processo. Revista de Processo, São Paulo, vol. 186, 2010, p. 332-352.

229 ARISTÓTELES. Ética a Nicômaco apud SODER, José. Direitos do homem. São Paulo: Nacional, 1960, p. 26.

230 SODER, José. Direitos do homem. São Paulo: Nacional, 1960, p. 15.

231 Op. Cit. p. 49

Para frear os direitos de resistência, alguns soberanos elaboraram documentos jurídicos dando forma a tais direitos de resistência, chegando-se ao ápice ao torná-los – com a Magna Charta do Rei João Sem Terra (1215) – elemento constitucional do Estado[232]. Procedeu-se, neste momento, a recepção de tais direitos universais dos seres humanos (o que somente parte deles), os quais, em momento posterior, passaram a ter maior influência no mundo por meio de grandes pensadores como Grócio, Hobbes, Locke, Rousseau, Paine, Kant, (dentre outros) e de Declarações nacionais e internacionais de direitos humanos (Declaração da Independência dos Estados Unidos, Declaração dos Direitos do Homem e da Cidadania, Revolução Francesa e Declaração Universal dos Direitos do Homem).

Tais declarações nacionais e internacionais de direitos humanos surgiram quase todas após períodos traumáticos da humanidade, como as Guerras Mundiais. Estes direitos do homem, positivados no direito internacional, foram denominados de direitos humanos. E, quando tais direitos humanos são recepcionados pela ordem positivo-constitucional, são denominados direitos. Desta forma, os direitos fundamentais nada mais são do que os direitos humanos positivados no ordenamento constitucional de cada país. E positivados não quer dizer necessariamente escritos, podendo ser implícitos, desde que reconhecidos pela ordem constitucional.

Assim, nada impede que existam direitos para uma determinada nação que não o sejam para outra. Por tudo isso, entende-se que a Magna Carta foi a origem dos direitos fundamentais e que estes representam a manifestação positivada dos direitos humanos.

No âmbito judicial, a primeira admissão dos direitos fundamentais deu-se com o Caso Lüth, que se refere a um processo judicial ocorrido na Alemanha no pós-guerra no qual Veit Harlan (diretor de cinema e responsável pela propaganda nazista nos cinemas no período da guerra) ingressou com ação de indenização em desfavor de Erich Lüth (influente judeu alemão e Presidente do Clube de Imprensa de Hamburgo) por este último ter feito um manifesto e conclamado os alemães a boicotarem o último filme de Veit Harlan. A questão chegou ao Tribu-

232 Op. Cit. p. 50.

nal Constitucional Federal Alemão com decisão do Tribunal Estadual contrária a Eric Lüth. Em sede de reclamação constitucional, Lüth aduziu que possuía o direito fundamental de liberdade de expressão do pensamento, vinculativa de terceiros. O Tribunal Constitucional Federal acatou tal argumentação lançando a base dogmática dos direitos fundamentais como direitos públicos de resistência contra o Estado e terceiros e como ordem axiológica.

Diferenciação entre direitos e garantias fundamentais

A Constituição Federal de 1988 prevê em seu Título II (arts. 5º a 17), os direitos e garantias fundamentais. Ambos (direitos e garantias fundamentais) possuem o traço da fundamentalidade. A fundamentalidade se dá: a) por expressa previsão no Título II da Constituição Federal (Dos direitos e garantias fundamentais); e/ou b) por ser considerada de extrema importância para o ordenamento jurídico pátrio e por decorrer do regime e dos princípios adotados pela Carta Magna, ou dos tratados internacionais dos quais o Brasil é parte.

Alguns doutrinadores defendem existir diferença entre direitos e garantias fundamentais pelo fato do Título II fazer tal separaçao.

Ousa-se discordar. Primeiramente, como facilmente se percebe da Constituição Federal de 1988 em seu Título II (Dos direitos e garantias fundamentais), não se pode mencionar que o constituinte teve intenção de diferenciar ambos, haja vista que a inclusão dos dois termos (direitos e garantias) pode ser mero recurso enfático para não deixar dúvidas que a proteção engloba os direitos fundamentais seja o nome dado a eles.

Ademais, garantias são verdadeiros direitos e direitos são verdadeiras garantias, além de que não tem qualquer importância prática ou jurídica a diferenciação entre direitos e garantias fundamentais.

Diante disto, adota-se a nomenclatura de direitos fundamentais, a qual engloba o sinônimo garantias fundamentais.

Os direitos fundamentais implícitos e os pseudo direitos fundamentais

Além de inúmeros direitos expressamente previstos (devido processo legal – art. 5º, LV, contraditório e ampla defesa – art. 5º LIV, possibilidade de a associação representar seus associados quando expressamente autorizada – art. 5º XXI etc.), a Constituição Federal de 1988 dispôs, em seu §2º, que "os direitos e garantias expressos nesta Constituição não excluem outros decorrentes do regime e dos princípios por ela adotados, ou dos tratados internacionais em que a República Federativa do Brasil seja parte". Tal norma foi – segundo Ingo Wolfgang Sarlet – inspirada na IX Emenda da Constituição dos EUA que, por sua vez, inspirou outras ordens constitucionais, como a portuguesa de 1911, a qual traz em seu bojo o entendimento de que, além do conceito formal de direitos fundamentais, a Carta Magna brasileira adotou o conceito material de direitos fundamentais, "no sentido de existirem direitos que, por seu conteúdo, por sua substância, pertencem ao corpo fundamental da Constituição de um Estado, o não constando no catálogo"[233]. São os chamados direitos fundamentais "implícitos, decorrentes, materialmente fundamentais"[234] ou ocultos[235]. Pode-se citar como exemplos o direito fundamental à imparcialidade[236], à busca da felicidade[237], dentre outros.

---

233 SARLET, Ingo Wolfgang. A eficácia dos direitos fundamentais: uma teoria geral dos direitos fundamentais na perspectiva constitucional. Porto Alegre: Livraria do Advogado, 2009, p. 78-79.

234 SARLET, Ingo Wolfgang. A eficácia dos direitos fundamentais: uma teoria geral dos direitos fundamentais na perspectiva constitucional. Porto Alegre: Livraria do Advogado, 2009, p. 79, 80.

235 SOUZA, Artur César de. A parcialidade positiva do juiz (justiça parcial) como critério de realização no processo jurisdicional das promessas do constitucionalismo social. RT 857/36.

236 TEIXEIRA, Wendel de Brito Lemos. Inibições processuais: abstenção, impedimento e suspeição no processo civil, processo administrativo e arbitragem. Belo Horizonte: Del Rey, 2011; p. 37.

237 STF – RE 477554 AgR/MG – Rel. Min. Celso de Mello – DJ 16/08/2011.

Cite-se ainda que antes do advento da Constituição Federal de 1988 (onde não havia expressamente o direito fundamental do devido processo legal e duração razoável do processo), o Prof. Humberto Theodoro Júnior em tese de doutoramento (a execução de sentença e a garantia do devido processo legal) já defendia a existência de tais direitos implícitos[238].

Ao contrário do que menciona Manoel Gonçalves Ferreira Filho[239], o §2º do art. 5º da Constituição Federal é de vital importância, primeiramente porque permite expressamente a existência de outros direitos fundamentais implícitos e, em segundo lugar por permitir maior elasticidade ao operador do Direito, possibilitando a adequação de tais direitos, de acordo com o período vivido, se adaptando a novas realidades futuras.

Entende-se que "decorrência do regime ou dos princípios adotados pela Carta Magna" quer dizer "com base" nas disposições do Título I (arts. 1º ao 4º da Constituição Cidadã) e Título II (art. 5º a 17 da Carta Magna). Ademais, o reconhecimento da existência de direitos fundamentais implícitos é pura decorrência de interpretação teleológica e sistemática pelo operador do Direito. Ou seja, o intérprete não aplica a lei, mas antes, aplica o Direito.

A marca da fundamentalidade pode se dar também quando o direito for decorrente de tratados de que o Brasil faça parte. E a expressão "tratados" prevista no art. 5º, §2º, da Constituição Federal é ampla, abrangendo também pactos e convenções[240].

De igual forma que podem existir direitos fundamentais não previstos no rol do Título II da Constituição Federal (Dos direitos e garantias fundamentais), podem existir outros valores constitucionais que constam no dito rol, mas não são verdadeiramente direitos fundamentais. O simples fato de o

---

238 THEODORO JÚNIOR, Humberto. A execução de sentença e a garantia do devido processo legal. Rio de Janeiro: Aide, 1987; p. 9 e 32-33.

239 FERREIRA FILHO, Manoel Gonçalves. Direitos humanos fundamentais. São Paulo: Saraiva, 2007, p. 100.

240 TEIXEIRA, Wendel de Brito Lemos. O princípio da imparcialidade do julgador como garantia fundamental e seus efeitos no processo. Revista de Processo, São Paulo, vol. 186, 2010; p. 342.

valor constitucional constar no Título II não atrai, por si só, o traço da fundamentalidade.

Há, como deixa claro Bodo Pieroth e Bernhard Schlink, normas constantes do Título dos Direitos fundamentais da Lei Fundamental alemã que não são verdadeiros direitos fundamentais, mas versam "sobre direitos fundamentais" e são chamadas por eles como "normas jurídico-orgânicas", o que também se aplica ao Brasil:

> O fato de o capítulo I ser a localização dos direitos fundamentais não significa que todas as normas deste capítulo sejam direitos fundamentais. A par de direitos fundamentais e de normas sobre direitos fundamentais, encontram-se também normas jurídico-orgânicas que não conferem ao particular quaisquer direitos subjetivos. Nestas normas existe apenas uma relação temática com os direitos fundamentais[241].

Também não faz sentido tratar tudo que constar do Título II como direito fundamental. Imagine-se uma situação hipotética para demonstrarmos o argumentado: fosse realizada uma emenda constitucional prevendo, no Título II da Constituição Federal, que "A Biblioteca Nacional será na cidade de Brasília", logicamente que o mero fato de tal disposição constar no título II da Constituição Federal não seria bastante por si só para lhe trazer o traço da fundamentalidade. Diante disto, acredita-se que a mera posição topográfica não basta para classificar uma norma como fundamental.

Assim, apesar de a posição topográfica poder gerar uma presunção de se tratar de direito fundamental, ela não é determinante para a configuração de tal natureza, necessitando-se verificar se o valor constitucional analisado é de grande importância para o ordenamento jurídico e se decorre do regime ou dos princípios adotados no Título I (arts. 1º ao 4º da Constituição Cidadã) e no Título II (arts. 5º a 17 da Carta Magna). Tais normas são pseudo-direitos fundamentais.

Como já mencionado, todos os juristas vêm na prova a espinha dorsal do processo, fazendo menção a ela como a "alma do processo", "o ponto cul-

---

241 PIEROTH, BODO; SCHLINK, Bernhard. Direitos fundamentais. Trad. Antônio Francisco de Sousa e Antônio Franco. São Paulo: Saraiva, 2012, p. 59.

minante de toda processualística", etc. Todos os epítetos dados à prova, e anteriormente citados, não configuram exagero, pois ela realmente tem a importância bradada por seus estudiosos. Ademais, a prova tem uma função social, segundo alerta Echandia, que se dá ao conceder segurança às relações sociais e comerciais, ao prevenir e evitar litígios e delitos, servir de garantia dos direitos subjetivos e dos diversos status jurídicos[242]. Tem, ainda, por função dar legitimidade à decisão judicial.

Desde que se repassou ao Estado o monopólio jurisdicional, o mínimo que se exigiu foi a existência de um processo com direito de defesa, julgado por um terceiro imparcial e com possibilidade de produção de provas. Sem tais garantias mínimas, não faz sentido a existência do processo e tampouco se realiza um processo équo e justo[243]. Não há necessidade de processo se não se concede às partes a oportunidade de provar suas alegações. Um processo em que não se oportuniza às partes a produção de prova é um processo sem alma, é um processo de "faz-de-conta" é um verdadeiro não processo. Uma parte que não tem possibilidade de produzir prova é mero figurante no feito.

O UNIDROIT (*Intstitut International Pour L'Unification du Droit Prive*) e a ALI (American Law Institute), após amplo estudo e debate, do qual participou o Professor Antônio Gidi, trouxeram a lume princípios universais de processo civil, em que expressamente se incluiu o direito à prova em seu artigo 5.4, *in verbis*: "5.4. As partes têm o direito de alegar os fatos e argumentos jurídicos relevantes, bem como apresentar provas"[244]. Por conseguinte, sem a prova não há que se falar em dignidade da pessoa humana (finalidade e razão de ser de todo o direito[245]) e tampouco em processo justo.

---

242 ECHANDIA, Hernando Devis. Compendio de Derecho Procesal: pruebas judiciales. Tomo II. Bogotá: Editorial ABC; 1973; p. 2.

243 COMOGLIO, Luigi Paolo. Le prove civili. Torino: UTET Giuridica, 2012; p. 35.

244 Capturado do site <http://www.unidroit.org/french/principles/civilprocedure/ali-unidroitprinciples-f.pdf> em 29 de dezembro de 2009.

245 COMPARATO, Fábio Konder. A afirmação histórica dos direitos humanos. São Paulo: Saraiva, 2007; p. 62.

A prova como direito fundamental implícito e os efeitos jurídicos desse reconhecimento

No Brasil, quando se entende que um direito tem o traço da fundamentalidade, essa garantia é içada à condição de direito fundamental. Como dito, a fundamentalidade pode se dar por expressa previsão no Título II da Constituição Federal (Dos direitos e garantias fundamentais) e/ou por ser considerada de extrema importância para o ordenamento jurídico pátrio e decorrer do regime e dos princípios adotados pela Carta Magna, ou dos tratados internacionais dos quais o Brasil é parte.

Inicialmente, a própria restrição ao direito fundamental à prova (proibição de provas obtidas por meio ilícito) antevê a existência de tal direito.

Não há que se falar em dignidade da pessoa humana sem a existência do direito fundamental à prova. A ocorrência de um processo em que as partes não possam produzir prova é um atentado à dignidade humana e, mais especificamente, à tão propagada humanização do processo. Hodiernamente, tem-se ampliado os instrumentos processuais aptos a gerar a humanização do processo. Por isso, entende-se que o direito fundamental da prova decorre do princípio da dignidade da pessoa humana.

O direito fundamental à prova também decorre do regime democrático. O regime democrático na esfera jurisdicional compreende a possibilidade de a parte participar do processo e influir no convencimento judicial, o que só pode ocorrer com a possibilidade de ela produzir provas. Além disso, é antidemocrático admitir provas contrárias ao ordenamento como se o processo fosse um jogo sem regras.

Pode-se, ainda, entender que a prova é um direito fundamental por decorrer da noção do princípio do justo processo[246], pois não haveria processo justo sem a possibilidade de a parte produzir provas que necessita para demonstrar as alegações por ela feitas ou para refutar as que lhes sejam contrárias. A prova também se origina do direito de ação e de defesa segundo aponta

246 Justo processo é o devido processo legal balizado pela noção de justiça.

Comoglio[247], Proto Pisani[248] e Taruffo[249]. Também decorre por óbvio do contraditório e ampla defesa.

Diante do explanado, entende-se que há um direito fundamental à prova por ser ela muito importante para o ordenamento jurídico e por decorrer de outros regimes e princípios adotados pela Constituição Federal (regime e princípio democrático, princípio da dignidade da pessoa humana e do justo processo).

Além da fundamentalidade do direito à prova se dar pela decorrência do regime e de outros princípios adotados pela Constituição Federal, também se dá por estar prevista em tratados de direito internacional de que o Brasil é parte.

O Pacto Internacional sobre Direitos Civis e Políticos de 1966 foi aprovado pelo Congresso Nacional por meio do Decreto Legislativo n. 226 de 12 de dezembro de 1991, ocorrendo sua adesão em 24 de janeiro de 1992. Entrou em vigor no dia 24 de abril de 1992 e foi promulgado no Brasil em 6 de julho de 1992, por meio do Decreto n. 592[250].

O dito Pacto Internacional sobre Direitos Civis e Políticos prevê, em seu art. 14, que

> [...] todas as pessoas são iguais perante os tribunais e as cortes de justiça. Toda pessoa terá o direito de ser ouvida publicamente e com as devidas garantias por um tribunal competente, independente e imparcial, estabelecido por lei, na apuração de qualquer acusação de caráter penal formulada contra ela ou na determinação de seus direitos e obrigações de caráter civil.

Da a forma, a Convenção Americana sobre Direitos Humanos foi aprovada pelo Congresso Nacional por meio do Decreto n. 27, de 26 de maio de 1992, cuja adesão brasileira se deu em 25 de setembro de 1992. Entrou em vigor no

247 COMOGLIO, Luigi Paolo. Le prove civili. Torino: UTET Giuridica, 2012, p. 44.

248 PISANI, Andrea Proto. Chiose sul diritto alla prova nella giurisprudenza della Corte costituzionale. Revista de Processo, São Paulo, vol. 176, 2009; p. 93.

249 TARUFFO, Michelle et all. La prova nel processo civile. Milano: Dott. A. Giuffrè Editore, 2012, p. 3 e 6-83.

250 REZEK, J. F. O direito internacional no século XXI. São Paulo: Saraiva, 2002, p. 783.

dia 25 de outubro de 1992, sendo promulgada em 6 de novembro de 1992, por meio do Decreto n. 678[251].

Essa Convenção Americana sobre Direitos Humanos dispõe, em seu art. 8, que

> toda pessoa tem direito de ser ouvida, com as devidas garantias e dentro de um prazo razoável, por um juiz ou tribunal competente, independente e imparcial, estabelecido anteriormente por lei, na apuração de qualquer acusação penal formulada contra ela, ou para que se determinem seus direitos ou obrigações de natureza civil, trabalhista, fiscal ou de qualquer outra natureza.

Não se poderia falar em igualdade de tratamento, oitiva com as devidas garantias e julgamento independente e imparcial, sem a possibilidade de produção de provas de acordo com o ordenamento jurídico. Assim, resta mais que clara a existência e a caracterização da prova como direito fundamental. E o direito fundamental à prova desdobra-se na: a) possibilidade de se produzir e de se deduzir, de forma razoavelmente idônea e em termos objetivamente razoáveis, todas as provas (também aquelas que se encontram na disponibilidade da contraparte ou de terceiro), cuja aquisição e assunção sejam necessárias (sejam propriamente 'necessárias', se não indispensáveis) para comprovarem o fundamento das próprias alegações; b) possibilidade de se realizar prova contrária, vale dizer, o direito de deduzir ou de produzir todas as provas (causais ou preconstituídas) que sirvam para demonstrar o contrário do que a contraparte alega e pretende provar; c) possibilidade de efetivamente se utilizar todas as provas que tenham sido deduzidas e admitidas (salvo nos casos de controles seletivos do juiz sobre a admissibilidade, sobre sua relevância, sua superfluidade, ou sobre a aplicabilidade de determinada regra de exclusão); d) exigência de motivação sobre a prova e sobre critérios de seleção ou de valoração das diversas fontes (em outras palavras, ao direito a uma côngrua 'justificação' motivacional dos Standards lógico-razoáveis e científicos, ou também das empíricas 'máximas de experiência', constituindo o núcleo central da 'prudente apreciação'), adotados pelo juiz nas decisões das controvérsias concretas[252].

---

251 REZEK, J. F. O direito internacional no século XXI. São Paulo: Saraiva, 2002, p. 1037.

252 COMOGLIO, Luigi Paolo. Le prove civili. Torino: UTET Giuridica, 2012, p. 51 e 52.

E o reconhecimento da prova como direito fundamental traz vários efeitos, sendo eles: a) a vinculação dos poderes públicos e particulares; b) a aplicabilidade imediata do direito fundamental; c) as limitações da prova.

Passa-se, então, a abordar cada um desses efeitos.

Vinculação dos poderes públicos e particulares

Segundo mencionado, a caracterização de um direito como fundamental coloca-a no topo do ordenamento jurídico, acarretando, por via de consequência, características e efeitos peculiares. Em sentido inverso, são estes efeitos e características que permitem que os direitos fundamentais mantenham este grau de consideração jurídica. Discute-se se dentre estes efeitos está a vinculação dos poderes públicos aos direitos fundamentais. Isso porque, enquanto algumas Constituições nada mencionam, outros textos constitucionais dispõe expressamente que os direitos fundamentais vinculam os poderes públicos, como a Lei Fundamental Alemã (art.1º, 3), a Constituição Espanhola (art. 53) e a Constituição Portuguesa (art. 18).

Como no Brasil não consta na Carta Magna a previsão de que os direitos fundamentais vinculam os poderes públicos, a celeuma inicialmente foi maior, mas, atualmente, resta pacificado que, o diante de tal silêncio, a vinculação existe, pois, em caso contrário, limitaria (sem razão jurídica razoável) o alcance destes direitos.

Segundo mencionado no item 2.4.1, os direitos fundamentais surgiram como freio ao Estado (poder público). Não faria sentido elevar os direitos fundamentais a um dado patamar de importância e não fazer o Estado a elas se curvar. Inclusive porque, frequentemente, vê-se que é o Estado o maior desrespeitador destes direitos. Alçar os direitos ao patamar de fundamentalidade e não vincular os poderes públicos de nada, ou de muito pouco, serviria. Cite-se, por exemplo, o instituto da verdade sabida[253], admitida como válida no

253 Verdade sabida é o instituto de direito administrativo que permitia que a autoridade pública que tivesse conhecimento de determinado ilícito administrativo aplicasse, de imediato, a penalidade ao administrado, independentemente do contraditório e da ampla defesa.

Brasil anteriormente à consagração dos direitos fundamentais na Constituição Federal de 1988, que era aplicada com frequência. Se os direitos fundamentais não vinculassem os poderes públicos, a verdade sabida estaria sendo utilizada ainda hoje, e não se poderiam produzir provas em tal situação.

E essa vinculação dos poderes públicos é "ampla", como leciona Ingo Wolfgang Sarlet[254], abarcando o Poder Judiciário, o Ministério Público, o Poder Executivo e o próprio Poder Legislativo, no exercício de todas as suas atividades (quaisquer que sejam elas). Embora algum dos poderes não esteja exercendo sua atividade por excelência, estará vinculado pelos direitos fundamentais. Assim, na hipótese exemplificativa de o Legislativo estar atuando numa Comissão Parlamentar de Inquérito, o assim, deverá se ater às referidos direitos fundamentais, como o direito do investigado de não produzir prova contra si, ficando em silêncio. Outrossim, quando se tratar de direitos fundamentais, deve-se, necessariamente, fazer interpretação que acarretem suas máximas eficácias.

Com o avultamento da relevância dos direitos fundamentais perante os poderes públicos, notou-se que elas não eram deveras amplas, pois não vinculavam particulares. Entendia-se ainda que os direitos fundamentais, por sua natureza, somente podiam ser utilizadas perante os órgãos públicos[255], pois tratava-se de direitos negativos (de defesas) perante tais órgãos. Também se advogava que não se podia desejar a submissão dos particulares aos direitos fundamentais em países onde inexistia disposição constitucional expressa a esse respeito.

Por outro lado, verificou-se que a não sujeição dos particulares aos direitos fundamentais, baseada na autonomia da vontade, trouxe muitas vezes a tirania do particular e atentava contra a própria dignidade da pessoa humana. Além disto, aos direitos fundamentais não abarcam apenas direitos negativos (de defesas), mas também direitos positivos (de prestações), deveres, direitos passivos (deveres) e direitos ativos (condição para influir na formação da

254 SARLET, Ingo Wolfgang. A eficácia dos direitos fundamentais: uma teoria geral dos direitos fundamentais na perspectiva constitucional. Porto Alegre: Livraria do Advogado, 2009, p. 365-369.

255 Voto da Min. Rel. Ellen Gracie no STF – RE 201819-8 – DJ 11/10/2005.

vontade Estatal). Ademais, em inúmeras oportunidades, aos direitos fundamentais poderiam ser utilizadas nas relações com particulares sem qualquer complexidade.

Diante disso, surgiu na Alemanha, com Nipperdey, em 1954, a teoria da submissão dos particulares aos direitos fundamentais. Nipperdey, em 1957, enquanto Presidente do Tribunal Federal do Trabalho Alemão, proferiu decisão concedendo igualdade de salários às mulheres em relação aos homens, o que se tratou de decisão pioneira de subjugação dos particulares aos direitos fundamentais[256]. Posteriormente, Nipperdey utilizou idêntica teoria para declarar nula a cláusula de contrato de trabalho de enfermeiras de um hospital, prevendo a extinção do contrato na hipótese de elas engravidarem[257]. Trata-se da chamada teoria da eficácia horizontal dos direitos fundamentais. É chamada "horizontal" por se dar entre sujeitos de o patamar (particular x particular), em contraposição à eficácia vertical entre sujeitos de patamares diversos (Estado x particular).

Também há um importante fundamento sociológico para a admissão da sujeição dos particulares aos direitos fundamentais, segundo explicita Wilson Steinmetz:

> Sociologicamente, em favor da vinculação dos particulares e direitos fundamentais, poder-se-ia argumentar que esses direitos são conquistas sociais viabilizadoras da sociabilidade civilizada. A não-incidência desses direitos nas relaçoes entre particulares enfraqueceria a consciência e os laços comunitários e, por conseguinte, ameaçaria ou inviabilizaria a coexistência social pacífica[258].

256 SILVA, Virgílio Afonso. A constitucionalização do direito: os direitos fundamentais nas relações entre particulares. São Paulo: Malheiros, 2011, p.91.

257 FACCHINI NETO, Eugênio. Constituição, Direitos Fundamentais e Direito Privado; p. 60. In: SARLET, Ingo Wolfgang (Org.). Constituição, Direitos Fundamentais e Direito Privado. Porto Alegre: Livraria do Advogado, 2010.

258 176 STEINMETZ, Wilson. A vinculação dos particulares a direitos fundamentais. São Paulo: Malheiros, 2004, p. 102.

A vinculação dos particulares pelos direitos fundamentais pode ocorrer independentemente de regulamentação legislativa, de forma direta[259,260]. Inobstante não existir no Brasil disposição permitindo a vinculação do particular aos direitos fundamentais, como ocorre em Portugal, não há previsão proibindo tal espécie de submissão, o que também corrobora a tese por sua utilização.

A submissão dos particulares aos direitos fundamentais depreende-se da própria previsão de aplicabilidade imediata dos direitos fundamentais, prevista no art. 5º, §1º da CF. O STF – de forma acertada – em 1996 aplicou o direito fundamental do contraditório na relação entre particulares (Cooperado x Cooperativa), segundo ementa abaixo:

> DEFESA - DEVIDO PROCESSO LEGAL - INCISO LV DO ROL DAS GARANTIAS CONSTITUCIONAIS - EXAME - LEGISLAÇÃO COMUM. A intangibilidade do preceito constitucional assegurador do devido processo legal direciona ao exame da legislação comum. Daí a insubsistência da óptica segundo a qual a violência à Carta Política da República, suficiente a ensejar o conhecimento de extraordinário, há de ser direta e frontal. Caso a caso, compete ao Supremo Tribunal Federal exercer crivo sobre a matéria, distinguindo os recursos protelatórios daqueles em que versada, com procedência, a transgressão a texto constitucional, muito embora torne-se necessário, até o, partir-se do que previsto na legislação comum. Entendimento diverso implica relegar à inocuidade dois princípios básicos em um Estado Democrático de Direito - o da legalidade e do devido processo legal, com a garantia da ampla defesa, sempre a pressuporem a consideração de normas estritamente legais. COOPERATIVA - EXCLUSÃO DE ASSOCIADO –

---

259 SILVA, Virgílio Afonso. A constitucionalização do direito: os direitos fundamentais nas relações entre particulares. São Paulo: Malheiros, 2011, p. 141; SARLET, Ingo Wolfgang. A eficácia dos direitos fundamentais: uma teoria geral dos direitos fundamentais na perspectiva constitucional. Porto Alegre: Livraria do Advogado, 2009, p. 382; ALMEIDA, Gregório Assagra de. Direito material coletivo: superação da summa divisio. Direito Público e Direito Privado por uma nova summa Divisio Constitucionalizada. Belo Horizonte: Del Rey, 2008, p. 332.

260 Há outra corrente doutrinária (majoritária na Alemanha) defendendo a aplicação mediata dos direitos e fundamentais aos particulares, mediante a conformação das normas jurídicas infraconstitucionais.

> CARÁTER PUNITIVO – DEVIDO PROCESSO LEGAL. Na hipótese de exclusão de associado decorrente de conduta contrária aos estatutos, impõe-se a observância ao devido processo legal, viabilizado o exercício amplo da defesa. Simples desafio do associado à assembleia geral, no que toca à exclusão, não é de molde a atrair adoção de processo sumário. Observância obrigatória do próprio estatuto da cooperativa (RE 158215/RS 2ª T. Rel. Min. Marco Aurélio – DJ 30/04/1996).

Posteriormente, em 2006, deu-se o julgamento no STF que consagrou a aplicabilidade dos direitos fundamentais nas relações entre particulares, cuja importância deu-se pela sistematização de tal situação conduzida por importante voto do Min. Gilmar Mendes, em que se entendeu que as associações civis (pessoas jurídicas de direito privado) devem obedecer aos direitos fundamentais:

> SOCIEDADE CIVIL SEM FINS LUCRATIVOS. UNIÃO BRASILEIRA DE COMPOSITORES. EXCLUSÃO DE SÓCIO SEM GARANTIA DA AMPLA DEFESA E DO CONTRADITÓRIO. EFICÁCIA DOS DIREITOS FUNDAMENTAIS NAS RELAÇÕES PRIVADAS. RECURSO DESPROVIDO. I. EFICÁCIA DOS DIREITOS FUNDAMENTAIS NAS RELAÇÕES PRIVADAS. As violações a direitos fundamentais não ocorrem somente no âmbito das relações entre o cidadão e o Estado, mas igualmente nas relações travadas entre pessoas físicas e jurídicas de direito privado. Assim, os direitos fundamentais assegurados pela Constituição vinculam diretamente não apenas os poderes públicos, estando direcionados também à proteção dos particulares em face dos poderes privados. (...) IV. RECURSO EXTRAORDINÁRIO DESPROVIDO (RE 201819/RJ – 2ª T. – Rel. para acórdão Min. Gilmar Mendes – DJ 11/10/2005).

Identicamente, o direito fundamental à prova aplica-se na relação entre particulares, naquilo que couber. No caso de exclusão de associado de entidade associativa brasileira, apesar do silêncio do código civil, deverá ser concedida ao membro da entidade a possibilidade de produção de prova, pois de nada adiantaria realizar o contraditório e recorrer (garantias previstas no art. 57 do CC) se não fosse possível demonstrar a veracidade de suas alegações.

De igual forma que na vinculação dos poderes públicos, a vinculação dos particulares será sempre balizada pelo postulado da proporcionalidade, ou seja, dar-se á na maior intensidade possível.

Não caberia, por exemplo, desejar aplicar o contraditório e a ampla defesa antes da demissão de algum funcionário, primeiramente, dada a própria essência da demissão e, em segundo lugar, por se tratar de poder potestativo do empregador. Assim, por sua peculiaridade, caso haja discussão sobre sua validade, a demissão será travada posteriormente em sede de reclamação trabalhista.

Aplicabilidade imediata

Apesar do reconhecimento dos direitos fundamentais, alguns países negam suas aplicabilidades imediatas sob a alegação de necessitarem de regulamentação, dando margem ao surgimento de períodos totalitários como os ocorridos na Alemanha. A Lei Fundamental Alemã (1949), após o período nazista, previu expressamente a aplicabilidade imediata dos direitos fundamentais, inspirando o mundo ocidental democrático. Tal inspiração chegou à Constituição Federal de 1988[261], que dispôs em seu art. 5º, §1º: "As normas definidoras dos direitos fundamentais têm aplicação imediata". Denota-se do dispositivo precitado que, ao mencionar terem tais "normas" aplicação imediata, desejou-se dar a entender que elas abrangem regras e princípios. Ademais, por não ter feito restrição e por não existir razão jurídica plausível para tanto, a previsão do art. 5º, 1º da CF engloba não só os direitos fundamentais individuais, mas todas as espécies, inclusive os coletivos e implícitos.

Os intérpretes e aplicadores do Direito, notadamente os magistrados, não só podem como devem aplicar os direitos fundamentais de forma instantânea. Citemos, por exemplo, uma lei municipal que não preveja o direito de ouvir testemunhas, no caso de processo administrativo de demissão de servidor público. Apesar da ausência de regulamentação do direito fundamental à prova, o aplicador do direito deve aplicar imediatamente tal garantia, concedendo prazo razoável para sua realização.

Deve-se ter em mente, ainda, que a exigência de aplicação imediata impõe aos Magistrados que sejam aplicados os direitos fundamentais, ainda que em oposição à lei, na hipótese de ser esta desconforme ao sentido constitucional[262]. Isso porque a legislação é que deve se adequar aos direitos fundamentais e não o inverso.

261 As Constituições Federais brasileiras anteriores não possuíam previsão similar.

262 MENDES, Gilmar Ferreira et al. Curso de direito constitucional. São Paulo: Saraiva, 2010, p. 328.

Entende-se que a aplicação imediata deve se dar na maior intensidade possível, mas não chegando ao extremo de se desejar aplicá-la em situações em que o aplicador do direito não possuir o mínimo de condições, ou segurança jurídica, para, assim, proceder[263].

O direito ao Júri (art. 5º, XXXVIII), exemplificativamente, necessita de regulamentação processual para a plenitude de seus efeitos, dada sua baixa densidade normativa[264].

Âmbito de proteção do direito fundamental à prova

Segundo dá conta Gilmar Mendes, âmbito ou núcleo de proteção dos direitos fundamentais "abrange os diferentes pressupostos fáticos e jurídicos contemplados na norma jurídica (v.g., reunir-se sob determinadas condições) e a consequência comum, a proteção fundamental"[265]. E o âmbito de proteção dos direitos fundamentais, notadamente o da prova, variará de acordo com a conformação[266] (também chamada configuração[267]), ou a teoria limitativa dos direitos fundamentais que se adotar[268].

---

263 MENDES, Gilmar Ferreira et al. Curso de direito constitucional. São Paulo: Saraiva, 2010, p. 329-330; SARLET, Ingo Wolfgang *et al.* Curso de direito constitucional. São Paulo: Revista dos Tribunais, 2012, p. 315.

264 MENDES, Gilmar Ferreira *et al.* Curso de direito constitucional. São Paulo: Saraiva, 2010, p. 329.

265 MENDES, Gilmar Ferreira *et al.* Curso de direito constitucional. São Paulo: Saraiva, 2010, p. 373.

266 Conformação dá-se quando as normas legais destinam-se a completar, densificar e concretizar direito fundamental como, por exemplo, no âmbito de proteção ao consumidor (ar. 5º, XXII-XXXI da Constituição Federal). MENDES, Gilmar Ferreira et al. Curso de direito constitucional. São Paulo: Saraiva, 2010, p. 376.

267 ALEXY, Robert. Teoria dos direitos fundamentais. Trad. Virgílio Afonso da Silva. São Paulo: Malheiros, 2008, p. 332-340.

268 SARLET, Ingo Wolfgang *et al.* Curso de direito constitucional. São Paulo: Revista dos Tribunais, 2012, p. 328.

No caso da prova, pode-se entender que a proibição de proposição, admissão e produção de prova ilícita inclui-se no âmbito de proteção do direito fundamental à prova, ou pode-se entender tratar de mera limitação ao direito fundamental à prova, dependendo da teoria de limitação aos direitos fundamentais que se adote. Diante disso, analisemos tais teorias.

Limitações ao direito fundamental à prova

Os direitos fundamentais, como todos os demais direitos, não são ilimitados. Trata-se de questão pacífica sem maiores problemáticas. Por via de consequência, os direitos fundamentais possuem limitações[269].

Como bem observado por Virgílio Afonso da Silva[270], o gérmen da discussão sobre os limites dos direitos fundamentais os antecede, sendo conhecidos há muito tempo no âmbito do direito civil pelos embates entre Planiol e Ripert e Josserand acerca do "abuso do direito".

Há duas principais teorias sobre os limites dos direitos fundamentais: a teoria interna e a teoria externa. A teoria interna sustenta que o núcleo de proteção engloba apenas o direito e seu conteúdo (limitações imanentes), inerentes ao próprio direito. Como ensina Alexy, "não há duas coisas – o direito e sua restrição –, mas apenas uma: o direito com determinado conteúdo"[271]. O direito já nasceria com seu limite (limites imanentes), não estando sujeito a aspectos externos, como colisão entre direitos fundamentais. Para tal teoria, os direitos fundamentais seriam regras, não sujeitas a sopesamento e com característica de definitivos[272].

Já a teoria externa afirma que o núcleo de proteção dá-se por duas coisas diversas: o direito e suas limitações. Alexy, mais uma vez, menciona que

---

269 Também chamadas restrições.

270 SILVA, Virgílio Afonso da. Direitos fundamentais: conteúdo essencial, restrições e eficácia. São Paulo: Malheiros, 2010, p 127.

271 ALEXY, Robert. Teoria dos direitos fundamentais. Trad. Virgílio Afonso da Silva. São Paulo: Malheiros, 2008, p. 277.

272 SILVA, Virgílio Afonso da. Direitos fundamentais: conteúdo essencial, restrições e eficácia. São Paulo: Malheiros, 2010, p 129.

> [...] o conceito de restrição a um direito sugere a existência de duas coisas – o direito e sua restrição –, entre as quais há uma relação de tipo especial, a saber, uma relação de restrição. Se a relação entre direito e restrição for definida dessa forma, então, há, em primeiro lugar, o direito em si, não restringido, e, em segundo lugar, aquilo que resta do direito após a ocorrência de uma restrição, o direito restringido[273].

Há, na teoria externa, o direito ilimitado e a restrição, fazendo com que haja um direito "prima facie e posição definitiva, a primeira correspondendo ao direito antes de sua limitação, a segunda equivalente ao direito já limitado"[274].

A teoria interna não prospera por estar afinada com o ultrapassado positivismo, admitindo apenas as limitações imanentes, incompatíveis com o neoprocessualismo, com o sopesamento[275] e com a admissão dos princípios como normas. É, ainda, improsperável pela dificuldade de se definir qual o âmbito de proteção e por não resolver de forma satisfatória a infinidade de situações da vida que podem ser atingidas por aquele determinado direito fundamental. Ingo Wolfgang Sarlet também aduz que tal teoria "permite que sejam incluídas considerações relativas a outros bens dignos de proteção (por exemplo, interesses coletivos ou estatais) no próprio âmbito de proteção desses direitos, o que aumenta o risco de restrições arbitrárias da liberdade"[276].

Diante do afirmado e da adoção da teoria externa, pode-se concluir que a proibição de proposição, da admissão, da produção e da valoração de prova ilícita não está inserida no âmbito do direito fundamental à prova, servindo, em contrário, como limite não imanente àquele direito fundamental. A proibição de não proposição, admissão, produção e valoração de prova ilícita não é, portanto, um direito fundamental, mas uma limitação ao direito fundamental da

---

273 ALEXY, Robert. Teoria dos direitos fundamentais. Trad. Virgílio Afonso da Silva. São Paulo: Malheiros, 2008, p. 277.

274 SARLET, Ingo Wolfgang *et al.* Curso de direito constitucional. São Paulo: Revista dos Tribunais, 2012, p. 329.

275 SILVA, Virgílio Afonso da. Direitos fundamentais: conteúdo essencial, restrições e eficácia. São Paulo: Malheiros, 2010, p. 133.

276 SARLET, Ingo Wolfgang *et al.* Curso de direito constitucional. São Paulo: Revista dos Tribunais, 2012, p. 329.

prova. Inexiste um direito fundamental de rejeição das provas ilícitas[277]. Como já dissertado, o simples fato de a proibição de prova ilícita constar do catálogo dos direitos fundamentais do Título II da Constituição Federal não pode, por si só, trazer a esta a natureza de direito fundamental.

Nem ao menos se pode dizer que proibição de prova ilícita seja um princípio, segundo ensina Cretella Neto: "o tema permanece excessivamente controvertido e ainda não suficientemente sedimentado para ser erigido em 'princípio'; configura-se, sem dúvida, em importante regra, mas que comporta múltiplas exceções e dubiedade interpretativa."[278] Entende-se que ela seria uma regra constitucional limitativa do direito fundamental à prova.

Caso assim não fosse, também haveria o princípio e o direito fundamental de não se admitir associações ilícitas, haveria o princípio e o direito fundamental de proibição de ampla defesa ilícita, haveria o princípio e a direito fundamental de proibição de publicidade ilícita, haveria o princípio e o direito fundamental de não se admitir associação paramilitar, etc. Todo direito fundamental teria seu correspondente direito fundamental negativo.

Importante fazer um aparte, para mencionar que ainda que se entenda que a proibição de prova ilícita seja um princípio[279] e direito fundamental, como entendem alguns, as conclusões obtidas neste trabalho permanecem incólumes. Desta feita, a proibição de prova ilícita não é um direito fundamental e tampouco um princípio, mas sim uma regra limitativa do direito fundamental à prova.

E as limitações ao direito fundamental à prova podem se dar por:

---

277 GONZÁLEZ, Evaristo González. La prueba ilícita: uma (re)visión crítica. In: LLUCH, Xavier Abel e PICó E JUNOY, Joan (Orgs.). objeto y carga de la prueba civil. Barcelona: Bosch Editor, 2007, p. 375

278 CRETELLA NETO, José. Fundamentos principiológicos do processo civil. Rio de Janeiro: Forense, 2006, p. 345.

279 SOARES, Carlos Henrique e DIAS, Ronaldo Brêtas de Carvalho. Manual Elementar de Processo Civil. Belo Horizonte: Del Rey, 2011; p. 355

a) limitações diretamente constitucionais198; b) limitações indiretamente constitucionais[280]; c) colisão com outros direitos fundamentais ou valores constitucionais.

Todas as formas de limitações supracitadas têm base direta ou indireta na Constituição Federal, pois, se assim não fosse, impossível seria uma norma hierarquicamente inferior, sem base constitucional, limitar uma com tal base.

Limitações diretamente constitucionais

A primeira espécie de limitação aceitável aos direitos fundamentais dá-se por meio constitucionalmente direto, ou seja, a limitação provém do próprio texto constitucional. Podemos citar como exemplo o inciso IV do art. 5º da Constituição Federal: "é livre a manifestação do pensamento, sendo vedado o anonimato". A vedação ao anonimato na manifestação do pensamento é uma limitação diretamente constitucional. No caso da prova, a limitação diretamente constitucional clássica é o próprio inciso LVI do art. 5º da Constituição Federal: "são inadmissíveis, no processo, as provas obtidas por meios ilícitos."

Limitações indiretamente constitucionais

A segunda espécie de limitação dá-se com baseada em legislação infraconstitucional com base constitucional. Pode se dar, tanto quando o texto constitucional faz remissão à legislação infraconstitucional, quanto quando, apesar de inexistir remição à legislação infraconstitucional pelo texto constitucional, tal legislação infraconstitucional não contrariar disposição da Carta Magna.

No primeiro caso, mencione-se o inciso VI do art. 5º da Constituição Federal, que contém limitação indiretamente constitucional ao remeter para a lei ordinária a forma de se assegurar o livre exercício dos cultos religiosos: "VI – é inviolável a liberdade de consciência e de crença, sendo assegurado o livre exercício dos cultos religiosos e garantida, na forma da lei, a proteção aos locais de culto e a suas liturgias."

---

280 ALEXY, Robert. Teoria dos direitos fundamentais. Trad. Virgílio Afonso da Silva. São Paulo: Malheiros, 2008, p. 286.

Já no segundo caso, podem-se citar inúmeros dispositivos do CPC, *ad exemplum*, o art. 464, parágrafo único, inciso I: "Art. 420. A prova pericial consiste em exame, vistoria ou avaliação. §1º. O juiz indeferirá a perícia quando: I – a prova do fato não depender do conhecimento especial de técnico." Cite-se ainda o art. Art. 369 do CPC: "As partes têm o direito de empregar todos os meios legais, bem como os moralmente legítimos, ainda que não especificados neste Código, para provar a verdade dos fatos em que se funda o pedido ou a defesa e influir eficazmente na convicção do juiz."

Entende-se que tais limitações não necessitam de ser apenas por lei em sentido *stricto sensu*, como defende Ingo Wolfgang Sarlet[281], pois há situações de restrição que, ainda não se dando por meio de lei, podem não estar contrariando a Constituição Federal, como, por exemplo, um ato administrativo de um órgão público que concede o prazo de 10 dias para apresentar rol de testemunha em determinado processo administrativo disciplinar. Apesar de limitar o direito fundamental à prova por meio de ato administrativo, não é de forma alguma incompatível com os preceitos constitucionais, guardando consonância com o postulado da proporcionalidade.

Colisão com direitos fundamentais ou outros valores constitucionais

Também têm se entendido que pode haver limitação aos direitos fundamentais por meio da colisão com outros direitos fundamentais[282], ou outros valores de patamar constitucional. As colisões do direito fundamental da prova com outros direitos fundamentais dão-se quando há entrechoque de direitos fundamentais de sujeitos diversos[283]. Já a colisão com outros valores constitucionais, dá-se em hipóteses em que a norma colidente não prever

281 SARLET, Ingo Wolfgang *et al.* Curso de direito constitucional. São Paulo: Revista dos Tribunais, 2012, p. 332.

282 SARLET, Ingo Wolfgang *et al.* Curso de direito constitucional. São Paulo: Revista dos Tribunais, 2012, p. 333.

283 STEINMETZ, Wilson. Colisão de direitos fundamentais e princípio da proporcionalidade. Porto Alegre: Livraria do Advogado, 2001, p. 139.

um direito fundamental, mas apenas um valor previsto constitucionalmente. E os direitos fundamentais e valores constitucionais se exteriorizam por normas (regras e princípios), uma vez que os postulados são apenas instrumentos para interpretação e aplicação das outras espécies normativas. As normas são "sentidos construídos a partir da interpretação sistemática de textos normativos"[284].

Diferenciam-se as regras dos princípios: a) quanto à natureza do comportamento prescrito (imediatamente descritivas ou imediatamente finalísticas); b) quanto à natureza da justificação (exige a correspondência entre a construção conceitual dos fatos e a construção conceitual da norma e da finalidade que lhe dá suporte, ou exige uma avaliação da correlação entre o estado de coisas posto como fim e os efeitos decorrentes da conduta havida como necessária); c) quanto ao modo como contribuem para a decisão (com pretensão de decidibilidade e abrangência, ou pretensão de complementariedade e parcialidade)[285]. Por conseguinte, as regras, são, segundo Humberto Ávila,

> [...] normas imediatamente descritivas, primariamente retrospectivas e com pretensão de decidibilidade e abrangência, para cuja aplicação se exige a avaliação de correspondência, sempre centrada na finalidade que lhes dá suporte e nos princípios que lhes são axiologicamente sobrejacentes, entre a construção conceitual da descrição normativa e a construção conceitual dos fatos.

Já os princípios, são:

> [...] normas imediatamente finalísticas, primariamente prospectivas e com pretensão de complementaridade e de parcialidade, para cuja aplicação demandam uma avaliação da correlação entre o estado das coisas a ser promovido e os efeitos decorrentes da conduta havida como necessária à sua promoção[286].

---

284 ÁVILA, Humberto Bergmann. Teoria dos princípios. São Paulo: Malheiros, 2003, p.30.

285 ÁVILA, Humberto Bergmann. Teoria dos princípios. São Paulo: Malheiros, 2003, p.183.

286 ÁVILA, Humberto Bergmann. Teoria dos princípios. Sao Paulo: Malheiros, 2003, p.183.

Há direito fundamental que é somente princípio, como no caso da imparcialidade do julgador, que não possui regra que lhe dê guarida, mas pode ser depreendido como decorrência de outros princípios, como o da dignidade da pessoa humana, do devido processo legal e do princípio democrático.

De outro lado, pode haver direito fundamental que seja apenas regra, como na hipótese do direito de prestar assistência religiosa em presídios e locais de internação coletiva: "art. 5º, VII – é assegurada, nos termos da lei, a prestação de assistência religiosa nas entidades civis e militares de internação coletiva".

Pode ainda haver direito fundamental que seja regra e princípio ao mesmo tempo, como na hipótese do princípio do contraditório: "art. 5º, LV – aos litigantes, em processo judicial ou administrativo, e aos acusados em geral são assegurados o contraditório e ampla defesa, com os meios e recursos a ela inerentes".

Ressalta-se, ainda, que, independentemente de os direitos fundamentais serem regras ou princípios, eles estarão sujeitos a sopesamento, como defende Humberto Ávila:

> [...] é preciso ponderar a razão geradora da regra com as razões substanciais para o seu não cumprimento, diante de determinadas circunstâncias, com base na finalidade da própria regra ou em outros princípios. Para fazê-lo, porém, é preciso uma fundamentação que possa superar a importância das razões de autoridade que suportam o cumprimento incondicional da regra[287].

Isso porque as normas jurídicas devem viver em constante "diálogo". Esta expressão (diálogo das fontes) foi criada por Erik Jayme na Alemanha, no âmbito de seu curso de Direito Internacional na Academia de Haia em 1995, e importada ao Brasil por Cláudia Lima Marques[288].

---

287 ÁVILA, Humberto Bergmann. Teoria dos princípios. São Paulo: Malheiros, 2003, p. 58

288 MARQUES, Cláudia Lima. Diálogo das fontes: do conflito à coordenação de normas do direito brasileiro. São Paulo: Revista dos Tribunais, 2012, p. 75.

O diálogo das fontes surgiu com base no pensamento sistemático[289] pelos seguintes motivos: insuficiência dos critérios tradicionais para a resolução das incompletudes do sistema jurídico (quebras sistemáticas, normas estranhas ao sistema e lacunas) e necessidade de manutenção da unidade do ordenamento jurídico, com a tentativa de harmonização ao máximo de suas normas.

A metodologia do diálogo das fontes permite a harmonização das normas jurídicas (inclusive regras) de uma forma simultânea, coerente e sistemática como dá conta Cláudia Lima Marques:

> 'Diálogo' porque há influências recíprocas, 'diálogo', porque há aplicação conjunta das duas normas ao o tempo e ao o caso, seja complementariamente, seja subsidiariamente, seja permitido a opção voluntária das partes sobre a fonte prevalente (especialmente em matérias de convenções internacionais e leis modelos) ou o permitindo uma opção por uma das leis em conflito abstrato. (...).

A professora gaúcha deixa claro a necessidade de utilização de tal forma de resolução de quebras jurídico-sistemáticas:

> A solução atual ou pós moderna é sistemática e tópica ao o tempo, pois deve ser mais fluida, mais flexível, a permitir maior mobilidade e fineza de distinções. Hoje, a superação de paradigmas foi substituída pela convivência ou coexistência dos paradigmas, como indica nosso título. Efetivamente, raramente encontramos hoje a revogação expressa, substituída pela incerteza da revogação tácita indireta, através das idéias de 'incorporação', como bem expressa o Art. 2.043 do novo Código Civil. Há mais convivência de leis com campos de aplicação diferentes, do que exclusão e clareza. Seus campos de aplicação, por vezes, são convergentes e, em geral diferentes, mas convivem e coexistem em um o sistema jurídico que deve ser ressistematizado[290].

---

289 O pensamento sistemático surgiu com Karl Larenz e teve grande impulso e sistematização com Canaris. LARENZ, Karl. Metodologia da Ciência do Direito. Trad. José Lamego. Lisboa: Fundação Calouste Gulbenkian, 2009, p. 621-693; CANARIS, Claus Wilhelm. Pensamento sistemático e conceito de sistema na ciência do Direito. Trad. Menezes Cordeiro. Lisboa: Fundação Calouste Gulbenkian, 2008.

290 MARQUES, Cláudia Lima. Superação das antinomias pelo diálogo das fontes. Revista da EsMESE. Vol. 07, 2004, p. 43-44.

Abandona-se um monólogo e inicia-se um verdadeiro diálogo das fontes[291], como apontou o STJ:

> ADMINISTRATIVO. INSCRIÇÃO EM ENTIDADE FISCALIZADORA DO EXERCÍCIO DA PROFISSÃO. PESSOA JURÍDICA. ACADEMIA DE GINÁSTICA. CONSELHO REGIONAL DE EDUCAÇÃO FÍSICA. LEIS 6.839/80 E 9.696/98. DIÁLOGO DAS FONTES. ATIVIDADE-FIM DA EMPRESA. LEGITIMIDADE. 1. Não há conflito entre o art. 1º da Lei 6.839/80 e o art. 2º da Lei 9.696/98, de modo a aplicar a sistemática da exclusão da norma inválida. Cada mandamento legal possui âmbito de aplicação próprio e disciplina situações diversas. Dessa feita, ao contrário do suposto monólogo no regramento da matéria, as fontes legais apreciadas estão em diálogo, devendo ambas ser aplicadas de forma harmônica (REsp 1139554/RS - Rel. Min. Castro Meira - DJ 01/10/2009).

Destarte, o diálogo das fontes (que não deixa de ser uma espécie de pensamento sistemático) autoriza a ponderação de regras. Enquanto as formas tradicionais de resolução de incompletudes (notadamente as antinomias) visam expungir do ordenamento uma das normas antagônicas, o diálogo das fontes (emanação do pensamento sistemático) tenta, ao máximo, conciliá-las.

A teoria do diálogo das fontes aduz que a norma geral mais benéfica ao hipossuficiente incide em detrimento da norma especial menos. Acredita-se, no entanto, que o diálogo das fontes deve ser realizado não a fim de atender o hipossuficiente, mas de forma a buscar a harmonização das normas à luz dos preceitos constitucionais, notadamente dos direitos fundamentais. Não faz sentido privilegiar uma interpretação favorável ao hipossuficiente quando ela contrariar preceitos constitucionais e os direitos fundamentais. Isso porque, com a supremacia da Constituição, advento do neoconstitucionalismo e principalmente dos direitos fundamentais, a aplicação do Direito deve se dar observando-se tais critérios, como bem pontua Barroso ao afirmar que a constitucionalização "interfere com os limites de atuação do legislador ordinário e com a leitura constitucional a ser empreendida pelo Judiciário em relação ao

291 Op. cit. p. 44.

tema que foi constitucionalizado[...] tem como principal marca a reinterpretarão de seus institutos sob uma ótica constitucional"[292].

O diálogo das fontes tem sido amplamente utilizado para harmonizar antinomias existentes entre diplomas legislativos diversos, notadamente o conflito entre o Código Civil e o Código de Defesa do Consumidor, e na interpretação à luz da Constituição Federal (esta última, objeto deste estudo).

A doutrina e a jurisprudência citam inúmeras hipóteses em que se aplica a teoria do diálogo das fontes, como, por exemplo, no caso de:

a) oferta ao público (art. 427 do CC) e oferta aos consumidores (art. 30 e 35 do CDC)[293]; b) legalidade (arts. do Decreto-Lei 73/66, Decreto-lei 261/67 e Lei 10.192/2001) ou ilegalidade (art. 51, IV, CDC) do prazo de carência para resgate de título de capitalização[294]; c) desconsideração da personalidade jurídica nas associações civis (art. 50 do CC e art. 5º, XVIII da CF)[295]; d) interpretação das norma infralegais à luz da Constituição Federal[296].

Entre as possíveis formas de diálogo das fontes, há aquela ocorrida entre a Constituição Federal e as normas infraconstitucionais processuais (característica da doutrina neoconstitucional). Pode-se e deve-se, portanto, também utilizar o diálogo das incompletudes do sistema (quebras sistemáticas, normas

292 BARROSO, Luís Roberto. Neoconstitucionalismo e constitucionalização do Direito. o triunfo tardio do Direito Constitucional no Brasil. Jus Navigandi, Teresina, ano 10, n. 851, 1 nov. 2005. Disponível em:<http://jus.uol.com.br/revista/texto/7547>. Acesso em: 10 jun. 2012.

293 MARQUES, Cláudia Lima. Superação das antinomias pelo diálogo das fontes. Revista da EsMESE. Vol. 07. 2004, p. 54.

294 STJ – REsp 1216673/SP – Rel. Min. João Otávio de Noronha – DJ 02/06/2011.

295 TEIXEIRA, Wendel de Brito Lemos. A desconsideração da personalidade jurídica nas associações civis em relações de consumo à luz do neoconstitucionalismo in 20 anos do Código de Defesa do Consumidor: conquistas, desafios e perspectivas. Renan Lotufo e Fernando Rodrigues Martins (Orgs.). São Paulo: Saraiva, 2011, p. 31.

296 BARROSO, Luís Roberto. Neoconstitucionalismo e constitucionalização do Direito. O triunfo tardio do Direito Constitucional no Brasil. Jus Navigandi, Teresina, ano 10, n. 851, 1 nov. 2005. Disponível em:<http://jus.uol.com.br/revista/texto/7547>. Acesso em: 10 jun. 2012.

estranhas ao sistema e lacunas) sempre à luz dos preceitos constitucionais, notadamente a dos direitos fundamentais. Salienta-se que o pensamento sistemático, no geral, também corrobora a possibilidade de ponderação de regras. O pensamento sistemático diverge dos métodos tradicionais para a resolução de incompletudes do sistema, pois, enquanto aquele tenta dar a maior eficácia às normas, o último tem como primeiro critério a invalidação de uma delas.

O pensamento sistemático iniciou-se com Savigny, segundo dá conta Karl Larenz:

> [...] desde o começo é característica de SAVIGNY a exigência de uma combinação dos métodos 'histórico' e 'sistemático', referindo-se aquele à formação de cada lei dentro de uma certa situação histórica e propondo-se este compreender a totalidade das normas e dos institutos jurídicos subjacentes como um todo englobante. (...)Pois o que veio a influir mais tarde foi, além da perspectiva histórica, a ideia de sistema como sistema 'cientifico' construído a partir dos conceitos jurídicos[297].

Savigny – que escreveu o Tratado da Posse em poucas semanas, aos 24 anos, o qual trouxe luz à matéria, com dificuldades consideradas insuperáveis, e prevaleceu por mais de um século[298] – também possibilitou, segundo Menezes Cordeiro, uma importante reflexão jurídica, ao defender que o Direito estava a salvo das arbitrariedades dos legisladores, por haver a prevalência do "espírito do povo"[299].

---

297 LARENZ, Karl. Metodologia da Ciência do Direito. Trad. José Lamego. Lisboa: Fundação Calouste Gulbenkian, 2009, p. 18-19.

298 REZENDE, Astolpho. A posse e sua proteção. Atual. Barbosa Moreira. São Paulo: Lejus, 2000; p. 34.

299 Prefácio de Menezes Cordeiro in CANARIS, Claus-Wilhelm. Pensamento sistemático e Conceito de sistema na Ciência do Direito. Trad. A. Menezes Cordeiro. Lisboa: Fundação Calouste Gulbenkian, 2008; p. LXXXII.

Posteriormente, o pensamento sistemático teve grande desenvolvimento com Karl Larenz[300] e Canaris[301], que colocaram em dúvida a máxima do positivismo segundo a qual o arcabouço legal é perfeito e acabado. O positivismo não conseguiu acompanhar o avançar da sociedade, cujas mudanças passaram da velocidade de uma caminhada para a velocidade de uma corrida, além de ser insuficiente na solução de *hard cases* e de questões em que as regras jurídicas são injustas e até teratológicas.

Karl Larenz aponta que as normas jurídicas não estão desligadas umas das outras, mas, pelo contrário, encontram-se interligadas e dentro de um único sistema, devendo a interpretação tomar em consideração tal caráter sistemático[302],[303]. Soma-se a isso o fato de terem os juristas percebido que o ordenamento jurídico é aberto, ou seja, é incompleto e provisório[304]. Desta feita, na interpretação e na aplicação do Direito, o operador deve fazer tal mister à vista de todo o Direito, de forma interrelacionada e não à luz de uma norma ou conjunto de normas isoladamente. As normas de prova, exemplificativamente, não são vistas apenas isoladamente no código em que estão contidas e tampouco de forma apartada de outras normas, mas sim como parte de todo o Direito, o qual é possuidor de vasos comunicantes entre si. Nos termos mencionados por Menezes Cordeiro,

> perante um problema a resolver, não se aplica, apenas, a norma primacialmente vocacionada para a solução: todo o Direito é chamado a de-

---

300 LARENZ, Karl. Metodologia da Ciência do Direito. Trad. José Lamego. Lisboa: Fundação Calouste Gulbenkian, 2009.

301 CANARIS, Claus-Wilhelm. Pensamento sistemático e Conceito de sistema na Ciência do Direito. Trad. A. Menezes Cordeiro. Lisboa: Fundação Calouste Gulbenkian, 2008.

302 LARENZ, Karl. Metodologia da Ciência do Direito. Trad. José Lamego. Lisboa: Fundação Calouste Gulbenkian, 2009, p. 621.

303 No mesmo sentido: CANARIS, Claus-Wilhelm. Pensamento sistemático e Conceito de sistema na Ciência do Direito. Trad. A. Menezes Cordeiro. Lisboa: Fundação Calouste Gulbenkian, 2008, p. 156.

304 CANARIS, Claus-Wilhelm. Pensamento sistemático e Conceito de sistema na Ciência do Direito. Trad. A. Menezes Cordeiro. Lisboa: Fundação Calouste Gulbenkian, 2008, p. 106.

> por. Por isso, há que lidar com os diversos ramos do Direito, em termos articulados, com relevo para a Constituição – a interpretação deve ser conforme com a Constituição, os diversos dados normativos revelam e os próprios níveis instrumentais, como o processo[305].

Trata-se da tópica como complemento da interpretação sistemática. Ademais, num sistema jurídico como o brasileiro, em que há grande profusão de legislação escrita e de regras, mostra-se mais coerente com a nossa realidade a adoção da teoria dos princípios de Humberto Ávila (que admite a ponderação de regras) que a de Dworking e Alexy (que dá elevado valor aos princípios).

Assim, na atual fase do Direito, da ebulição do pensamento sistemático-tópico e do diálogo das fontes, tem-se procurado harmonizar as normas (princípios e regras) o máximo possível. O que antes era a mera busca para invalidar uma das regras, agora é a tentativa de salvá-la e harmonizá-la com outras regras e princípios em colisão, visando-se manter a mobilidade e a unidade do ordenamento jurídico. Outrossim, como dá conta Ana Paula de Barcellos, por tratar-se de técnica de decisão autônoma, a ponderação não envolve exclusivamente princípios, apesar de isso ocorrer, na maioria das vezes[306]. Entende tal jurista que cabe a ponderação de regras por existirem princípios "que não funcionam completa ou necessariamente sob a lógica da ponderação (seja porque dispõem de núcleo com natureza de regra, seja porque tem estrutura e funcionamento diverso"[307]. Adiciona-se a isso o fato de não se verificar motivo juridicamente consistente o bastante para impedir a ponderação de regras.

Por último, entende-se que a ponderação de regras pode permitir a realização do ideal de justiça, o qual não seria alcançado se não admitissem tal ponderação e utilizassem o método engessado de exclusão de uma(s) da(s) regra(s).

---

305 Prefácio de Menezes Cordeiro in CANARIS, Claus-Wilhelm. Pensamento sistemático e Conceito de sistema na Ciência do Direito. Trad. A. Menezes Cordeiro. Lisboa: Fundação Calouste Gulbenkian, 2008, p. CXI/CXII.

306 BARCELLOS, Ana Paula de. Ponderação, racionalidade e atividade jurisdicional. Rio de Janeiro: Renovar, 2005, p. 36.

307 BARCELLOS, Ana Paula de. Ponderação, racionalidade e atividade jurisdicional. Rio de Janeiro: Renovar, 2005, p. 36.

Conclui-se que a ponderação de regras é admitida: a) pela adoção do pensamento do diálogo das fontes e pelo pensamento sistemático em que se busca, ao máximo, conciliar as normas (e não invalidar alguma delas), independentemente de se tratarem de princípios ou regras; b) por se tratar de técnica de decisão autônoma, não envolvendo exclusivamente princípios, apesar de ocorrer, na maioria das vezes[308]; c) por não se verificar motivo juridicamente forte o bastante para impedir a ponderação de regras; d) por existirem princípios "que não funcionam completa ou necessariamente sob a lógica da ponderação (seja porque dispõem de núcleo com natureza de regra, seja porque tem estrutura e funcionamento diverso)"[309]; e) pelo fato de a ponderação de regras poder trazer a preservação de ambas as regras o máximo possível, balizada pela noção de justiça.

Ainda que se prefira a prevalência da teoria dos princípios de Alexy (não ponderação de regras), o resultado será idêntico, haja vista que, apesar de não mencionar a possibilidade de ponderação de regras, o autor alemão entende que a regra pode ser excepcionada e, somente na hipótese de não se conseguir tal exceção, uma das regras seria invalidada. Desta feita, admitindo-se a teoria de Robert Alexy, ainda que as premissas fossem diversas, os resultados seriam, *a priori*, idênticos.

Técnica do sopesamento (ou ponderação) nas hipóteses de limitações (direta e indiretamente constitucionais) e colisões de direitos fundamentais

De acordo com o apontado alhures, as quebras (antinomias, *hard cases* e lacunas) são patologias do sistema jurídico que devem ser remediadas, sob pena de tornar o último ineficaz e não cumpridor da pacificação social. E estas patologias jurídicas são normalmente combatidas por métodos tradicionais, como o cronológico (*lex posteriori derogat legi priori*), hierárquico (*lex supeior derogat inferiori*) e de especialidade (*lex specialis derogat legi generali*). Este

---

308 BARCELLOS, Ana Paula de. Ponderação, racionalidade e atividade jurisdicional. Rio de Janeiro: Renovar, 2005, p. 36.

309 BARCELLOS, Ana Paula de. Ponderação, racionalidade e atividade jurisdicional. Rio de Janeiro: Renovar, 2005, p. 36.

modo de proceder, além de não conseguir resolver todos os problemas num modelo sistemático-tópico, como antinomias de normas de um único diploma legislativo e *hard cases*, possui claras limitações para tratar de normas constitucionais (limitações e colisões).

A insuficiência da forma tradicional de solução das quebras jurídicas acarreta a necessidade de utilização de outro mecanismo que, no caso, é a interpretação e a integração sistemática-tópica.

A interpretação e integração sistemática conseguem, com maior eficácia, solucionar o problema de lacunas, *hard cases*, antinomias, limitações e colisões de direitos fundamentais, além de manter a unidade do sistema.

Dessa forma, além de procederem a uma resposta satisfativa a essas patologias jurídicas, a interpretação e a integração sistemáticatópica conseguem manter a unidade do ordenamento, o que muitas vezes não se dá com os métodos tradicionais, pois estes invalidam determinadas normas no caso concreto.

A metodologia tópica sistemática dá-se, inicialmente, pelo diálogo das fontes onde se busca harmonizar as normas em confronto. No insucesso de tal harmonização, utiliza-se a teoria dos princípios, de Humberto Ávila. Caso ainda assim não se consiga solucionar as quebras sistemáticas, dever-se-á utilizar os métodos tradicionais de resolução de conflitos normativos, porque este último método deve se dar em hipótese de revogação de norma (último caso).

Na atual fase do pensamento sistemático, em que se almeja o máximo de eficácia das normas em conflito, em que há hipercomplexidade dos conflitos normativos e em que se busca a preservação das normas o máximo possível, não se pode colocar os métodos tradicionais de resolução de conflitos como o primeiro método para resolver os conflitos normativos porque não se conseguiria isso.

Os mecanismos clássicos eram utilizados à exaustão em épocas passadas (no positivismo), quando se acreditava na completude e na perfeição do sistema, não sendo aplicável, de imediato, atualmente por haver-se quebrado tal paradigma (atualmente notou-se que o sistema é aberto, não é completo e tampouco perfeito).

Assim, somente se vale dos métodos tradicionais de resolução de conflito quando o diálogo entre as fontes e a teoria dos princípios de Humberto Ávila não conseguirem solucionar o conflito normativo. A utilização dos métodos tradicionais e a revogação de normas é, assim, excepcional. Saliente-se que tal situação (hipercomplexidade dos conflitos normativos), cumulada com o crescimento da utilização dos princípios (que são meios tão vagos de ordenamento de conduta), exige uma medida para resolver, de forma aceitável, os problemas jurídicos dos procedimentos[310]. E a medida, a "técnica de decisão jurídica"[311] utilizada pelo pensamento sistemático-tópico para resolução de limitações e colisões de direitos fundamentais, é o do sopesamento ou ponderação (*balancing*), o porque as limitações não deixem de ser uma verdadeira colisão entre a restrição e direito à prova[312]. Ressalta-se, ainda, que o direito fundamental à prova, como norma que é, está sujeita a limitação (direta e indiretamente constitucional) e colisão, o que gera a possibilidade de utilização de tal técnica na solução de conflitos.

Pela complexidade, abertura e mobilidade do sistema, e pela pluralidade e dinâmica da sociedade, torna-se impossível ao Constituinte e ao legislador preverem, antecipadamente, todas as hipóteses de limitações e colisões de direitos fundamentais, pelo que se torna viável, por via de consequência, realizar o sopesamento/ponderação em casos concretos como forma de limitação de direitos fundamentais. Para a resolução da questão, é importante descobrir a natureza jurídica das normas em conflitos (se regras, princípios ou ambos).

Pode-se formular o seguinte esquema, considerando-se a regra como "R" e o princípio como "P". Se houver colisão entre regra e regra, buscar-se-á, com base no diálogo das fontes, a harmonização e o sopesamento dessas regras. Somente na hipótese de ser impossível a harmonização e sopesamento, prevalecerá uma das regras e afastarse-á a outra.

---

310 GUERRA FILHO, Willis Santiago. Derechos Fundamentales, proceso y principio de proporcionalidade. Revista de Processo, São Paulo, vol. 95, 2003; p. 64.

311 Expressão utilizada por BARCELLOS, Ana Paula de. Ponderação, racionalidade e atividade jurisdicional. Rio de Janeiro: Renovar, 2005, p. 97.

312 COMOGLIO, Luigi Paolo, FERRI, Corrado e TARUFFO, Michele. Lezione sul processo civile. Vol. I. Bologna: Società editrice Mulino, 2011, p. 462.

R' x R" = R"' ou no caso de impossibilidade, R' x R" = R' ou R" imagine-se, por exemplo, uma pessoa que presta assistência religiosa em um presídio e insiste em promover a pregação para determinado detento que tem problemas psicológicos e tem pânico daquele religioso. Neste caso, entram em conflito duas regras constitucionais: a liberdade de prestação de assistência religiosa nas entidades civis e militares de internação coletiva (art. 5º, VII da Constituição Federal) e o direito do detento de não ser submetido a tortura, ou a situação desumana ou degradante (art. 5º, VII da Constituição Federal). O produto da colisão levaria à criação de uma terceira regra, permitindo a essa pessoa promover pregação a outros detentos que não o indivíduo afetado.

Na impossibilidade de assim proceder, dever-se-ia utilizar a medida excepcional de eleger uma das regras, ou seja, ou impedir o religioso a exercer seu mister naquele local, ou permiti-lo a assim proceder, independentemente do sofrimento do presidiário.

Já na hipótese de colisão entre regra e princípio, *a priori*, prevalece a regra em detrimento do princípio. Isso porque se deve privilegiar inicialmente a regra que, dentro de uma normalidade, possui maior densidade normativa, é emanada pelo poder constituído (normalmente o Legislativo) e prevê conduta de forma objetiva[313].

Outrossim, a falta de critério de prevalência *prima facie* da regra enseja desmesurado grau de subjetivismo e discricionariedade. Ana Paula de Barcellos alerta sobre a realização de *ad hoc balancing* (ponderação sem norma prevalente *prima facie*) gerou grandes críticas na Alemanha, tanto pela inconsistência metodológica da técnica quanto pela ameaça no que se refere a restrições a direitos fundamentais[314].

A decisão da Constituição e da legislação de tratar algo como regra ou princípio tem uma razão de ser, não podendo ser ignorado tal fato pelo interprete e aplicador do direito segundo aponta a doutrina:

---

313 No mesmo sentido: NOVELINO, Marcelo. Direito Constitucional. Rio de Janeiro: Forense; São Paulo: Método, 2012, p. 136.

314 BARCELLOS, Ana Paula de. Ponderação, racionalidade e atividade jurisdicional. Rio de Janeiro: Renovar, 2005, p. 82-83.

> Vale observar que, no caso da atividade legislativa, a opção entre princípio ou regra pode estar relacionada também com a maior ou menor concretização que se pretende atribuir a algum dispositivo constitucional. Nesse ponto, uma disciplina infraconstitucional insuficiente pode inclusive ser objeto de controle de constitucionalidade por omissão[315].

Somente na hipótese de haver motivação e de se ultrapassar o filtro da proporcionalidade, poderá, excepcionalmente, prevalecer o princípio, havendo a superabilidade ou a derrotabilidade da regra[316].

R' x P' = R' ou excepcionalmente (com motivação e proporcionalidade) R' x P' = P'.

Cite-se, por exemplo, a hipótese de um neto ajuizar ação de investigação contra o avô paterno quando possui pai vivo. Poder-se-ia dizer que há conflito entre o princípio da dignidade da pessoa humana (identidade) e a regra do art. 1606 do Código Civil, que dispõe: "A ação de prova de filiação compete ao filho, enquanto viver, passando aos herdeiros, se ele morrer menor ou incapaz. Parágrafo único. Se iniciada a ação pelo filho, os herdeiros poderão continuá-la, salvo se julgado extinto o processo".

Como o art. 1.606 do Código Civil possui base constitucional (direito de intimidade), a prevalência, a princípio, é da regra, a qual não permite o ajuizamento da dita ação enquanto o pai estiver vivo.

O STJ decidindo caso idêntico ao citado chegou à igual conclusão:

> RECURSO ESPECIAL CONTRA ACÓRDÃO QUE MANTEVE O INDEFERIMENTO DE PETIÇÃO INICIAL DE CAUTELAR PARA PRODUÇÃO ANTECIPADA DE PROVA VOLTADA À REALIZAÇÃO DE EXAME DE DNA PARA INSTRUÇÃO DE FUTURA DEMANDA INVESTIGATÓRIA DE RELAÇÃO AVOENGA. 1. (...) 4. INTERPRETAÇÃO DO DIREITO À IDENTIDADE GENÉTICA, CARENTE DE REGULAMENTAÇÃO, EM HARMONIA COM O REGIME

315 BARCELLOS, Ana Paula de. Ponderação, racionalidade e atividade jurisdicional. Rio de Janeiro: Renovar, 2005, p. 185

316 237 ÁVILA, Humberto Bergmann. Teoria dos princípios. São Paulo: Malheiros, 2012, p. 120.

> DE FILIAÇÃO DISCIPLINADO NO CÓDIGO CIVIL - APARENTE TENSÃO ENTRE DIREITOS FUNDAMENTAIS DE A MAGNITUDE QUE DEVE SER SOLUCIONADA MEDIANTE OBSERVÂNCIA DO PRINCÍPIO DA PROPORCIONALIDADE (RAZOABILIDADE), SENDO ESTE O VETOR HERMENÊUTICO APROPRIADO A SALVAGUARDAR OS NÚCLEOS ESSENCIAIS DE DIREITOS EM SUPOSTA COLIDÊNCIA - VALOR/PRINCÍPIO DA DIGNIDADE DA PESSOA HUMANA QUE TANTO INFORMA O DIREITO À IDENTIDADE PESSOAL, LASTRADO NA VERDADE BIOLÓGICA DO INDIVÍDUO, COMO TAMBÉM, OS DIREITO DE FILIAÇÃO, PRIVACIDADE E INTIMIDADE DO INVESTIGADO E DAS DEMAIS PESSOAS ENVOLVIDAS EM LIDES VOLTADAS À CONSTITUIÇÃO COERCITIVA DE PARENTESCO, GARANTINDO-SE SEGURANÇA JURÍDICA NO ÂMBITO DAS RELAÇÕES DE FAMÍLIA - INEXISTÊNCIA DE REGULAMENTAÇÃO ESPECÍFICA DO DIREITO À BUSCA DA VERDADE BIOLÓGICA, RESSALVADO O DISPOSTO NO ART. 48 DA LEI N. 8.069/90, QUE ENSEJA A OBSERVÂNCIA DO REGIME DE FILIAÇÃO REGULADO NO CÓDIGO CIVIL - IMPOSSIBILIDADE DO RECONHECIMENTO DE RELAÇÃO DE PARENTESCO DE FORMA INTERPOSTA (*PER SALTUM*), TENDO EM VISTA O CARÁTER LINEAR DO REGIME ESTABELECIDO NO CÓDIGO CIVIL (CC, ART. 1591/1594), DE MODO QUE AS CLASSES MAIS REMOTAS DERIVAM DAS PRÓXIMAS. (...)6. RECURSO CONHECIDO EM PARTE, E NESSA EXTENSÃO, DESPROVIDO (Resp 876434/RS – Rel. Min. Marco Buzzi – DJ 01/12/2011).

Em outra questão envolvendo colisão entre regra e princípio, ultrapassou-se a regra e fez-se prevalecer o princípio, com base na motivação e na proporcionalidade. Tratava-se de um processo por meio do qual o ECAD cobrava direitos autorais, com base na ausência de isenção existente no art. 46 da Lei n. 9.610/98 de uma festa sem fins lucrativos realizada em uma escola com finalidade religiosa.

> RECURSO ESPECIAL. COBRANÇA DE DIREITOS AUTORAIS. ESCRITÓRIO CENTRAL DE ARRECADAÇÃO E DISTRIBUIÇÃO ECAD. EXECUÇÕES MUSICAIS E SONORIZAÇÕES AMBIENTAIS. EVENTO REALIZADO EM ESCOLA, SEM FINS LUCRATIVOS, COM ENTRADA GRATUITA E FINALIDADE EXCLUSIVAMENTE RELIGIOSA.

I – Controvérsia em torno da possibilidade de cobrança de direitos autorais de entidade religiosa pela realização de execuções musicais e sonorizações ambientais em escola, abrindo o Ano Vocacional, evento religioso, sem fins lucrativos e com entrada gratuita.

II – Necessidade de interpretação sistemática e teleológica do enunciado normativo do art. 46 da Lei n. 9.610/98 à luz das limitações estabelecidas pela própria lei especial, assegurando a tutela de direitos fundamentais e princípios constitucionais em colisão com os direitos do autor, como a intimidade, a vida privada, a cultura, a educação e a religião.

III – O âmbito efetivo de proteção do direito à propriedade autoral (art. 5º, XXVII, da CF) surge somente após a consideração das restrições e limitações a ele opostas, devendo ser consideradas, como tais, as resultantes do rol exemplificativo extraído dos enunciados dos artigos 46, 47 e 48 da Lei 9.610/98, interpretadas e aplicadas de acordo com os direitos fundamentais.

III – Utilização, como critério para a identificação das restrições e limitações, da regra do teste dos três passos ('three step test'), disciplinada pela Convenção de Berna e pelo Acordo OMC/TRIPS.

IV – Reconhecimento, no caso dos autos, nos termos das convenções internacionais, que a limitação da incidência dos direitos autorais "não conflita com a utilização comercial normal de obra" e "não prejudica injustificadamente os interesses do autor.

V – RECURSO ESPECIAL PARCIALMENTE PROVIDO (REsp 964404/ES – Rel. Min. Paulo de Tarso Sanseverino – DJ 15/03/2011).

Na hipótese de colisão entre princípio e uma regra/princípio, prevalece a regra/princípio em detrimento do mero princípio. Somente na hipótese de haver motivação e ultrapassar-se o filtro da proporcionalidade, poderá excepcionalmente prevalecer o princípio.

P' x R'P' = R'P' ou excepcionalmente (com motivação e proporcionalidade) P' x RP' = P'.

Ilustre-se, com a seguinte situação: um indivíduo deseja produzir prova pericial em uma ação de indenização demonstrando que fora agredido por socos, ainda que já tendo o réu realizado confissão judicial. Há uma colisão entre o princípio do direito à prova e a regra/ princípio da duração razoável do processo. Nesta colisão de fácil resolução, prevalece a regra/princípio da duração razoável do processo, haja vista ser a prova desnecessária no caso.

Já em outras situações, o princípio pode prevalecer. Suponha-se que ajuíza-se uma ação civil pública alegando que determinada pessoa está promovendo (sem autorização legal) intervenção em área de preservação permanente e o réu alegue que não se trate de área de tal natureza e requeira a produção de prova pericial para comprovar suas alegações. Mais uma vez, há uma colisão entre o princípio do direito à prova e a regra/princípio da duração razoável do processo. Já nesta colisão, ultrapassada a motivação e proporcionalidade, prevalece o princípio por ser a prova pericial imprescindível para a justa composição do litígio.

Na hipótese de colisão entre regra e uma regra/princípio, dever-se-á realizar o sopesamento para se verificar qual dos dois prevalecerá, diante da inexistência de precedência.

R' x R'P' = R" ou R'P'.

Cite-se, como exemplo, a publicação de uma poesia anônima em um jornal. Ocorre colisão entre a regra da vedação do anonimato (art. 5º, IV da Constituição Federal) e o princípio/regra de liberdade de expressão (art. 5º, IX da Constituição Federal), caso em que prevalece o último. Já na hipótese de policiais interceptarem panfletos anônimos que fossem jogados na rua, apontando o cometimento de crime por um prefeito, ocorre a colisão entre a regra da vedação do anonimato (art. 5º, IV da Constituição Federal) e o princípio/regra de liberdade de expressão (art. 5º, IX da Constituição Federal). Neste caso, prevalece a proibição de anonimato.

Havendo colisão entre uma e outra regra/princípio, dever-se-á realizar o sopesamento para se verificar qual dos dois prevalecerá, diante da inexistência de precedência.

R'P' x R"P" = R'P' ou R"P".

Cite-se, por exemplo, uma ação de usucapião na qual é realizada citação por edital em que conste apenas o endereço do imóvel, mas não conste o nome do requerente. Há colisão entre a regra/princípio do contraditório e ampla defesa *versus* a regra/princípio da coisa julgada/segurança jurídica. Neste caso *in concreto*, prevalecerá a regra/princípio do contraditório por se tratar de *querella nullitatis*, que, por sua gravidade, não prescreve.

Ulteriormente, havendo colisão entre princípios, dever-se-á realizar o sopesamento para verificar qual dos dois prevalecerá, diante da inexistência de precedência.

P' x P" = P' ou P".

Em importante questão em que uma estudante da Universidade Federal de Santa Maria desejava transferir-se para Universidade Federal de Santa Catarina para dar continuidade a tratamento de câncer, o STJ entendeu que, diante da colisão entre o princípio da legalidade (pela inexistência de legislação prevendo a situação e obrigando o Estado a promover tal transferência) e o princípio do direito à saúde e educação da estudante, deveria prevalecer o último:

> PROCESSUAL CIVIL E ADMINISTRATIVO. VIOLAÇÃO DO ART. 535 DO CPC. DEFICIÊNCIA NA FUNDAMENTAÇÃO. SÚMULA 284/STF. MANDADO DE SEGURANÇA. TRANSFERÊNCIA DA UNIVERSIDADE FEDERAL DE SANTA MARIA PARA A UNIVERSIDADE FEDERAL DE SANTA CATARINA. TRATAMENTO DE SAÚDE. ACÓRDÃO FIRMADO SOB FUNDAMENTO CONSTITUCIONAL. ANÁLISE VEDADA NESTA VIA RECURSAL.
>
> 1. (...)
>
> 2. No caso dos autos, a recorrida, aprovada no concurso vestibular em 2006, na Universidade Federal de Santa Maria, para o curso de Comunicação Social, pleiteou, em fevereiro de 2009, transferência para a Universidade Federal de Santa Catarina, em razão da necessidade de tratamento do câncer Linfoma de Hodgkin.
>
> 3. A recorrente sustenta a inexistência de respaldo para a referida transferência pelo ordenamento jurídico, o que ofenderia o princípio da legalidade.
>
> (...)
>
> 7. De fato, consignou que se deveria aplicar o 'princípio da proporcionalidade, segundo o qual as medidas tomadas pela Administração devem

> estar na direta adequação das necessidades administrativas, ou seja, somente se devem sacrificar interesses individuais em função de interesses coletivos, de interesses primários, na medida da estrita necessidade, não se desbordando do que seja realmente indispensável para a implementação da necessidade pública, por isso que se deixou marcado que outro fundamental limite ao exercício do poder discricionário é o da necessidade e adequação'.
>
> 8. (...)
>
> 10. Recurso Especial não provido (REsp 1251347/SC – Rel. Min. Herman Benjamin – DJ 07/06/2011).

Há situações em que há grande dificuldade de se verificar se a norma é uma regra ou um princípio, devendo-se, em tais situações, tratá-las como regra/princípio, para fins de solução da colisão.

Limites das limitações ao direito fundamental à prova

Assim como os direitos fundamentais são limitados, as limitações a estes também o são. Isso se deve ao fato de que

> [...] até meados do século XX, por conta de uma tradição fortemente vinculada à postura reverencial em relação ao legislador, os direitos fundamentais não raras vezes tinham sua eficácia esvaziada pela atuação erosiva dos poderes constituídos. Ao longo da evolução dogmática e jurisprudencial, todavia, especialmente a partir do labor da doutrina e jurisprudência constitucional germânica, foram desenvolvidos uma série de instrumentos, destinados a controlar as ingerências exercidas sobre os direitos fundamentais, evitando ao máximo a sua fragilização[317].

Com o intuito de evitar que fossem fulminados totalmente os direitos fundamentais, alguns países como a Alemanha (art. 19, I e II da Lei Fundamental Alemã) e a Espanha (art. 18, 2 e 3 da Constituição Portuguesa) previram, expressamente, limites aos limites dos direitos fundamentais. Soma-se a

317 SARLET, Ingo Wolfgang *et al.* Curso de direito constitucional. São Paulo: Revista dos Tribunais, 2012, p. 335.

isso que tais previsões deram-se após períodos totalitários em tais países (Nazismo na Alemanha e Franquismo na Espanha).

Apesar de não existir, no Brasil, previsão expressa dos limites das limitações aos direitos fundamentais, a doutrina e a jurisprudência têm admitido esses direitos fundamentais.

Existem dois limites das limitações aos direitos fundamentais: a) núcleo essencial dos direitos fundamentais; b) proporcionalidade e/ou razoabilidade. O núcleo essencial é o mínimo que deve ser garantido de eficácia ao direito fundamental. A proteção ao núcleo essencial pode ser depreendida do art. 60, §4º da Constituição Federal, que aduz que não será objeto de deliberação a proposta tendente a abolir, dentre outros, os direitos individuais, os quais devem ser interpretados amplamente para absorver todos os direitos fundamentais.

Como dito anteriormente, isso não induz a acreditar que não possa o legislador alterar a configuração dos direitos fundamentais. O que resta vedado é, tão somente, extirpar o direito fundamental da Constituição, ou alterar a configuração de forma a reduzir seu núcleo essencial (aquele espaço que, uma vez retirado, desnaturaria tal direito).

Ressalta-se que a caracterização do núcleo essencial dá-se no caso concreto, não podendo, previamente, saber-se de cada um dos direitos fundamentais. Ademais, pode haver uma certa elasticidade, dependendo das condições do caso concreto, fazendo com que o núcleo essencial de um determinado direito seja maior ou menor que o outro.

Cite-se, por exemplo, o corte de fornecimento de água de órgão público por inadimplência. Se o órgão prestar serviços essenciais, o núcleo essencial da dignidade da pessoa humana da população não permite tal corte, mas se esse órgão não prestar serviços essenciais, o corte será lícito. Assim, não será permitido o corte de água por débito de um hospital municipal, mas será permitido o corte de fornecimento de água por inadimplência de um espaço de eventos público.

No que diz respeito ao direito fundamental à prova, a título de ilustração, em determinadas situações, o núcleo essencial poderá ser a impossibilidade de produção de provas ilícitas e, em outras, a possibilidade de produção de provas lícitas, como na hipótese de se permitir a validade de prova ilícita se considerada em benefício do Réu no processo penal.

Também existe como limite das limitações aos direitos fundamentais os postulados da proporcionalidade e da razoabilidade[318], que se fundamentam nos direitos fundamentais.

O postulado da proporcionalidade pode se exteriorizar de três formas: a) a adequação; b) a necessidade; c) a proporcionalidade, em sentido *stricto*.

A adequação, segundo Wilson Steinmetz, "ordena que se verifique, no caso concreto, se a decisão normativa restritiva (o meio, a medida) do direito fundamental oportuniza o alcance da finalidade perseguida. Trata-se de examinar se o meio é apto, útil, idôneo ou apropriado para atingir ou promover o fim pretendido"[319]. Já a necessidade "ordena que se examine se dentre os meios de restrição disponíveis e igualmente eficazes para atingir ou promover o fim pretendido, o escolhido é o menos restritivo – isto é, menos prejudicial ou gravoso – ao(s) direito(s) fundamental(is) em questão"[320].

E a proporcionalidade, em sentido estrito, exige que o resultado tenha razoabilidade em relação aos meios perseguidos. Assim, uma decisão judicial que indefere a oitiva de testemunha sobre idênticos fatos que nada tem a acrescentar de novo, limitando o direito fundamental à prova, pode se dar normalmente sem que tal limitação afronte a proporcionalidade. Em contrapartida, a

---

318 O postulado (que o autor chama de princípio) da proporcionalidade é diverso do princípio da razoabilidade, tanto na origem quanto na destinação. Enquanto o primeiro possui origem germânica, o segundo possui origem norte-americana no devido processo legal (*due process of law*) procedimental (procedural) e material (substantive). Enquanto o primeiro tem feição positiva (demarcar os limites e se manter dentro deles), o segundo tem função negativa (proibir a ultrapassagem do juridicamente aceitável). GUERRA FILHO, Willis Santiago. Teoria processual da constituição. São Paulo: Celso Bastos Editor: Instituto Brasileiro de Direito Constitucional, 2000, p. 75-76.

319 STEINMETZ, Wilson. A vinculação dos particulares a direitos fundamentais. São Paulo: Malheiros, 2004, p. 212.

320 STEINMETZ, Wilson. A vinculação dos particulares a direitos fundamentais. São Paulo: Malheiros, 2004, p. 213.

inadmissibilidade de oitiva de uma testemunha, apenas pelo fato de que a audiência atrasou e a pauta se encontra assoberbada, é uma limitação totalmente desproporcional.

A razoabilidade, por sua vez, seria a emanação jurídico-principiológica da lógica do razoável de Recasens Siches[321], já abordada. Hipoteticamente, no caso de haver uma lei que admitisse a confissão por meio de tortura, com base na razoabilidade, o Poder Judiciário poderia desconsiderá-la.

321 GÓES, Gisele Santos Fernandes. Termos jurídicos indeterminados: interpretação ou discricionariedade judicial? In: Sistema e tópica interpretação do ordenamento. LOTUFO, Renan. (Org.). sistema e tópica interpretação do ordenamento. Barueri: Manole, 2006, p. 97.

3

A PROVA ILÍCITA

De todas as limitações ao direito fundamental da prova, a mais importante delas é a que proíbe as que se derem de forma ilícita. A Constituição Federal em seu art. 5º, LVI, dispôs que "são inadmissíveis, no processo, as provas obtidas por meios ilícitos". A importância desta limitação é tamanha que ela consta expressamente prevista na Constituição Federal, enquanto o próprio direito fundamental à prova não consta. Isso não quer dizer que a limitação da prova sempre possui importância superior ao direito fundamental à prova, mas tão somente que o Constituinte quis deixar claro sua repulsa inicial pela prova ilícita.

Para melhor delimitação do instituto da prova ilícita, tratemos de seu escorço, de seu histórico, de seu tratamento alienígena, de seu conceito e da diferenciação de outros institutos jurídicos cuja nomenclatura pode gerar confusão.

ESCORÇO HISTÓRICO

Inicialmente, não havia a proibição de proposição, admissibilidade, produção e valoração da prova ilícita, o porque a obtenção da verdade não encontrava obstáculos. A prova, em muitos casos, era a própria sentença, como no caso das ordálias (juízos de Deus), que se davam em várias modalidades como, por exemplo: a) prova das bebidas amargas – a mulher acusada de adultério, ingeria a bebida amarga e, se contraísse o rosto e se seus olhos ficassem vermelhos, era considerada culpada; b) prova pelo veneno – consistente na ingestão de veneno, o qual poderia ter efeito purgativo ou ocasionar vertigens e até a morte. O mal-estar, concomitante com a sobrevivência, era considerado como absolvição; c) prova pelo fogo – para verificar se o indivíduo possuía razão, averiguava-se se ele não se queimava ao tocar, com a língua, o ferro quente, ou ao conduzir uma barra de ferro em brasa, ou ao caminhar com os pés sobre barras de ferro incandescentes; d) prova pela água – pela água quente, o indivíduo que não se queimasse ao pegar um objeto do fundo de uma caldeira d'água fervente era absolvido, e, pela água fria, o indivíduo que, amarrado pela mão direita e pelo pé esquerdo, sobrevivesse ao ser atirado no rio, era considerado culpado, mas, se afundasse, era considerado inocente; e) prova da cruz – os demandantes eram colocados de pé, com os braços abertos, diante de uma cruz, e aquele que, por cansaço, deixasse pender os braços era culpado; f) prova das serpentes – se o acusado não fosse mordido por nenhuma das 2 serpentes colocadas com ele, seria considerado inocente; g) prova do cadáver – colocava-se o corpo da vítima perante o acusado e, se no corpo da vítima voltasse a correr sangue, aquele era culpado; h) duelo – combate no qual a pessoa que tinha razão era protegida por Deus e vencia[322].

Somente a partir do início do século XX surgiram teorias (ainda que timidamente) sobre a necessidade de limitação da busca da verdade. Algum tempo depois, principalmente na Alemanha e nos Estados Unidos, desenvolveu-se teoria defendendo a limitação ao direito probatório e à inadmissibilidade de proposição, de admissão, de produção e de valoração da prova ilícita.

No Brasil, o Regulamento 737 previa, em seu art. 138, que eram admitidas as seguintes provas (escrituras públicas e instrumentos, escritos particulares, confissão judicial, confissão extrajudicial, juramento supletório, juramento, depoimento testemunhal, presunções, arbitramento, depoimento da parte e vistorias). Apesar de tal previsão *numerus clausus*, admitia-se as provas ilícitas. Posteriormente, deu-se a proliferação dos códigos de processo civil estaduais, os quais abordaram a ilicitude de provas de diferentes formas.

Com a passagem da competência para a União legislar sobre processo civil, adveio o Código de Processo Civil de 1939, o qual dispôs, em seu art. 208, que "são admissíveis em juízo todas as espécies de prova reconhecidas nas leis civís e comerciais".

Em 1973 adveio o Código de Processo Civil agora revogado, que dispôs, em seu art. 332, que "todos os meios legais, bem como os moralmente legíti-

---

322 GUSMÃO, Manuel Aureliano de. Processo Civil e Comercial: explanação de um programa. Vol. II. São Paulo: Saraiva & Cia., 1924, p. 21-32.

mos, ainda que não especificados neste Código, são hábeis para provar a verdade dos fatos, em que se funda a ação ou a defesa". Segundo aponta Nelson Nery, embora inexistente tratamento expresso da prova ilícita, a doutrina e jurisprudência a partir do código de processo civil já passou a inadmitir a prova ilícita com base no art. 332 do CPC, por entender que a prova ilícita não era "legal ou moralmente legítima"[323].

Até tal época, nenhuma das Constituições Federais tratou da admissibilidade, ou não, de prova ilícita. Somente em 1988, após longo período autoritário, adveio a Constituição Federal de 1988, que regrou, em seu art. 5º, LVI: "são inadmissíveis, no processo, as provas obtidas por meios ilícitos". Tal redação foi baseada no art. 32, inciso 8 da Constituição Portuguesa de 1976: "art. 32, 8 – São nulas todas as provas obtidas mediante tortura, coação, ofensa da integridade física ou moral da pessoa, abusiva intromissão na vida privada, no domicílio, na correspondência ou nas telecomunicações".

Em 2015, o CPC dispôs em seu art. 369 que "as partes têm o direito de empregar todos os meios legais, bem como os moralmente legítimos, ainda que não especificados neste Codigos, para provar a verdade dos fatos em que se funda o pedido ou a defesa e influir eficazmente na convicção do juiz".

DIREITO ESTRANGEIRO

Elegeu-se para estudo de direito comparado os EUA, Alemanha, Espanha e Itália por serem estes os que mais desenvolveram estudos e tem em seus respectivos ordenamentos jurídicos, o melhor tratamento do tema das provas ilícitas que se tem notícia.

Alemanha

A Alemanha e os EUA foram os países que mais desenvolveram o tema das provas ilícitas[324]. No ano de 1903, o jurista alemão Beling fez publicar subs-

323 NERY JR., Nelson. Princípios do processo na Constituição Federal: processo civil, penal e administrativo. São Paulo: Revista dos Tribunais, 2009, p. 259.

324 MENDRONI, Marcelo Batlouni. Provas no processo penal: estudo sobre a valoração das provas penais. São Paulo: Editora Atlas, 2010; p. 148.

tancioso trabalho acerca das proibições probatórias como limites da busca da verdade no processo penal, mas, apesar de seu brilhantismo, o trabalho não teve a atenção merecida, pois o princípio do livre convencimento judicial era uma conquista recente e não poderia ser minimizado por tal proibição, além de que existia uma visão burocrática e autoritária da Jurisdição, cuja busca da verdade real tinha prevalência absoluta[325].

Beling defendia a necessidade de se equilibrar as exigências processuais com os direitos individuais, utilizando-se, para exemplificar sua tese, da propriedade como decorrente da dignidade da pessoa humana, de clara fonte de proibição de provas, citando como exemplo o caso Vigo *vs* Fomenti, julgado pela Corte de Apelo de Milão, onde foi proibida a utilização de carta, por ser de propriedade de outrem[326].

Posteriormente, as Constituições dos Estados-Membros e a Lei Fundamental alemã passaram a prever a sobreposição da tutela do indivíduo sobre perigos e ameaças tecnológicas futuras, ao proclamar, em seu arts. 1º e 2º, a dignidade da pessoa humana e a livre formação da personalidade[327]. A partir daí, a intenção de prevalência do interesse público na busca da verdade penal foi limitada pelos direitos dos indivíduos.

Em 1950, o legislador introduziu o novo §136 do Código de Processo Penal alemão (*Strafprozessordnung*), vedando o seguinte:

> [...] a tortura e sofrimentos físicos, mas também a subministramento de substâncias capazes de alterar, reduzir ou suprimir a capacidade de entender e a faculdade mnemônica do sujeito, também qualquer forma de violência moral ou de pressão dolosa realizada com expediente inadmissível ou com promessa de vantagem ilícita. E a proibição de empregar estes e similares métodos de investigação se junta a explícita proibição de utilizar em juízo a prova obtida de forma viedada[328].

325 CARVALHO, Márcia Cunha Silva Araújo de. Prova ilícita. RT 801/ 434.

326 TROCKER, Nicolò. Processo civile e costituzionale: problemi di diritto tedesco e italiano. Milano: Giuffrè, 1974, p. 567-568.

327 CARVALHO, Márcia Cunha Silva Araújo de. Prova ilícita. RT 801/ 434.

328 TROCKER, Nicolò. Processo civile e costituzionale: problemi di diritto tedesco e italiano. Milano: Giuffrè, 1974, p. 574-575

Como dá conta Avolio, o pós advento do §136 do Código de Processo Penal Alemão, "nem sempre as Cortes ordinárias alcançavam o verdadeiro significado da norma em exame", sendo que em 1952 a Corte de Apelação entendeu que "o emprego dos métodos proibidos por particulares não torna a prova inadmissível ou inutilizável aos finas da decisão"[329].

No ano de 1954, o *Bundesgerichtshof* (equivalente ao Superior Tribunal de Justiça alemão) apontou ser ilícita, em processo criminal por afronta à livre determinação do indivíduo, a prova obtida pela utilização de detector de mentira (polígrafo), independentemente da anuência do indivíduo[330]. Em 1958, fundado nas lições de Nipperdey de que "os direitos de propriedade não podem ser superior aos direitos do indivíduo", o Bundesgerichtshof consagrou "valores fundamentais", aplicando a vedação da prova ilícita em questão privada. O Tribunal entendeu que a gravação secreta de conversa por parte de particular e sua reprodução, ou a divulgação pública, é afronta indevida à privacidade[331]. Em outros processos, entendeu-se que uma gravação clandestina de fita magnética não poderia ser utilizada como prova; tampouco poderiam ser usadas as anotações de diário pessoal[332]. Entendeu-se, posteriormente, que a utilização de anotações pessoais ou diário, do jurisdicionado constituiria violação à privacidade. A importância de tal decisão, que é caracterizada por Marcia Cunha como um marco, deu-se porque: a) equiparou a tutela jurídica dos interesses patrimoniais à dos interesses da personalidade; b) introduziu uma valoração unitária da prova ilícita, tanto no âmbito penal como no civil; c) reconheceu que, apesar de sua grande importância a busca pela verdade não tem valor absoluto e não pode ser alcançada a qualquer preço[333].

329 AVOLIO, Luiz Francisco Torquato. Provas ilícitas – interceptações telefônicas, ambientais e gravações clandestinas. São Paulo: Revisto dos Tribunais, 2003, p. 49.

330 TROCKER, Nicolò. Processo civile e costituzionale: problemi di diritto tedesco e italiano. Milano: Giuffrè, 1974, p. 75.

331 TROCKER, Nicolò. Processo civile e costituzionale: problemi di diritto tedesco e italiano. Milano: Giuffrè, 1974, p. 581.

332 TROCKER, Nicolò. Processo civile e costituzionale: problemi di diritto tedesco e italiano. Milano: Giuffrè, 1974, p. 582-583.

333 CARVALHO, Márcia Cunha Silva Araújo de. Prova ilícita. RT 801/ 434.

Em 1970, o *Bundesgerichtshof* entendeu ser ilícita a prova testemunhal de uma pessoa que se portou dentro da residência do acusado, em cômodo contíguo ao quarto, para ouvir os maus-tratos ao cônjuge vítima, por se tratar do domicílio do acusado e de parte de sua esfera privada[334]. A proibição de prova ilícita é chamada na Alemanha de *Beseisvertbot* ou *Beweiserhebungsverbot*[335].

Em outro momento adiante, passou-se a entender que a proibição de prova ilícita não acompanhava, necessariamente, a proibição da utilização, em juízo, da prova obtida de forma vedada (*Verhältnismässigkeit*)[336].

Entendeu-se, ainda, que todas as vedações de provas ilícitas são realizadas mediante verificação, pelo Judiciário, com base no postulado da proporcionalidade (*Verhältnismässigkeit*) nos casos concretos. Pondera-se se prevalece o direito fundamental da prova ou sua limitação.

Em 1955, o *Bundesgerichtshof* analisou um processo de divórcio para o qual um marido juntou 72 fitas magnéticas registrando maustratos de sua mulher para com ele durante um período de cerca de um ano. A Corte reconheceu que a gravação secreta de uma conversa representa uma afronta ao direito da personalidade e que uma ilicitude pode ser legitimada quando houver um interesse contrastante superior, produto de uma atenta valoração entre tais interesses em jogo[337].

Passou a jurisprudência a admitir outras exceções à proibição de prova ilícita, como, por exemplo: a) em 1961, distinguindo a carta comercial da pessoal, dando à primeira proteção mitigada; b) em 1963, possibilitando a gravação de conversa telefônica quando fosse realizada nas dependências do escri-

334 TROCKER, Nicolò. Processo civile e costituzionale: problemi di diritto tedesco e italiano. Milano: Giuffrè, 1974, p. 579.

335 TROCKER, Nicolò. Processo civile e costituzionale: problemi di diritto tedesco e italiano. Milano: Giuffrè, 1974, p. 597.

336 TROCKER, Nicolò. Processo civile e costituzionale: problemi di diritto tedesco e italiano. Milano: Giuffrè, 1974, p. 597.

337 TROCKER, Nicolò. Processo civile e costituzionale: problemi di diritto tedesco e italiano. Milano: Giuffrè, 1974, p. 623.

tório de um comerciante; c) em 1964, permitindo a divulgação das anotações externas, como livros de comércio e similares que não estivessem dentro da esfera pessoal do autor; d) em 1966, permitindo a gravação secreta de expressões verbais de alguém em via pública.

Wagner Marteletto Filho também cita outras hipóteses de admissão e inadmissão da prova ilícita pela jurisprudência alemã: a) em 1985 permitindo a utilização de diário pessoal para comprovação de homicídio; b) não admitindo a utilização interceptação acidental de solilóquio (ato de algúem converser sozinho ou consigo próprio) quando se ouviu acusado em um quarto de hospital fazendo tal solilóquio a respeito de um crime de homicídio; c) impossibilidade de utilização de conversa de um casal em delito de tráfico em virtude do telefone do marido que estava interceptado ter ficado fora do gancho, ter permitido a captação do diálogo da conversa (voz *off*); d) em 2004, a Corte Constitucional estabeleceu vários requisitos para serem atendidos pelo legislador, inclusive proporcionalidade e se tartar de crime de elevada gravidade (pena minima de 05 anos), além de entender existir um núcleo indevassável que não pode ser relativizados pela lei ou objeto de ponderação (como por exemplo vivências e expresses da sexualidade), não abarcando outras questões como conversas sobre delitos cometidos[338].

Como mencionado por Wagner Marteletto Filho, "a recomendação do Tribunal Constitucional foi seguida pari e passo pelo legislador, que regulamentou detalhadamente a matéria em 2005, dando nova redação ao parágrafo 100, c, da StPO".

Nelson Nery Jr. também cita outras hipóteses em que a doutrina e jurisprudência alemã entendem se tratar de prova ilícita inadmitida: "a) a gravação de conversa telefônica sem o consentimento dos partícipes; b) a exibição de fotografia com ofensa a direitos gerais da personalidade; c) a leitura indevida de diário pessoal; d) o depoimento de alguém que observou, ilegalmen-

338 MARTELETTO FILHO, Wagner. A proibição de valoração da prova e a proteção do núcleo intangível da vida privada. Relatório de Doutoramento em Ciências Jurídico-Penais na disciplina de Processo Penal.Lisboa: Universidade de Lisboa, 2014; p. 15-20.

te, o cônjuge réu em sua própria casa; e) o depoimento de uma testemunha sobre fatos que soube espreitando conversa privada em segredo"[339].

Na Alemanha, atualmente, não há disposição expressa na Lei Fundamental, ou no ZPO (Código de processo civil alemão), acerca da proibição de provas ilícitas (*beweisverbote*), ao contrário do que ocorre no StPO (Código de processo penal), sendo a admissibilidade das provas ilícitas realizada pela proporcionalidade (*Verhältnismässigkeit*).

A *beweisverbote* é, pois, uma construção teórica sistemática fulcrada nos direitos individuais materiais dos indivíduos, principalmente na dignidade da pessoa humana, na inviolabilidade do segredo de correspondência e no livre desenvolvimento da personalidade, das telecomunicações e do domicílio[340].

A conclusão de Nicolò Trocker sobre a admissibilidade das provas ilícitas na Alemanha merece transcrição:

> A regra segundo a qual a 'ilicitude', quando se configura como contrariedade à norma constitucional, se traduz também em uma proibição probatória, não vale de maneira incondicional. Ainda reconhecendo a aplicabilidade de certas causas de justificações expressamente previstas no plano substancial, como a legítima defesa e o estado de necessidade, a jurisprudência alemã admite as exceções à proibição geral de admissibilidade (e de utilização) da prova formada ou obtida 'inconstitucionalmente' quando se trata de realizar exigências superiores de caráter público ou privado, merecedores de particular tutela. Em seguida, entram em jogo o princípio da Güterund Interessenabwägung (ou seja o princípio do 'balanciamento dos interesses e dos valores') e, de reflexo, o Verhältnismässigkeitsprinzip (ou seja o princípio de proporcionalidade entre meio empregado e finalidade da qual se tende)[341].

---

339 NERY JR., Nelson. Princípios do processo na Constituição Federal: processo civil, penal e administrativo. São Paulo: Revista dos Tribunais, 2009, p. 263.

340 MENDRONI, Marcelo Batlouni. Provas no processo penal: estudo sobre a valoração das provas penais. São Paulo: Editora Atlas, 2010, p. 149.

341 TROCKER, Nicolò. Processo civile e costituzionale: problemi di diritto tedesco e italiano. Milano: Giuffrè, 1974, p. 619.

Nelson Nery também deixa claro que via de regra não se ad mite a proibição de prova ilícita segunda a moderna doutrina alemã no direito processual civil, o que deixa antever sua admissibilidade em situações excepcionais:

> "A moderna doutrina alemão do direito processual civil tem-se pronunciado no sentido de que não mais vige, em sua inteireza, o princípio da busca da verdade real, de modo que devem ser impostas algumas restrições à obtenção da prova, a fim de que sejam respeitados os direitos personalíssimos e os direitos fundamentais. De consequência, a invalidade material do meio de prova acarreta, de regra, a inadmissibilidade de sua utilização no processo".[342]

Atualmente, portanto, tem-se admitido a produção de provas ilícitas no caso concreto, desde que o fruto da ponderação seja no sentido da prevalência da admissão da prova ilícita em confronto com outro direito fundamental ou valor constitucional.

Espanha

A Constituição Espanhola de 1978 disciplina, em seu art. 24, que

> 1. Todas as pessoas tem direito a obter a tutela efetiva dos juízes e tribunais no exercício de seus direitos e interesses legítimos, sem que, em nenhum caso, possa ficar indefeso. 2. Assim o, todos tem direito ao Juiz competente pela lei, a defesa e a assistência de advogado, a ser informado das acusaçoes formuladas contra eles, a um processo público sem dilações indevidas e com todas as garantias, a utilizar os meios de prova pertinentes para sua defesa, a não se auto-incriminar, a não confessar culpado e a presunção de inocência. A lei regulará os casos em que, por razão de parentesco ou de segredo profissional, não se estará obrigado a declarar sobre fatos presumivelmente criminosos.

Na Espanha, há expressamente o direito fundamental à prova, mas a limitação consta apenas para que sejam admitidas as provas pertinentes à defesa.

Como mencionado por Evaristo González González, o constituinte poderia ter estabelecido outros limites ao direito constitucional à prova, como no

342 NERY JR., Nelson. Princípios do processo na Constituição Federal: processo civil, penal e administrativo. São Paulo: Revista dos Tribunais, 2009, p. 260-261.

caso de provas ilícitas, mas, sem embargo, não o fez[343]. Assim, existia apenas a limitação da prova impertinente, a qual não se confundia com prova ilícita, pois aquela diz respeito à relação quanto ao thema probandum.

A questão da prova ilícita na Espanha teve importante decisão dada pelo Supremo Tribunal Constitucional espanhol em 1984, em que, no RTC 114/1984, dita corte julgou possível a utilização de gravação telefônica, realizada por um chefe, de uma conversa em que fora chantageado por seu subordinado. Isso porque, segundo González, além de tal questão, tal decisão judicial não se limitou a analisar se havia ocorrido ou não violação do direito e resolveu a pendência, examinando o conteúdo constitucional do o, mas acabou trazendo uma série de considerações sobre a prova obtida com infração dos direitos constitucionais, que permitem dar azo à inadmissão de materiais probatórios obtidos mediante a vulneração de direitos fundamentais[344].

Passado algum tempo, a Ley Orgánica Del Poder Judicial, de 1985, dispôs, em seu art. 11.1, que: "Em todo tipo de procedimento, respeitar-se-ão as regras de boa-fé. Não surtirão efeito as provas obtidas, direta ou indiretamente, violentando os direitos ou liberdades fundamentais".

Apesar disso, é a Ley de Enjuiciamento Civil espanhola de 2000 que disciplina sobre as provas ilícitas, em seus arts. 283.3 e 287.1 e 2:

> 283.3. Nunca se admitirá como prova qualquer atividade proibida pela lei.
>
> 287. 1. Quando qualquer das partes entender que na obtenção ou origem de qualquer prova admitida, foram violados direitos fundamentais, deverá manifestar-se de imediato, com traslado, em seu caso, às demais partes. Sobre esta questão, que também pode ser levantada ex officio pelo juiz, deverão ser resolvidas no ato de julgamento ou, no caso de processo oral no início da audiência, antes da abertura da obtenção de provas. Para este fim, se ouvirão as partes e, se for o caso, se praticarão

343 GONZÁLEZ, Evaristo González. La prueba ilícita: uma (re)visión crítica. In: LLUCH, Xavier Abel e PICÓ E JUNOY, Joan (Orgs.). Objeto y carga de la prueba civil. Barcelona: Bosch Editor, 2007, p. 372

344 GONZÁLEZ, Evaristo González. La prueba ilícita: uma (re)visión crítica. In: LLUCH, Xavier Abel e PICÓ E JUNOY, Joan (Orgs.). Objeto y carga de la prueba civil. Barcelona: Bosch Editor, 2007, p. 375.

> as provas pertinentes e úteis que se proponham no ato sobre o caso concreto da referida ilicitude.
>
> 2. Contra a resolução a que se refere o parágrafo anterior somente caberá recurso de substituição que deverá ser interposto no próprio ato de julgamento ou audiência, e substituirá e resolverá a questão, sem prejuízo do direito das partes a reproduzir a impugnação da prova ilícita em apelaçao contra a sentença definitiva.

A jurisprudência espanhola, representada pelo Supremo Tribunal Constitucional, tem caminhado no o sentido dos Estados Unidos, limitando e prevendo exceções às provas ilícitas, permitindo que sejam utilizadas em várias situações, como, por exemplo: a) ATC 349/1988 (a regra de exclusão somente vale em hipótese de violação de direitos fundamentais e não de sua normativa de desenvolvimento legal); b) STC 86/1995 (a ilicitude probatória de escutas telefônicas ilegais, que permitiram a descoberta de um esconderijo de droga, não atinge a posterior confissão do processado)[345].

Estados Unidos

A IV Emenda da Constituição dos Estados Unidos, que passou a vigorar em 1791, prevê que

> [...] o direito do povo à inviolabilidade de suas pessoas, casas, papéis e efeitos, contra buscas e apreensões, não deve ser violado, salvo por mandado devidamente expedido contendo a causa provável, apoiada por juramento ou declaração, e particularmente descrevendo o local a ser pesquisado e as pessoas ou coisas a serem apreendidas.

Apesar de tal redação, os processos eram solucionados com todas as provas disponíveis, sendo elas lícitas ou ilícitas, no âmbito penal ou civil. Não havia impedimento para a proposição, a admissão, a produção e a valoração de prova ilícita, por pior que fosse sua ilicitude. Inexistia qualquer regra de proibição de prova ilícita.

---

345 GONZÁLEZ, Evaristo González. La prueba ilícita: uma (re)visión crítica. In: LLUCH, Xavier Abel e PICÓ E JUNOY, Joan (Orgs.). objeto y carga de la prueba civil. Barcelona: Bosch Editor, 2007, p. 375.

Somente em 1914, a situação alterou-se. A Suprema Corte dos Estados Unidos foi instada a se manifestar no processo Weeks *vs* United States (232 EUA 383 - 1914), em que um policial havia ingressado na residência de Weeks Fremont sem mandado e obtido documentos que serviram para sua condenação criminal de prática de jogos de azar[346]. Posteriormente, em sede de recurso para a Suprema Corte dos EUA, Weeks alegou que havia afronta à IV Emenda da Constituição dos Estados Unidos. Tal alegação foi aceita pela Corte, surgindo daí a *exclusionary rule* (regra de proibição), a qual veda a utilização de provas ilícitas em processos criminais. Inicialmente, a *exclusionary rul*e somente foi aplicada em nível federal.

Entre 1926 e 1928, dois cases, The People v. Defoe (242 NY 413 - 1926) e Olmestad v. United States (277 EUA 438 - 1928), discutiram se deveriam, ou não, utilizar prova ilícita. A peculiaridade destes *cases* foi o debate de alto nível travado entre os Juízes da Suprema Corte, Benjamín Cardozo e Oliver Wendell Holmes Jr. O Juiz Cardozo entendia inadmissível a absolvição de quem se sabia culpado, independentemente da licitude da prova, devendo-se punir ambos (o que se soube criminoso e o que produziu a prova ilícita). Já Oliver Wendell Holmes Jr. entendia que se deveria eleger entre duas coisas igualmente desejáveis, mas incompatíveis, e que preferia a absolvição de um criminoso à indignidade do Estado[347].

Em 1943, em McNabb-Mallory, proveniente de McNabb *vs.* United States (318 EUA 332 - 1943) e Mallory v. Unitd States (354 EUA 449 - 1957), a Suprema Corte norte-americana, mais uma vez, aplicou a *exclusionary rule*, com base na IV Emenda, para não permitir confissão obtida por policiais quando o acusado não for levado imediatamente perante autoridade judicial após sua prisão, podendo dar margem a confissões secretas e forçadas[348].

---

346 Capturado do site http://supreme.justia.com/cases/federal/us/232/383/case.html em 02 de maio de 2012.

347 DEU, Teresa Armenta. La prueba ilícita: um estúdio comparado. Madrid: Marcial Pons, 2011, p. 11.

348 Capturado do site http://lawbrain.com/wiki/McNabb-Mallory_Rule em 03 de maio de 2012.

No caso McNabb *vs* United States, um agente federal foi morto quando tentava prender membros da família McNabb. Foram detidos três membros do grupo familiar, os quais ficaram em uma cela por mais de 14 horas e acabaram confessando o cometimento de homicídio. Com base em tal confissão, os três foram condenados. Em sede de recurso para a Suprema Corte, houve a reforma da decisão, pois se entendeu que não se poderia basear em prova ilícita, confissão obtida pela demora em levar o acusado perante a autoridade judicial. E no caso Mallory *vs* United States, da a forma, o acusado fora interrogado pela autoridade policial por 6 horas, sem ser apresentada à autoridade judicial, pelo que a Suprema Corte entendeu ilegal tal conduta, pois havia tempo mais que suficiente para a apresentação do acusado perante a última autoridade, de forma a melhor colher o depoimento e respeitar suas garantias[349]. Também em McNabb-Mallory, a *exclusionary rule* somente foi admitida perante a esfera federal. Já em 1952, em Rochin *vs* Califórnia (342 EUA 165 - 1952), a Suprema Corte norte-americana, pela primeira vez, aplicou a *exclusionary rule* aos Estados.

Em Rochin *vs* Califórnia, a Suprema Corte entendeu ilícita a prova por "chocar a consciência" o ato da polícia do Estado de ministrar substâncias ao acusado para forçá-lo a vomitar os entorpecentes engolidos quando da abordagem policial e utilizar tais entorpecentes para condená-lo no uso de tais produtos. Como se tratava de um Estado, não se aplicou a Emenda IV, mas aplicou-se a *exclusionary rule*, por força da Emenda XIV da Constituição dos Estados Unidos, que prevê o direito ao devido processo legal (*due process of law*) e que era ilícita a busca sem mandado realizada desarrazoavelmente[350].

Em 1961, em Mapp *vs* Ohio (367 EUA 643 - 1961), a Suprema Corte dos EUA estendeu aos Estados a *exclusionary rule*, consolidando tal posicionamento. Em tal caso, policiais de Cleveland foram questionar Dollree Mapp sobre um recente bombardeio e exigiram a entrada em sua casa, apesar de não possuírem mandado. Mapp acionou seu advogado, que não autorizou o ingresso

---

349 Capturado do site http://lawbrain.com/wiki/McNabb-Mallory_Rule em 03 de maio de 2012.

350 Capturado do site http://lawbrain.com/wiki/Rochin_v._California em 03 de maio de 2012.

dos policiais em sua residência sem um mandado judicial. Apesar disto, os policiais agiram com agressividade, algemaram Mapp, ingressaram na residência e a revistaram, tendo encontrado materiais pornográficos que serviram para a condenação de Mapp em crime por tais materiais. Instada a se manifestar em grau de recurso, a Suprema Corte dos Estados Unidos decidiu que também em 1966, no precedente Miranda *vs* Arizona (384 EUA 436 - 1966), ratificou-se a utilização da *exclusionary rule* aos Estados pelo fato de a Suprema Corte dos EUA não admitir confissão realizada por acusado preso sem que lhe ter sido informado o direito de permanecer em silêncio e constituir advogado. A partir de tal decisão, fez-se necessário informar ao preso sem mandado judicial quais são seus direitos. Tal informe foi chamado de alerta-Miranda[351].

Com o passar do tempo, mais especificamente a partir da década de 1980, a Suprema Corte passou a restringir a utilização da *exclusionary rule*, ao verificar que ela estava sendo excessivamente aplicada. Em 1984, no *case* United States *vs* Leon (468 EUA 897 - 1984), a Suprema Corte entendeu que a boa-fé excluía a possibilidade de se utilizar a *exclusionary rule.*

Em tal precedente, policiais federais, por força de um mandado, promoveram busca na casa de Alberto A. Leon, onde foi encontrada grande quantidade de drogas. O mandado que dera origem à dita busca, fora posteriormente invalidado. Por tal motivo, o Tribunal da Califórnia, utilizando-se da *exclusionary rule*, não permitiu a utilização de tais entorpecentes no processo. A Suprema Corte, em grau de recurso, entendeu que não se aplicaria *in casu* a *exclusionary rule* pelo fato de que os policiais agiram de boa-fé (*good faith*)[352].

Outra restrição da exclusionary rule deu-se em 1995, em Arizona v. Evans (514 EUA 1 - 1995). Erroneamente, constava um mandado de contravenção em desfavor de Evans. Um policial em fiscalização de trânsito acabou parando Evans e encontrando maconha no interior de seu veículo. A Suprema Corte do Arizona entendeu que a prova era ilícita no crime de posse de entorpecente,

---

351 Capturado do site http://lawbrain.com/wiki/Miranda_v._Arizona em 03 de maio de 2012.

352 Capturado do site http://lawbrain.com/wiki/United_States_v._Leon em 03 de maio de 2012.

mas a Suprema Corte dos EUA entendeu que ela era lícita, por ter sido obtida por mero erro involuntário do agente[353].

Em outras situações, também não se aplicou a *exclusionary rule*, como em Florida v. White (526 EUA 559 - 1999), ao se aceitar não haver necessidade de mandado para apreensão de veículo em via pública. Mais recentemente, em Hudson v. Michigan (547 EUA 586 - 2006), não se aplicou a *exclusionary rule* porque entendeu que o fato da irregularidade da polícia no anúncio, espera de 20 a 30 segundos e arrombamento da porta de residência onde se encontrou drogas e armas, não invalidaria a prova. Também em Herring v. United States (555 EUA 135 - 2009), entendeu não ser ilícita a localização de produto ilícito (metanfetamina e arma) originário de mandado de prisão que constava no sistema da polícita e devia ter sido retirado cinco meses antes. Ainda em Utah v. Strieff (579 EUA _ 2016) decidiu que o fato de um policial ter abordado de forma ilícita uma pessoa não torna ilícita a descoberta de drogas e armas originárias após a percepção de que o indivíduo possuía mandado de prisão em aberto.

Por outro lado, em outras situações, a *exclusionary rule* tem sido aplicada como: em 2001, em Florida vs JL (529 EUA 266 - 2001), no qual não se admitiu revista em pessoa suspeita de estar armada, com base em mera denúncia anônima, sem outros elementos razoáveis; em 2001, em Kyllo *vs* United States (533 EUA 27 - 2001), no qual não se admitiu a utilização de equipamento de vigilância eletrônica (no caso de imagens térmicas) para verificar funcionamento interno de uma residência sem mandado judicial[354].

Como derivada da exclusionary rule, surgiu a proibição de admissão de provas derivadas de provas ilícitas chamadas de "frutos da árvore envenenada" (*fruits of the poisonous tree*). A primeira vez em que se deu tal proibição (sem, no entanto, se usar a expressão 'frutos da árvore envenenada') foi em Silverthorne Lumber Co. v.

353 Capturado do site http://lawbrain.com/wiki/Exclusionary_Rule em 03 de maio de 2012.

354 Capturado do site http://lawbrain.com/wiki/Exclusionary_Rule em 03 de maio de 2012.

United States (251 EUA 385). Em tal *case*, Frederick W. Silverhorne foi preso por suspeitas de crimes federais envolvendo sua madeireira. Posteriormente à prisão, agentes federais realizaram buscas sem mandado nos escritórios de Silverthorne. Com base nas provas ali encontradas, a promotoria pleiteou que o Tribunal ordenasse Silverthorne a apresentar mais documentos, o que foi por ele recusado. Silverthorne acabou sendo processado por desacato. O governo norte-americano acabou por reconhecer que a busca havia sido ilegal e que não possuía o direito de manter os documentos obtidos, mas possuía, por outro lado, o direito de fotocopiar tais documentos para que fossem utilizados em ações judiciais futuras. A Suprema Corte entendeu que deveriam ser excluídas do feito, não somente as provas ilícitas obtidas, mas também aquelas delas decorrentes[355].

A expressão "frutos da árvore envenenada" fora primeiramente utilizada em 1939, em Nardone *vs* United States (308 EUA 338 - 1939), e como doutrina em1963, em Wang Dom *vs* United States (371 EUA 471 - 1963)[356]. Também foi utilizada em outros precedentes, como em United States *vs* Ceccolin (435 EUA 268 - 1978)[357].

Depreende-se que a *exclusionary rule*, nos EUA, não é uma regra legal, mas uma *courtmade rule* (regra feita pela corte/precedente judicial) aplicável ao processo penal com certa parcimônia e de acordo o princípio da razoabilidade norte-americano. Apesar de ser aplicável apenas no processo penal, a exclusionary rule influenciou a legislação de provas ilícitas no processo civil de vários países. Até a década de 1970, as disposições sobre provas ilícitas eram basicamente baseadas em precedentes conforme mencionado.

Posteriormente, passou-se a fazer um esforço para criar legislação escrita para tutelar as provas e as provas ilícitas no processo penal e também civil, pelo que surgiu, em 1973, a Federal Rules of Evidence, que dispõe, em sua regra

---

355 Capturado do site http://lawbrain.com/wiki/Fruit_of_the_Poisonous_Tree em 06 de maio de 2012.

356 Capturado do site http://lawbrain.com/wiki/Fruit_of_the_Poisonous_Tree em 06 de maio de 2012.

357 Capturado do site http://lawbrain.com/wiki/Fruit_of_the_Poisonous_Tree em 06 de maio de 2012.

402, que "toda prova relevante é admissível, salvo disposição em contrário da Constituição dos Estados Unidos, de lei federal, por estas regras ou por outras regras prescritas pela Suprema Corte. A prova irrelevante não é admissível".

Já a regra 403 prescreve que "a Corte pode excluir prova relevante se o provável valor é substancialmente superior por um perigo de um ou mais dos seguintes: preconceito injusto, confusão de problemas, engano do Júri, atraso, perda de tempo ou desnecessariamente apresentando evidência repetitiva".

Os Estados também possuem suas *Rules of Evidence*, podendo prever proibição de provas ilícitas. Assim, as provas ilícitas no processo civil norte-americano são aquelas assim declaradas pela Constituição dos Estados Unidos, pela lei federal, pela *Federal Rules of Evidence*, pelos Estados e pela Suprema Corte. O instituto da proibição de prova ilícita no processo civil se chama *inadmissible evidence*.

Quando o julgamento é realizado pelo *jury trial* (júri cível) a admissibilidade se dá pelo próprio e, quando não, a admissibilidade é realizada pelo juiz. A prova ilícita no processo civil quase sempre é admitida, salvo em casos excepcionais[358].

Itália

Em sede jurisprudencial, o primeiro caso de grande repercussão na Itália sobre o tema deu-se com Vigo x Formenti julgado pela Corte de Apelação de Milão em 1880, onde vedou-se a utilização de cartas de propriedade de outra pessoa como prova de direito de crédito.[359]

A Constituição italiana não prevê expressamente o direito fundamental à prova e tampouco a proibição de prova ilícita. Resume-se a promover outros direitos fundamentais. O código de processo civil italiano também não possui qualquer previsão a este respeito. Desta forma, o direito fundamental à prova é extraída do disposto no art. 24 da Constituição italiana:

358 MOREIRA, José Carlos Barbosa. A Constituição e as provas ilicitamente obtidas. Revista dos Tribunais, São Paulo, vol. 84, 1996; p. 144.

359 TROCKER, Nicolò. Processo civile e costituzionale: problemi di diritto tedesco e italiano. Milano: Giuffrè, 1974, p. 568.

> Todos podem agir em juízo para tutela de seus próprios direitos e interesses legítimos. A defesa é direito inviolável em cada estado e grau de procedimento.
>
> São assegurados aos pobres, com as instituições necessárias, os meios para agirem e defenderem diante de cada jurisdição.
>
> A lei determina as condições e modos para reparações do erro judiciário.

Entende-se que a expressão "os meios para agirem e defenderem" englobam o direito fundamental à prova. Segundo ensina Mauro Cappelletti, o direito fundamental à prova (chamado por ele de direito fundamental à prova) consiste na asseguração às partes "da possibilidade de valer-se dos meios de prova geralmente reconhecidos pelo ordenamento e, ao o tempo, impedir o legislador de pôr obstáculos irrazoáveis à prova em juízo"[360].

Segundo dá conta Avolio, a vedação das provas ilícitas permaneceu até o após a promulgação da Constituição italiana de 1948 que reconheceu solenemente os direitos de liberdade do indivíduo, apesar de ter permitido fosse levada a questão para análise da Corte Constitucional [361].

A Corte Constitucional italiana, na sentença n. 175 de 02/12/1970, dispôs que a máxima de que o juiz está autorizado a apreciar, segundo sua experiência, o material probatório parte do pressuposto de que não se tratem de provas proibidas pela lei[362]. Na sentença n. 34 de 06/04/1973 a a Corte Constitucional decidiu que o magistrado não pode utilizar prova contrária a Constituição Federal. A Corte de Cassação por meio da Seção Conjunta na decisão n. 26.795 de 28/03/2006 entendeu que a gravação de vídeo no interior do domicílio de

---

360 CAPPELLETTI, Mauro. Proceso, ideologias, sociedad. Trad. Santiago Sentís Melendo y Tomás A. Banzhaf. Buenos Aires: Ediciones Jurídicas Europa-América, 1974, p. 558.

361 AVOLIO, Luiz Francisco Torquato. Provas ilícitas – interceptações telefônicas, ambientais e gravações clandestinas. São Paulo: Revisto dos Tribunais, 2003, p. 46.

362 CAPPELLETTI, Mauro. Proceso, ideologias, sociedad. Trad. Santiago Sentís Melendo y Tomás A. Banzhaf. Buenos Aires: Ediciones Jurídicas Europa-América, 1974, p. 561.

um indivíduo, não poderia ser utilizada (ainda que em sede cautelar) por se tratar de prova ilícita. Também surgiram teorias diversas sobre a admissibilidade da prova ilícita.

No que tange a proibição de prova ilícita, nem a Constituição Italiana e tampouco o Código de Processo Civil italiano abordam a questão. Tão somente o Código de Processo Penal possui previsão expressa da proibição de prova ilícita no art. 191. A proibição de prova ilícita são amparadas normalmente no Decreto Legislativo 196 de 2003 (Código em matéria de proteção dos dados pessoais) que disciplina a proteção da intimidade de dados pessoais. O art. 160, inciso 6 do Decreto Legislativo 196/2003 dispõe que "a validade, eficácia e admissibilidade dos atos, documentos e medidas no procedimento judiciário baseados no tratamento dos dados pessoais desconforme com os ditames das leis ou regulamentos são disciplinados pelas disposições pertinentes processuais nas matérias civis e penais". Em complemento, o art. 11, inciso 2 do Decreto Legislativo 196/2003 dispõe que "os dados pessoais obtidos em violação das normas que regem o tratamento de dados pessoais não podem ser usados".

Desta feita, a doutrina e a jurisprudência italiana ainda vacilam, entendendo alguns pela admissibilidade absoluta da prova ilícita[363], outros pela inadmissibilidade absoluta e outros pela inadmissibilidade relativa da prova ilícita[364].

Tendências do direito estrangeiro

Nota-se facilmente que há, no Direito Comparado, no que concerne ao tema provas ilícitas, uma aproximação entre os sistemas jurídicos da civil law e commom law[365]. Os pontos convergentes são os seguintes:

---

363 CORDERO, Franco. Tre studi sulle prove penali. Milano: A. Giuffrè, 1963; p. 163.

364 CAPELLETTI, Mauro e PERILLO, Joseph M. Civil procedure in Italy. The Hage, Netherlands: M. Nijhoff, 1965, p. 190; RICCI, Gian Franco. Le prove il lecite nel processo civile in Rivista di Diritto Processuale. Padova, 1987, p. 1713; SCARPA, Antonio. La prova civile: percorso giurisprudenziali. A. Giuffrè, 1963, 2009; p. 53.

365 ÀVILA, Thiago André Pierobom. Provas ilícitas e proporcionalidade: uma análise da colisão entre os princípios da proteção penal eficiente e da inadmissibilidade

a) tendência a não disciplinar a proibição, ou não, de prova ilícita no âmbito constitucional, deixando a matéria para o âmbito infraconstitucional, ou para análise do magistrado no caso concreto. Dos países estudados (Alemanha, Estados Unidos, Itália e Brasil), somente o Brasil prevê a proibição de prova ilícita no âmbito constitucional, tendo os demais países versado sobre a matéria apenas em âmbito infraconstitucional (Espanha), ou no caso concreto (Alemanha, Estados Unidos e Itália);
b) tendência a não utilizar regras estanques de proibição, ou não, de prova ilícita, como bem observado por Teresa Armenta Deu em sua obra La prueba ilícita: uno estudio comparado[366];
c) tendência a prever a admissibilidade, ou não, da prova ilícita apenas no caso concreto;
d) tendência à utilização da proporcionalidade (nos países da *civil law*) e razoabilidade (nos países da *commom law*) como mecanismo para a aferição da admissibilidade, ou não, da prova ilícita no caso concreto.

TEORIA GERAL DO PROCESSO

Discute-se, ainda hoje, se existe uma teoria geral do processo. A teoria monista entende que existe um único direito processual, tronco comum para todos os ramos daí decorrente: processo penal, processo civil, processo administrativo, processo do trabalho, etc. Já a teoria dualista defende que cada ramo possui sua própria teoria de processo. Acredita-se que a teoria monista deve sobressair. Como esclarece Alexandre Freitas Câmara,

> [...] é inegável o imenso número de institutos afins a todos os ramos do Direito Processual, podendo servir como exemplo do que acaba de ser afirmado o fato de que todos os citados 'ramos' têm uma base em

---

das provas obtidas por meio ilícitos. Brasília: Universidade de Brasília, 2006. 295 p. Dissertação (Mestrado) – Programa de Pós-Graduação em Direito, Faculdade de Direito, Universidade de Brasília, Brasília, 2006, p. 197.

366 DEU, Teresa Armenta. La prueba ilícita: um estúdio comparado. Madrid: Marcial Pons, 2011, p. 11.

> comum, formada pela 'trilogia estrutural do Direito Processual', a qual é formada pela jurisdição, pela ação e pelo progresso[367].

Outros vários fatores apontam pela existência de uma teoria geral do processo:

a) há várias faculdades no país que possuem a cadeira autônoma de teoria geral do processo (TGP);
b) o critério de divisão em processo civil, processo penal, processo administrativo, etc. é meramente didático e com o escopo de facilitar a atividade legislativa;
c) a jurisdição é única, pelo que não se pode aceitar divisão entre ramos de Direito com o objeto e finalidade[368];
d) tanto nas demandas cíveis quanto nas penais, as provas (juntamente com as afirmações) servem para embasar as sentenças[369].

Eduardo Talamini também lembra que os objetivos dos ramos do processo são os mesmos: atuação da ordem jurídica de forma imparcial, garantia da liberdade e pacificação social, dentre outros[370]. Rosemiro Pereira Leal também entende de igual forma devido à

> convergência dos princípios fundamentais da ampla defesa, contraditório e isonomia, também referentes do instituto do devido processo legal (*due processo of law*), como aspectos inafastáveis da construção dos procedimentos quando se põem em conflito os direitos, sejam direitos-garantias assegurados pela norma constitucional ou outros direitos

367 CÂMARA, Alexandre Freitas. Lições de direito processual civil. São Paulo: Rio de Janeiro, 2012, p. 11.

368 CÂMARA, Alexandre Freitas. Lições de direito processual civil. São Paulo: Rio de Janeiro, 2012, p. 11-13.

369 SANTOS, Moacyr Amaral dos. Prova judiciária no cível e comercial. Vol. I. São Paulo: Max Limonad, 1971, p. 332.

370 TALAMINI, Eduardo. Prova emprestada no processo civil e penal. Revista de Processo, São Paulo, vol. 91, 1998; p. 92.

atinentes a bens da vida jurídica criados ao nível da infraconstitucionalidade[371].

E a teoria monista ganha corpo quando se estuda alguns institutos processuais, como preclusão, coisa julgada, processos que guardam grande similitude entre todos os ramos do processo. Dentre estes institutos, que guardam grande similitude entre os ramos do Direito Processual, há o da prova e o da prova ilícita. Por isso, pode-se, tranquilamente, falar em uma teoria geral da prova[372] e da prova ilícita, o que não acarreta logicamente que cada ramo do processo não possa guardar suas devidas peculiaridades.

São adeptos da visão monista do Direito Processual (teoria geral do processo), além dos já citados Alexandre Câmara, Eduardo Talamini e Rosemiro Pereira Leal, os seguintes doutrinadores: Luiz Guilherme Marinoni[373], Antônio Carlos de Araújo Cintra e Cândido Rangel Dinamarco[374] e Eduardo Cambi[375].

Ao se estudar a prova ilícita sob a óptica processual penal e civil, nota-se grande similitude no trato da matéria, pois, nos âmbitos estrutural e funcional, as prova penal e civil não se diferenciam[376].

Ademais, é extremamente enriquecedor o intercâmbio entre o estudo de ambos, haja vista que é no processo penal que normalmente se tem as primeiras discussões doutrinárias e jurisprudenciais a respeito dessas questões. Isto

---

371 LEAL, Rosemiro Pereira. Teoria geral do processo: primeiros estudos. Forense, 2009, p. 75.

372 MELENDO, Santiago Sentis. Estudios de Derecho Procesal. Vol. I. Buenos Aires: Ediciones Juridicas Europa-America, 1967, p. 543; MARqUES, José Frederico. Manual de direito processual civil. Vol. I. São Paulo: Saraiva, 1977, p. 175.

373 MARINONI, Luiz Guilherme. Teoria geral do processo. São Paulo: Editora Revista dos Tribunais, 2010.

374 CINTRA, Antonio Carlos de Araújo [*et. al.*]. Teoria Geral do Processo. São Paulo: Malheiros, 2009.

375 CAMBI, Eduardo. Direito constitucional à prova no processo civil. São Paulo: 2001, p. 84-88.

376 TALAMINI, Eduardo. Prova emprestada no processo civil e penal. Revista de Processo, São Paulo, vol. 91, 1998; p. 93.

porque, historicamente, o processo penal normalmente[377] aborda bens da vida mais caros, como liberdade, honra, intimidade, etc.

No objeto de nosso estudo (prova ilícita), não raras vezes, o amparo na doutrina e jurisprudência penal, auxilia frequentemente o estudo do instituto no âmbito civil. Diante disto, a análise que se faz de prova ilícita, se dá sob a ótica da teoria geral do processo e da prova, utilizando-se (quando couber) de doutrina e jurisprudência penal, que é mais rica do que a civil.

CONCEITO

A conceituação de prova ilícita passa necessariamente da determinação do que seja "ilícita". Logo após a promulgação da Constituição Federal (que previu, expressamente pela primeira vez no Brasil, a proibição de prova ilícita em seu art. 5º, LVI), Ada Pellegrini Grinover, forte em Pietro Novuolone, publicou trabalho de grande repercussão, defendendo que as provas ilegais eram divididas em ilícitas (quando afrontavam direito material) e ilegítimas (quando afrontavam direito processual). Isso porque, enquanto a prova ilegítima já desencadeava a nulidade prevista no próprio sistema processual, podendo ser sanada, a prova ilícita, além de nula, era insanável[378].

Essa corrente tem prevalecido no país desde então, tendo como seus adeptos, dentre outros: Maria Cecília Pontes Carnaúba[379], Luiz Francisco Torquato Avolio[380], Luis Alberto Reichelt[381], Susana Henriques da

377 Normalmente, mas nem sempre, pois há bens da vida no âmbito civil muito mais caros que alguns do âmbito penal.

378 GRINOVER, Ada Pellegrini. O processo em evolução. Rio de Janeiro: Forense Universitária, 1988, p. 45-53.

379 CARNAúBA, Maria Cecília Pontes. Prova ilícita. São Paulo: Saraiva, 2000, p. 77.

380 AVOLIO, Luiz Francisco Torquato. Provas ilícitas – interceptações telefônicas, ambientais e gravações clandestinas. São Paulo: Revisto dos Tribunais, 2003, p. 42-43.

381 REICHELT, Luis Alberto. A prova no direito processual civil. Porto Alegre: Livraria do Advogado Editora, 2009, p. 291.

Costa[382], Fernanda Letícia Soares Pinheiro[383], Oswaldo Trigueiro Valle Filho[384] e Wagner Marteleto Filho[385]. Apesar da envergadura dos defensores de tal corrente e de seu predomínio, entende-se que não é a melhor opção disponível. Isso porque há situações em que a infração à norma processual é tão ou mais grave que a infração à norma de direito material. Cite-se, por exemplo, um processo de erro médico em que fora realizada perícia sem intimação de uma das partes, conforme preconiza o art. 474 do CPC[386]. A gravidade de tal ilicitude é tão grande quanto ou maior que qualquer outra infração à norma de direito material.

Adiciona-se que tal corrente (prova ilícita e ilegítima) é insuficiente para atender aos reclamos do neoprocessualismo e não dá relevo aos direitos fundamentais. Outrossim, na maioria dos ordenamentos jurídicos mais avançados, como ocorre na Alemanha, na Itália e na Espanha, tem-se apontado que a ilicitude da prova diz respeito à contrariedade de direitos fundamentais. Entendem que as provas ilícitas são as que contrariam direitos fundamentais: Gilmar Mendes[387], Comoglio, Ferri e Taruffo[388], Evaristo González González[389],

---

382 COSTA, Susana Henriques da. Os poderes do juiz na admissibilidade das provas ilícitas. São Paulo: Revista de Processo, vol. 133, 2006; p. 187.

383 PINHEIRO, Fernanda Letícia Soares. Princípio da proibição da prova ilícita no processo civil. Curitiba: Juruá Editora, 2004, p. 117-121.

384 VALLE FILHO, Oswaldo Trigueiro. A ilicitude da prova: teoria do testemunho de ouvir dizer. São Paulo: Editora Revista dos Tribunais, 2004; p. 44.

385 MARTELETO FILHO, Wagner. O direito à não autoincriminação no processo

386 Art. 474 do CPC – As partes terão ciência da data e local designados pelo juiz ou indicados pelo perito para ter início a produção da prova.

387 MENDES, Gilmar Ferreira *et al.* Curso de direito constitucional. São Paulo: Saraiva, 2010, p. 744.

388 COMOGLIO, Luigi Paolo; FERRI, Corrado e TARUFFO, Michele. Lezione sul processo civile. Vol. I. Bologna: Società editrice Mulino, 2011, p. 466.

389 GONZÁLEZ, Evaristo González. La prueba ilícita: una (re)visión crítica. In: LLUCH, Xavier Abel e PICÓ E JUNOY, Joan (Orgs.). Objeto y carga de la prueba civil. Barcelona: Bosch Editor, 2007, p. 371.

Spiegelberg[390], Orbea[391], Maria Elizabeth Queijo[392] e Bernardo Gonçalves Fernandes[393].

A expressão "obtida por meios ilícitos" prevista na Constituição Federal tem natureza ampla, englobando as provas ilicitamente propostas, admitidas ou produzidas, lembrando que as fases da prova são de proposição, admissibilidade, produção e valoração. A expressão de pouca técnica "obtenção" abarca as fases da proposição, da admissão e da produção. Isso porque uma prova proposta em que se pede a obtenção de confissão mediante tortura é tão ilícita quanto outra ilicitamente admitida ou produzida. A especificação de provas fora do prazo legal fere o direito fundamental da isonomia, tornando-as ilícitas. A admissão sem fundamentação de pedido de busca e apreensão em uma residência fulmina o mandado de ilicitude. Produção de prova pericial sem o conhecimento de uma das partes também gera sua ilicitude.

A ilicitude da prova não pode se dar pela valoração porque esta última fase da prova serve, dentre outras coisas, justamente para verificar sua licitude ou ilicitude. Por conseguinte, advoga-se que a prova ilícita é a prova proposta, admitida ou produzida em contrariedade a direito fundamental de alguém.

Já as provas que contrariarem normas jurídicas que não sejam direitos fundamentais serão apenas taxadas como ilegítimas, mas não ilícitas. As provas ilícitas diferem das provas ilegítimas quanto a natureza jurídica, causa e efeitos. As provas ilícitas possuem natureza jurídica de ato inexistente enquanto as ilegítimas de ato anulável. Quanto a causa, as provas ilícitas consistem

---

390 SPIEGELBERG, José Luis Seoane. La prueba en la ley de enjuiciamento civil 1/2000: disposiciones generales y presunciones. Pamplona: Editorial Aranzadi, 2007, p. 294.

391 ORBEA, Juan Varea. El control judicial de la prueba ilícita en el proceso civil español. In: LLUCH, Xavier Abel e PICÓ E JUNOY, Joan (Orgs.). Objeto y carga de la prueba civil. Barcelona: Bosch Editor, 2007, p. 414.

392 QUEIJO, Maria Elizabeth. O direito de não produzir prova contra si o: o princípio nemo tenetur se detegere e suas decorrências no processo penal. São Paulo: Saraiva, 2012, p. 428.

393 FERNANDES, Bernardo Gonçalves. Curso de Direito Constitucional. Rio de Janeiro: Lumen Juris, 2011, p. 341.

nas provas que afrontam direitos fundamentais, enquanto as provas ilegítimas são aquelas que contrariam norma do ordenamento jurídico e não afrontam direitos fundamentais. No que tange aos efeitos, as provas ilícitas quando inadmitidas no processo não geram efeitos, não podem ser valoradas e devem ser desentranhadas, enquanto as provas ilegítimas podem gerar efeitos e terem o suprimento da anulabilidade, podem ser valoradas e podem permanecer nos autos. Marinoni faz a a distinção:

> ...quando se considera a prova obtida com violação de regra não essencial, não há razão para se retirar qualquer eficácia ao seu resultado. Ao contrário, na hipótese de violação de direito fundamental, seja material ou processual, a prova não pode gerar consequência alguma no processo[394].

Destarte, pode-se dizer que as provas ilegais dividem-se em provas ilícitas e ilegítimas, sendo tais provas ilícitas o objeto de nosso estudo.

DIFERENCIAÇÃO DA PROVA IMORAL

O art. 369 do CPC tem a seguinte redação: "As partes têm o direito de empregar todos os meios legais, bem como os moralmente legítimos, ainda que não especificados neste Código, para provar a verdade dos fatos em que se funda o pedido ou a defesa e influir eficazmente na convicção do juiz".

Depreende-se de tal dispositivo que admite-se a princípio a utilização de provas legais (que envolvem provas lícitas e legítimas). O dispositivo legal, no entanto, vai mais longe ao especificar que também veda a utilização de provas "moralmente ilegítimas" ou simplesmente "prova imoral".

As provas moralmente ilegítimas são aquelas que afrontam regras morais sem afrontar um direito fundamental. Assim, difere-se das provas ilícitas porque estas afrontam direito fundamental e aquelas afrontam regras morais sem afrontarem direito fundamental.

---

394 MARINONI, Luiz Guilherme. Prova ilícita in Constituição Federal: avanços, contribuições e modificações no processo democrático brasileiro. In: MARTINS, Ives Gandra e REZEK, Francisco (Orgs.). Constituição Federal. São Paulo: Editora Revista dos Tribunais: CEU-Centro de Extensão Universitária, 2008, p. 200.

As regras morais vão depender da análise caso concreto e do limite temporal e espacial do caso. Isso porque as regras morais variam no tempo e no espaço.

Destarte, difere-se prova ilícita da prova imoral porque enquanto a primeira fronta direito fundamental, a segunda afronta preceitos morais em determinado espaço e tempo. Nem sempre uma prova ilícita é imoral, nem sempre uma prova imoral é ilícita.

Como bem coloca Paulo Osternack Amaral, "tudo dependerá das circunstâncias envolvidas na coleta da prova"[395].

Assim, por exemplo, apesar do STF já ter afirmado que a gravação de conversa por um dos interlocutores ser lícita, pode ter alguma peculiaridade que taxe a prova como moralmente ilegítima. Cite-se por exemplo que um marido grave uma conversa com a esposa se fazendo passar por seu filho para obter alguma confissão. Apesar de a princípio ser possível a gravação por parte do interlocutor é legitimamente imoral a forma como foi obtida, sendo a princípio vedada.

DIFERENCIAÇÃO DA PROVA ATÍPICA

Numa análise superficial, pode-se acreditar que as provas ilícitas se confundem com as provas atípicas. Em exame mais apurado, no entanto, percebe-se que não pode haver tal confusão. Como dito, a prova ilícita é a prova proposta, admitida ou produzida em contrariedade a direito fundamental de alguém. Já a prova atípica é uma das duas formas de classificação da prova quanto à tipicidade dos meios de prova.

O art. 369 do CPC dispõe que

> "Art. 369. As partes têm o direito de empregar todos os meios legais, bem como os moralmente legítimos, ainda que não especificados neste Código, para provar a verdade dos fatos em que se funda o pedido ou a defesa e influir eficazmente na convicção do juiz". Isso quer dizer que, além dos meios de prova especificados na legislação, também podem ser utilizados outros meios de prova não previstos.

395 AMARAL, Paulo Osternack. Provas: atipicidade, liberdade e instrumentalidade. São Paulo: Editora Revista dos Tribunais, 2017; p. 82.

Apesar de o art. 369 do CPC fazer remissão ao Código, entende-se que prova típica não é só aquela existente em tal codex, mas aquela existente em qualquer norma jurídica específica. Por conseguinte, quando o meio de prova possui previsão específica na lei, é chamada de prova típica, ou nominada, e, quando não possui tal previsão, é chamada de prova atípica. Diante disto, as provas documental, testemunhal, pericial, etc. que possuem previsão expressa são provas típicas, enquanto outras que não possuem tal natureza são atípicas.

Tanto não se confunde a prova ilícita com a prova atípica que também podem existir provas ilícitas típicas (ex.: perícia realizada sem participação de uma das partes) e prova atípica lícita. O avanço da tecnologia é responsável pela difusão de um sem número de provas atípicas que podem ter importante relevo na resolução de um caso concreto. E a prova atípica terá a valoração que o magistrado entender, limitado às amarras do ordenamento jurídico e dos direitos fundamentais (notadamente, o do contraditório e o da ampla defesa).

Dessa forma, um email poderá não ser admitido como meio de prova de horário nele constante pela fácil manipulação informática de tal horário. Um email também poderá não ser admitido como prova de envio de correspondência eletrônica se não houver comprovação de recebimento. A gravação de uma conversa telefônica poderá não ser admitida como prova se não houver a transcrição da conversa, etc.

O problema do art. 13 da Lei de Introdução às Normas do Direito Brasileiro

Paulo Osternack Amaral lembra interessante questão[396] sobre o art. 13 da Lei de Introdução às Normas do Direito Brasileiro que dispõe o seguinte: "Art. 13. A prova dos fatos ocorridos em país estrangeiro rege-se pela lei que nele vigorar, quanto ao ônus e aos meios de produzir-se, não admitindo os tribunais brasileiros provas que a lei brasileira desconheça".

Da leitura isolada do dispositivo legal supra, entender-se-ia a princípio que no Brasil não se admitirá provas que a lei brasileiro desconheça (provas atípicas).

396 AMARAL, Paulo Osternack. Provas: atipicidade, liberdade e instrumentalidade. São Paulo: Editora Revista dos Tribunais, 2017; p. 85.

Como vigora a interpretação sistemática, deve-se interpretar tal dispositivo com o art. 369 do CPC e todo sistema jurídico, de onde se conclui que não se admite apenas as provas que a lei brasileira desconheça e sejam ilegais (ilícitas ou ilegítimas), mas não as provas que a lei brasileira desconheça e não sejam ilícitas ou ilegítimas.

DIFERENCIAÇÃO DO SISTEMA DE PROVA LEGAL

Não há que se confundir também prova ilícita com sistema de prova legal. Há três sistemas distintos, no que pertine à valoração de prova: o sistema legal de apreciação da prova, o sistema de livre convicção e o sistema de livre convencimento motivado (persuasão racional). O sistema legal de valoração da prova, que predominava antigamente, já antevia o valor do meio de prova em uma perspectiva hierarquizada.

Nos períodos arcaicos, bárbaros, praticamente não existia a valoração da prova por parte dos juízes, pois estes se limitavam a dar razão àquele litigante socorrido pela divindade, por meio da prova. Tratava-se do sistema das ordálias (juízos), em que se utilizavam métodos irracionais para verificar quem possuía razão, tendo a prova mais do que um valor predeterminado: ela tinha natureza de sentença.

No processo romano-canônico, afastou-se da irracionalidade das ordálias, estabelecendo-se, não obstante, critérios a serem seguidos pelos julgadores na resolução da demanda. Nesta fase, a tarifação das provas já era pré-estabelecida, devendo o juiz se ater aos critérios pré-estabelecidos, pouco importando suas convicções pessoais e peculiaridades do caso concreto. Trata-se de uma fase de concepção filosófica-escolástica, de prevalência do abstrato sobre o particular, em que se desconfiava da atividade judicial e, portanto, criavam-se mecanismos de restrições legais para limitar a atividade de valoração da prova[397]. As limitações e a tarifação das provas imprimiam-lhes valores pré-constituídos, como na hipótese de o depoimento de um nobre valer mais

397 SPIEGELBERG, José Luis Seoane. La prueba en la ley de enjuiciamento civil 1/2000: disposiciones generales y presunciones. Pamplona:Editorial Aranzadi, 2007, p. 375.

do que a de um plebeu, na inadmissão de um único testemunho (*testius unus, testius nullus*), na impossibilidade ou no menor valor do depoimento de uma mulher, etc.

Esse sistema de prova legal engessava a atuação do aplicador do direito, notadamente do juiz, porque já trazia de antemão qual a eficácia da prova. Por mais injusto e irracional que fosse o resultado, o magistrado era obrigado a conceder a eficácia para a prova que a legislação previu.

No sistema do livre convencimento, cujas origens remontam ao Direito Romano[398], o magistrado é livre para dar à prova o valor que ele bem entender. Não há amarras ou regras pré-fixadas do valor e da eficácia da prova. Como eram livres para apreciar e valorar a prova e para julgavam secundum conscientiam, os magistrados podiam também não julgar, alegando *sibi no liquere*[399]. No sistema de livre convicção o julgador é ilimitadamente livre na valoração das provas, sendo raramente previsto nos dias atuais. Pode-se citar como reminiscência deste sistema o júri popular e a abstenção do julgador (chamada equivocadamente de suspeição por foro íntimo).

Já no sistema do livre convencimento motivado, cujas origens remontam ao Direito Romano-canônico[400], as provas têm previamente o valor probante, somente diferenciando quando de sua utilização no caso concreto. Neste sistema, o magistrado possui liberdade para valorar a prova com liberdade, mas não irrestritivamente, como acontecia no período anterior. Está positivado no art. art. 371 do CPC: "O juiz apreciará a prova constante dos autos, independentemente do sujeito que a tiver promovido, e indicará na decisão as razões da formação de seu convencimento".

O fato do art. 371 do CPC ter excluído a expressão existente no Código revogado "apreciará livremente a prova" não alterou o sistema de valoração da

398 SANTOS, Moacyr Amaral dos. Prova judiciária no cível e comercial. Vol. I. São Paulo: Max Limonad, 1971; p. 356.

399 SANTOS, Moacyr Amaral dos. Prova judiciária no cível e comercial. Vol. I. São Paulo: Max Limonad, 1971, p. 356.

400 SANTOS, Moacyr Amaral dos. Prova judiciária no cível e comercial. Vol. I. São Paulo: Max Limonad, 1971, p. 357.

prova. Mesmo porque ainda que o texto do Código revogado mencionasse a apreciação da prova livremente, esta liberdade era limitada e sujeita às provas dos autos.

Maior liberdade de valoração não significa liberdade absoluta ou exercício de arbítrio judicial; eis que o magistrado está sujeito às balizas do ordenamento jurídico e aos critérios de racionalidade e da lógica-razoável da linguagem aqui defendida. Inclui-se nos controles supracitados, o dever de que o magistrado se atenha às provas dos autos na formação de seu convencimento.

Apesar de, atualmente, predominar o sistema do livre convencimento motivado (persuasão racional), ainda há reminiscências dos outros sistemas de valoração da prova, como o da prova legal, no caso, por exemplo, de não se admitir a confissão de direitos indisponíveis (art. 392 do CPC).

Por conseguinte, não há que se confundir a prova ilícita do sistema legal de prova, haja vista que o último é apenas um dos sistemas existentes de valoração da prova, seja ela lícita ou ilícita.

TEORIAS TRADICIONAIS SOBRE A ADMISSIBILIDADE DA PROVA ILÍCITA NO PROCESSO CIVIL

A questão sobre a admissibilidade ou a inadmissibilidade da prova ilícita no processo civil põe em confronto o direito fundamental à prova (busca da verdade) e a regra de proibição de provas ilícitas. Dependendo da teoria escolhida, uma prevalece sobre a outra.

Tradicionalmente, sobressaem duas teorias sobre a admissibilidade da prova ilícita no processo civil: a admissibilidade absoluta da prova ilícita e inadmissibilidade absoluta da prova ilícita, as quais se abordará abaixo.

Importante salientar que todas as teorias abaixo descritas também existem no processo penal, pelo fato de a matéria ser atinente à teoria geral da prova[401], havendo, às vezes, menções de doutrinas e acórdãos no âmbito penal que se aplicam perfeitamente ao âmbito cível e vice-versa.

---

401 MELENDO, Santiago Sentis. Estudios de Derecho Procesal. Vol. I. Buenos Aires: Ediciones Juridicas Europa-America, 1967, p. 542.

A admissibilidade absoluta da prova ilícita

A mais antiga das teorias sobre a admissibilidade da prova ilícita é de sua admissibilidade absoluta, herança da natureza privada do processo e do pouco respeito aos direitos fundamentais.

No Brasil, antes da democratização e do marco-histórico da Constituição de 1988, não era raro a admissão de provas ilícitas, a obtenção de provas mediante tortura, a utilização de provas forjadas, a cassação da liberdade de expressão, de associação de reunião[402]. A ilicitude das provas, muitas das vezes, reinava.

A admissibilidade absoluta da prova ilícita defende que a prova ilícita pode ser utilizada no processo sem qualquer ressalva, pois o direito à prova (busca da verdade) sobrepõe-se a outros interesses, inclusive à segurança jurídica. Dá vida à máxima *male captum, bene retentum* (mal colhida, mas bem observada). A única peculiaridade é que a pessoa responde civil, criminal ou administrativamente pela ilicitude cometida na proposição, na admissão e na produção da prova ilícita. Nesta teoria, o infrator seria apenado, mas a prova seria considerada como se de prova lícita se tratasse, pois a transgressão não afetaria o conteúdo, que seria lícito[403]. Defendem a admissibilidade absoluta da prova ilícita: Walter Zeiss[404], Franco Cordero[405] e Yussef Said Cahali, no âmbito do Direito de Família[406].

---

402 CARNAúBA, Maria Cecília Pontes. Prova ilícita. São Paulo: Saraiva, 2000, p. 85.

403 MENDONÇA, Rachel Pinheiro de Andrade. Provas ilícitas: limites à licitude probatória. Rio de Janeiro: Lumen Juris, 2001, p. 57.

404 ZEISS, Walter. El dolo procesal: aporte a le precisacion teorica de una prohibicion del dolo en el proceso de cognicion civilistico. Tomas A. Banzhaf (trad.). Buenos Aires: Ediciones Jurídicas Europa-América, 1979, p. 93.

405 CORDERO, Franco. Tre studi sulle prove penali. Milano: A. Giuffrè, 1963; p. 163.

406 CAHALI, Yussef Said. Divórcio e separação. São Paulo: Revista dos Tribunais, 1986, p. 390.

A inadmissibilidade absoluta da prova ilícita

De outro flanco, há a teoria da inadmissibilidade absoluta da prova ilícita. Os defensores desta teoria pregam a prevalência da segurança jurídica sobre a verdade, não podendo esta última ser buscada a qualquer preço. Seus defensores se apegam no texto do art. 5º, LVI da Constituição Federal que veda a utilização de provas ilícitas no processo. Salientam que, uma vez já havendo a própria constituição realizado o sopesamento, optando pela prevalência da impossibilidade de provas ilícitas, não caberia ao intérprete agir diversamente. Nas palavras de Luís Roberto Barroso:

> [...] a Constituição brasileira por disposição expressa, retirou a matéria da discricionariedade do julgador e vedou a possibilidade de ponderação de bens e valores em jogo. Elegeu ela própria o valor mais elevado: a segurança das relações sociais pela proscrição da prova ilícita[407].

Interessante relembrar as palavras de Barbosa Moreira sobre a razão de ser da redação do texto constitucional do art. 5º, LVI da Constituição Federal, que se deu por se temer recaídas autoritárias na democracia recém-instaurada; toda sorte de ilicitude probatória era, naquele momento, repudiada. As palavras do jurista carioca, José Carlos Barbosa Moreira, são de citação obrigatória por sua pertinência:

> Explica-se tal opção, em grande parte, por circunstâncias históricas. A Constituição foi elaborada logo após notável mudança política. Extinguira-se recentemente o regime autoritário que por tanto tempo dominar o país, e sob o qual eram freqüentes e graves as violações de direitos fundamentais, sem exclusão dos proclamados na própria Carta da República então em vigor, como a inviolabilidade do domicílio e da correspondência. Ninguém podia considerar-se imune a diligências policiais arbitrárias ou ao 'grampeamento' de aparelhos telefônicos. quis-se prevenir, a recaída nesse gênero de violências. E mister reconhecer que, naquele momento histórico, não teria sido fácil conter a reação contra o passado próximo nos lindes de uma prudente moderação. Se puxamos

---

407 BARROSO, Luís Roberto. o direito constitucional e a efetividade de suas normas: limites e possibilidades da Constituição brasileira. Rio de Janeiro: Renovar, 1990, p. 346.

> um pêndulo com demasiada energia em certo sentido e assim o mantemos por largo tempo, quando seja liberado ele fatalmente se moverá com força equivalente no sentido oposto[408].

Por conta disso, o constituinte foi enfático em prever a redação extrema de proibição de prova ilícita, inspirada na Constituição Portuguesa de 1976, uma vez que, entre os países da civil law de maior tradição jurídica, um dos poucos a prever tal proibição é Portugal.

O STF, no período inicial pós-constituição de 1988, passou a apontar veementemente pela inadmissibilidade da prova ilícita, taxando, ainda, de inadequada a teoria da inadmissibilidade relativa da prova ilícita, pelo fato de a Constituição já ter feito o sopesamento de antemão, segundo se resume infra:

> Da explícita proscrição da prova ilícita, sem distinções quanto ao crime objeto do processo (CF, art. 5º, LVI), resulta a prevalência da garantia nela estabelecida sobre o interesse na busca, a qualquer custo, da verdade real no processo: consequente impertinência de apelar-se ao princípio da proporcionalidade – à luz de teorias estrangeiras inadequadas à ordem constitucional brasileira – para sobrepor, à vedação constitucional da admissão da prova ilícita, considerações sobre a gravidade da infração penal objeto da investigação ou da imputação (HC 80.949 - Rel. Min. Sepúlveda Pertence - DJ 30/10/2001 - DJ 14/12/2001).
>
> Objeção de princípio – em relação à qual houve reserva de Ministros do Tribunal – à tese aventada de que à garantia constitucional da inadmissibilidade da prova ilícita se possa opor, com o fim de dar-lhe prevalência em nome do princípio da proporcionalidade, o interesse público na eficácia da repressão penal em geral ou, em particular, na de determinados crimes: é que, aí, foi a Constituição a que ponderou os valores contrapostos e optou – em prejuízo, se necessário da eficácia da persecução criminal – pelos valores fundamentais, da dignidade humana, aos quais serve de salvaguarda a proscrição da prova ilícita: de qualquer sorte – salvo em casos extremos de necessidade inadiável e incontornável – a ponderação de quaisquer interesses constitucionais oponíveis à inviolabilidade do domicílio não compete a posteriori ao juiz do processo em que se pretenda introduzir ou valorizar a prova

408 MOREIRA, José Carlos Barbosa. A Constituição e as provas ilicitamente obtidas. Revista dos Tribunais, São Paulo, vol. 84, 1996; p. 144.

obtida na invasão ilícita, mas sim àquele a quem incumbe autorizar previamente a diligência (HC 79512 – Rel. Min. Sepúlveda Pertence – DJ 16/12/1999).

Em 2007, o STF voltou a mencionar que era inadmissível a prova ilícita em sede processual, tendo o relator mencionado que a opção da constituição foi pelo seu banimento do ordenamento jurídico:

> PROVA PENAL – BANIMENTO CONSTITUCIONAL DAS PROVAS ILÍCITAS (CF, ART. 5º, LVI) – ILICITUDE (ORIGINÁRIA E POR DERIVAÇÃO) – INADMISSIBILDADE – BUSCA E APREENSÃO DE MATERIAIS E EQUIPAMENTOS REALIZADA, SEM MANDADO JUDICIAL, EM QUARTO DE HOTEL AINDA OCUPADO – IMPOSSIBLIDADE – QUALIFICAÇÃO JURÍDICA DESSE ESPAÇO PRIVADO (QUARTO DE HOTEL, DESDE QUE OCUPADO) COMO "CASA", PARA EFEITO DA TUTELA CONSTITUCIONAL DA INVIOLABILIDADE DOMICILIAR – GARANTIA QUE TRADUZ LIMITAÇÃO CONSTITUCIONAL AO PODER DO ESTADO EM TEMA DE PERSECUÇÃO PENAL, O EM SUA FASE PRÉ-PROCESSUAL – CONCEITO DE 'CASA' PARA EFEITO DA PROTEÇÃO CONSTITUCIONAL (CF, ART. 5º, XI E CP, ART. 150, § 4º, II) – AMPLITUDE DESSA NOÇÃO CONCEITUAL, QUE TAMBÉM COMPREENDE OS APOSENTOS DE HABITAÇÃO COLETIVA (COMO, POR EXEMPLO, OS QUARTOS DE HOTEL, PENSÃO, MOTEL E HOSPEDARIA, DESDE qUE OCUPADOS): NECESSIDADE, EM TAL HIPÓTESE, DE MANDADO JUDICIAL (CF, ART. 5º, XI). IMPOSSIBILIDADE DE UTILIZAÇÃO, PELO MINISTÉRIO PúBLICO, DE PROVA OBTIDA COM TRANSGRESSÃO À GARANTIA DA INVIOLABILIDADE DOMICILIAR – PROVA ILÍCITA – INIDONEIDADE JURÍDICA – RECURSO ORDINÁRIO PROVIDO. BUSCA E APREENSÃO EM APOSENTOS OCUPADOS DE HABITAÇÃO COLETIVA (COMO QUARTOS DE HOTEL) – SUBSUNÇÃO DESSE ESPAÇO PRIVADO, DESDE QUE OCUPADO, AO CONCEITO DE 'CASA' – CONSEQÜENTE NECESSIDADE, EM TAL HIPóTESE, DE MANDADO JUDICIAL, RESSALVADAS AS EXCEÇÕES PREVISTAS NO PRÓPRIO TEXTO CONSTITUCIONAL.
>
> – (...)ILICITUDE DA PROVA – INADMISSIBILIDADE DE SUA PRODUÇÃO EM JUÍZO (OU PERANTE qUALqUER INSTÂNCIA DE PODER) – INIDONEIDADE JURÍDICA DA PROVA RESULTANTE DA TRANSGRESSÃO ESTATAL AO REGIME CONSTITUCIONAL

DOS DIREITOS E GARANTIAS INDIVIDUAIS (...), (RHC 90376/RJ - Rel. Min. Celso de Mello - DJ 03/04/2007).

Defendem tal teoria: Carlos Alberto Molinaro e Mariângela Guerreiro Millhoranza[409], Alexandre Freitas Câmara[410], Jorge Reis Novais[411], Vânia Siciliano Aieta[412] e o já citado Luís Roberto Barroso.

---

409 MOLINARO, Carlos Alberto e MILHORANZA, Mariângela Guerreiro. A questão da prova ilícita vista pelos Tribunais. Revista de Processo, São Paulo, vol. 145, 2007; p. 276.

410 CÂMARA, Alexandre Freitas. Lições de direito processual civil. Vol. II. Rio de Janeiro: Lumen Juris, 2012, p. 403.

411 NOVAIS, Jorge Reis. Direitos fundamentais: trunfos contra a maioria. Coimbra: Coimbra Editora, 2006, p. 52.

412 AIETA, Vânia Siciliano. A garantia da intimidade como direito fundamental. Rio de Janeiro: Lumen Juris, 1999, p. 191.

4

A PROVA ILÍCITA NO PROCESSO CIVIL CONSTITUCIONAL: A ADMISSIBILIDADE RELATIVA DA PROVA ILÍCITA E CONSEQUÊNCIAS JURÍDICAS

No presente estudo, entende-se que ambas as teorias tradicionais sobre a admissibilidade da prova ilícita do processo civil são insuficientes para atender ao escopo do processo justo e às exigências de um processo civil constitucional.

A teoria da admissibilidade absoluta da prova ilícita tem como ponto negativo a possibilidade de estimular o Estado e os particulares a promoverem toda a sorte de ilícitos para obterem a prova que desejarem. Tal medida acertaria frontalmente a dignidade da pessoa humana. Além disso,

> [...] os cidadãos, por sua vez, sem limites para a obtenção de provas, perderão o respeito recíproco, o que será um grande estímulo ao crescimento da violência no seio social, e a impunidade decorrente do uso abusivo do direito à privacidade obstacularizará a materialização dos fins do Estado[413].

Outrossim, faria letra morta do art. 5º, LVI da Constituição Federal, que proíbe a utilização da prova ilícita. Ademais, é cediço que a Constituição (como norma fundamental de um país) não possui palavras inúteis[414]. Inspirações de um povo e conquistas seculares constam de disposições expressas na Constituição, não podendo simplesmente ser ignoradas.

---

413 CARNAúBA, Maria Cecília Pontes. Prova ilícita. São Paulo: Saraiva, 2000, p. 85.

414 ALMEIDA, Gregório Assagra de. Direito material coletivo: superação da summa divisio. Direito Público e Direito Privado por uma nova summa Divisio constitucionalizada. Belo Horizonte: Del Rey, 2008, p. 336.

A inadmissibilidade absoluta da prova ilícita também sofre críticas por fazer prevalecer, algumas vezes, a segurança jurídica sobre outros valores mais caros em determinados casos concretos. Como ensina Barbosa Moreira, "a melhor forma de coibir um excesso e de impedir que se repita não consiste em santificar o excesso oposto"[415]. Ademais, pode, em muitas situações, fazer prevalecer a impunidade e a injustiça sobre a justiça. O prevalecimento absoluto da proibição de provas obrigará o magistrado a agir como se não conhecesse os fatos devidamente comprovados, tão somente pela ilicitude da prova. Outrossim, há situações em que a parte não é responsável pela ilicitude como ensina Dinamarco[416].

Como defende Humberto Theodoro Júnior, constata-se

> que entre os princípios de direito, inclusive os de ordem constitucional, é impossível evitar conflitos e que, não raro, instalam-se contraposições graves, a exigir do intérprete e aplicador da lei delicada operação para harmonizar os comandos principiológicos e definir o ponto de equilíbrio entre eles[417].

Relembre-se as palavras de Marinoni, atestando que o fato de o constituinte ter feito uma primeira ponderação, no caso do art. 5º, LVI da Constituição Federal, não impede que seja feita uma segunda pelo intérprete e aplicador do direito:

> Como se vê, é necessária a percepção de que a eleição de um valor, pela norma, não exclui a possibilidade de realização de outra ponderação, a ser feita pelo juiz diante do caso concreto. A resposta a essa argumentação seria no sentido de que a norma constitucional, ao proibir a prova ilícita, não fez restrição a qualquer espécie de processo e, assim, considerou também o processo civil. Essa objeção não impressiona, pois a proibição da prova ilícita não exclui – e nem poderia – a radical diferença entre os bens que compõem os diferentes processos. Por isso, a norma que proíbe a prova ilícita, ainda que tenha feito uma ponderação – como fazem aliás, várias

---

415 MOREIRA, José Carlos Barbosa. A Constituição e as provas ilicitamente obtidas. Revista dos Tribunais, São Paulo, vol. 84, 1996; p. 144.

416 DINAMARCO, Cândido Rangel. Instituições de Direito Processual Civil. Vol. III. São Paulo: Malheiros Editores, 2004, p. 51.

417 THEODORO JúNIOR, Humberto. Prova – princípio da verdade real – poderes do juiz – ônus da prova e sua eventual inversão – provas ilícitas – prova e coisa julgada nas ações relativas à paternidade (DNA). Revista Brasileira de Direito Família do IBDFAM, nº 3, outubro-dezembro de 1999, p. 15.

> outras normas que consagram direitos fundamentais –, não se libertou da sua reserva imanente de ponderação com outros bens e direitos[418].

Isso porque não é raro acontecer de parâmetros abstratos não conseguirem solucionar adequadamente conflito normativo de um caso em concreto, seja porque nenhuma formulação em tese, dentre as existentes, se adapte, seja pertinente, ou contenha todas as peculiaridades fáticas antes não cogitadas, ou por qualquer outra razão não antecipada[419]. Segundo defende Fredrich Muller a interpretação da norma deve se dar conjuntamente com a análise de casos concretos.[420] Como se não fosse suficiente, tais formas engessadas seriam incapazes de atender, com eficácia e senso de justiça, toda infinidade de casos concretos que possam ocorrer.

Diante da insuficiência das teorias tradicionais sobre a admissibilidade da prova ilícita no processo civil, surgiu uma terceira corrente, de cunho intermediário, prevendo sua admissibilidade relativa, capitaneada por Barbosa Moreira[421], Humberto Theodoro Júnior[422] e Vicente Greco Filho[423].

Essa teoria, compatível com o neoprocessualismo e com a visão atual de prova, defende que, via de regra, não se admite a prova ilícita, por força do art. 5º,

---

418 MARINONI, Luiz Guilherme. Prova ilícita in Constituição Federal: avanços, contribuições e modificações no processo democrático brasileiro. In: MARTINS, Ives Gandra e REZEK, Francisco (Orgs.). Constituição Federal. São Paulo: Editora Revista dos Tribunais: CEU-Centro de Extensão Universitária, 2008, p. 203.

419 BARCELLOS, Ana Paula de. Ponderação, racionalidade e atividade jurisdicional. Rio de Janeiro: Renovar, 2005, p. 151.

420 MÜLLER, Friedrich. O Novo Paradigma do Direito – Introdução à teoria e metódica estruturantes do direito. São Paulo: Revista dos Tribunais, 2007; p. 241.

421 MOREIRA, José Carlos Barbosa. A Constituição e as provas ilicitamente obtidas. Revista dos Tribunais, São Paulo, vol. 84, 1996; p. 144.

422 THEODORO JúNIOR, Humberto. Prova – princípio da verdade real – poderes do juiz – ônus da prova e sua eventual inversão – provas ilícitas – prova e coisa julgada nas ações relativas à paternidade (DNA). Revista Brasileira de Direito Família do IBDFAM, nº 3, outubro-dezembro de 1999, p. 15.

423 GRECO FILHO, Vicente. Tutela constitucional das liberdades. São Paulo: Saraiva, 1989, p. 112.

LVI da Constituição Federal, mas, em determinadas situações excepcionais, em que o valor confrontado com a segurança jurídica sobrepõe-se a esta, poderá ser utilizada tal prova ilícita. Fala-se "excepcionalmente" porque prevalece a regra da limitação constitucional da prova ilícita, dada a natureza das regras, que, *a priori*, sobrepõem-se aos princípios de a hierarquia, nos termos abaixo:

> As regras consistem em normas com pretensão de solucionar conflitos entre bens e interesses, por isso possuindo caráter 'prima facie' forte e superabilidade mais rígida (isto é, as razões geradas pelas regras, no confronto com razões contrárias, exigem um ônus argumentativo maior para serem superadas); os princípios consistem em normas com pretensão de complementariedade, por isso tendo caráter 'prima facie' fraco e superioridade mais flexível (isto é, as razões geradas pelos princípios, no confronto com razões contrárias, exigem um ônus argumentativo menor para serem superadas). (...) No entanto, se as normas forem de o nível hierárquico, e ocorrer um autêntico conflito, deve ser dada primazia à regra. (...) Pode-se, no entanto, sustentar que as regras devem ser obedecidas não apenas por serem regras, mas, sim, porque sua obediência é, enquanto tal, positiva, por vários motivos. Em primeiro lugar, como as regras têm a função de pré-decidir o meio de exercício do poder, elas afastam a incerteza que surgiria não tivesse sido feita essa escolha. (...) Em segundo lugar, além de afastar a controvérsia e a incerteza, a opção pelas regras tem a finalidade de eliminar ou reduzir a arbitrariedade que pode potencialmente surgir no caso de aplicação direta de valores morais. (...)Em terceiro lugar, a opção pelas regras tem a finalidade de evitar problemas de coordenação, deliberação e conhecimento[424].

Não se poderia fazer letra morta da regra limitativa de prova disposta pelo Constituinte, devendo ser, a princípio, privilegiada. Trata-se da conhecida utlização da teoria dos princípios de Humberto Ávila[425], no caso das provas ilícitas no processo civil constitucional. Como já afirmado, isto não quer dizer que, em todos os casos, prevalece a regra da proibição da prova ilícita, havendo situações em que prevalece o direito fundamental da prova (que é um princípio). Isso porque o art. 5º, LVI da Constituição Federal não pode ser interpretado isoladamente, mas deve ser interpretado conjuntamente com todo o or-

---

424 ÁVILA, Humberto Bergmann. Teoria dos princípios. São Paulo: Malheiros, 2003, p. 105.

425 ÁVILA, Humberto Bergmann. Teoria dos princípios. São Paulo: Malheiros, 2003.

denamento jurídico e, notadamente, com o postulado da proporcionalidade[426], o que se tira como produto, a possibilidade, em situações excepcionais, de se admitir a prova ilícita no processo civil.

O art. 5º, LVI da Constituição Federal deve ser interpretado à luz do art. 5º. XXXV da Constituição (que submete à apreciação do Poder Judiciário qualquer lesão ou ameaça a direito) e da proporcionalidade, como professora Barbosa Moreira[427].

O constitucionalista Celso Ribeiro Bastos ao dissertar sobre o art. 5º, XVIII da Constituição Federal que prevê a proibição de provas ilícitas, aduz que "o preceito constitucional há de ser interpretado de forma a comportar alguma sorte de abrandamento relativamente à expressão taxativa de sua redação".[428]

Tanto a doutrina[429] e jurisprudência[430] já deixaram patente que apesar do art. 5º, XXXVI da Constituição Federal mencionar que "a lei não prejudicará

---

426 THEODORO JúNIOR, Humberto. Prova – princípio da verdade real – poderes do juiz – ônus da prova e sua eventual inversão – provas ilícitas – prova e coisa julgada nas ações relativas à paternidade (DNA). Revista Brasileira de Direito Família do IBDFAM, nº 3, outubro-dezembro de 1999, p. 16.

427 MOREIRA, José Carlos Barbosa. A Constituição e as provas ilicitamente obtidas. Revista dos Tribunais, São Paulo, vol. 84, 1996; p. 144.

428 BASTOS, Celso Ribeiro. Comentários à Constituição do Brasil. Vol. II. São Paulo: Saraiva, 1989; p. 273.

429 THEODORO JúNIOR, Humberto. Prova – princípio da verdade real – poderes do juiz – ônus da prova e sua eventual inversão – provas ilícitas – prova e coisa julgada nas ações relativas à paternidade (DNA). Revista Brasileira de Direito Família do IBDFAM, nº 3, outubro-dezembro de 1999, p. 17-23; DELGADO, José Augusto. Efeitos da coisa julgada e os princípios constitucionais. In: NASCIMENTO, Carlos Valder do (Coordenador). Coisa julgada inconstitucional. Rio de Janeiro: América Jurídica, 2003, p. 51; DINAMARCO, Cândido Rangel. Relativizar a coisa julgada material. Revista da Escola Paulista da Magistratura, São Paulo: Imprensa Oficial vol. 2, n. 2, jul-dez. de 2001, p. 12.

430 STF – AI 665003 AgR/RJ – Rel. Min. Dias Toffoli – DJ 07/08/2012; STF – RE 508283 AgR/MA – Rel. Min. Dias Toffoli – DJ 24/04/2012; STJ – REsp 1279932/AM – Rel. Min. Castro Meira – DJ 27/11/2012; STJ – Edcl na MC 18265/SP Rel. Min. Paulo de Tarso Sanseverino – DJ 12/06/2012.

a coisa julgada", admite-se em situações excepcionais a relativização da coisa julgada. Da mesma forma que se admite a relativização da coisa julgada, deve-se admitir a relativização da inadmissibilidade da prova ilícita.

Trata-se de tese em que se utiliza o postulado da proporcionalidade para fazer o sopesamento entre o direito fundamental à prova (em conjunto com outro direito fundamental) *versus* a regra da proibição de prova ilícita (em conjunto com outro direito fundamental) e para ter como produto a prevalência de um deles no caso concreto. Esta teoria se mostra mais eficaz para a resolução da infinidade de situações concretas que podem ocorrer, além de permitir a realização de um processo justo. Em 1976, Ada Pellegrini Grinover já mencionava existir uma tendência a admitir a teoria da admissibilidade relativa da prova ilícita[431]. Utilizam-se as regras e princípios de forma complementar, desempenhando cada qual sua função, sendo inconcebível a existência e a efetividade de uma sem a outra[432].

Barbosa Moreira aduz que a admissibilidade relativa da prova ilícita é mais sensata

> [...] ao conceder ao juiz a liberdade de avaliar a situação em seus diversos aspectos; atenta a gravidade do caso, a índole da relação jurídica controvertida, a dificuldade para o litigante de demonstrar a veracidade de suas alegações mediante procedimentos perfeitamente ortodoxos, o vulto do dano causado e outras circunstâncias, o julgador decidiria qual dos interesses em conflito deve ser sacrificado, em que medida[433].

Em 1983 Barbosa Moreira, enquanto relator em importante aresto admitiu a prova ilícita (interceptação telefônica de cônjuge suspeito de adultério):

> Prova obtida por meio de interceptação e gravação de conversas telefônicas do cônjuge suspeito de adultério: não é ilegal, quer à luz do

---

431 GRINOVER, Ada Pellegrini. Liberdades públicas e processo penal: as interceptações telefônicas. São Paulo: Saraiva, 1976; p. 145.

432 ÁVILA, Humberto Bergmann. Teoria dos princípios. São Paulo: Malheiros, 2003; p. 121.

433 MOREIRA, José Carlos Barbosa. A Constituição e as provas ilicitamente obtidas. Revista dos Tribunais, São Paulo, vol. 84, 1996; p. 144.

> Código Penal, quer do Código Brasileiro de Telecomunicações, e pode ser moralmente legítima, se as circunstâncias do caso justificam a adoção, pelo outro cônjuge, de medidas especiais de vigilância e fiscalização. (TJRJ - AgIn 7111 - Rel. Des. José Carlos Barbosa Moreira - DJ 22/11/1983)[434]

Analisa se, então, qual dos males é o menor[435]. Os sistemas jurídicos democráticos têm, na atualidade, tido repúdio àquelas previsões de posturas rígidas no trato da prova ilícita, assim como no caso das teorias tradicionais sobre sua admissibilidade, pela insuficiência destas teorias para resolverem questões desta estirpe, que envolvem alta complexidade, infinidade de situações e alteração das perspectivas com alterações das circunstâncias.

Também é importante salientar que, como bem coloca Taruffo, é inconstitucional a limitação ao direito à prova de forma injustificada e desproporcional[436], o que se aplica à teoria da inadmissibilidade absoluta da prova ilícita em situações em que o direito fundamental são superiores à proibição de prova ilícita.

Interpretar o art. 5º, LVI da Constituição Federal como peremptória vedação à utilização de prova ilícita é fazer interpretação inconstitucional de norma constitucional, pois, como relembra Couture, "a lei que diga impossível a prova é tão inconstitucional como a lei que diga ser impossível a defesa"[437]. E ainda que se entenda que o resultado possa vir a ser uma interpretação contra legem, não há problema algum, pois será intra jus[438]. Isso porque quando se faz uma interpretação jurídica, se interpreta não só o texto da norma, mas mais do

---

434 NERY JR., Nelson. Princípios do processo na Constituição Federal: processo civil, penal e administrativo. São Paulo: Revista dos Tribunais, 2009, p. 264.

435 MOREIRA, José Carlos Barbosa. A Constituição e as provas ilicitamente obtidas. Revista dos Tribunais, São Paulo, vol. 84, 1996; p. 144.

436 TARUFFO, Michelle *et al.* La prova nel processo civile. Milano: Dott. A. Giuffrè Editore, 2012; p. 3 e 6-85.

437 COUTURE, Eduardo J. Estudios de Derecho Procesal Civil. Tomo I. Buenos Aires: Ediciones Depalma, 1979, p. 21.

438 VASCONCELOS, Roberto Prado de. Provas ilícitas (Enfoque Constitucional). Revista dos Tribunais, São Paulo, vol. 791, 2001; p. 456.

que isso, se interpreta o que Castanheira Neves chama de "objecto intecionalmente normativo-jurídico"[439].

O papel do intérprete e aplicador do Direito não é o de ser apenas "boca da lei", ou autômato, mas o de construir e reconstruir esses significados, não sendo razoável crer que a aplicação do Direito abarca um meio de subsunção entre conceitos previamente prontos antes até da própria aplicação[440]. Assim, há a prevalência da inadmissibilidade de prova ilícita no processo civil, admitindo-se, excepcionalmente, a sua admissibilidade. São partidários deste entendimento (além dos já citados Barbosa Moreira, Humberto Theodoro Júnior e Vicente Greco Filho): Gian Franco Ricci[441], Antonio Scarpa[442], E.D. Moniz de Aragão[443], Nelson Nery Jr.[444], Marinoni[445], J.J. Gomes Canotilho e Vital Moreira[446],

---

439 CASTANHEIRA NEVES, Antônio. Metodologia jurídica: problemas fundamentais. Coimbra: Coimbra Ed, 1993, p. 90; p. 144.

440 ÁVILA, Humberto Bergmann. Teoria dos princípios. São Paulo: Malheiros, 2003, p. 32.

441 RICCI, Gian Franco. Le prove illecite nel processo civile in Rivista di Diritto Processuale. Padova, 1987, p. 1713.

442 CORDERO, Franco. Tre studi sulle prove penali. Milano: A. Giuffrè, 1963; p. 163. SCARPA, Antonio. La prova civile: percorso giurisprudenziali. A. Giuffrè, 1963, 2009; p. 53.

443 ARAGÃO, E. D. Moniz de. Direito à prova. Revista de Processo, São Paulo, Editora Revista dos Tribunais, v. 39, 1995; p. 102.

444 NERY JR., Nelson. Princípios do processo na Constituição Federal: processo civil, penal e administrativo. São Paulo: Revista dos Tribunais, 2009, p. 260.

445 MARINONI, Luiz Guilherme. Prova ilícita in Constituição Federal: avanços, contribuições e modificações no processo democrático brasileiro. In: MARTINS, Ives Gandra e REZEK, Francisco (Orgs.). Constituição Federal. São Paulo: Editora Revista dos Tribunais: CEU-Centro de Extensão Universitária, 2008, p. 202-203.

446 CANOTILHO, J. J. Gomes e MOREIRA, Vital. Constituição da República Portuguesa anotada. Volume 1. São Paulo: Revista dos Tribunais, 2007; p. 524-525.

Susana Henriques da Costa[447], Roberto Prado de Vasconcelos[448], Luís Alberto Thompson Flores Lenz[449], Adalberto Guedes Xavier de Andrade[450], Rachel Pinheiro de Andrade Mendonça[451], Marcelo Novelino[452] e Daniel Amorim Assumpção Neves[453], Carlos Henrique Soares e Ronaldo Brêtas de Carvalho Dias[454].

4.1 CONTROLE DA ADMISSIBILIDADE

Por se tratar de situação excepcional, a admissibilidade de prova ilícita está sujeita a um controle de admissibilidade, somente sendo aceitável mediante ultrapassagem dos filtros da proporcionalidade e motivação da decisão após a verificação da prevalência *prima facie* das regras. Ada Pellegrini Grinover em importante trabalho deixou claro que a resolução da questão com base apenas na proporcionalidade pode tornar-se perigosa pela alta subjetividade como ocorreu inclusive na Alemanha[455].

---

447 COSTA, Susana Henriques da. Os poderes do juiz na admissibilidade das provas ilícitas. São Paulo: Revista de Processo, vol. 133, 2006; p. 187.

448 VASCONCELOS, Roberto Prado de. Provas ilícitas (Enfoque Constitucional). Revista dos Tribunais, São Paulo, vol. 791, 2001; p. 456.

449 LENZ, Luís Alberto Thompson Flores. Os meios moralmente legítimos de prova. Revista dos Tribunais, São Paulo, vol. 621, 1988; p. 273.

450 ANDRADE, Adalberto Guedes Xavier de. A aplicabilidade do princípio da inadmissibilidade das provas obtidas por meio ilícito no processo civil. Revista de Processo, São Paulo, Editora Revista dos Tribunais, v. 126, ano 30, 2005; p. 219.

451 MENDONÇA, Rachel Pinheiro de Andrade. Provas ilícitas: limites à licitude probatória. Rio de Janeiro: Lumen Juris, 2001, p. 67-74.

452 NOVELINO, Marcelo. Direito Constitucional. Rio de Janeiro:Forense; São Paulo: Método, 2012, p. 129 e 132.

453 NEVES, Daniel Amorim Assumpção. Manual de direito processual civil. Rio de Janeiro: São Paulo, 2012, p. 432.

454 SOARES, Carlos Henrique e DIAS, Ronaldo Brêtas de Carvalho. Manual Elementar de Processo Civil. Belo Horizonte: Del Rey, 2011; p. 355.

455 GRINOVER, Ada Pellegrini. Liberdades públicas e processo penal: as interceptações telefônicas. São Paulo: Saraiva, 1976; p. 146.

Diante disso, estes filtros servem para frear o arbítrio judicial e minimizar o risco de uma importante salvaguarda ao cidadão de ser utilizada como mecanismo de injustiça diante de seu maior grau de subjetivismo. Permitem tais barreiras que o convencimento seja racional e controlável[456].

Postulado da proporcionalidade

Inicialmente, importante salientar que, apesar de importantes vozes dissonantes, o postulado da proporcionalidade não se confunde com o princípio da razoabilidade, conforme já dito anteriormente. O postulado da proporcionalidade tem origem na Alemanha, mais especificamente no Direito Administrativo, por meio de Suárez, em 1791, que, diante do rei da Prússia, Frerich Wilhelm, o propõe como princípio fundamental do Direito Público, com o objetivo de exigir que o Estado somente limite a liberdade na medida em que seja realmente necessário para o exercício do poder de polícia, sendo empregado posteriormente o termo "proporcional" por von Berg, em 1802, e "princípio da proporcionalidade" por Wolzendorf, com apego em Otto Mayer.

É, no entanto, no Tribunal Constitucional alemão, que a proporcionalidade foi tratado no âmbito constitucional, utilizado como mecanismo de proibição de excesso, tendo função de demarcar os limites e se manter dentro deles[457].

Atualmente, a proporcionalidade não só tem a noção de proibição de excesso (no seu aspecto negativo), mas também de necessidade de proteção contra a insuficiência (aspecto positivo), como mencionado pelo STJ em relevante aresto:

> [...] Atualmente, o princípio da proporcionalidade é entendido como proibição de excesso e como proibição de proteção deficiente. No primeiro caso, a proporcionalidade funciona como parâmetro de aferição da constitucionalidade das intervenções nos direitos fundamentais, ao passo que no segundo, a consideração dos direitos fundamentais como

---

456 COMOGLIO, Luigi Paolo, FERRI, Corrado e TARUFFO, Michele. Lezione sul processo civile. Vol. I. Bologna: Società editrice Mulino, 2011, p. 478.

457 GUERRA FILHO, Willis Santiago. Teoria Processual da Constituição. São Paulo: RCS Editora, 2007, p. 57-66.

> imperativos de tutela faz com que o Estado seja obrigado a garantir os direitos fundamentais contra a agressão propiciada por terceiros. (...) (HC 161393/MG – Rel. Min. Jorge Mussi – DJ 19/04/2012).

Já a razoabilidade, origina-se de construção jurisprudencial da Suprema Corte dos Estados Unidos, proveniente do due *process of law* procedimental (procedural) e material (substantive), com a função negativa de proibir a ultrapassagem do juridicamente aceitável[458]. Desta feita, o postulado da proporcionalidade distingue-se da razoabilidade quanto à origem e quanto à destinação[459].

A proporcionalidade, por sua vez, não é considerada no vazio e sem limites. Possui também um controle de admissibilidade por meio dos chamados "3 passos": a) adequação; b) necessidade e c) proporcionalidade em sentido estrito. A adequação exige que o ato utilizado seja capaz de alcançar o fim que se almeja. Assim, não seria adequado, portanto, quebrar o sigilo telefônico celular de um devedor de alimentos se este devedor não possuísse e não utilizasse aparelho telefônico desta espécie.

A necessidade se configura quando o ato é imprescindível para se alcançar o fim que se almeja, não havendo outras possibilidades menos gravosas. Por conseguinte, somente pode ser determinada a juntada de declarações de imposto de renda de um devedor nos autos de uma execução após terem se esgotados todos os meios de procura de bens (penhora on-line, pesquisas no Detran, cartório de imóveis, etc).

Já a proporcionalidade, em sentido estrito, exige que o resultado do sopesamento seja menos lesivo do que outros resultados possíveis. Exige que, dos males, seja eleito o menor. Desta forma, diante de um caso de atos de violência de uma torcida organizada e do direito fundamental de associação, deve-se, a princípio, optar pela medida menos gravosa (suspender as atividades) que seja

---

458 GUERRA FILHO, Willis Santiago. Teoria processual da constituição. São Paulo: Celso Bastos Editor: Instituto Brasileiro de Direito Constitucional, 2000, p. 75-76.

459 No mesmo sentido: GóES, Gisele Santos Fernandes. Termos jurídicos indeterminados: interpretação ou discricionariedade judicial? ênfase nos princípios jurídicos. In: LOTUFO, Renan (Org.). sistema e tópica na interpretação do ordenamento. Barueri: Manole, 2006, p. 96.

apta a resolver o problema, antes de se optar pela medida mais drástica (dissolução da associação civil – torcida organizada).

E, no caso da admissibilidade da prova ilícita no processo civil, necessita-se que os direitos fundamentais sopesados passem pela barreira da proporcionalidade, que se desdobra na necessidade de: a) adequação – que o ato seja adequado aos fins que se deseja; b) necessidade – que o ato seja imprescindível para o resultado que se almeja; c) proporcionalidade, em sentido estrito que o resultado do sopesamento seja menos lesivo do que outros resultados possíveis.

Como pontifica Canaris, "todo o processo de realização de Direito, portanto todos os factores que interferem, justificam ou explicam as decisões jurídicas, devem ser incluídos no discurso juscientífico"[460].

Motivação da decisão

O segundo mecanismo de controle da admissibilidade da prova ilícita no processo civil é a necessidade de motivação da decisão de admiti-la[461]. Isso porque não existe poder ilimitado dado ao juiz sobre a admissibilidade, ou não, da prova, conforme já apontava Souza Pinto em 1850: "Ao juiz pertence sempre apreciar a concludência ou inconcludência da prova: mas, este arbítrio, assim deixado ao juiz, não é vago, indeterminado, caprichoso, antes deve ser regulado pelas respectivas disposições de direito, e pelos princípios do que é razoável, e de justo e honesto"[462].

Logicamente, toda decisão judicial deve ser motivada e é direito das partes a valoração da prova, mas a peculiaridade reside em que, na hipótese de admissão da prova ilícita, por se tratar de medida excepcional, o magistrado deverá fundamentá-la com mais vigor. A motivação deverá demonstrar as bases

---

460 Introdução de Menezes Cordeiro. In: CANARIS, Claus Wilhelm (Org.). Pensamento sistemático e conceito de sistema na ciência do Direito. Trad. Menezes Cordeiro. Lisboa: Fundação Calouste Gulbenkian, 2008, p. XXIV.

461 COMOGLIO, Luigi Paolo. Le prove civili. Torino: UTET Giuridica, 2012, p. 46/47.

462 SOUZA, Joaquim José Caetano Pereira. Primeiras linhas sobre o processo civil. Accommodadas ao fôro do Brasil até o anno de 1877 por Augusto Teixeira de Freitas. mprenta: Rio de Janeiro, H. Garnier, 1906, p. 158.

racionais pelas quais o magistrado admite a prova ilícita no processo civil, visando assim afastar o subjetivismo exagerado[463]. Deverá o magistrado apontar: a) quais os interesses em conflito; b) qual o resultado do sopesamento no caso concreto; c) qual a fundamentação para prevalência de determinado interesse sobre o outro. Deverá, ainda, o magistrado "indicar de forma expressa quais foram os bens, princípios ou valores confrontados, ou seja, deve ser indicado o caminho percorrido pelo Julgador no seu processo de raciocínio"[464].

A ausência ou insuficiência da motivação justificando a admissibilidade da prova ilícita, se não fulminar a decisão de nulidade, tornará impossível a utilização da prova proibida, segundo apontou o STF:

> *Habeas Corpus*. 2. quebra de sigilo bancário e telefônico. Alegação de que as decisões proferidas pelo magistrado de primeiro grau não foram devidamente motivadas, por terem apresentado mera menção às razões expostas pelo Parquet. 3. Ausência de decisão com fundamentos idôneos para fazer ceder a uma excepcional situação de restrição de um direito ou garantia constitucional. 4. Prova ilícita, sem eficácia jurídica. Desentranhamento dos autos. 5. *Habeas corpus* parcialmente conhecido e, nesta parte, deferido (HC 96056/PE – Rel. Min. Gilmar Mendes – DJ 28/06/2011).
>
> São consideradas ilícitas as provas produzidas a partir da quebra dos sigilos fiscal, bancário e telefônico, sem a devida fundamentação. Com esse entendimento, a Segunda Turma deferiu *habeas corpus* para reconhecer a ilicitude das provas obtidas nesta condição e, por conseguinte, determinar o seu desentranhamento dos autos de ação penal. Na espécie, os pacientes foram denunciados pela suposta prática de crimes contra o Sistema Financeiro Nacional (Lei 7.492/1986, arts. 11, 16 e 22,caput), lavagem de dinheiro (Lei 9.613/1998, art. 1º, VI e VII, e § 4º), e formação de quadrilha (CP, art. 288), por promoverem evasão de divisas do país,

---

463 TARUFFO, Michelle *et al.* La prova nel processo civile. Milano: Dott. A. Giuffrè Editore, 2012, p. 3 e 6-83; GRECO, Leonardo. o conceito de prova. Campos: Revista da Faculdade de Direito de Campos, Ano IV, n.º 4 e Ano V, nº 5 – 2003-2004, p. 258.

464 VASCONCELOS, Roberto Prado de. Provas ilícitas (Enfoque Constitucional). Revista dos Tribunais, São Paulo, vol. 791, 2001; p. 456.

> efetuarem operação de câmbio não autorizada, operarem instituição financeira clandestina e, ainda, movimentarem recursos e valores paralelamente à contabilidade exigida pela legislação. Ressaltou-se que a regra seria a inviolabilidade do sigilo das correspondências, das comunicações telegráficas, de dados e das comunicações telefônicas (CF, art. 5º, XII), o que visa, em última análise, a resguardar também direito constitucional à intimidade (art. 5º, X). E, somente se justificaria a sua mitigação quando razões de interesse público, devidamente fundamentadas por ordem judicial, demonstrassem a conveniência de sua violação para fins de promover a investigação criminal ou instrução processual penal. No caso, o magistrado de primeiro grau não apontara fatos concretos que justificassem a real necessidade da quebra desses sigilos, mas apenas se reportara aos argumentos deduzidos pelo Ministério Público. Asseverou-se, ademais, que a Constituição veda expressamente, no seu art. 5º, LVI, o uso da prova obtida ilicitamente nos processos judiciais, no intuito precípuo de tutelar os direitos fundamentais dos atingidos pela persecução penal (HC 96.056 – Rel. Min. Gilmar Mendes – DJ 28/06/2011).

A prática de alguns magistrados de utilizar a chamada motivação implícita, no que tange à admissibilidade da prova ilícita, também se equipara à ausência de motivação precitada. Em resumo, deve haver motivação da forma mais completa possível, sobre a admissibilidade da prova ilícita.

APLICAÇÃO DA TEORIA EM CASOS CONCRETOS

Suponha-se, inicialmente, uma declaração obtida por meio de utilização de soro da verdade, ou outra forma de tortura para fazer um indivíduo confessar a destruição de um automóvel em uma ação de indenização. Nesta situação, sem sombra de dúvidas, prevalece a regra da proibição de obtenção e utilização de prova ilícita, como resultado da colisão do direito fundamental à dignidade humana, em detrimento do direito fundamental à prova e direito fundamental de propriedade.

Cite-se ainda o caso concreto da cantora mexicana, Glória Trevi, que foi presa no Brasil e engravidou durante o período em que se encontrava na carceragem da Polícia Federal, tendo sido acusados agentes federais de tê-la engravidado. A Justiça Federal determinou, então, que fosse recolhida amostra da placenta da cantora, quando do parto, para análise de DNA, para confrontação com o material genético dos funcionários públicos que a estavam custodiando. Contra tal decisão, a cantora ajuizou Reclamação no STF, alegando afronta a sua intimidade e a de seu filho e que somente poderia haver tal exame de DNA com sua concordância.

Em tal julgamento, o STF admitiu o recolhimento da placenta da cantora, o sem seu consentimento, por entender que, naquele caso concreto, prevalece o princípio da moralidade administrativa, da persecução penal pública, da segurança pública, da honra e da imagem dos agentes acusados e da própria instituição, em confronto com o alegado direito da mãe de preservação da sua intimidade e do pai de seu filho:

> Reclamação. Reclamante submetida ao processo de Extradição n. 783, à disposiçao do STF. 1. Coleta de material biológico da placenta, com propósito de se fazer exame de DNA, para averigüação de paternidade do nascituro, embora a oposição da extraditanda.
>
> 2. Invocação dos incisos X e XLIX do art. 5º, da CF/88. 4. Ofício do Secretário de Saúde do DF sobre comunicação do Juiz Federal da 10ª Vara da Seção Judiciária do DF ao Diretor do Hospital Regional da Asa Norte – HRAN, autorizando a coleta e entrega de placenta para fins de exame de DNA e fornecimento de cópia do prontuário médico da parturiente. 5. Extraditanda à disposição desta Corte, nos termos da Lei n.º 6.815/80. Competência do STF, para processar e julgar eventual pedido de autorização de coleta e exame de material genético, para os fins pretendidos pela Polícia Federal. 6. Decisão do Juiz Federal da 10ª Vara do Distrito Federal, no ponto em que autoriza a entrega da placenta, para fins de realização de exame de DNA, suspensa, em parte, na liminar concedida na Reclamação. Mantida a determinação ao Diretor do Hospital Regional da Asa Norte, quanto à realização da coleta da placenta do filho da extraditanda. Suspenso também o despacho do Juiz Federal da 10ª Vara, na parte relativa ao fornecimento de cópia integral do prontuário médico da parturiente. 7. Bens jurídicos constitucionais como 'moralidade administrativa', 'persecução penal pública' e 'segurança pública' que se acrescem, – como bens da comunidade, na expressão de Canotilho, – ao direito fundamental à honra (CF, art. 5°, X), bem assim direito à honra e à imagem de policiais federais acusados de estupro da extraditanda, nas dependências da Polícia Federal, e direito à imagem da própria instituição, em confronto com o alegado direito da reclamante à intimidade e a preservar a identidade do

pai de seu filho. 8. Pedido conhecido como reclamação e julgado procedente para avocar o julgamento do pleito do Ministério Público Federal, feito perante o Juízo Federal da 10ª Vara do Distrito Federal. 9. Mérito do pedido do Ministério Público Federal julgado, desde logo, e deferido, em parte, para autorizar a realização do exame de DNA do filho da reclamante, com a utilização da placenta recolhida, sendo, entretanto, indeferida a súplica de entrega à Polícia Federal do 'prontuário médico' da reclamante. (RCL 2040 qO/DF – Rel. Min. Néri da Silveira – DJ 21/02/2002)

Em determinada situação, antes do advento da lei que regulamenta a intercepção telefônica, fora promovida uma interceptação dentro de presídio, a qual serviu de meio de prova para fundamentar denúncia contra preso, de corrupção de agentes penitenciários para obter mordomias naquele estabelecimento. Naquela ocasião, o STJ aplicou a proporcionalidade (no caso, aduzindo como razoabilidade) para admitir a prova ilícita, in verbis:

CONSTITUCIONAL E PROCESSUAL PENAL. 'HABEAS CORPUS' ESCUTA TELEFÔNICA COM ORDEM JUDICIAL. REU CONDENADO POR FORMAÇÃO DE QUADRILHA ARMADA, QUE SE ACHA CUMPRINDO PENA EM PENITENCIÁRIA, NÃO TEM COMO INVOCAR DIREITOS FUNDAMENTAIS PRÓPRIOS DO HOMEM LIVRE PARA TRANCAR AÇÃO PENAL (CORRUPÇÃO ATIVA) OU DESTRUIR GRAVAÇÃO FEITA PELA POLÍCIA. O INCISO LVI DO ART. °5. DA CONSTITUIÇÃO, QUE FALA QUE 'SÃO INADMISSÍVEIS AS PROVAS OBTIDAS POR MEIO ILÍCITO', NÃO TEM CONOTAÇÃO ABSOLUTA. HÁ SEMPRE UM SUBSTRATO ÉTICO A ORIENTAR O EXEGETA NA BUSCA DE VALORES MAIORES NA CONSTRUÇÃO DA SOCIEDADE. A PRÓPRIA CONSTITUIÇÃO FEDERAL BRASILEIRA, QUE É DIRIGEN TE E PROGRAMÁTICA, OFERECE AO JUIZ, ATRAVÉS DA 'ATUALIZAÇÃO CONSTITUCIONAL' (VERFASSUNGSAKTUALISIERUNG), BASE PARA O ENTENDIMENTO DE QUE A CLÁUSULA CONSTITUCIONAL INVOCADA E RELATIVA. A JURISPRUDÊNCIA NORTE-AMERICANA, MENCIONADA EM PRECEDENTE DO SUPREMO TRIBUNAL FEDERAL, NÃO É TRANQUILA. SEMPRE É INVOCÁVEL O PRINCÍPIO DA 'RAZOABILIDADE' (REASONABLENESS). O 'PRINCÍPIO DA EXCLUSÃO DAS PROVAS ILICITAMENTE OBTIDAS' (EXCLUSIONARY RULE) TAMBÉM LA PEDE TEMPERAMENTOS. ORDEM DENEGADA (HC 3.982/RJ – Rel. Min. Adhemar Maciel – DJ 05/12/1995).

Marinoni também cita interessante caso e hipótese[465]. Menciona que, em um processo criminal de tóxicos, foi considerada ilícita a gravação telefônica sem autorização judicial, obtida por marido, de conversa da sua esposa com amante, na qual aquela confessava que dopava seus filhos com Lexotan para poder manter relação extraconjugal. Neste caso, o STJ entendeu que a prova era ilícita, segundo mostra a ementa abaixo:

> CONSTITUCIONAL E PROCESSUAL CIVIL. MANDADO DE SEGURANÇA. ESCUTA TELEFÔNICA. GRAVAÇÃO FEITA POR MARIDO TRAÍDO. DESENTRANHAMENTO DA PROVA REQUERIDO PELA ESPOSA: VIABILIDADE, UMA VEZ QUE SE TRATA DE PROVA ILEGALMENTE OBTIDA, COM VIOLAÇÃO DA INTIMIDADE INDIVIDUAL. RECURSO ORDINÁRIO PROVIDO. I – A impetrante/recorrente tinha marido, duas filhas menores e um amante médico. quando o esposo viajava, para facilitar seu relacionamento espúrio, ela ministrava 'lexotan' as meninas. O marido, já suspeitoso, gravou a conversa telefônica entre sua mulher e o amante. A esposa foi penalmente denunciada (tóxico). Ajuizou, então, ação de mandado de segurança, instando no desentranhamento da decodificação da fita magnética. II – Embora esta turma já se tenha manifestado pela relatividade do inciso XII (última parte) do art. °5. da CF/1988 (HC 3.982/rj, rel. Min. Adhemar Maciel, DJU de 26/02/1996), no caso concreto o marido não poderia ter gravado a conversa a arrepio de seu cônjuge. Ainda que impulsionado por motivo relevante, acabou por violar a intimidade individual de sua esposa, direito garantido constitucionalmente (art. 5, X) (RMS 5352/GO – Rel. Min. Adhemar Maciel – DJ 27/05/1996).

E como bem questiona Marinoni, e se essa a prova se desse em uma ação de alteração de guarda dos filhos?[466]. Nesta hipótese, acompanhamos o processualista paranaense, ao apontar pela admissibilidade da prova ilícita:

---

465 MARINONI, Luiz Guilherme. Prova ilícita in Constituição Federal: avanços, contribuições e modificações no processo democrático brasileiro. In: MARTINS, Ives Gandra e REZEK, Francisco (Orgs.). Constituição Federal. São Paulo: Editora Revista dos Tribunais: CEU-Centro de Extensão Universitária, 2008, p. 204.

466 MARINONI, Luiz Guilherme. Prova ilícita in Constituição Federal: avanços, contribuições e modificações no processo democrático brasileiro. In: MARTINS, Ives Gandra e REZEK, Francisco (Orgs.). Constituição Federal. São Paulo: Editora Revista dos Tribunais: CEU-Centro de Extensão Universitária, 2008, p. 204.

> se essa prova diante de uma ação de alteração da guarda dos filhos, não há como deixar de enxergar a distinção entre o que se pretende fazer com a prova ilícita nas ações penal e civil. Ora, o Estado, além de ter que se preocupar com os direitos fundamentais que a prova ilícita pode violar, não pode esquecer da dignidade da pessoa humana e dos direitos fundamentais que podem depender, diante de certo caso concreto, da prova ilícita[467].

A prova ilícita, quando está em jogo interesse de incapazes, pode muitas das vezes ser utilizada conforme já decidiu o STJ:

> DIREITO PROCESSUAL PENAL. UTILIZAÇÃO DE GRAVAÇÃO TELEFÔNICA COMO PROVA DE CRIME CONTRA A LIBERDADE SEXUAL.
>
> Em processo que apure a suposta prática de crime sexual contra adolescente absolutamente incapaz, é admissível a utilização de prova extraída de gravação telefônica efetivada a pedido da genitora da vítima, em seu terminal telefônico, mesmo que solicitado auxílio técnico de detetive particular para a captação das conversas. Consoante dispõe o art. 3°, I, do CC, são absolutamente incapazes os menores de dezesseis anos, não podendo praticar ato algum por si, de modo que são representados por seus pais. Assim, é válido o consentimento do genitor para gravar as conversas do filho menor. De fato, a gravação da conversa, em situações como a ora em análise, não configura prova ilícita, visto que não ocorre, a rigor, uma interceptação da comunicação por terceiro, mas mera gravação, com auxílio técnico de terceiro, pelo proprietário do terminal telefônico, objetivando a proteção da liberdade sexual de absolutamente incapaz, seu filho, na perspectiva do poder familiar, vale dizer, do poder-dever de que são investidos os pais em relação aos filhos menores, de proteção e vigilância. A presente hipótese se assemelha, em verdade, à gravação de conversa telefônica feita com a autorização de um dos interlocutores, sem ciência do outro, quando há cometimento de crime por este último, situação já reconhecida como válida pelo STF (HC 75.338, Tribunal Pleno, DJ 25/9/1998). Destaque-se que a proteção

---

467 MARINONI, Luiz Guilherme. Prova ilícita in Constituição Federal: avanços, contribuições e modificações no processo democrático brasileiro. In: MARTINS, Ives Gandra e REZEK, Francisco. Constituição Federal. São Paulo: Editora Revista dos Tribunais: CEU-Centro de Extensão Universitária, 2008, p. 205.

> integral à criança, em especial no que se refere às agressões sexuais, é preocupação constante de nosso Estado, constitucionalmente garantida em caráter prioritário (art. 227, *caput*, c/c o § 4º, da CF), e de instrumentos internacionais. Com efeito, preceitua o art. 34, 'b', da Convenção Internacional sobre os Direitos da Criança, aprovada pela Resolução 44/25 da ONU, em 20/11/1989, e internalizada no ordenamento jurídico nacional mediante o DL 28/1990, *verbis*: 'Os Estados partes se comprometem a proteger a criança contra todas as formas de exploração e abuso sexual. Nesse sentido, os Estados-parte tomarão, em especial, todas as medidas de caráter nacional, bilateral e multilateral que sejam necessárias para impedir: (...) b) a exploração da criança na prostituição ou outras práticas sexuais ilegais; (...)'. Assim, é inviável inquinar de ilicitude a prova assim obtida, prestigiando o direito à intimidade e privacidade do acusado em detrimento da própria liberdade sexual da vítima absolutamente incapaz e em face de toda uma política estatal de proteção à criança e ao adolescente, enquanto ser em desenvolvimento. (STJ – REsp 1.026.605-ES, Rel. Min. Rogerio Schietti Cruz, julgado em 13/5/2014).

Cite-se ainda o exemplo de Roberto Prado de Vasconcelos[468], em que se admite a utilização de prova ilícita:

> Imagine-se a hipótese, o em sede de processo civil, do autor que, numa ação de indenização, para comprovar o furto de bens valiosos em sua loja contra um ex-cliente, faz uso de uma única prova que consiste numa filmagem realizada por uma câmera oculta no local. Ainda que não houvesse no estabelecimento aviso da presença de filmadoras ocultas, forçoso é reconhecer que não há numa loja aberta ao público espaço para intimidade. Portanto, já é possível a seguinte conclusão: o uso desta prova no processo não viola a intimidade alheia, ou seja, não houve bem jurídico algum afetado, logo não há motivo para rejeitar o uso desta prova.

Outro caso emblemático foi julgado pelo TJRS, que admitiu a utilização de prova ilícita (gravação de conversa sem autorização judicial) para demonstrar a dilapidação do patrimônio comum por um dos cônjuges:

---

468 VASCONCELOS, Roberto Prado de. Provas ilícitas (Enfoque Constitucional). Revista dos Tribunais, São Paulo, vol. 791, 2001; p. 456.

> SEPARAÇÃO JUDICIAL. PROVA. GRAVAÇÃO DE CONVERSA ENTRE MARIDO E MULHER. JUNTADA. PROVA DE DEFRAUDAÇÃO DO PATRIMÔNIO COMUM. DECISÃO QUE DETERMINA O DESENTRANHAMENTO DA DEGRAVAÇÃO. DESCABIMENTO. APLICAÇÃO DO PRINCÍPIO DA PROPORCIONALIDADE. PONDERAÇÃO DO DIREITO À PROVA. LIMITAÇÃO QUE CEDE À PROVA RELEVANTE. INTERESSES DA BUSCA DA VERDADE E DA SEGURANÇA JURÍDICA QUE SACRIFICAM, NO CASO CONCRETO, A TUTELA DA INTIMIDADE. RESTRIÇÃO CONSTITUCIONAL SUPERADA PELA ORIGINALIDADE DA PROVA PARA A DESCOBERTA DA VERDADE. (...). (SEGREDO DE JUSTIÇA) (AI nº 70005967740 – Rel. Des. José Carlos Teixeira Giorgis – DJ 28/05/2003).

Os arestos citados neste tópico ilustram a aplicação da teoria da admissibilidade relativa da prova ilícita em situações concretas.

CONSEQUÊNCIAS JURÍDICAS DA (IN)ADMISSIBILIDADE DA PROVA ILÍCITA NO PROCESSO CIVIL CONSTITUCIONAL

Segundo apontado, acredita-se que a teoria da admissibilidade relativa da prova ilícita é a mais acertada, tendo como característica a prevalência, *a priori*, da regra da proibição de prova ilícita, admitindo-se, no entanto, em situações excepcionais, sua admissibilidade mediante a devida motivação e a superação do filtro da proporcionalidade. Diante disso, a prova pode ser taxada como ilícita e admitida no processo, ou não. Em cada uma destas duas hipóteses, as consequências são diversas, conforme se demonstra.

Caso sejam ultrapassados os filtros da motivação e da proporcionalidade e se admita a utilização da prova ilícita no processo, ela (a prova ilícita) passa ter status semelhante ao da prova lícita: é considerada existente, válida e eficaz, devendo permanecer no processo, ser valorada e levada em consideração quando da decisão judicial. A única peculiaridade é que, no caso de o magistrado verificar o acometimento de alguma ilicitude penal ou administrativa na obtenção da prova ilícita, deve cientificar o órgão próprio para abertura do respectivo processo[469].

---

469 No mesmo sentido: LIMA, Alcides de Mendonça. A eficácia do meio de prova ilícito no Código de Processo Civil. Revista de Processo, São Paulo, vol. 43, 1986; p. 138.

Inadmissibilidade da prova ilícita no processo

Já no caso de se entender que a prova ilícita não pode ser utilizada no processo, as consequências variam conforme se passa a demonstrar.

Inexistência jurídica da prova ilícita inadmitida no processo antes de ingressar na essência da presente questão, será imprescindível passar pela teoria dos planos dos fatos jurídicos, de Pontes de Miranda[470], difundida e aprofundada por Marcos Bernardes de Mello[471].

Fatos jurídicos referem-se àquela parcela dos fatos relevantes para o Direito. Isso porque há fatos que não possuem qualquer relevância jurídica, ou não possuem importância jurídica em determinada situação. Assim, o mero ato de respirar é um fato, mas não seria um fato jurídico. Por outro lado, o ato de respirar ar contaminado por fábrica e falecer, tem repercussão jurídica.

Os fatos jurídicos podem existir em 3 (três) planos: existência, validade e eficácia. Os atos processuais, como espécie dos fatos jurídicos, estão submetidos aos planos. quanto a sua existência, podem ser juridicamente existentes ou inexistentes. Segundo aponta Aroldo Plínio Gonçalves, o ato inexistente pode se dar pela "ausência de sua própria constituição material ou por defeito essencial de sua formação, ou de sua situação no processo"[472]. Ele pode não existir no plano fático, ou pode existir faticamente e não possuir relevância no âmbito jurídico. Os atos juridicamente inexistentes são considerados atos inadmissíveis. E a prova ilícita, uma vez rejeitada definitivamente em determinado processo, é considerada inadmissível, inexistente[473]. O próprio art. 5º, LVI da

470 PONTES DE MIRANDA, Francisco Cavalcanti. Tratado de direito privado. T. 1. Rio de Janeiro: Borsoi, 1972.

471 MELLO, Marcos Bernardes de. Teoria do fato jurídico: plano da existência. São Paulo: Saraiva, 2011; MELLO, Marcos Bernardes de. Teoria do fato jurídico: plano da validade. São Paulo: Saraiva, 2009; MELLO, Marcos Bernardes de. Teoria do fato jurídico: plano da eficácia. São Paulo: Saraiva, 2010.

472 GONÇALVES, Aroldo Plínio. Técnica processual e teoria do processo. Rio de Janeiro: Aide Editora, 1992; p. 71.

473 No mesmo sentido: QUEIJO, Maria Elizabeth. O direito de não produzir prova contra si o: o princípio nemo tenetur se detegere e suas decorrências no processo penal. São Paulo: Saraiva, 2012; p. 446.

Constituição Federal prevê que as provas ilícitas são inadmissíveis. Uma prova ilícita inadmitida é considerada muito mais do que nula; ela é considerada como inexistente[474], não possuindo validade e eficácia.

Há diferença entre nulidade e existência, a uma porque a existência é um plano autônomo e a nulidade não (está contida na validade), a duas porque há diferenciação de grau (a inexistência é muito mais grave que a nulidade) e a três porque os efeitos podem ser diversos.

A inexistência jurídica é característica dos atos que não possuem requisito imprescindível para gerar efeitos jurídicos, podendo existir no mundo dos fatos, mas não produzindo efeitos no mundo do Direito[475]. Como exemplos de atos jurídicos inexistentes, pode-se citar o processo instruído e julgado sem citação válida do Réu. Pode-se ainda citar a sentença proferida por quem não é magistrado.

Segundo Avolio, "as provas ilícitas, porque consideradas inadmissíveis pela Constituição, não são por esta tomadas como provas.

Trata-se de não-ato, não-prova, de um nada jurídico, que as remete à categoria da inexistência jurídica"[476].

Echandia cita exemplo interessante demonstrando que a prova é juridicamente inexistente:

> Isto ocorre quando se obtêm confissão ou testemunho em um grau de sofrimento ou de tortura de tipo psicológico (como não deixar dormir uma pessoa e submetê-la a jogos de luzes que venham a produzir alteração da vontade), são torturas refinadas, mas são torturas. quando se está em estado de verdadeira inconsciência e se faz esta pessoa falar, não existe juridicamente confissão e tampouco testemunho; é algo mais desde o ponto de vista doutrinário que sua nulidade absoluta[477].

---

474 No mesmo sentido: ECHANDIA, Hernando Devís. Pruebas ilícitas. Revista de Processo, São Paulo, vol. 32, 1983; p. 82.

475 CAMBI, Eduardo. Direito constitucional à prova no processo civil. São Paulo: 2001, p. 177.

476 AVOLIO, Luiz Francisco Torquato. Provas ilícitas – interceptações telefônicas, ambientais e gravações clandestinas. São Paulo: Revisto dos Tribunais, 2003, p. 43.

477 ECHANDIA, Hernando Devís. Pruebas ilícitas. Revista de Processo, São Paulo, vol. 32, 1983; p. 82.

A inexistência é diversa e muito mais ampla do que a nulidade, pois, enquanto a última permitiria a permanência da prova (o carente de validade e eficácia) nos autos, a inexistência não a permitiria. Pode-se, ademais, aduzir que, em determinados casos concretos, a nulidade que não traz prejuízo pode ser levada em consideração pelo juízo, enquanto a prova ilícita não admitida não possui tal característica.

Desentranhamento da prova ilícita inadmitida no processo

Quando uma prova ilícita não for admitida no processo, ela não poderá ser produzida. Caso tenha sido produzida, deve ser desentranhada[478] e não pode ser valorada e tampouco servir como fundamento para a decisão judicial. Assim, o ideal é que não se proponha prova ilícita. Se não for possível evitar essa proposição, deve-se evitar sua admissão. Se não for possível evitar sua admissão, ela não deve ser produzida. E, se não for possível evitar sua produção, ela deve ser desentranhada e não valorada. Independentemente de a ilicitude se dar na proposição, na admissão ou na produção, ela retroagirá e afetará todas as partes, como se já nascesse ilícita.

Deve a prova ilícita não admitida ser desentranhada para que não gere qualquer influência no convencimento judicial, conforme entendimento do STF:

> Ação Penal. Denúncia recebida. Prova ilícita. Embargos de declaração pleiteando seu desentranhamento. Constituição, art. 5º, inciso LVI. 2. Reconhecida a ilicitude de prova constante dos autos, conseqüência imediata é o direito da parte, à qual possa essa prova prejudicar, a vê-la desentranhada. 3. Hipótese em que a prova questionada foi tida como ilícita, no julgamento da Ação Penal nº 307, fato já considerado no acórdão de recebimento da denúncia. 4. Pedido de desentranhamento formulado na resposta oferecida pelo embargante e reiterado em outro

478 No mesmo sentido: GOMES, Luiz Flavio. Prova ilícita: direito à exclusão dos autos do processo (exclusionary rule). Revista dos Tribunais, São Paulo, vol. 92; 2003; p. 401; TALAMINI, Eduardo. Prova emprestada no processo civil e penal. Revista de Processo, São Paulo, vol. 91, 1998; p. 92; FERNANDES, Antônio Scarance. Processo penal constitucional. São Paulo: Editora Revista dos Tribunais, 2012, p. 97.

> instante processual. 5. Embargos de declaração recebidos, para determinar o desentranhamento dos autos das peças concernentes à prova julgada ilícita, nos termos discriminados no voto condutor do julgamento (INq 731 ED - Rel. Min. Néri da Silveira - DJ 22/05/1996)[479].

Isso porque a prova que teve sua admissibilidade alterada pelo juízo ad quem pode influenciar o convencimento judicial do juízo *a quo*, ainda que "não figurar (uma linha sequer) no processo justificativo"[480]. Um magistrado mais habilidoso, para não correr o risco de ter sua decisão declarada inexistente, pode se basear em outras provas e nada falar sobre a prova sobre a qual recai a pecha de ilícita, o que em seu íntimo tenha sido esta prova crucial para seu decisum.

Diante disso, entendemos censurável a decisão que permite a permanência nos autos de prova ilícita não admitida, como as seguinte proferida pelo STJ:

> PROCESSUAL PENAL. *HABEAS CORPUS*. CRIME TRIBUTÁRIO. QUEBRA DE SIGILO BANCÁRIO SEM AUTORIZAÇÃO JUDICIAL. PROVA ILÍCITA. DESENTRANHAMENTO. DESNECESSIDADE. CONDENAÇÃO FUNDADA EM OUTRAS PROVAS AUTÔNOMAS. LEGALIDADE. ORDEM DENEGADA.

1. Reconhecida a irregularidade na quebra do sigilo bancário procedida pela autoridade fazendária sem a prévia e indispensável autorização judicial, inviabilizando sua utilização como prova no julgamento da ação penal, desnecessário e irrelevante o seu desentranhamento dos autos. (...) (HC 43944/ SP - Rel. Min. Arnaldo Esteves de Lima - DJ 13/12/2005).

O direito a desentranhar as provas ilícitas inadmitidas não abrangem as peças processuais que fazem referências a tais provas porque peças processuais não são provas e fazem parte inclusive dos debates que levaram a dita exclusão. O STF tem aresto neste sentido:

> Agravo regimental em agravo em recurso extraordinário. (...)5. Alegado desrespeito ao art. 5º, LVI, ante a negativa de desentranhamento das

479 Neste sentido: STF - HC 82862/ SP - Rel. Min. Cezar Peluso - DJ 19/02/2008.

480 GOMES, Luiz Flavio. Prova ilícita: direito à exclusão dos autos do processo (exclusionary rule). Revista dos Tribunais, São Paulo, vol. 92; 2003; p. 401.

> peças processuais que faziam menção às provas reputadas ilícitas rechaçado no julgamento do RHC 137.368, anteriormente impetrado pela defesa: 'A denúncia, a pronúncia, o acórdão e as demais peças judiciais não são provas do crime, pelo que, em princípio, estão fora da regra de exclusão das provas obtidas por meios ilícitos – art. 5º, LVI, da CF. A legislação, ao tratar das provas ilícitas e derivadas, tampouco determina a exclusão de peças processuais que a elas façam referência – art. 157 do CPP. Não se pode impedir que os jurados tenham conhecimento da própria realização da prova ilícita e dos debates processuais que levaram a sua exclusão. As limitações ao debate em plenário são pontuais e especificadas nos arts. 478 e 479 do CPP, com redação dada pela Lei 11.689/08. A exclusão de prova ilícita não é contemplada nas normas de restrição ao debate'. Eventual contrariedade a direito não decorreria diretamente da vedação de utilização de provas obtidas por meios ilícitos (art. 5º, LVI, da CF). 6. Negado provimento ao agravo regimental. (STF – ARE 1037746 AgR, Relator(a): Min. GILMAR MENDES, Segunda Turma, julgado em 01/08/2017, PROCESSO ELETRÔNICO DJe-179 DIVULG 15-08-2017 PUBLIC 16-08-2017)

O momento do desentranhamento da prova deverá se dar quando inexistir recurso com efeito suspensivo contra a decisão de inadmissão da prova, ou quando se der o trânsito em julgado da decisão que a determinou. Ainda que a decisão judicial tenha apenas se limitado a não permitir determinada prova ilícita em determinado processo, é direito da parte prejudicada por tal prova exigir o seu desentranhamento, por ser esta consequência natural da proibição da prova.

Teoria da descontaminação do julgado

Na hipótese de um magistrado *a quo* entender como lícita uma prova que fora posteriormente reconhecida como ilícita pelo tribunal, ou considerar como ilícita uma prova que fora considerada lícita pelo tribunal, esse magistrado não poderá atuar mais no feito, haja vista que, por mais que se tente, já estará contaminado pela influência da prova. Ainda que se tire a prova dos autos, não se retirará a influência daquela prova específica no íntimo do magistrado. A medida cabível neste caso é chamada teoria de descontaminação do julgado, na qual o julgador se abstém de julgar com fulcro no art. 145, §1º do CPC (chama-se erroneamente de suspeição por foro íntimo), ou na qual a parte prejudicada apresenta exceção de suspeição, com base no art. 145, IV do CPC (interesse no julgamento da causa em favor de uma das partes), com vistas ao afastamento do magistrado do processamento e do julgamento da demanda judicial. A teoria da descontaminação do julgado tem sido defendida por Marinoni em tais casos[481].

Existência jurídica de decisão embasada unicamente ou de forma determinante em prova ilícita inadmitida no processo

Na hipótese de se ter proferido decisão judicial baseada unicamente ou de forma determinante, em prova ilícita que não fora admitida no processo, tal decisão não será juridicamente inexistente.

A decisão será valida, mas passível de ação rescisória conforme se demonstrará posteriormente.

Tal rescisão somente se dará na hipótese de não existirem outros elementos de prova que geraram a condenação. O STJ também tem entendido de tal forma:

> CRIMINAL. HC. ROUBO DUPLAMENTE QUALIFICADO. NULIDADE DO PROCESSO. PROVAS ILÍCITAS. VIOLAÇÃO DE DOMICÍLIO. NÃO OCORRÊNCIA. EXCEÇÕES PREVISTAS NO ART. 5º, INCISO XI, DA CF/88. EXISTÊNCIA DE OUTRAS PROVAS PARA A CONDENAÇÃO. ANÁLISE DO CONJUNTO PROBATÓRIO. IMPROPRIEDADE DA VIA ELEITA. CERCEAMENTO DE DEFESA. INDEFERIMENTO DE DILIGÊNCIAS. CONSTRANGIMENTO ILEGAL NÃO EVIDENCIADO. ORDEM DENEGADA. (...).
>
> As fotografias do paciente obtidas pelos policiais na referida diligência não revelam a ilicitude da prova apontada pelo impetrante, porquanto além de não ter sido demonstrada a maneira como chegaram às mãos dos policiais, se foram entregues pela própria tia ou se foram por eles

481 MARINONI, Luiz Guilherme. Prova ilícita in Constituição Federal: avanços, contribuições e modificações no processo democrático brasileiro. In: MARTINS, Ives Gandra e REZEK, Francisco (Orgs.). Constituição Federal. São Paulo: Editora Revista dos Tribunais: CEU-Centro de Extensão Universitária, 2008, p. 209.

> apreendidas, a verdade é que há nos autos outras provas que levaram à condenação do paciente.
>
> (...) Ordem denegada (HC 51.897/SP – Rel. Min. Gilson Dipp – DJ 20/06/2006).

Se a decisão judicial não tiver sido baseada unicamente na prova ilícita ou se a prova não tiver sido determinante, tal prova deverá ser desentranhada, mas restarão intocáveis os atos posteriores, inclusive a dita decisão. Utiliza-se, mais uma vez, o sopesamento para verificar se a inadmissão da prova ilícita contamina, ou não, todo o procedimento.

(In)adimissibilidade de prova derivada de prova ilícita inadmitida no processo civil

Aborda-se no presente tópico as principais teorias acerca da admissibilidade da prova derivada de prova ilícita inadmitida no processo civil.

Teoria dos frutos da árvore envenenada – *teory of fruits pousonius tree*

A teoria dos frutos da árvore envenenada é uma metáfora na qual não se admite uma prova gerada por ou decorrente de outra prova ilícita. Da mesma forma que um fruto de uma árvore envenenada também será envenenado, a prova decorrente de outra prova ilícita inadmitida no processo, também será taxada como ilícita e inadmitida no processo, *a priori*.

Como se trata de análise de admissibilidade de outra prova que não a anteriormente taxada de ilícita, deve-se fazer novo sopesamento.

A prova derivada de prova ilícita inadmitida no processo não será admitida a priori neste outro processo por prevalecer a regra constitucional restritiva do art. 5º, LVI da CF. Trata-se da teory of fruits pousonius tree (teoria dos frutos da arvóre envenenada) oriunda da jurisprudência da Suprema Corte Norte Americana, na qual uma prova oriunda de uma prova ilícita guarda em seu gérmen a ilicitude da prova originária. O STF possui precedente no mesmo sentido:

> COMPETÊNCIA – *HABEAS CORPUS* – ATO DE TRIBUNAL DE JUSTIÇA. Na dicção da ilustrada maioria (seis votos a favor e cinco con-

> tra), em relação à qual guardo reservas, compete ao Supremo Tribunal Federal julgar todo e qualquer *habeas corpus* impetrado contra ato de tribunal, tenha este, ou não, qualificação de superior. PROVA ILÍCITA - ESCUTA TELEFÔNICA - PRECEITO CONSTITUCIONAL - REGULAMENTAÇÃO. Não é auto-aplicável o inciso XII do artigo 5º da Constituição Federal. Exsurge ilícita a prova produzida em período anterior à regulamentação do dispositivo constitucional. PROVA ILÍCITA - CONTAMINAÇÃO. Decorrendo as demais provas do que levantado via prova ilícita, tem-se a contaminação daquelas, motivo pelo qual não subsistem. Precedente: habeas-corpus nº 69.912/RJ, relatado pelo Ministro Sepúlveda Pertence perante o Pleno, com acórdão veiculado no Diário da Justiça de 25 de março de 1994. (STF - HC 75007/SP - Rel. Min. Marco Aurélio - DJ 27/05/1997)[482]

O resultado do sopesamento será a prevalência da regra da inadmissibilidade da prova ilícita, salvo situação excepcionalíssima que ultrapasse os filtros da prevalência prima facie da proibição da prova ilícita, da motivação e proporcionalidade.

Citemos por exemplo uma audiência em um incidente de impugnação à Justiça Gratuita onde uma das partes alega que a beneficiária de tal beneplácito jurídico possui grandes condições econômicas e tenha sido negada a juntada pela outra parte de um extrato bancário obtido pela impugnante. E admita-se que a impugnante levara a ex-empregada doméstica da Impugnada que em depoimento afirmou ter visto um extrato bancário com grande saldo. O depoimento testemunhal baseado em prova ilícita inadmitida no processo (extrato bancário sem ordem judicial) seria uma prova derivada de uma prova ilícita e, portanto, ilícita também. Não há justa causa nesta hipótese para superação da regra da proibição probatória.

Teoria da exceção da fonte autônoma ou indepedente – *teory of independence source*

Em outro sentido, acaso a nova prova seja autônoma e independente em relação à anterior prova taxada como ilícita, o resultado do sopesamento será a

482 No mesmo sentido: STJ - HC 64096/PR - Rel. Min. Arnaldo Esteves Lima - DJ 27/05/2008.

priori outro: a admissibilidade da prova ilícita. Isto porque uma vez que a nova prova não mantenha relação de dependência da prova ilícita, não há motivo para sua não admissibilidade, além de que o efeito negativo de sua inadmissão será (*a priori*) maior do que sua admissão. Trata-se da exceção da fonte autônoma (an independence source) surgida nos Estados Unidos.

No caso Murray v. EUA (487 US 533 – 1988), os agentes policiais Murray e Carter perseguiam indivíduos por suspeita de atividades com drogas ilegais e viram tais indivíduos dirigirem um reboque e container para um depósito em Boston. Os policiais prenderam os indivíduos e seus veículos e encontraram drogas com eles. Em ato continuo, outros policiais retornaram ao depósito e entraram sem depósito no mesmo onde encontraram grande quantidade de drogras e somente aí pleitearam um mandado judicial sem mencionar o ingresso sem mandado, tendo permanecido sob vigia do armazém. A Suprema Corte dos Estados Unidos decidiu aplicar a teoria da exceção da fonte autonômo, pois apesar do ingresso no depósito ter sido ilegal, a apreensão dos veículos onde se encontrou a primeira droga foi legal e apta a gerar a ordem posterior legal de ingresso no depósito.

O STF já apontou no mesmo sentido:

> Habeas corpus. Constitucional. Penal e processual penal. Sentença condenatória fundada em provas ilícitas. Inocorrência da aplicação da teoria dos 'frutos da árvore envenenada'. Provas autônomas. Desnecessidade de desentranhamento da prova ilícita. Impossibilidade de aplicação do art. 580 do CPP à espécie. Inocorrência de ofensa aos artigos 59 e 68 do Código Penal. *Habeas corpus* indeferido. Liminar cassada. 1. A prova tida como ilícita não contaminou os demais elementos do acervo probatório, que são autônomos, não havendo motivo para a anulação da sentença. 2. Desnecessário o desentranhamento dos autos da prova declarada ilícita, diante da ausência de qualquer resultado prático em tal providência, considerado, ademais que a ação penal transitou em julgado. 3. É Impossível, na espécie, a aplicação da regra contida no art. 580 do Código de Processo Penal, pois há diferença de situação entre o paciente e o co-réu absolvido, certo que em relação ao primeiro existiam provas idôneas e suficientes para respaldar sua condenação. 4. No que se refere aos fundamentos adotados na dosimetria da pena, não se vislumbra ofensa aos artigos 59 e 68 do Código Penal. A motivação dada pelo Juízo sentenciante, além de satisfatória, demonstrou proporcionalidade entre a

> conduta ilícita e a pena aplicada em concreto, dentre os limites estabelecidos pela legislação de regência. 5. Habeas corpus denegado e liminar cassada. (STF – HC 89032/SP – Rel. Min. Menezes Direito – DJ 09/10/2007)

> Recurso ordinário em *habeas corpus*. Penal e Processual Penal. Crime contra a ordem tributária (art. 1º, inciso I, da Lei nº 8.137/90). Condenação calcada em prova ilícita decorrente de quebra ilegal de sigilos fiscal e bancário. Não ocorrência. Existência de fonte autônoma de prova que não guarda relação de dependência com a suposta prova originariamente ilícita. Admissibilidade. Precedentes. Adesão a programa de recuperação fiscal na vigência da Lei nº 10.684/03. Pretendida extinção da punibilidade nos termos do art. 34 da Lei nº 9.249/95. Questão não analisada pelas instâncias antecedentes. Dupla supressão de instância não admitida. Precedentes. Inexistência de constrangimento ilegal a justificar a concessão da ordem de habeas corpus de ofício. Ausência de comprovação da quitação integral do débito tributário. Recurso não provido. 1. A questão relativa à extinção da punibilidade do recorrente pelo pagamento do tributo deixou de ser analisada pelo Tribunal Regional Federal da 3ª Região e pelo Superior Tribunal de Justiça. Portanto, sua análise, de forma originária, pelo Supremo Tribunal, configuraria dupla supressão de instância, a qual não se admite. 2. Não se verifica a presença de constrangimento ilegal a justificar a concessão da ordem de habeas corpus de ofício, uma vez que que não há comprovação da quitação integral do débito tributário após a adesão ao programa de recuperação fiscal. 3. A Suprema Corte já assentou que, 'se (...) o órgão da persecução penal demonstrar que obteve, legitimamente, novos elementos de informação a partir de uma fonte autônoma de prova – que não guarde qualquer relação de dependência nem decorra da prova originariamente ilícita, com es[s]a não mantendo vinculação causal –, tais dados probatórios revelar-se-ão plenamente admissíveis, porque não contaminados pela mácula da ilicitude originária' (STF – HC nº 93.050/RJ, Segunda Turma, Relator o Ministro Celso de Mello, DJe 31/7/08). 4. Recurso ao qual se nega provimento).

Destarte, a prova autônoma e independente em relação à prova anterior taxada como ilícita poderá ser utilizada, acaso não haja outro motivo para sua ilicitude.

Teoria da exceção da descoberta inevitável – *teory of inevitable discovery exception*

Pode ainda ocorrer da prova ser decorrência da prova ilícita inadmita no processo, mas ser fruto de descoberta inevitável (*inevitable discovery exception*).

No caso da prova poder ser taxada como de descobrimento inevitável, a mesma também poderá ser admitida excepcionalmente, pois haveria grande probabilidade da prova ser descoberta por outro meio com a continuidade do processo.

A teoria da descoberta inevitável (*inevitable discovery exception*) deu-se com Nix vs Williams (467 EUA 431 – 1984). Neste caso, um suspeito de assassinato de uma menina de 10 anos foi levado preso para prestar esclarecimentos à sede do departamento policial, no entanto, em conversa durante o trajeto, o acusado fez afirmações incriminatórias e informou a localização do corpo. Com tal informação, uma busca com 200 voluntários na mesma área foi abortada e foi encontrado o corpo. Em sede de julgamento, o acusado alegou ilicitude da prova do corpo e todas as outras dele relacionadas como a autópsia, uma vez que decorrem de declarações realizadas em violação a ser avisado de seu direito a ter um advogado. Em tal caso, apesar do Tribunal ter reconhecido a ilicitude da utilização das declarações, entendeu-se válida a condenação porque a descoberta do corpo seria inevitável, independentemente das declarações.

O STJ tem precedente que aplicou a teoria da *inevitable discovery* para admitir a prova ilícita no âmbito penal:

> PROCESSUAL PENAL. PREFEITO. CRIME DE EXPLORAÇÃO DE MATÉRIA-PRIMA DA UNIÃO EM DESACORDO COM AS OBRIGAÇÕES IMPOSTAS PELO TÍTULO AUTORIZATIVO. AÇÃO PENAL. FALTA DE JUSTA CAUSA. ILICITUDE DE INTERCEPTAÇÃO TELEFÔNICA. NÃO OCORRÊNCIA. 1. Não há motivo plausível para trancar a ação penal, em sede de habeas corpus se, além da deficiência na instrução do pedido, não demonstra a defesa arrimar-se a persecução em prova ilícita, mas, no que denomina a doutrina de independent source, ou mesmo inevitable discovery, surgida no bojo de interceptação telefônica, ainda mais se constatado, pela simples leitura da denúncia, hígida formalmente, que a acusação tem por base alentada investigação, inclusive com a realização de perícia, tanto que motivou a apresenta-

> ção de três incoativas, cada qual com um núcleo de acontecimentos. 2. Recurso ordinário não provido. (STJ - RHC 60.279/RS, Rel. Ministra MARIA THEREZA DE ASSIS MOURA, SEXTA TURMA, julgado em 10/11/2015, DJe 25/11/2015)

Apenas excepcionalmente será admitida no processo civil, não conseguindo na técnica de sopesamento, ultrapassar as barreiras da prevalência prima facie da regra da proibição da prova ilícita, da motivação e proporcionalidade.

Teoria da exceção da boa-fé – *teory of good faith*

A teoria da exceção da boa-fé (*teory of good faith*) defende que a boa-fé na obtenção da prova ilícita, acarreta a sua permissibilidade no processo.

Em 1984, no case United States vs Leon (468 EUA 897 - 1984) a Suprema Corte entendeu que a boa-fé (good faith) afastava a ilicitude da prova. Em tal precedente, policiais federais por força de um mandado promoveram busca na casa de Alberto A. Leon, onde foi encontrada grande quantidade de drogas. O mandado que dera origem a dita busca, fora posteriormente invalidado. Por tal motivo, o Tribunal da Califórnia utilizando-se da exclusionary rule não permitiu a utilização de tais entorpecentes no processo. A Suprema Corte em grau de recurso entendeu que não se aplicaria in casu a exclusionary rule (proibição de prova) pelo fato de que os policiais agiram de boa-fé (*good faith*).[483] Outra situação deu-se em 1995, em Arizona v. Evans (514 EUA 1 - 1995). Erroneamente constava um mandado de contravenção em desfavor de Evans. Um policial em fiscalização de trânsito acabou parando Evans e encontrando maconha no interior do seu veículo. A Suprema Corte do Arizona entendeu que a prova era ilícita no crime de posse de entorpecente, mas a Suprema Corte dos EUA entendeu que a mesma era lícita por ter sido obtida por mero erro involuntário do agente[484].

---

483 Capturado do site http://lawbrain.com/wiki/United_States_v._Leon em 03 de maio de 2012.

484 Capturado do site http://lawbrain.com/wiki/Exclusionary_Rule em 03 de maio de 2012.

Também em Herring v. United States (555 EUA 135 – 2009), entendeu não ser ilícita a localização de produto ilícito (metanfetamina e arma) originário de mandado de prisão que constava erroneamente no sistema da polícita e devia ter sido retirado cinco meses antes.

No âmbito do processo civil brasileiro, o desconhecimento da ilicitude da prova não é apto a gerar por si só a sua admissibilidade, além de que possui juízo bastante vago e subjetivo, passível de encobertar abusos e ilegalidades[485].

Como se trata de análise de admissibilidade de outra prova que não a anteriormente taxada de ilícita, deve-se fazer novo sopesamento. A prova derivada de prova ilícita inadmitida no processo também não será admitida, por prevalecer a regra constitucional restritiva do art. 5º, LVI da CF. O resultado do sopesamento será a prevalência da regra da inadmissibilidade da prova ilícita, salvo em situação excepcionalíssima, que ultrapasse a prevalência prima facie da regra proibitiva de prova ilícita, os filtros da motivação e da proporcionalidade.

Teoria do nexo causal atenuado – *teory of attenuation doctrine*

A teoria do nexo causal atenuado defende a admissibilidade da prova ilícita quando o nexo entre a prova e a conduta ilícita é remota e tênue.

No caso Wong Sun v. EUA (371 EUA 471 – 1963), um indivíduo suspeito de tráfico é torturado e conta que Wong é traficante. Wong por sua vez é torturado e confessa a autoria do tráfico, mas é absolvido pela ilicitude da prova. Posteriormente, Wong confessa espontaneamente o crime. A Suprema Corte entendeu que a relação entre a confissão válida posterior e a tortura era bastante tênue, mantendo a condenação posterior.

Em Brown v. Illinois (422 EUA 590 – 1975) em um caso onde Richard Brown foi preso sem motivo provável e teve seu apartamento revistado sem mandado pelo fato da polícia ter obtido o nome do Brown apenas como conhecido da vítima e não suspeito e acabou confessando por duas vezes a participação no homicídio de Roger Corpus (a primeira sem lhe ter advertido de seus direitos e a segunda lhe tendo sido advertido seus direitos), discutiu-se

---

485 Nelson. NERY JR., Nelson. Princípios do processo na Constituição Federal: processo civil, penal e administrativo. São Paulo: Revista dos Tribunais, 2009; p. 273.

a ilicitude da confissão por ter sido preso ilegalmente e na primeira confissão não lhe ter advertido sobre seus direitos. Neste julgamento, a suprema corte não admitiu a prova ilícita ao argumento de que o nexo da confissão e a prisão ilegal era intensa e não atenuada.

Também em Utah v. Strieff (579 EUA – 2016) decidiu que o fato de um policial ter abordado de forma ilícita uma pessoa não torna ilícita a descoberta de drogas e armas originárias da percepção de que o indivíduo possuía mandado de prisão em aberto por existir um nexo atenuado entre a apreensão de drogas e armas e a abordagem ilícita.

O STJ tem decisão no âmbito penal sobre tal teoria:

> AÇÃO PENAL ORIGINÁRIA. COOPERAÇÃO JURÍDICA INTERNACIONAL. PROVA PRODUZIDA NO EXTERIOR. PARÂMETRO DE VALIDADE. ADMISSIBILIDADE NO PROCESSO. ORDEM PÚBLICA, SOBERANIA NACIONAL E BONS COSTUMES. VIOLAÇÃO. INOCORRÊNCIA. PROVAS ILÍCITAS DERIVADAS. FRUTOS DA ÁRVORE ENVENENADA. EXCEÇÕES. TEORIA DA MANCHA PURGADA. NEXO DE CAUSALIDADE. ATENUAÇÃO. PRERROGATIVA DE FORO. CONEXÃO E CONTINÊNCIA. COMPETÊNCIA. DESMEMBRAMENTO. FORO PREVALENTE. ART. 78 DO CPP. PREJUÍZO CONCRETO. DEFESA. AUSÊNCIA. CORRUPÇÃO PASSIVA QUALIFICADA. APTIDÃO DA DENÚNCIA. LAVAGEM DE DINHEIRO. CONSUNÇÃO. MATÉRIA DE PROVA. ATIPICIDADE. INOCORRÊNCIA. RECEBIMENTO. 1. (...) 4. A teoria dos frutos da árvore envenenada tem sua incidência delimitada pela exigência de que seja direto e imediato o nexo causal entre a obtenção ilícita de uma prova primária e a aquisição da prova secundária. 5. De acordo com a teoria do nexo causal atenuado ou da mancha purgada, i) o lapso temporal decorrido entre a prova primária e a secundária; ii) as circunstâncias intervenientes na cadeia probatória; iii) a menor relevância da ilegalidade; ou iv) a vontade do agente em colaborar com a persecução criminal, entre outros elementos, atenuam a ilicitude originária, expurgando qualquer vício que possa recair sobre a prova secundária e afastando a inadmissibilidade de referida prova. 6. Na presente hipótese, as provas encaminhadas ao MP brasileiro são legítimas, segundo o parâmetro de legalidade suíço, e o meio de sua obtenção não ofende a ordem pública, a soberania nacional e os bons costumes brasileiros, até porque decorreu de circunstância autônoma interveniente na cadeia causal, a qual

> afastaria a mancha da ilegalidade existente no indício primário. Não há, portanto, razões para a declaração de sua inadmissibilidade no presente processo. 7. A fase investigativa de crimes imputados a autoridades com prerrogativa de foro no STJ, ocorre sob a supervisão desta Corte, a qual deve ser desempenhada durante toda a tramitação das investigações desde a abertura dos procedimentos investigatórios até o eventual oferecimento, ou não, de denúncia. 8. Havendo indícios do envolvimento de pessoa com prerrogativa de foro, os autos devem ser encaminhados imediatamente ao foro prevalente, definido segundo o art. 78, III, do CPP, o qual é o único competente para resolver sobre a existência de conexão ou continência e acerca da conveniência do desmembramento do processo. 9. In casu, embora o juízo de primeiro grau de jurisdição tenha usurpado a competência do STJ ao desmembrar o inquérito, não há prejuízo concreto à defesa do réu, razão pela qual esse vício não é capaz de impedir o recebimento da denúncia. 10. Ocorre a inépcia da denúncia ou queixa quando sua deficiência resultar em prejuízo ao exercício da ampla defesa do acusado, ante a falta de descrição do fato criminoso, da imputação de fatos determinados ou da circunstância de da exposição não resultar logicamente a conclusão. 11. Na hipótese, a denúncia narra que o acusado, funcionário público, teria, em mais de uma oportunidade, recebido vantagens indevidas em razão dos cargos que já ocupou e atualmente ocupa e que teria deixado de praticar atos de ofício e praticado outros com violação de dever funcional, evidenciando de modo suficiente a presença de elementos que permitem o exercício da ampla defesa pelo acusado. 12. Embora a tipificação da lavagem de dinheiro dependa da existência de um crime antecedente, é possível a autolavagem – isto é, a imputação simultânea, ao mesmo réu, do delito antecedente e do crime de lavagem –, desde que sejam demonstrados atos diversos e autônomos daquele que compõe a realização do primeiro crime, circunstância na qual não ocorrerá o fenômeno da consunção. 13. A verificação da efetiva prática de condutas tendentes a acobertar a origem ilícita de dinheiro, com o propósito de emprestar-lhe a aparência da licitude, é matéria que depende de provas e deve ser objeto da instrução no curso da ação penal. 14. Preliminares rejeitadas. Denúncia recebida. (APn 856/DF, Rel. Ministra NANCY ANDRIGHI, CORTE ESPECIAL, julgado em 18/10/2017, DJe 06/02/2018)

No âmbito do processo civil brasileiro, a atenuação do nexo causal da prova ilícita não é apto a gerar por si só a sua admissibilidade, mas pode em situações excepcionais ser admitida.

Teoria da contraprova – *teory of evidence admissible for impeachment*

A teoria da contraprova originária do direito norte-americano defende a possibilidade de utilizar prova ilícita inadmitida em determinado processo como contraprova de falso testemunho, mas não para condenar ou agravar crime.

Em Harris v. EUA (401 US 222 - 1971) entendeu não ser ilícita a utilização de prova ilícita inadmitida em um processo para demonstrar posterior falso depoimento no mesmo processo. No caso em tela, Harrias foi preso por fazer venda duas vendas de cocaine para um policial disfarçado e antes de lhe serem ditos seus direitos, confessou a pedido do policial a venda. A confissão foi inadmitida no processo por ser ilícita. No entanto, posteriormente Harris testemunhou no tribunal e afirmou que não fez a primeira venda e a segunda era apenas fermento em pó. A promotoria utilizou a primeira declaração reputada ilícita para demonstrar a falta de credibilidade do depoimento, que foi admitida pela Suprema Corte dos Estados Unidos.

Na esfera do processo civil brasileiro, a teoria da contraprova não é apta a gerar por si só a sua admissibilidade, mas pode em situações excepcionais ser admitida.

Teoria da serendipidade ou de encontro fortuito de provas

Ethevaldo Siqueira citado por Luiz Flávio Gomes explica de onde vem a expressão serendipe:

> 'algo como sair em busca de uma coisa e descobrir outra (ou outras), às vezes até mais interessante e valiosa. Vem do inglês serendipity (de acordo com o Dicionário Houaiss), onde tem o sentido de descobrir coisas por acaso. Serendip era o antigo nome da ilha do Ceilão (atual Sri Lanka). A palavra foi cunhada em 1754 pelo escritor inglês Horace Walpole, no conto de fadas Os três príncipes de Serendip, que sempre faziam descobertas de coisas que não procuravam'.[486]

---

486 GOMES, Luiz Flávio. Natureza jurídica da serendipidade nas interceptações telefônicas. Disponível em http://www.lfg.com.br. 18 de março de 2009.

Teoria da serendipidade discute a validade provas obtidas em relação a outros fatos ou pessoa diversa da pessoa que ensejou a ordem judicial para obtenção de prova (interceptação, busca e apreensão, etc.).

Tem-se notícia de 3 entendimentos: a). licitude da prova obtida fortuitamente; b). ilicitude da prova obtida fortuitamente; c). licitude da prova obtida fortuitamente desde que com conexão a situação que ensejou a obtenção da prova.

> O STF e STJ tem precedente admitindo no processo penal a utilização da prova objeto de encontro fortuito:
>
> 'AGRAVO REGIMENTAL NO *HABEAS CORPUS*. PENAL E PROCESSO PENAL. CRIMES DE TRÁFICO ILÍCITO DE ENTORPECENTES E DE ASSOCIAÇÃO PARA O TRÁFICO. ARTIGOS 33 E 35 DA LEI 11.343/06. *HABEAS CORPUS* SUBSTITUTIVO DE RECURSO EXTRAORDINÁRIO. INADMISSIBILIDADE. COMPETÊNCIA DO SUPREMO TRIBUNAL FEDERAL PARA JULGAR *HABEAS CORPUS*: CRFB/88, ART. 102, I, D E I. HIPÓTESE QUE NÃO SE AMOLDA AO ROL TAXATIVO DE COMPETÊNCIA DESTA SUPREMA CORTE. INTERCEPTAÇÃO TELEFÔNICA. APLICABILIDADE DA TEORIA DO JUÍZO APARENTE. ENCONTRO FORTUITO DE PROVAS. ADMISSIBILIDADE. PLEITO DE REVOGAÇÃO DA CUSTÓDIA PREVENTIVA. TEMA NÃO DEBATIDO PELAS INSTÂNCIAS PRECEDENTES. SUPRESSÃO DE INSTÂNCIAS. AUSÊNCIA DE EXAME DE AGRAVO REGIMENTAL NO TRIBUNAL *A QUO*. ÓBICE AO CONHECIMENTO DO WRIT NESTA CORTE. INOBSERVÂNCIA DO PRINCÍPIO DA COLEGIALIDADE. INEXISTÊNCIA DE CONSTRANGIMENTO ILEGAL. AGRAVO REGIMENTAL DESPROVIDO. 1. As provas colhidas ou autorizadas por juízo aparentemente competente à época da autorização ou produção podem ser ratificadas *a posteriori*, mesmo que venha aquele a ser considerado incompetente, ante a aplicação no processo investigativo da teoria do juízo aparente. Precedentes: HC 120.027, Primeira Turma, Rel. p/ Acórdão, Min. Edson Fachin, DJe de 18/02/2016 e HC 121.719, Segunda Turma, Rel. Min. Gilmar Mendes, DJe de 27/06/2016. 2. Nas interceptações telefônicas validamente determinadas é passível a ocorrência da serendipidade, pela qual, de forma fortuita, são descobertos delitos que não eram objetos da investigação originária. Precedentes: HC 106.152, Primeira Turma, Rel. Min. Rosa Weber, DJe de 24/05/2016 e HC 128.102, Primeira Turma, Rel. Min. Marco Aurélio, DJe de 23/06/2016.

> 3. *In casu*, o recorrente foi denunciado pela suposta prática dos crimes tipificados nos artigos 33 e 35 da Lei nº 11.343/06 e encontra-se preso preventivamente. 4. A competência originária do Supremo Tribunal Federal para conhecer e julgar habeas corpus está definida, exaustivamente, no artigo 102, inciso I, alíneas d e i, da Constituição da República, sendo certo que o paciente não está arrolado em qualquer das hipóteses sujeitas à jurisdição desta Corte. 5. Agravo regimental desprovido. (STF – HC 137438 AgR, Relator(a): Min. LUIZ FUX, Primeira Turma, julgado em 26/05/2017, PROCESSO ELETRÔNICO DJe-133 DIVULG 19-06-2017 PUBLIC 20-06-2017)
>
> PROCESSO PENAL. FORMAÇÃO DE QUADRILHA. ADVOCACIA ADMINISTRATIVA. PRESCRIÇÃO. TRÁFICO DE INFLUÊNCIA. ENCONTRO FORTUITO DE NOTÍCIA DE PRÁTICA CRIMINOSA. DENÚNCIA REJEITADA. 1. Declara-se a extinção da punibilidade do acusado quando consumado o lapso prescricional necessário para o reconhecimento da prescrição da pretensão punitiva, que, em relação ao crime tipificado no art. 321 do Código Penal, ocorre em 3 anos da data da consumação do delito (art. 109, VI, do mesmo código). 2. A jurisprudência do Superior Tribunal de Justiça firmou-se no sentido de que eventuais vícios ocorridos na fase de inquérito não maculam a ação penal, sobretudo quando verificado que tais vícios tiveram por efeito beneficiar o réu. 3. O Estado não pode quedar-se inerte ao tomar conhecimento de suposta prática de crime. Assim, o encontro fortuito de notícia de prática delituosa durante a realização de interceptações de conversas telefônicas devidamente autorizadas não exige a conexão entre o fato investigado e o novo fato para que se dê prosseguimento às investigações quanto ao novo fato. 4. (...)
>
> (STJ – APN 510/BA, Rel. Ministra ELIANA CALMON, Rel. p/ Acórdão Ministro JOÃO OTÁVIO DE NORONHA, CORTE ESPECIAL, julgado em 21/08/2013, DJe 17/03/2014)

A nosso ver, no âmbito civil, a prova obtida fortuitamente é ilícita. Se no intuito de buscar uma prova e se encontrar outra ou referente a outra pessoa, a mesma é ilícita, independentemente de conexão ou não.

Na esfera do processo civil brasileiro, a teoria da serendipidade não é apta a gerar por si só a sua admissibilidade, mas pode em situações muito excepcionais ser admitida.

(Im)possibilidade de utilização no processo civil de prova emprestada taxada como ilícita pelo juízo criminal

Como ocorre no exame de admissibilidade de toda prova ilícita, a prova que se deseja utilizar como prova emprestada deve passar pelo crivo do sopesamento. O instituto da prova emprestada, que se dá quando se utiliza meio de prova existente em outro feito judicial, é, a princípio, admitida pelo ordenamento jurídico (art. 372 do CPC), salvo algum fato impeditivo como, por exemplo, o fato de as partes dos processos serem diversas, o que afrontaria o contraditório.

A questão controverte-se quando o processo judicial de onde se deseja tomar a prova emprestada e aquele para o qual se deseja utilizá-la são de naturezas jurídicas distintas (como por exemplo, a utilização de prova emprestada de processo criminal por processo cível).

Na hipótese de se tratar de prova considerada lícita, no processo criminal, e de o processo civil admiti-la, abstratamente, como tendo vindo de meio lícito, a prova poderá ser utilizada. Não há sopesamento porque trata-se de prova lícita.

No caso de se tratar de prova considerada lícita, no processo criminal, e o processo civil não a admitir abstratamente como tendo sido obtida por meio lícito, poder-se-á utilizar a prova[487,488], desde que seja ultrapassado o juízo de admissibilidade no âmbito cível, por meio da utilização da técnica de sopesamento. Neste caso, como aponta Moacyr Amaral dos Santos, a prova terá a eficácia que merecer[489].

Ilustra-se com um caso de uma interceptação telefônica autorizada judicialmente para comprovar o furto, por um ex-diretor de uma empresa, de seu numerário. Imagine-se que tal empresa deseja utilizar tal interceptação como

---

487 Nelson. NERY JR., Nelson. Princípios do processo na Constituição Federal: processo civil, penal e administrativo. São Paulo: Revista dos Tribunais, 2009, p. 264.

488 Em sentido contrário: FERNANDES, Antônio Scarance. Processo penal constitucional. São Paulo: Editora Revista dos Tribunais, 2012, p. 109.

489 SANTOS, Moacyr Amaral dos. Prova judiciária no cível e comercial. Vol. I. São Paulo: Max Limonad, 1971, p. 336.

prova emprestada na ação cível de indenização que está movendo contra o ex-diretor da empresa. O problema se dá porque a Constituição Federal e a lei de interceptação telefônica (o art. 5º, XII da Constituição Federal e a Lei n. 9.296/96) prevêem apenas a possibilidade de interceptação em processo criminal. Apesar disto, entende-se que se deve analisar a Lei n. 9.296/96 à luz do direito fundamental à prova, pelo que ela poderia ser admitida. Uma vez levantado o véu do sigilo telefônico, não haveria motivo para mantê-lo no processo cível.

Melhor seria que a Constituição e a legislação ordinária não tivessem limitado as hipóteses de interceptação telefônica ao âmbito criminal, permitindo-a em quaisquer processos, dependendo apenas do cumprimento dos requisitos legais e constitucionais exigidos.

No caso de se tratar de prova ilícita inadmitida no processo penal, ela (a prova) poderia ser utilizada no processo civil desde que ultrapassasse o juízo de motivação e proporcionalidade. Isso porque a prova emprestada, como menciona Talamini, não transporta convicção, mas sim meio de prova:

> Assim, não importa qual foi a influência da prova no convencimento do Juiz do primeiro processo. O que se transporta de um processo para o outro não é a convicção a que chegou o julgador e sim as peças que documentaram a produção probatória. Feito o traslado, o Juiz, do segundo processo poderá chegar a conclusão diversa da adotada pelo primeiro Juiz relativamente à a prova[490].

Se, por acaso, tratar-se de execução civil de sentença penal condenatória, não haverá possibilidade para se discutir a legalidade da prova, haja vista que estará coberta com o manto da coisa julgada, salvo em situação excepcionalíssima.

Possibilidade de utilização de ação rescisória para declarar a nulidade da decisão judicial baseada em prova ilícita que não podia ser admitida no processo

Outra questão interessante é saber se existe alternativa judicial no caso de se descobrir que a decisão judicial transitada em julgado se baseou em prova

490 TALAMINI, Eduardo. Prova emprestada no processo civil e penal. Revista de Processo, São Paulo, vol. 91, 1998; p. 106.

ilícita cuja ciência da ilicitude somente se dera após tal trânsito em julgado. Transportando para um caso concreto, imagine-se que houve uma ação de indenização de trânsito e esta fora julgada improcedente com base em um depoimento de determinada testemunha, tendo transitada em julgado. Imagine-se ainda que, posteriormente, o autor da ação tomou conhecimento de que a testemunha tinha mentido por ter sido ameaçada de morte pelo Réu, o que não se sabia anteriormente. A questão que se coloca é: Existe medida judicial para tal situação? Se sim qual é ela?

À primeira parte da indagação responde-se afirmativamente. O art. 5º, XXXV da CF regra que "a lei não excluirá da apreciação do Poder Judiciário lesão ou ameaça a direito". Segundo mencionado anteriormente, os direitos fundamentais em sua concepção contemporânea não possuem apenas o aspecto negativo para barrar os abusos do Estado, mas possui também uma face positiva que exige a prestação necessária para salvaguardar seus direitos fundamentais.

Diante disso, mister se faz que o aparato processual conceda aos lesados meios para tutelar sua pretensão. Deve existir uma tutela adequada e apta para atender à pretensão do cidadão, pelo que o Direito Processual deve ser pensado de forma a atender com efetividade as necessidades diversas da pretensão[491]. Acredita-se que a medida processual para socorrer o prejudicado no presente caso seria o manejo de ação rescisória. Ação rescisória é ação autônoma para a desconstituição de sentença transitada em julgado e para o pedido de rejulgamento ou segundo Pontes de Miranda, há um "julgamento de julgamento"[492]. Eduardo Couture defende a utilização da ação rescisória (chamada por ele de revocatória) para revogar sentenças baseadas em atos processuais fraudulentos como no caso mencionado por ele em que um fazendeiro que teve um filho com sua empregada, providenciou um advogado de sua confiança para patrocinar ação de investigação de paternidade em nome do seu filho, deixando o

491 MARINONI, Luiz Guilherme. Manual do processo de conhecimento: a tutela jurisdicional através do processo de conhecimento. São Paulo: RT, 2003, p. 465 e 467.

492 PONTES DE MIRANDA, Francisco Cavalcanti. Tratado da ação rescisória das sentenças e de outras decisões. Rio de Janeiro: Forense, 1976; p.120.

processo tramitar sem produzir qualquer prova, desaguando no trânsito em julgado da sentença de improcedência[493].

Isso posto, percebe-se claramente que a ação rescisória é uma constitutiva negativa (visa desconstituir a sentença transitada em julgado). Também exige por lógico, a ocorrência de coisa julgada. Além disso, exige-se que se encaixe em uma das hipóteses do art. 966 do CPC e que seu ajuizamento tenha ocorrido no prazo de, no máximo, 2 anos da decisão que se deseja rescindir, segundo dicção do art. 975 do CPC.

No presente caso, apesar da prova ilícita ser inexistente, não se pode acreditar que a sentença que nela se baseia de forma única ou determinante também seja inexistente. Isso porque há a formação da relação processual, há um processo judicial com obediência aos ditames legais e há sentença proferida por autoridade constituída e no exercício da jurisdição. Assim, poderia-se tão somente falar em rescisão do julgado e não de inexistência do o. A situação encaixa-se na hipótese de prova falsa do inciso VI do art. 966 do CPC ou de erro de fato prevista no inciso VIII do art. 966 do CPC ou ainda na ofensa a manifesta a norma juridical do inciso V do art. 966 do CPC

No caso de ação rescisória, também haverá, da mesma forma, a utilização da técnica do sopesamento no julgamento para se verificar se trata de prova ilícita admissível, ou não, no processo.

Na hipótese de se entender inadmissível a prova ilícita, na qual se embasou a sentença, a decisão declarará a rescisão da decisão anterior se ela depender desta prova ilícita ou se guardar com ela incompatibilidade. Se, apesar de entender inadmissível a prova ilícita, entender que a decisão não depende da dita prova ilícita, ou que guarda incompatibilidade com ela, ou se entender que a prova ilícita era admissível, a sentença julgará improcedente a ação rescisória.

Nos termos de erudito entendimento de Pontes de Miranda ainda que diante da rescisão da sentença por ocorrência de prova falsa (no presente caso, prova ilícita), tal situação não é apta por si só de gerar o rejulgamento da ação favorável ao beneficiário da rescisão segundo as palavras do nobre jurista:

---

493 COUTURE, Eduardo J. Estudios de Derecho Procesal Civil. Tomo III. Buenos Aires: Ediciones Depalma, 1979, p. 388.

> Cumpre, ainda, observar-se que a rescisão de sentença, por ter sido falsa a prova, de modo algum declara que o réu na ação rescisória não tinha direito, pretensão ou ação. A eficácia preponderante é desconstitutiva. O elemento declarativo somente concerne à prova, não ao direito, à pretensão ou à ação, ou à exceção. Por isso o, nada obsta a que, com outras provas, o demandado e perdente, na ação rescisória, proponha de novo a ação, se ainda não prescreveu[494].

Dessa feita, pode ser que o réu da ação rescisória julgada procedente ainda se sagre vencedor em nova ação objeto de igual tutela da decisão rescindenda.

494 MIRANDA, Francisco Cavalcanti Pontes de. Tratado da ação rescisória das sentenças e de outras decisões. Rio de Janeiro: Forense, 1976; p. 316.

5

ESPÉCIES DE PROVAS ILÍCITAS

A intenção do presente capítulo é trazer à lume algumas das mais comuns espécies de provas ilícitas no processo civil, salientando que tal exemplificação é meramente enunciativa, mesmo porque como já mencionado alhures, toda prova que afrontar direito ou garantia fundamental é prova ilícita.

INTERCEPTAÇÃO *lato sensu*

A Constituição Federal dispõe em seu art. 5º que são invioláveis a intimidade, vida privada, honra e imagem das pessoas (inciso X), a casa (inciso XI) e o sigilo das correspondências, das comunicações telegráficas, de dados e telefônicos (inciso XII).

Os mecanismos de burla a estes e outros direitos fundamentais podem se dar por meio de interceptação *lato sensu*. A interceptação *lato sensu* é o mecanismo pelo qual alguma pessoa capta imagem, comunicação, dados ou voz sem que uma ou mais pessoas tenham ciência.

A interceptação lato sensu pode ser divida em: a) interceptação *stricto sensu*; b) interceptação ambiental; c) escuta; d) escuta ambiental; e) gravações clandestinas. Analisa-se nos próximos itens as situações mais comuns de ilicitude da interceptação *lato sensu* e cada um dos tipos de interceptação *lato sensu*.

Ausência de autorização judicial válida

A ausência de autorização judicial válida na interceptação *lato sensu*, *a priori*, torna a prova ilícita. Neste caso, existe a autorização judicial, mas ela é julgada inválida. E são requisitos para licitude da interceptação *lato sensu*: a) autorização judicial válida; b) autorização promovida por juízo competente; c) fundamentação da decisão que deferir a interceptação; d) a prova não possa ser feita por outros meios; e) situação grave para justificar a interceptação; f) prazo não superior a 15 dias, salvo prorrogações autorizadas judicialmente. Ausentes tais requisitos, a interceptação é ilícita e somente será admitida no processo se ultrapassar os filtros de admissibilidade já citados alhures.

Ainda que seja autorizada judicialmente, pela excepcionalidade e extremidade da medida, a interceptação apenas pode ser realizada se a prova não puder ser feita de outra forma. Não se pode banalizar tal medida extrema. É este a forma que vem entendendo os tribunais:

> RECURSO EM *HABEAS CORPUS*. CORRUPÇÃO PASSIVA. ASSOCIAÇÃO CRIMINOSA. INTERCEPTAÇÃO TELEFÔNICA. FUNDAMENTAÇÃO IDÔNEA. INVESTIGAÇÕES PRELIMINARES REALIZADAS. RECURSO DESPROVIDO.
>
> 1. Os requisitos necessários para a realização da interceptação telefônica decorrem da investigação que apurava a prática de crimes contra a administração pública e associação criminosa, tendo sido tomado o depoimento de pessoas envolvidas, que apontavam para a necessidade das cautelares investigativas. 2. Em atenção ao art. 2º, inciso II, da Lei n. 9.296/96, a interceptação telefônica só será deferida quando não houver outros meios de produção de prova. Nos termos da Jurisprudência desta Corte, cabe à parte demonstrar quais outros procedimentos investigatórios seriam suficientes para a elucidação da autoria dos delitos investigados, sendo que afastar as conclusões das instâncias ordinárias sobre a adequação de tais meios demanda o aprofundado revolvimento fático probatório, procedimento vedado dentro dos estreitos limites da via eleita. 3. Recurso desprovido. (STJ – RHC 61.207/PR, Rel. Ministro JOEL ILAN PACIORNIK, QUINTA TURMA, julgado em 25/09/2018, DJe 08/10/2018)

Ausência de autorização judicial e interceptação em período não abrangido pela autorização judicial

Uma das invalidades da interceptação se dá quando é realizada sem autorização judicial. Na presente hipótese, nem autorização judicial existe. Admitir interceptação sem autorização judicial é, *a priori*, retornar a autotutela e estimular o ilícito na obtenção probatória. A autorização judicial serve justamente para conceder maior controle de legitimidade e legalidade a este tipo excepcional de prova. A jurisprudência taxa como inválida interceptação realizada sem a imprescindível autorização judicial:

> *HABEAS CORPUS*. IMPETRAÇÃO ORIGINÁRIA. SUBSTITUIÇÃO AO RECURSO ORDINÁRIO. IMPOSSIBILIDADE. RESPEITO AO SISTEMA RECURSAL PREVISTO NA CARTA MAGNA. NÃO CONHECIMENTO. 1. De acordo com o disposto no artigo 105, inciso II, alínea 'a', da Constituição Federal, o Superior Tribunal de Justiça é competente para julgar, mediante recurso ordinário, os *habeas corpus* decididos em única ou última instância pelos Tribunais Regionais Federais e pelos Tribunais dos Estados, do Distrito Federal e Territórios, quando a decisão for denegatória. 2. A Primeira Turma do Supremo Tribunal Federal, no julgamento do HC n. 109.956/PR, buscando dar efetividade às normas previstas no artigo 102, inciso II, alínea 'a', da Constituição Federal, e nos artigos 30 a 32 da Lei n. 8.038/90, passou a não mais admitir o manejo do habeas corpus originário perante aquela Corte em substituição ao recurso ordinário cabível, entendimento que deve ser adotado por este Superior Tribunal de Justiça, a fim de que restabelecida a organicidade da prestação jurisdicional que envolve a tutela do direito de locomoção. 3. Tratando-se de *writ* impetrado antes da alteração do entendimento jurisprudencial, o alegado constrangimento ilegal será enfrentado para que se analise a possibilidade de eventual concessão de habeas corpus de ofício. TRÁFICO DE INFLUÊNCIA (ARTIGO 332 DO CÓDIGO PENAL). GRAVAÇÃO DE CONVERSA TELEFÔNICA ENTRE O PACIENTE, ADVOGADO E SUA CLIENTE EFETUADA POR TERCEIRO. AUSÊNCIA DE PRÉVIA AUTORIZAÇÃO JUDICIAL. SIGILO VIOLADO. ILICITUDE DA PROVA. CONSTRANGIMENTO ILEGAL CARACTERIZADO. 1. A interceptação telefônica é a captação de conversa feita por um terceiro, sem o conhecimento dos interlocutores, que depende de ordem judicial, nos termos do inciso XII do artigo 5º da Constituição Federal. 2. A escuta é a captação de conversa telefônica feita por um terceiro, com o conhecimento de apenas um dos interlocutores, ao passo que a gravação telefônica é feita por um dos interlocutores do diálogo, sem o consentimento ou a ciência do outro. 3. Na hipótese, embora as gravações tenham sido implementadas pelo esposo da cliente do paciente com a intenção de provar a sua inocência, é certo que não obteve a indispensável prévia autorização judicial, razão pela qual se tem como configurada a interceptação de comunicação

> telefônica ilegal. 4. O fato da esposa do autor das interceptações – que era uma interlocutora dos diálogos gravados de forma clandestina – ter consentido posteriormente com a divulgação dos seus conteúdos não tem o condão de legitimar o ato, pois no momento da gravação não tinha ciência do artifício que foi implementado pelo seu marido, não se podendo afirmar, portanto, que, caso soubesse, manteria tais conversas com o seu advogado pelo telefone interceptado. 5. Aplicação da norma contida no artigo 157, *caput*, do Código de Processo Penal, com a redação que lhe foi dada pela Lei n. 11.690/08. 6. *Habeas corpus* não conhecido. Ordem concedida de ofício para declarar a nulidade das escutas telefônicas realizadas em detrimento do paciente, determinando-se o seu desentranhamento dos autos. (STJ – HC 161.053/SP – Rel. Min. Jorge Mussi – DJ 03/12/2012)

Não se equipara à ausência de autorização judicial, a autorização judicial *per relationem* (que faz referência a alegações de um dos participantes do processo). Este é posicionamento de nossos tribunais:

> *HABEAS CORPUS*. TRÁFICO DE DROGAS. INTERCEPTAÇÃO TELEFÔNICA. DENÚNCIA ANÔNIMA. ART. 2º DA LEI N. 9.296/1996. REALIZAÇÃO DE DILIGÊNCIAS PRELIMINARES. PRECEDENTE. NULIDADE DA INTERCEPTAÇÃO TELEFÔNICA. FALTA DE FUNDAMENTAÇÃO DA DECISÃO DE DEFERIMENTO DO MEIO PROBATÓRIO. ART. 5º DA LEI N. 9.296/1996. INDÍCIOS DE AUTORIA. DECISÃO FUNDAMENTADA. UTILIZAÇÃO DE FUNDAMENTOS DE MANIFESTAÇÃO ANTERIOR COMO RAZÕES DE DECIDIR. FUNDAMENTAÇÃO PER RELATIONEM. POSSIBILIDADE.
>
> PRECEDENTES. 1. A jurisprudência do Superior Tribunal de Justiça já assentou não invalidar o procedimento de interceptação telefônica deferido com base em denúncia anônima, desde que se realizem diligências preliminares, averiguando a veracidade das informações prestadas, conforme dispõe o art. 2º, II, da Lei n. 9.296/1996. 2. Considera-se fundamentada a decisão que faz expressa referência aos indícios de autoria ou à participação dos investigados nas infrações penais e destaca a impossibilidade de realização de provas por outros meios disponíveis, conforme o art. 5º da Lei das Interceptações Telefônicas. 3. A sucinta referência da decisão à representação policial demonstra utilização da fundamentação aliunde ou fundamentação per relationem – referindo-se, expressamente, aos fundamentos que deram suporte à anterior

> decisão – e constitui, ressalvada minha compreensão pessoal sobre o tema, meio apto a promover a formal incorporação, ao ato decisório, da motivação reportada como razão de decidir.
>
> 4. Ordem denegada. (HC 431.079/SP, Rel. Ministro SEBASTIÃO REIS JÚNIOR, SEXTA TURMA, julgado em 25/06/2019, DJe 01/07/2019)

Também se equipara a ausência de autorização judicial, a interceptação realizada em período não abrangido pela dita autorização. A autorização vale apenas para o período autorizado, sob pena de permitir devassa nas comunicações de terceiros e de ficar a interceptação à mercê do realizador da interceptação, o que não pode ocorrer. Como prova ilícita que é, somente pode ser utilizada excepcionalmente.

Também se equipara a ausência de autorização judicial, a interceptação realizada em período não abrangido pela dita autorização. A autorização vale apenas para o período autorizado, sob pena de permitir devassa nas comunicações de terceiros e de ficar a interceptação à mercê do realizador da interceptação, o que não pode ocorrer. Como prova ilícita que é, somente pode ser utilizada excepcionalmente.

> INQUÉRITO. DENÚNCIA CONTRA DEPUTADO FEDERAL. CRIME DE TRÁFICO DE INFLUÊNCIA (ART. 332 DO CP). OBSERVÂNCIA DOS REQUISITOS DO ART. 41 DO CÓDIGO DE PROCESSO PENAL. ENCONTRO FORTUITO DE PROVAS. INTERCEPTAÇÃO TELEFÔNICA AUTORIZADA POR JUIZ INCOMPETENTE, DE ACORDO COM O ART. 102, INC. I, AL. 'b' DA CONSTITUIÇÃO DA REPÚBLICA E DO ART. 1° DA LEI N. 9.296/1996. COMPETÊNCIA DO SUPREMO TRIBUNAL FEDERAL PELA EXISTÊNCIA DE INDICAÇÃO CLARA E OBJETIVA EM RELATÓRIO DA POLÍCIA FEDERAL DE POSSÍVEL PARTICIPAÇÃO DE MINISTRO DO TRIBUNAL DE CONTAS E, POSTERIORMENTE, DE MEMBRO DO CONGRESSO NACIONAL. NULIDADE DAS INTERCEPTAÇÕES TELEFÔNICAS. ILICITUDE DAS PROVAS DERIVADAS DA INTERCEPTAÇÃO ILICITAMENTE REALIZADA POR AUTORIDADE JUDICIAL INCOMPETENTE. CONFIGURAÇÃO DA HIPÓTESE DO ART. 395, INC. III, DO CÓDIGO DE PROCESSO PENAL. DENÚNCIA REJEITADA. 1. A denúncia preenche os requisitos do art. 41 do Código de Processo Penal, individualiza a conduta do denunciado no contexto fá-

> tico, expõe de forma pormenorizada todos os elementos indispensáveis à demonstração de existência, em tese, do crime de tráfico de influência, sem apresentar a contradição apontada pela defesa. 2. A prova encontrada, fortuitamente, durante a investigação criminal é válida, salvo se comprovado vício ensejador de sua nulidade. 3. Nulidade da interceptação telefônica determinada por autoridade judicial incompetente, nos termos do art. 102, inc. I, al. 'b', da Constituição da República e do art. 1.º da Lei n. 9.296/1996. 4. Ausência de remessa dos autos da investigação para o Supremo Tribunal Federal, depois de apresentados elementos mínimos caracterizadores da participação, em tese, de Ministro do Tribunal de Contas da União e de membro do Congresso Nacional na prática de ilícito objeto de investigação. 5. Contaminação das provas produzidas, por derivação, por não configuradas as exceções previstas no § 1° e no § 2° do art. 157 do Código de Processo Penal. 6. Denúncia rejeitada, por não estar comprovada, de forma lícita, a existência de justa causa para o exercício da ação penal, caracterizando a hipótese prevista no art. 395, inc. III, daquela lei processual. (STF – Inq 3732 – Rel. Min. Cármen Lúcia – DJ 08/03/2016)

A autorização proferida por juiz incompetente é diversa da autorização judicial proferida por juiz competente, mas que não mais preside o processo por alteração de competência (que não seja a declaração de incompetência). Na alteração de competência (promoção, aposentadoria, redistribuição por criação de nova Vara, fato superveniente, etc.) que não seja por declaração de incompetência, a decisão anterior é válida porque ainda que altere o magistrado ou até mesmo o órgão jurisdicional, o juízo anterior não foi reconhecido como incompetente e sua decisão, portanto válida.

O STJ tem precedente neste sentido:

> PROCESSUAL PENAL. *HABEAS CORPUS* SUBSTITUTIVO DE RECURSO ORDINÁRIO. NÃO CABIMENTO. TRÁFICO INTERNACIONAL E ASSOCIAÇÃO PARA O TRÁFICO DE DROGAS. ALEGAÇÃO DE NULIDADE PELA AUSÊNCIA DE RATIFICAÇÃO, PELA JUSTIÇA FEDERAL, DA INTERCEPTAÇÃO TELEFÔNICA AUTORIZADA ANTERIORMENTE PELA JUSTIÇA ESTADUAL. DECLINAÇÃO DE COMPETÊNCIA QUE NÃO POSSUI O CONDÃO DE INVALIDAR A INTERCEPTAÇÃO TELEFÔNICA ANTERIORMENTE DETERMINADA. *HABEAS CORPUS* NÃO CONHECIDO. I – A

> Terceira Seção desta Corte, seguindo entendimento firmado pela Primeira Turma do col. Pretório Excelso, firmou orientação no sentido de não admitir a impetração de *habeas corpus* em substituição ao recurso adequado, situação que implica o não conhecimento da impetração, ressalvados casos excepcionais em que, configurada flagrante ilegalidade apta a gerar constrangimento ilegal, seja possível a concessão da ordem de ofício. II – Na espécie, sendo certo que o d. Juízo da 1ª Vara de Vinhedo/SP era o competente para o processo e julgamento da ação cujo objeto era a apuração do delito de tráfico até então sem evidências de transnacionalidade, não há que se falar em incompetência do d. Juízo para a determinação da interceptação de comunicações. III – Ademais, na linha da jurisprudência desta Corte, a declinação de competência não possui o condão de invalidar a interceptação telefônica anteriormente determinada por Juízo que até então era competente para o processamento do feito (precedentes). *Habeas corpus* não conhecido. (STJ – HC 349.583/SP, Rel. Ministro FELIX FISCHER, QUINTA TURMA, julgado em 15/09/2016, DJe 26/09/2016)[495]

Como prova ilícita que é, a interceptação deferida por juízo incompetente somente pode ser utilizada raramente nas hipóteses mencionadas nesta obra.

Autorizações judiciais sucessivas

Apesar de inexistir norma expressa abordando qual deveria ser o período de abrangência de uma interceptação na seara civil ou civil-administrativa, deve-se aplicar analogicamente o prazo de 15 dias contido no art. 5º da Lei nº 9.296/96, mesmo porque se trata de prazo razoável. É possível, desde que justificado e sendo razoável, renovações sucessivas pelo mesmo prazo. A jurisprudência não diverge:

> AGRAVO REGIMENTAL NO *HABEAS CORPUS*. PENAL E PROCESSUAL PENAL. CRIMES DOS ARTIGOS 288, 332 E 333 DO CÓDIGO PENAL. *HABEAS CORPUS* SUBSTITUTIVO DE RECURSO ORDINÁRIO. INADMISSIBILIDADE. COMPETÊNCIA DO SUPREMO TRIBUNAL FEDERAL PARA JULGAR HABEAS CORPUS. CF, ART. 102, I, 'D' E 'I'. ROL TAXATIVO. INTERCEPTAÇÃO TELEFÔNICA.

495 No mesmo sentido: STJ – HC 239.832/SP, Rel. Ministra MARIA THEREZA DE ASSIS MOURA, SEXTA TURMA, julgado em 16/09/2014, DJe 13/10/2014.

> PRORROGAÇÕES SUCESSIVAS. POSSIBILIDADE. PRECEDENTES. AUSÊNCIA DE TERATOLOGIA, ABUSO DE PODER OU FLAGRANTE ILEGALIDADE. SUPRESSÃO DE INSTÂNCIA. AGRAVO REGIMENTAL DESPROVIDO. 1. Esta Corte possui inúmeros precedentes admitindo a possibilidade de sucessivas prorrogações do procedimento de interceptação telefônica. (HC 120.027, Rel. Min. Marco Aurélio, Rel. p/ acórdão Min. Edson Fachin, Primeira Turma, DJe 18/2/2016; HC 120.027, Primeira Turma, Rel. Min. Edson Fachin, DJe de 24/11/2015; HC 106.225, Rel. Min. Marco Aurélio, Relator p/ acórdão Min. Luiz Fux, Primeira Turma, DJe 22/3/2012). 2. *In casu*, os recorrentes foram denunciados pela prática dos crimes previstos nos artigos 288, 332 e 333, do Código Penal. 3. A competência originária do Supremo Tribunal Federal para conhecer e julgar *habeas corpus* está definida, exaustivamente, no artigo 102, inciso I, alíneas 'd' e 'i', da Constituição da República, sendo certo que o paciente não está arrolado em qualquer das hipóteses sujeitas à jurisdição desta Corte. 4. Inexiste excepcionalidade que permita a concessão da ordem de ofício ante a ausência de teratologia na decisão atacada, flagrante ilegalidade ou abuso de poder. 5. O conhecimento desta impetração sem que a instância precedente tenha examinado o mérito do *habeas corpus* lá impetrado consubstancia indevida supressão de instância e, por conseguinte, violação das regras constitucionais definidoras da competência dos Tribunais Superiores. 6. Agravo regimental desprovido. (STF – HC 145569 AgR – Rel. Min. Luiz Fux – DJ 01/09/2017).

Se for desarrazoada a renovação da interceptação, a prova será ilícita. Também será ilícita se o prazo de renovação também for desarrazoável no caso concreto. O deferimento de autorizações sucessivas de forma desarrazoada contamina a licitude da prova conforme já decidiu o STJ:

> Comunicações telefônicas. Sigilo. Relatividade. Inspirações ideológicas. Conflito. Lei ordinária. Interpretações. Razoabilidade.
>
> 1. É inviolável o sigilo das comunicações telefônicas; admite-se, porém, a interceptação 'nas hipóteses e na forma que a lei estabelecer'. 2. Foi por meio da Lei nº 9.296, de 1996, que o legislador regulamentou o texto constitucional; é explícito o texto infraconstitucional ? e bem explícito? em dois pontos: primeiro, quanto ao prazo de quinze dias; segundo, quanto à renovação ? 'renovável por igual tempo uma vez comprovada a indispensabilidade do meio de prova". 3. Inexistindo, na Lei nº

> 9.296/96, previsão de renovações sucessivas, não há como admiti-las. 4. Já que não absoluto o sigilo, a relatividade implica o conflito entre normas de diversas inspirações ideológicas; em caso que tal, o conflito (aparente) resolve-se, semelhantemente a outros, a favor da liberdade, da intimidade, da vida privada, etc. É que estritamente se interpretam as disposições que restringem a liberdade humana (Maximiliano). 5. Se não de trinta dias, embora seja exatamente esse, com efeito, o prazo de lei (Lei nº 9.296/96, art. 5º), que sejam, então, os sessenta dias do estado de defesa (Constituição, art. 136, § 2º), ou razoável prazo, desde que, é claro, na última hipótese, haja decisão exaustivamente fundamentada. Há, neste caso, se não explícita ou implícita violação do art. 5º da Lei nº 9.296/96, evidente violação do princípio da razoabilidade. 6. Ordem concedida a fim de se reputar ilícita a prova resultante de tantos e tantos e tantos dias de interceptação das comunicações telefônicas, devendo os autos retornar às mãos do Juiz originário para determinações de direito. (STJ – HC 76.686/PR, Rel. Ministro NILSON NAVES, SEXTA TURMA, julgado em 09/09/2008, DJe 10/11/2008)

A matéria sobre a constitucionalidade da renovação sucessiva de interceptações está em análise no STF em sede de repercussão geral no RE 625263 RG/PR – Rel. Min. Gilmar Mendes – DJ 13/06/2013.

Não há ilegalidade, e nem fulmina a prova como ilícita a autorização judicial que conceder prazo maior do que 15 dias se for razoável. O que interessa é que haja autorização judicial válida durante o período que ocorreu a interceptação e que o prazo da interceptação deferida tenha sido razoável como demonstra a jurisprudência:

> Agravo regimental em *habeas corpus*. 2. Penal e Processo Penal. 3. Sucessivas prorrogações de interceptação telefônica. Interceptação telefônica por trinta dias consecutivos. Ausência de ilegalidade. 4. Matéria não apreciada pelo STJ e pelo TJ. Supressão de instância. 5. Agravo a que se nega provimento. (STF – HC 161412 AgR – Rel. Min. Gilmar Mendes – DJ 12/11/2018)

Se tratando de prova ilícita que é, somente pode ser utilizada de forma excepcional.

Autorização judicial posterior

Considera-se ilícita a autorização obtida posteriormente a efetiva interceptação. Tal conduta estimularia a realizar interceptações sem autorização judicial para apenas depois pleitear o aval judicial, o que afrontaria o devido processo legal, a isonomia, moralidade e impessoalidade. O STJ também entende pela ilicitude da prova em situações desta natureza:

> *HABEAS CORPUS* SUBSTITUTIVO DE RECURSO ORDINÁRIO. NÃO CABIMENTO. TRÁFICO DE DROGAS. VIOLAÇÃO AO CONTEÚDO DAS MENSAGENS DE *WHATSAPP* NA ABORDAGEM POLICIAL. NULIDADE E DESENTRANHAMENTO DESTA PROVA E DEMAIS ENVENENADAS. DESRESPEITO À PRIVACIDADE. INTERROGATÓRIO REALIZADO COMO ATO INAUGURAL DA INSTRUÇÃO. ATO REALIZADO APÓS O JULGAMENTO DO HC-127.900/STF. APLICAÇÃO DO CÓDIGO DE PROCESSO PENAL. CONSTRANGIMENTO ILEGAL RECONHECIDO. PREJUDICADA A REAVALIAÇÃO DA DOSIMETRIA DA PENA. *HABEAS CORPUS* NÃO CONHECIDO. CONCEDIDA, NO ENTANTO, ORDEM DE OFÍCIO. 1. O *habeas corpus* não pode ser utilizado como substitutivo de recurso próprio, a fim de que não se desvirtue a finalidade dessa garantia constitucional, com a exceção de quando a ilegalidade apontada é flagrante, hipótese em que se concede a ordem de ofício. 2. Violou garantia constitucional da intimidade e da vida privada, prevista no art. 5º, inciso X, da Constituição Federal, o policial que, ao verificar o conteúdo de mensagem de 'watsapp' no celular do paciente, por ocasião de abordagem, sem requerimento prévio judicial para quebra do sigilo dos dados armazenados. 3. Tratando-se de ofensa à preceito constitucional, a violação à intimidade pode ser arguida a qualquer momento e grau de jurisdição, não podendo o fundamento da preclusão, mencionado no acórdão combatido, afastar a nulidade, tendo em vista que o tema foi ventilado na apelação, recurso que possui efeito devolutivo pleno. Ademais, nem mesmo a perícia dos dados armazenados nas conversas de 'whatsapp', autorizada em momento posterior à violação, é capaz de apagar tal mácula. 4. Também houve violação da ordem do interrogatório, visto que em recente decisão do plenário da Suprema Corte, no exame do HC n. 127.900/AM, julgado em 3/3/2016, ficou assentado que 'a norma inscrita no art. 400 do Código de Processo Penal comum aplica-se, a partir da publicação da ata do julgamento, aos procedimen-

> tos penais regidos por legislação especial, incidindo somente naquelas ações penais cuja instrução não se tenha encerrado'. No caso, a audiência de instrução foi realizada no dia 12/12/2016, momento em que, primeiramente, o réu foi interrogado, e somente depois, duas testemunhas, em desrespeito ao HC ora mencionado (ata de julgamento publicada em 11/3/2016), o que configura o apontado constrangimento ilegal. No mais, a defesa arguiu, antes mesmo da instrução, em defesa preliminar, a necessidade do réu ser interrogado somente ao final da instrução. 5. Diante das nulidades reconhecidas, fica prejudicado o reexame da dosimetria da pena. 6. *Habeas corpus* não conhecido e concedida a ordem, de ofício, para determinar a nulidade e desentranhamento da prova obtida por violação ao conteúdo das mensagens via 'whatsapp', bem como as demais provas contaminadas, a serem valoradas pelo Juízo de 1º grau. Determinando, ainda, que o interrogatório do paciente seja refeito, antes de proferida nova sentença. (STJ – HC 421.249/SC, Rel. Ministro REYNALDO SOARES DA FONSECA, QUINTA TURMA, julgado em 08/02/2018, DJe 22/02/2018)

Se tratando de prova ilícita que é, somente pode ser utilizada de forma excepcional.

Autorização judicial por prazo indeterminado ou por prazo desarrazoado

Também é ilícita a interceptação autorizada judicialmente por prazo indeterminado ou por prazo desarrazoado. Como é extremamente excepcional a interceptação, deve-se quando a mesma ocorrer, ser feita por prazo determinado. E mais do que isso. Deve ser por prazo razoável. Ninguém pode ser objeto de um *big brother* prolongado de forma desarrazoável. O STJ já teve oportunidade de julgar ilícita a interceptação telefônica por prazo superior a 2 anos:

> INTERCEPTAÇÃO TELEFÔNICA. AUTORIZAÇÕES SUCESSIVAS.
>
> Trata-se de *habeas corpus* em que se pugna pela nulidade *ab initio* do processo penal, visto que sua instauração deu-se com base em provas ilícitas, ou seja, decorrentes de interceptação telefônica cuja autorização foi sucessivamente renovada e os investigados, ora pacientes, foram assim monitorados por um prazo superior a dois anos. A Turma entendeu que, no caso, houve sim violação do princípio da razoabilidade, uma vez

que a Lei n. 9.296/1996, no seu art. 5º, prevê o prazo de 15 dias para a interceptação telefônica, renovável por mais 15, caso seja comprovada a indispensabilidade desse meio de prova. Assim, mesmo que fosse o caso de não haver explícita ou implícita violação desse dispositivo legal, não é razoável que a referida interceptação seja prorrogada por tanto tempo, isto é, por mais de dois anos. Ressaltou-se que, no caso da referida lei, embora não esteja clara a hipótese de ilimitadas prorrogações, cabe ao juiz interpretar tal possibilidade. Contudo, dada a natureza da norma que alude à restrição da liberdade, o que está ali previsto é uma exceção à regra. Se o texto legal parece estar indeterminado ou dúbio, cabe a esta Corte dar à norma interpretação estrita, face a sua natureza limitadora do direito à intimidade, de modo a atender ao verdadeiro espírito da lei. Com isso, concedeu-se a ordem de *habeas corpus* a fim de reputar ilícita a prova resultante de tantos dias de interceptações telefônicas e, conseqüentemente, declarar nulos os atos processuais pertinentes e retornar os autos ao juiz originário para determinações de direito. (STJ - HC 76686/PR - Rel. Min. Nilson Naves - DJ 09/09/2008). A princípio, não poderá ser admitida por se tratar de prova ilícita.

Interceptação *stricto sensu*

A interceptação *stricto sensu* dá-se quando terceiro capta som, imagem, comunicação, dados e/ou voz sem conhecimento dos envolvidos diretos na situação e desde que não esteja presente fisicamente no ambiente.

A mais tradicional forma de interceptação *stricto sensu* é a telefônica regulamentada pela Lei nº 9.296/96 (no âmbito penal), também chamada de "grampo". No entanto, entende-se que além da interceptação telefônica, pode ocorrer a interceptação por outros meios como, por exemplo, a interceptação de email, aplicativos de comunicação ou dados informáticos. Atualmente tem-se notícia da existência de softwares que interceptam emails ou comunicações informáticas e enviam ao autor da ilicitude. Tanto é verdade que o art. 10 da Lei nº 9.296/96 dispõe que constitui crime realizar interceptação de comunicações telefônicas, de informática ou telemática sem autorização judicial ou com objetivos não autorizados em lei. Assim, configuraria interceptação *stricto sensu* o fato de um advogado e seu cliente terem suas trocas de emails interceptadas por terceiro ou ainda a captação de conversa de aplicativo de troca de mensagens entre autoridades.

Foi editada também a Lei nº 12.737/2012, que de forma mais pormenorizada dispôs sobre a tipificação criminal de delitos informáticos prevendo ser crime a invasão de dispositivo informático consistente em "art. 154-A – Invadir dispositivo informático alheio, conectado ou não à rede de computadores, mediante violação indevida de mecanismo de segurança e com o fim de obter, adulterar ou destruir dados ou informações sem autorização expressa ou tácita do titular do dispositivo ou instalar vulnerabilidades para obter vantagem ilícita (...)". Reforça assim a ilicitude da interceptação de comunicações informáticas. Também pode haver interceptação de correspondência quando terceiro se apodera de carta endereçada a outrem com o intuito de fazer uso das informações existentes na mesma.

A interceptação *stricto sensu* (independentemente da modalidade que se dê) sem autorização judicial ou desconforme com a lei é considerada ilícita e a princípio não pode ser utilizada no processo civil. O STF já teve oportunidade de se pronunciar sobre o tema indeferindo a utilização de uma interceptação telefônica realizada sem autorização judicial:

> DIREITO AO RECATO OU À INTIMIDADE. GARANTIA CONSTITUCIONAL. INTERCEPTAÇÃO DE COMUNICAÇÃO TELEFÔNICA. CAPTAÇÃO ILEGÍTIMA DE MEIO DE PROVA. ART.-153, § 9º DA CONSTITUIÇÃO. ART.-332 DO CÓDIGO DE PROCESSO CIVIL. INFRINGENTE DA GARANTIA CONSTITUCIONAL DO DIREITO DA PERSONALIDADE E MORALMENTE ILEGITIMO É O PROCESSO DE CAPTAÇÃO DE PROVA, MEDIANTE A INTERCEPTAÇÃO DE TELEFONEMA, À REVELIA DO COMUNICANTE, SENDO, PORTANTO, INADMISSIVEL VENHA A SER DIVULGADA EM AUDIÊNCIA DE PROCESSO JUDICIAL, DE QUE SEQUER É PARTE. LESIVO A DIREITO INDIVIDUAL, CABE O MANDADO DE SEGURANÇA PARA DETERMINAR O TRANCAMENTO DA PROVA E O DESENTRANHAMENTO, DOS AUTOS, DA GRAVAÇÃO RESPECTIVA. RECURSO EXTRAORDINÁRIO CONHECIDO E PROVIDO. (STF – RE 00094/PR – 1ª T. – Rel. Min. Rafael Mayer – DJ 28/06/1984)[496]

496 No mesmo sentido: STJ – HC 57961/SP – Rel. Min. Felix Fischer – DJ 21/06/2007; TJSP – AR 0194235-26.2007.8.26.0000 – Rel. Des. Laerte Sampaio – DJ 04/03/2008.

A interceptação telefônica autorizada judicialmente cuja decisão foi posteriormente declarada nula é considerada ilícita como se autorização não houvesse. A interceptação telefônica fora dos ditames da Lei nº 9.296/96 (aplicada analogicamente ao processo civil) também será ilícita.

Ainda configura interceptação *stricto sensu*, e prova ilícita, a utilização em um processo de interceptação realizada por um dos interlocutores de determinada conversa sem aval judicial que não é parte neste mesmo processo[497]. Caracteriza-se, porém, gravação e não interceptação quando a conversa gravada dá-se entre uma das partes do processo e a testemunha do processo com o escopo de comprovar a inverdade das declarações prestadas por aquela testemunha como bem decidido pelo STJ:

> PROCESSO CIVIL. PROVA. GRAVAÇÃO DE CONVERSA TELEFONICA FEITA PELA AUTORA DA AÇÃO DE INVESTIGAÇÃO DE PATERNIDADE COM TESTEMUNHA DO PROCESSO. REQUERIMENTO DE JUNTADA DA FITA, APÓS A AUDIÊNCIA DA TESTEMUNHA, QUE FOI DEFERIDO PELO JUIZ. TAL NÃO REPRESENTA PROCEDIMENTO EM OFENSA AO DISPOSTO NO ART. 332 DO CPC, POIS AQUI O MEIO DE PRODUÇÃO DA PROVA NÃO E ILEGAL, NEM MORALMENTE ILEGÍTIMO. ILEGAL E A INTERCEPTAÇÃO, OU A ESCUTA DE CONVERSA TELEFONICA ALHEIA. OBJETIVO DO PROCESSO, EM TERMOS DE APURAÇÃO DA VERDADE MATERIAL ('A VERDADE DOS FATOS EM QUE SE FUNDA A AÇÃO OU A DEFESA'). RECURSO ESPECIAL NÃO CONHECIDO. VOTOS VENCIDOS. (STJ – REsp 9012/RJ – Rel. p/ Acórdão Min. Nilson Naves – DJ 24/02/1997)

Em uma oportunidade em que o marido tentou utilizar-se de interceptação telefônica para captar conversa da esposa e de suposto amante para comprovar adultério, o STF decidiu corretamente pela ilicitude da prova 3. E atualmente, em que não mais se verifica culpa no divórcio, mais difícil será autorizar interceptação neste tipo de ação.

Não há ilicitude no fato da interceptação autorizada judicialmente ter sido realizada por terceiro que não seja a polícia civil ou federal. Não há lei prevendo tal exigência e às vezes torna-se difícil realizar por meio de autoridade policial. O STJ entende da mesma forma:

---

497 STJ – HC 57961/SP – Rel. Min. Felix Fischer – DJ 21/06/2007.

> 'PROCESSO PENAL. RECURSO EM *HABEAS CORPUS*. TRÁFICO DE DROGAS E ASSOCIAÇÃO PARA O TRÁFICO. DENÚNCIA. ALEGADA NULIDADE NA INTERCEPTAÇÃO TELEFÔNICA REQUERIDA PELA POLÍCIA MILITAR NO CURSO DA INVESTIGAÇÃO. NÃO OCORRÊNCIA. PRISÃO PREVENTIVA. DECISÃO FUNDAMENTADA. ORGANIZAÇÃO CRIMINOSA. GARANTIA DA ORDEM PÚBLICA. RECURSO DESPROVIDO. (...) 2. 'O fato da quebra de sigilo telefônico ter sido requerida pela polícia militar, que cooperava em investigação do MP, não se constitui em nulidade, pois o art. 144 da Constituição Federal traz as atribuições de cada força policial, mas nem todas essas atribuições possuem caráter de exclusividade. Há distinção entre polícia judiciária, responsável pelo cumprimento de ordens judiciais, como a de prisão preventiva, e polícia investigativa, atinente a atos gerais de produção de prova quanto a materialidade e autoria delitivas. A primeira é que a Constituição Federal confere natureza de exclusividade, mas sua inobservância não macula automaticamente eventual feito criminal derivado' (PGR).[498]. 'A Constituição da República diferencia as funções de polícia judiciária e de polícia investigativa, sendo que apenas a primeira foi conferida com exclusividade à polícia federal e à polícia civil, o que evidencia a legalidade de investigações realizadas pela polícia militar e da prisão em flagrante efetivada por aquela corporação' (HC 332.459/SC, Rel. Ministra MARIA THEREZA DE ASSIS MOURA, SEXTA TURMA, DJe 30/11/2015) 4. (...) 7. Recurso ordinário desprovido. (RHC 67.384/ES, Rel. Ministro RIBEIRO DANTAS, QUINTA TURMA, julgado em 27/02/2018, DJe 05/03/2018)

Admite-se excepcionalmente a interceptação *stricto sensu* quando o interesse a ser protegido pela utilização desta prova ultrapassar os filtros da prevalência prima facie das regras, da motivação e proporcionalidade como, por exemplo, no caso de devedor de alimentos de difícil localização e satisfação do crédito alimentar:

> EXECUÇÃO DE ALIMENTOS. INTERCEPTAÇÃO TELEFÔNICA DO DEVEDOR DE ALIMENTOS. CABIMENTO. Tentada a localização do executado de todas as formas, residindo este em outro Estado e arrastando-se a execução por quase dois anos, mostra-se cabível a interceptação telefônica do devedor de alimentos . Se por um lado a Carta

498 STF – RE 85439/RJ – Rel. Min. Xavier de Albuquerque – DJ 11/11/1977.

> Magna protege o direto à intimadade, também abarcaou o princípio da proteção integral a crianças e adolescentes. Assim, ponderando-se os dois princípios sobrepõe-se o direito à vida dos alimentados. A própria possibilidade da prisão civil no caso de dívida alimentar evidencia tal assertiva. Tal medida dispõe inclusive de cunho pedagógico para que outros devedores de alimentos não mais se utilizem se subterfúgios para safarem-se da obrigação. Agravo provido. (SEGREDO DE JUSTIÇA) (TJRS – AI nº 70018683508 – Rel. Des. Maria Berenice Dias – DJ 28/03/2007)
>
> EMBARGOS DE DECLARAÇÃO. EFEITOS INFRINGENTES. FAMÍLIA. EXECUÇÃO DE ALIMENTOS. INTERCEPTAÇÃO TELEFÔNICA. POSSIBILIDADE. DIREITO À SOBREVIVÊNCIA DIGNA DAS ALIMENTANDAS QUE SE SOBREPÕE AO DIREITO À INTIMIDADE DO DEVEDOR. EXECUÇÃO QUE TRAMITA HÁ MAIS DE 12 ANOS, SEM ÊXITO NA LOCALIZAÇÃO DO EXECUTADO NOS ENDEREÇOS DECLINADOS (MAIS DE OITO LOCAIS). EMBARGOS ACOLHIDOS. EFEITO INFRINGENTE CONFERIDO PARA ALTERAR O JULGADO EMBARGADO, DANDO PROVIMENTO AO AGRAVO DE INSTRUMENTO Nº 70047240999. (TJRS – ED 70050246891 – Rel. Des. Roberto Carvalho Fraga – DJ 08/08/2012)

Da mesma forma, pode-se taxar uma interceptação a princípio lícita como ilícita por afronta aos filtros da motivação ou da proporcionalidade quando, por exemplo, a mesma prorrogar por anos a fio segundo decidido pelo STJ:

> INTERCEPTAÇÃO TELEFÔNICA. AUTORIZAÇÕES SUCESSIVAS. Trata-se de *habeas corpus* em que se pugna pela nulidade *ab initio* do processo penal, visto que sua instauração deu-se com base em provas ilícitas, ou seja, decorrentes de interceptação telefônica cuja autorização foi sucessivamente renovada e os investigados, ora pacientes, foram assim monitorados por um prazo superior a dois anos. A Turma entendeu que, no caso, houve sim violação do princípio da razoabilidade, uma vez que a Lei n. 9.296/1996, no seu art. 5º, prevê o prazo de 15 dias para a interceptação telefônica, renovável por mais 15, caso seja comprovada a indispensabilidade desse meio de prova. Assim, mesmo que fosse o caso de não haver explícita ou implícita violação desse dispositivo legal, não é razoável que a referida interceptação seja prorrogada por tanto tempo, isto é, por mais de dois anos. Ressaltou-se que, no caso da referida lei, embora não esteja clara a hipótese de

> ilimitadas prorrogações, cabe ao juiz interpretar tal possibilidade. Contudo, dada a natureza da norma que alude à restrição da liberdade, o que está ali previsto é uma exceção à regra. Se o texto legal parece estar indeterminado ou dúbio, cabe a esta Corte dar à norma interpretação estrita, face a sua natureza limitadora do direito à intimidade, de modo a atender ao verdadeiro espírito da lei. Com isso, concedeu-se a ordem de *habeas corpus* a fim de reputar ilícita a prova resultante de tantos dias de interceptações telefônicas e, conseqüentemente, declarar nulos os atos processuais pertinentes e retornar os autos ao juiz originário para determinações de direito. (STJ – HC 76686/PR – Rel. Min. Nilson Naves – DJ 09/09/2008).

Por conseguinte, por se tratar de prova ilícita, *a priori* não se admite a interceptação *stricto sensu*, admitindo-a excepcionalmente quando o interesse a ser protegido pela utilização desta prova ultrapassar os filtros da prevalência prima facie da regra da proibição de prova ilícita, motivação e proporcionalidade.

Interceptação ambiental

A interceptação ambiental dá-se quando terceiro capta som, imagem, comunicação, dados e/ou voz sem conhecimento dos envolvidos diretos na situação, estando presente fisicamente no ambiente. Diferencia-se a interceptação *stricto sensu* da interceptação ambiental pelo fato de que na primeira não há a presença no ambiente da comunicação do terceiro interceptador, enquanto que na segunda hipótese há.

Em 2001, em KYllo vs United States (533 EUA 27 – 2001) não se admitiu interceptação ambiental consistente na utilização de equipamento de vigilância eletrônica (no caso de imagens térmicas) para verificar funcionamento interno de uma residência sem mandado judicial[499].

Assim, seria a princípio prova ilícita a utilização por um dos cônjuges de gravação realizada pelo vizinho de modo furtivo e de sua própria residência (sem conhecimento dos interlocutores) de confissão do outro cônjuge durante discussão do casal.

499 Capturado do site http://lawbrain.com/wiki/Exclusionary_Rule em 03 de maio de 2012.

A situação comum de valer-se de detetive particular para captar imagem de pessoas em situação de intimidade sem o conhecimento destas se caracteriza interceptação ambiental, vedada pelo ordenamento jurídico.

Da mesma forma que a interceptação *stricto sensu*, admite-se excepcionalmente a interceptação ambiental tão somente quando o interesse a ser protegido pela utilização desta prova ultrapassar os filtros da prevalência prima facie da regra da proibição de prova ilícita, motivação e proporcionalidade.

Escuta

A escuta dá-se quando terceiro capta som, imagem, comunicação, dados e/ou voz com conhecimento de pelo menos um dos envolvidos diretos na situação e desde que não esteja presente fisicamente no ambiente. Diferencia-se a interceptação da escuta pelo fato de na primeira nenhum dos envolvidos diretos na situação têm conhecimento da captação de seus sons, imagens, comunicação, dados e/ou voz por terceiro, enquanto que na segunda modalidade pelo menos um deles terá ciência[500].

Exemplo de escuta dá-se nas hipóteses em que a polícia com o consentimento de um dos interlocutores capta áudio de conversa do mesmo com terceiro, não estando presente fisicamente no local.

A escuta sem autorização judicial é ilícita, enquanto a que possui este tipo de autorização é lícita. Da mesma forma que a interceptação *stricto sensu*, admite-se excepcionalmente a escuta ilícita quando o interesse a ser protegido pela utilização desta prova ultrapassar os filtros da prevalência prima facie da regra da proibição de prova ilícita, motivação e proporcionalidade.

Escuta ambiental

A escuta ambiental dá-se quando terceiro capta som, imagem, comunicação, dados e/ou voz com conhecimento de pelo menos um dos envolvidos diretos na situação, estando presente fisicamente no ambiente. Diferencia-se

---

500 AVOLIO, Luiz Francisco Torquato. Provas ilícitas – interceptações telefônicas, ambientais e gravações clandestinas. São Paulo: Revisto dos Tribunais, 2003; p. 100.

da escuta pelo fato de que na primeira não há a presença no ambiente da comunicação do terceiro autor da escuta, enquanto que na segunda hipótese há.

A escuta ambiental autorizada judicialmente é lícita, enquanto a não autorizada é ilícita. Da mesma forma que a interceptação *stricto sensu*, admite-se excepcionalmente a escuta ambiental ilícita quando o interesse a ser protegido pela utilizaçao desta prova ultrapassar os filtros da prevalência *prima facie* da regra da proibição de prova ilícita, motivação e proporcionalidade.

Escuta ambiental por viva-voz

A prova obtida em decorrência da escuta de conversa ou comunicação em viva-voz entre dois outros ou mais interlocutores é uma prova ilícita se realizada sem autorização judicial. A jurisprudência não destoa:

> PENAL E PROCESSUAL PENAL. RECURSO ESPECIAL. TRÁFICO DE DROGAS. PROVA OBTIDA DE CONVERSA TRAVADA POR FUNÇÃO VIVA-VOZ DO APARELHO CELULAR DO SUSPEITO. DÚVIDAS QUANTO AO CONSENTIMENTO. INEXISTÊNCIA DE AUTORIZAÇÃO JUDICIAL. ILICITUDE CONSTATADA. AUTOINCRIMINAÇÃO. IMPOSSIBILIDADE. DESCOBERTA INEVITÁVEL. INOCORRÊNCIA. PLEITO ABSOLUTÓRIO MANTIDO. RECURSO ESPECIAL DESPROVIDO. 1. O Tribunal de origem considerou que, embora nada de ilícito houvesse sido encontrado em poder do acusado, a prova da traficância foi obtida em flagrante violação ao direito constitucional à não autoincriminação, uma vez que aquele foi compelido a reproduzir, contra si, conversa travada com terceira pessoa pelo sistema viva-voz do celular, que conduziu os policiais à sua residência e culminou com a arrecadação de todo material estupefaciente em questão. 2. Não se cogita estar diante de descoberta inevitável, porquanto este fenômeno ocorre quando a prova derivada seria descoberta de qualquer forma, com ou sem a prova ilícita, o que não se coaduna com o caso aqui tratado em que a prova do crime dependeu da informação obtida pela autoridade policial quando da conversa telefônica travada entre o suspeito e terceira pessoa. 3. O relato dos autos demonstra que a abordagem feita pelos milicianos foi obtida de forma involuntária e coercitiva, por má conduta policial, gerando uma verdadeira autoincriminação. Não se pode perder de vista que qualquer tipo de prova contra o réu que dependa dele mesmo só vale se o ato for feito de for-

> ma voluntária e consciente. 4. Está-se diante de situação onde a prova está contaminada, diante do disposto na essência da teoria dos frutos da árvore envenenada (*fruits of the poisonous tree*), consagrada no art. 5º, inciso LVI, da Constituição Federal, que proclama a nódoa de provas, supostamente consideradas lícitas e admissíveis, mas obtidas a partir de outras declaradas nulas pela forma ilícita de sua colheita. 5. Recurso especial desprovido. (STJ - REsp 1630097/RJ - Rel. Min. Joel Ilan Parcionick - DJ 18/04/2017)

Gravações

As gravações se dão quando pelo menos um dos interlocutores promove a captação de som, imagem, comunicação, dados e/ou voz.

Gravações consentidas

As gravações podem ser consentidas ou clandestinas. As primeiras se dão quando todos envolvidos diretos na situação permitem a captação de som, imagem, comunicação, dados e/ou voz. Este tipo de gravação é lícita.

Gravações clandestinas

Já as gravações clandestinas se dão quando um dos próprios envolvidos diretos na situação capta som, imagem, comunicação, dados e/ou voz sem autorização de pelo menos um dos outros envolvidos. A gravação neste caso seria clandestina, mas não ilícita[501]. Se o participante da situação (acaso não haja proibição legal) pode revelar para quem desejar, inclusive em sede judicial (depoimento pessoal ou testemunhal), não há se falar em ilicitude. Destarte, é lícita a gravação clandestina feita por um dos interlocutores, desde que não haja causa legal de sigilo ou reserva.

O STF em sede de repercussão geral entendeu ser lícita a gravação ambiental (clandestina) realizada por uma das partes:

> AÇÃO PENAL. Prova. Gravação ambiental. Realização por um dos

---

501 Em sentido contrário: TRF da 2ª Região - HC 2125 - Rel. Des. Fed. Fernando Marques - DJ 25/10/2001.

> interlocutores sem conhecimento do outro. Validade. Jurisprudência reafirmada. Repercussão geral reconhecida. Recurso extraordinário provido. Aplicação do art. 543-B, § 3º, do CPC. É lícita a prova consistente em gravação ambiental realizada por um dos interlocutores sem conhecimento do outro (STF – RE 583937 qO-RG/RJ – Rel. Min. Cezar Peluso – DJ 19/11/2009)[502].

Apesar de inicialmente ílicita a gravação por uma das partes, gravações sucessivas e que sejam desarrazoáveis podem ser taxadas de ilícitas. Seria ilícita, por exemplo, a gravações sucessivas que um ex-marido faça de toda conversa que tenha com sua ex-mulher se não tiver justo motivo para tanto.

Gravações imorais

Como ditto, o art. 369 do CPC veda a utilização de provas imorais, onde se inclui as gravações imorais. Gravações imorais são aquelas gravações afrontantes das regras morais sem afrontar direito fundamental.

As regras morais vão depender da análise do caso concreto e do limite temporal e espacial do caso. Isto porque as regras morais variam no tempo e no espaço.

Destarte, difere-se prova ilícita da prova imoral porque enquanto a primeira fronta direito fundamental, a segunda afronta preceitos morais em determinado espaço e tempo. Nem sempre uma prova ilícita é imoral e nem sempre uma prova imoral é ilícita.

Como bem coloca Paulo Osternack Amaral, "tudo dependerá das circunstâncias envolvidas na colheita da prova".[503]

---

502 No mesmo sentido: STF – Inq 2116 QO – Rel. Min. Ayres Britto – DJ 15/09/2011; STF – AI 560223 AgR/SP – Rel. Min. Joaquim Barbosa – DJ 12/04/2011.

503 AMARAL, Paulo Osternack. Provas: atipicidade, liberdade e instrumentalidade. São Paulo: Editora Revista dos Tribunais, 2017; p. 82 TJSP – AC 0078452-20.2006.8.26.0000 – Rel. Des. Luis Fernando Nishi – DJ 29/09/2011; STJ REsp 707307/RJ – Rel. Min. Gilson Dipp – DJ 11/10/2005; STJ – RHC 9735/SP – Rel. Min. Jorge Scartezzini – DJ 03/04/2011; TJSP – Apelação com Revisão 9199407-34.2000.8.26.0000 – Rel. Des. Paulo Travain – DJ 10/02/2003;\.

Assim, por exemplo, apesar do STF já ter afirmado que a gravação de conversa por um dos interlocutores ser lícita, pode ter alguma peculiaridade que moralmente ilegítima. Cite-se por exemplo que um marido grave uma conversa com a esposa se fazendo passar por seu filho para obter alguma confissão. Apesar de a princípio ser possível a gravação por parte do interlocutor é legitimamente imoral a forma como foi obtida, sendo a princípio vedada.

Gravações em locais públicos

Também é lícita a gravação realizada em local público se não há direito fundamental suficiente para entender em sentido contrário como já decidido pelo STF:

> PROCESSUAL PENAL. RECURSO ORDINÁRIO EM *HABEAS CORPUS*. CONCUSSÃO (CP, ART. 316, *CAPUT*). GRAVAÇÃO DE IMAGEM DO PACIENTE E OUTRO, POLICIAIS CIVIS. ILICITUDE DA PROVA POR VIOLAR O ART. 5º, INC. X, DA CONSTITUIÇÃO FEDERAL. IMPROCEDÊNCIA. AUSÊNCIA DE VIOLAÇÃO À INTIMIDADE: ABORDAGEM DE AGENTE PÚBLICO, EM LOCAL PÚBLICO E NO EXERCÍCIO DE FUNÇÃO PÚBLICA. SENTENÇA CONDENATÓRIA AMPARADA TAMBÉM EM OUTRAS PROVAS. 1. A produção e divulgação de imagem de vídeo quando da abordagem policial em 'local público' não viola o art. 5º, inc. X, da Constituição Federal, posto preservar o referido cânone a 'intimidade', descaracterizando a ilicitude da prova. Precedentes: HC 87.341/PR, Rel. o Min. Eros Grau, DJ de 3/3/2006, e RE 402717, Rel. Min. Cezar Peluso, 2ª T., DJe-030 pub. em 13.02.2009. 2. *In casu*, o recorrente e outrem, policiais civis, abordaram a vítima e apresentaram a ela um invólucro contendo droga, dizendo que o embrulho lhe pertencia e que iriam flagrá-la caso não obtivessem determinado valor, sendo certo que a condenação, confirmada em apelação e revisão criminal, teve esteio também em provas testemunhais. 3. Ainda que se cogitasse da ilicitude da gravação de vídeo, não seria possível admitir a teoria da árvore dos frutos envenenados (*fruits of poisonous tree*), porquanto não estando os autos instruídos com a cópia da sentença condenatória, não há como identificar qual a prova precedente à condenação. 4. Recurso ordinário em *habeas corpus* desprovido. (STF – RHC 108156/SP – Rel. Min. Luiz Fux – DJ 28/06/2011)[504]

---

504 No mesmo sentido: STF – RHC 67058/RS – Rel. Min. Francisco Rezek – DJ 03/03/1989; STJ – MS 12429/DF – Rel. Min. Felix Fischer – DJ 23/05/2007.

Desta feita, é lícita gravação realizada por um cônjuge traído de seu consorte em local público, podendo utilizar tal prova em uma ação de indenização.

Ainda seria lícita a utilização como prova de uma gravação ocorrida em prédio público[505], em uma via pública ou uma sessão pública do Legislativo como já decidido neste último caso pelo TJMG:

> INDENIZAÇÃO - GRAVAÇÃO AUDIOVISUAL DE SESSÃO PÚBLICA DE CÂMARA LEGSILATIVA - PROVA - LÍCITA - DANOS MORAIS - VEREADOR - OFENSA DE CARÁTER PESSOAL - INVIOLABILIDADE PARLAMENTAR - INOCORRÊNCIA - RESPONSABILIZAÇÃO PELOS DANOS - VOTO VENCIDO. A gravação audiovisual de sessão pública da Câmara Municipal não poderá ser considerada prova ilícita ou ilegítima, principalmente quando a veracidade de seu conteúdo não for adequadamente impugnada. Impõe-se o reconhecimento da responsabilidade civil do vereador que profere agressões de caráter pessoal e totalmente desvirtuadas de sua função de fiscalizar a atuação dos membros do Poder Executivo Municipal. Consoante os termos do art. 29, inciso VIII, da Constituição Federal, o Vereador é inviolável por suas opiniões, palavras e votos no exercício do mandato. Havendo excesso nas manifestações, poderá ser atribuída responsabilidadecivil ao parlamentar. Fica ao arbítrio do magistrado a fixação do 'pretium doloris' devendo, entretanto, ser observados os parâmetros razoáveis para que seja atendido tanto o caráter punitivo da parte que deu causa ao fato, bem como o sofrimento psíquico e moral suportado pelas vítimas. Agravo retido não provido e recurso provido. (TJMG - AC 1.0074.07.037146-8/001 - Rel. Des. Marcos Lincoln - DJ 18/08/2009)

Gravações de agentes públicos

Também é lícita a gravação realizada de agente público[506] se não há direito fundamental ou norma legal limitando tal gravação.

---

505 STJ - Apn 644-BA - Rel. Min. Eliana Calmon - DJ 30/11/2011.

506 STF - RHC 67058/RS - Rel. Min. Francisco Rezek - DJ 03/03/1989.

Gravações de programas de radio, internete ou TV

Também não configura prova ilícita a utilização de gravação de programa de rádio, internete ou televisão destinado ao público como bem entendido pelo STJ:

> III – Não caracteriza prova ilícita a gravação de depoimento dado de forma livre e consciente pelo paciente a emissora de rádio local, que, inclusive, não foi determinante para a condenação. (STJ – HC 62270/PI – Rel. Min. Felix Fischer – DJ 19/10/2006)

Degravações

No caso da prova sobre a qual recai a suspeita de ilícita se tratar de um aúdio, deve a parte ou a Justiça fazer a degravação do mesmo[507] para atender a ampla defesa e contraditório, sob pena de ilicitude da prova.

A não ser que haja dúvida fundada, não há necessidade de se realizar perícia no audio para dar validade ao mesmo. Isso porque na maioria das vezes não há dúvida e/ou há elementos nos próprios autos ou outras provas que já demonstram a titularidade da voz. No mesmo trilho:

> *HABEAS CORPUS*. TRÁFICO DE DROGAS E ASSOCIAÇÃO PARA O NARCOTRÁFICO. INTERCEPTAÇÕES TELEFÔNICAS. PRÉVIA AUTORIZAÇÃO JUDICIAL. EXISTÊNCIA. PERÍCIA PARA A IDENTIFICAÇÃO DAS VOZES. DESNECESSIDADE. ORDEM DENEGADA. 1. Verificado que houve prévia autorização judicial para as interceptações telefônicas, não há falar em inobservância ao disposto no art. 1º da Lei n. 9.296/1996, notadamente porque não há nenhuma notícia de que a medida já estivesse ocorrendo antes mesmo da ordem do juiz competente, de maneira que está inteiramente preservada a validade das provas obtidas. 2. Além de não ser indispensável a realização de perícia para a identificação das vozes captadas por meio das interceptações telefônicas, constato ter o Magistrado de primeiro grau confrontado os elementos obtidos por meio da referida medida com as demais provas colhidas judicialmente, submetidas, portanto, ao contraditório e à ampla defesa. Não há, então, que falar em nulidade das provas colhidas mediante escutas telefônicas,

507 STF – HC 83983/PR – Rel. Min. Marco Aurélio – DJ 04/12/2007.

> tampouco das que delas decorreram, porquanto obtidas em estrita consonância com os ditames da Lei n. 9.296/1996. 3. Ordem denegada. (STJ – HC 265.430/SP, Rel. Ministro ROGERIO SCHIETTI CRUZ, SEXTA TURMA, julgado em 07/03/2017, DJe 14/03/2017)

Por inexistir exigência legal, as degravações podem ser realizadas por qualquer pessoa como bem coloca o STJ:

> RECURSO ESPECIAL. PENAL. TRÁFICO INTERNACIONAL DE DROGAS. INTERNACIONALIDADE. COMPETÊNCIA. ABSOLVIÇÃO. NECESSIDADE DE REVOLVIMENTO DE MATÉRIA PROBATÓRIA. NÃO CONHECIMENTO. INTERCEPTAÇÕES TELEFÔNICAS. NULIDADE. NÃO OCORRÊNCIA. TRANSCRIÇÃO INTEGRAL DAS CONVERSAS. PERÍCIA PARA IDENTIFICAÇÃO DE VOZ POR PERITOS OFICIAIS. DESNECESSIDADE. PRECEDENTES. RECURSO PARCIALMENTE CONHECIDO E DESPROVIDO. I. Teses acerca da internacionalidade ou não do tráfico de drogas e pleito de absolvição por ausência de indícios de autoria e materialidade que não podem ser objeto de apreciação em sede de recurso especial, diante do óbice da Súmula 07/STJ. II. O entendimento firmado nesta Corte é no sentido da desnecessidade de identificação dos interlocutores através de perícia técnica ou de degravação dos diálogos em sua integralidade por peritos oficiais. III. Recurso parcialmente conhecido e desprovido. (REsp 1134455/RS, Rel. Ministro GILSON DIPP, QUINTA TURMA, julgado em 22/02/2011, DJe 09/03/2011)

As degravações também podem ser completas ou parciais.

Degravações completas

As devagrações completas envolvem toda a extensão do aúdio e são válidas. Não ensejam maiores discussões.

Degravações parciais

Por óbvio que não há necessidade de fazer a degravação de todo o áudio (sob pena de afronta a proporcionalidade), mas apenas das partes importantes para a resolução da lide como já decidido pelo STF:

> *HABEAS CORPUS*. MEDIDA CAUTELAR. PROCESSUAL PENAL. PEDIDO DE LIMINAR PARA GARANTIR À DEFESA DO PACIENTE O ACESSO À TRANSCRIÇÃO INTEGRAL DAS ESCUTAS TELEFôNICAS REALIZADAS NO INQUÉRITO. ALEGAÇÃO DE OFENSA AO PRINCÍPIO DO DEVIDO PROCESSO LEGAL (ART. 5º, INC. LV, DA CONSTITUIÇÃO DA REPÚBLICA): INOCORRêNCIA: LIMINAR INDEFERIDA. 1. É desnecessária a juntada do conteúdo integral das degravações das escutas telefônicas realizadas nos autos do inquérito no qual são investigados os ora Pacientes, pois bastam que se tenham degravados os excertos necessários ao embasamento da denúncia oferecida, não configurando, essa restrição, ofensa ao princípio do devido processo legal (art. 5º, inc. LV, da Constituição da República). 2. Liminar indeferida. (STF – HC 91207 MC – Rel. Min. Cármen Lúcia – DJ 11/06/2007)[508]

Apesar de não haver obrigação de fazer a degravação de todo o aúdio, é direito líquido e certo do envolvido ter acesso ao áudio completo[509].

Somente será considerada ilícita a gravação na hipótese de haver impedimento legal para tanto, o que é raro ocorrer. Assim, será ilícita, por exemplo, a utilização em processo civil de gravação clandestina realizada por policiais sem conhecimento do acusado quando não lhe foi informado o direito de permanecer calado. A não informação do direito de permanecer calado contamina a gravação realizada nestas circunstâncias como já decidiu o STJ:

> DIREITO PROCESSUAL PENAL. ILICITUDE DE PROVA. GRAVAÇÃO SEM O CONHECIMENTO DO ACUSADO. VIOLAÇÃO DO DIREITO AO SILÊNCIO.
>
> É ilícita a gravação de conversa informal entre os policiais e o conduzido ocorrida quando da lavratura do auto de prisão em flagrante, se não houver prévia comunicação do direito de permanecer em silêncio. O direito do indiciado permanecer em silêncio, na fase policial, não pode ser relativizado em função do dever-poder do Estado de exercer a in-

---

508 No mesmo sentido: STF – Inq 2774/MG – Rel. Min. Gilmar Mendes – DJ 28/04/2011; STF – HC 105527/DF – Rel. Min. Ellen Gracie – DJ 29/03/2011; STF – AI 685878 AgR/RJ – Rel. Min. Ricardo Lewandowski – DJ 05/05/2009; STF – HC 74356/SP – Rel. Min. Octavio Gallotti – DJ 10/12/1996.

509 STJ – HC 150892/RS – Rel. Min. Nilson Naves – DJ 02/03/2010.

> vestigação criminal. Ainda que formalmente seja consignado, no auto de prisão em flagrante, que o indicado exerceu o direito de permanecer calado, evidencia ofensa ao direito constitucionalmente assegurado (art. 5º, LXIII) se não lhe foi avisada previamente, por ocasião de diálogo gravado com os policiais a existência desse direito (STJ - HC 244977/SC - Rel. Min. Sebastião Reis Júnior - DJ 25/09/2012)

E nesta hipótese (gravação ser considerada ilícita) deverá se fazer o sopesamento (prevalência *prima facie* da proibição de prova ilícita, motivação e postulado da proporcionalidade) para verificar a sua admissibilidade ou não.

BUSCA E APREENSÃO

Segundo Gibran Khalil Gibran, "vossa casa é o vosso corpo mais amplo"[510]. Segundo Paulo Gustavo Gonet Branco "o domicílio delimita um espaço físico em que o indivíduo desfruta de sua privacidade, em suas mais variadas expressões. Ali, não deve sofrer intromissão por terceiros, e deverá gozar da tranquilidade da vida íntima"[511].

Por isso, o art. 5º, XI da Constituição Federal dispõe que a casa é asilo inviolável do indivíduo, ninguém nela podendo penetrar sem consentimento do morador, salvo em caso de flagrante delito ou desastre, ou para prestar socorro ou, durante o dia, por determinação judicial.

E pelo resguardo ao domicílio ser um direito fundamental, sua interpretação deve se dar de forma a lhe dar máxima eficácia. Desta forma, a interpretação da expressão "casa" prevista no art. 5º, XI da Constituição Federal, engloba não só residências, como fazendas, empresas[512] barcos[513], barraca de

510 GIBRAN, Gibran Khalil. o profeta. Trad. Mansour Chalita. Rio de Janeiro: Lumensana, 1975; p. 10.

511 MENDES, Gilmar Ferreira *et al.* Curso de direito constitucional. São Paulo: Saraiva, 2010, p. 480.

512 STF - RE 418416 - Rel. Min. Sepúlveda Pertence - DJ 19/12/2006.

513 Op. Cit. p. 481.

camping[514], quartos de hotéis/pensão/motel/habitação coletiva[515], escritórios profissionais[516], trailers, clubes recreativos[517] ou qualquer outro habitáculo onde o indivíduo reside definitiva ou temporariamente ou exerce seu ofício.

Ainda nos termos apontados por Paulo Gustavo Gonet Branco "no conceito de casa, incluem-se, ainda, o jardim, a garagem, as partes externas, muradas ou não, que se contem nas divisas espaciais da propriedade"[518].

Destarte, a prova obtida por invasão de domicílio sem os requisitos do art. 5º, XI da Constituição Federal será taxada como ilícita e como tal não poderá ser admitida *a priori*. Somente será admitido seu uso se ultrapasse a prevalência *prima facie* da proibição de prova ilícita, motivação e postulado da proporcionalidade.

O ato de adentrar em algum domicílio para pegar algo é chamado busca e apreensão.

A busca e apreensão capaz de gerar efeitos no processo civil é tanto a busca e apreensão cível como a criminal.

A caso haja busca e/ou apreensão em desconformidade com os direitos e garantias fundamentais, deverá se fazer o sopesamento (prevalência *prima facie* da proibição de prova ilícita, motivação e postulado da proporcionalidade) para verificar a sua admissibilidade ou não.

Ausência de autorização judicial

A busca e apreensão com a devida autorização judicial é lícita:

---

514 SARLET, Ingo Wolfgang et al. Curso de direito constitucional. São Paulo: Revista dos Tribunais, 2012, p. 407.

515 Idem; STF – RHC 90376 – Rel. Min. Celso de Mello – DJ 18/05/2007.

516 TRF da 4ª Região – AC 200104010039847 – Rel. Des. Fed. Valdemar Capeletti – DJ 17/10/2001; STF – HC 916410 – Rel. Min. Gilmar Mendes – DJ 22/10/2010; STF – HC 93050 – Rel. Min. Celso de Mello – DJ 10/06/2008.

517 Idem.

518 MENDES, Gilmar Ferreira et al. Curso de direito constitucional. São Paulo: Saraiva, 2010, p. 480.

PENAL. PROCESSO PENAL. *HABEAS CORPUS*. PROVA ILÍCITA. PRINCÍPIO DOS FRUTOS DA ÁRVORE ENVENENADA. ART. 5º, LVI, DA CF/88. AUSÊNCIA DE AUTORIZAÇÃO JUDICIAL PARA A BUSCA E APREENSÃO. AFIRMAÇÃO EXPRESSAMENTE CONTRADITADA NA DECISÃO ATACADA. ALEGAÇÕES DA DEFESA NÃO EXAMINADAS.

INOCORRÊNCIA. ORDEM DENEGADA. I – As alegações formuladas conflitam, expressamente, com o que foi consignado na decisão atacada. II – Diante da autorização judicial para a busca e apreensão, não existe ilegalidade a ser sanada. III – Teses da defesa devidamente rechaçadas na sentença. IV – Ordem denegada. (STF – HC 87543/SC – Rel. Min. Ricardo Lewandowski – DJ 13/02/2007)

Já a busca e apreensão sem a devida autorização judicial é ilícita se não for em flagrante delito como entendeu o STF em sede de repercussão geral:

Recurso extraordinário representativo da controvérsia. Repercussão geral. 2. Inviolabilidade de domicílio – art. 5º, XI, da CF. Busca e apreensão domiciliar sem mandado judicial em caso de crime permanente. Possibilidade. A Constituição dispensa o mandado judicial para ingresso forçado em residência em caso de flagrante delito. No crime permanente, a situação de flagrância se protrai no tempo. 3. Período noturno. A cláusula que limita o ingresso ao período do dia é aplicável apenas aos casos em que a busca é determinada por ordem judicial. Nos demais casos – flagrante delito, desastre ou para prestar socorro – a Constituição não faz exigência quanto ao período do dia. 4. Controle judicial *a posteriori*. Necessidade de preservação da inviolabilidade domiciliar. Interpretação da Constituição. Proteção contra ingerências arbitrárias no domicílio. Muito embora o flagrante delito legitime o ingresso forçado em casa sem determinação judicial, a medida deve ser controlada judicialmente. A inexistência de controle judicial, ainda que posterior à execução da medida, esvaziaria o núcleo fundamental da garantia contra a inviolabilidade da casa (art. 5, XI, da CF) e deixaria de proteger contra ingerências arbitrárias no domicílio (Pacto de São José da Costa Rica, artigo 11, 2, e Pacto Internacional sobre Direitos Civis e Políticos, artigo 17, 1). O controle judicial a posteriori decorre tanto da interpretação da Constituição, quanto da aplicação da proteção consagrada em tratados internacionais sobre direitos humanos incorporados ao ordenamento jurídico. Normas internacionais de caráter judicial que se incorporam à

> cláusula do devido processo legal. 5. Justa causa. A entrada forçada em domicílio, sem uma justificativa prévia conforme o direito, é arbitrária. Não será a constatação de situação de flagrância, posterior ao ingresso, que justificará a medida. Os agentes estatais devem demonstrar que havia elementos mínimos a caracterizar fundadas razões (justa causa) para a medida. 6. Fixada a interpretação de que a entrada forçada em domicílio sem mandado judicial só é lícita, mesmo em período noturno, quando amparada em fundadas razões, devidamente justificadas a posteriori, que indiquem que dentro da casa ocorre situação de flagrante delito, sob pena de responsabilidade disciplinar, civil e penal do agente ou da autoridade e de nulidade dos atos praticados. 7. Caso concreto. Existência de fundadas razões para suspeitar de flagrante de tráfico de drogas. Negativa de provimento ao recurso. (STF – RE 603616, Relator(a): Min. GILMAR MENDES, Tribunal Pleno, julgado em 05/11/2015, ACÓRDÃO ELETRÔNICO REPERCUSSÃO GERAL – MÉRITO DJe-093 DIVULG 09-05-2016 PUBLIC 10-05-2016)

Segundo constou no precedente acima, ficou fixada a seguinte tese: "estabelecendo a interpretação de que a entrada forçada em domicílio sem mandado judicial só é lícita, mesmo em período noturno, quando amparada em fundadas razões, devidamente justificadas *a posteriori*, que indiquem que dentro da casa ocorre situação de flagrante delito, sob pena de responsabilidade disciplinar, civil e penal do agente ou da autoridade, e de nulidade dos atos praticados."

Autorização judicial por juízo incompetente

A autorização judicial para busca e apreensão por juízo incompetente equivale a ausência de autorização judicial, pois afronta o princípio do juízo natural. O STF aponta no mesmo sentido:

> Reclamação constitucional ajuizada pela Mesa do Senado Federal. Defesa de prerrogativa de Senadora da República. Pertinência temática entre o objeto da ação e a atuação do ente despersonalizado. Legitimidade ativa *ad causam*. Busca e apreensão determinada por juízo de primeiro grau, em imóvel funcional ocupado por Senadora da República, em desfavor de seu cônjuge. Alegada usurpação de competência da Corte. Delimitação da diligência a bens e documentos do investigado não detentor de prerrogativa de foro. Não ocorrência. Ordem judicial ampla e vaga. Au-

sência de prévia individualização dos bens que seriam de titularidade da parlamentar federal e daqueles pertencentes ao não detentor de prerrogativa de foro. Pretendida triagem, *a posteriori*, do material arrecadado, para selecionar e apartar elementos de convicção relativos à Senadora da República. Impossibilidade. Investigação, por via reflexa, de detentor de prerrogativa de foro. Usurpação de competência caracterizada. Reconhecida ilicitude da prova (CF, art. 5º, inciso LVI) e daquelas outras diretamente dela derivadas. Teoria dos frutos da árvore envenenada (*fruit of the poisonous tree*). Precedentes. Reclamação procedente. 1. Nos termos do art. 102, I, 'b', da Constituição Federal, compete ao Supremo Tribunal Federal processar e julgar, originariamente, nas infrações penais comuns, os membros do Congresso Nacional. 2. Reclamação ajuizada na defesa da prerrogativa de foro, perante o Supremo Tribunal Federal, de Senadora da República, a qual teria sido violada pelo juízo reclamado ao direcionar à parlamentar, de forma indireta, medida de busca e apreensão realizada nas dependências do apartamento funcional por ela ocupado. 3. Nos termos do art. 48, II, do Regimento Interno do Senado Federal, compete a seu presidente, membro nato da Mesa do Senado, 'velar pelo respeito às prerrogativas do Senado e às imunidades dos Senadores'. 4. Está presente a pertinência temática entre o objeto da reclamação e a atuação da Mesa do Senado Federal na qualidade de ente despersonalizado, o que lhe outorga a capacidade de ser parte ativa na ação. 5. Legitimidade ativa ad causam da reclamante para o manejo da reclamação reconhecida. 6. Por estrita observância ao princípio do juiz natural (CF, art. 5º, LIII), somente o juiz constitucionalmente competente pode validamente ordenar uma medida de busca e apreensão domiciliar. 7. A prerrogativa de foro junto ao Supremo Tribunal Federal, por óbvio, não se relaciona à titularidade do imóvel, mas sim ao parlamentar federal. 8. A tentativa do juízo reclamado de delimitar, em sua decisão, a diligência a bens e documentos do investigado não detentor de prerrogativa de foro, de partida, mostrou-se infrutífera, diante da própria vagueza de seu objeto. 9. A extrema amplitude da ordem de busca, que compreendia indiscriminadamente valores, documentos, computadores e mídias de armazenamento de dados, impossibilitou a delimitação prévia do que pertenceria à Senadora da República e ao investigado, não detentor de prerrogativa de foro. 10. A alegação de que, após a apreensão, proceder-se-ia, em primeiro grau, a uma triagem do material arrecadado, para selecionar e apartar elementos de convicção relativos à Senadora da República, não se sustenta, por implicar, por via reflexa, inequívoca e vedada investigação de detentor de prerrogativa de foro e, por via de consequência, usurpação da competência do Supremo Tribunal Federal. 11. Somente o Supremo Tribunal Federal, nessas circunstâncias, tem competência para ordenar busca e apreensão domiciliar que traduza, ainda que reflexamente, investigação de parlamentar federal, bem como para selecionar os elementos de convicção que a ela interessem ou não. 12. A legalidade da ordem de busca e apreensão deve necessariamente ser aferida antes de seu cumprimento, pois, do contrário, poder-se-ia incorrer em legitimação de decisão manifestamente ilegal, com base no resultado da diligência. 13. Diante da manifesta e consciente assunção, por parte da Procuradoria da República em São Paulo e do juízo reclamado, do risco concreto de apreensão de elementos de convicção relacionados a detentor de prerrogativa de foro, não cabe argumentar-se com descoberta fortuita de provas nem com a teoria do juízo aparente. 14. Nessas circunstâncias, a precipitação da diligência por juízo sem competência constitucional maculou-a, insanavelmente, de nulidade. 15. Na hipótese de usurpação da competência do Supremo Tribunal Federal para supervisionar investigações criminais, ainda que de forma indireta, a consequência deve ser a nulidade dos atos eventualmente praticados na persecução penal. Precedentes. 16. Ainda que a decisão impugnada tenha sido proferida em inquérito desmembrado por determinação do Supremo Tribunal Federal, a diligência ordenada, em razão da busca indiscriminada de elementos de convicção que, em tese, poderiam incriminar parlamentar federal, se traduziu em indevida investigação desse, realizada por juízo incompetente. 17. O reconhecimento, portanto, da imprestabilidade do resultado da busca realizada no apartamento funcional da Senadora da República para fins probatórios, como também de eventuais elementos probatórios diretamente derivados (*fruits of the poisonous tree*), é medida que se impõe. 18. Nos termos do art. 5º, LVI, da Constituição Federal, "são inadmissíveis, no processo, as provas obtidas por meios ilícitos". 19. Por sua vez, o art. 157 do Código de Processo Penal, ordena o desentranhamento dos autos e a inutilização das provas ilícitas, 'assim entendidas as obtidas em violação a normas constitucionais ou legais' , a fim de não interferir, subjetivamente, no convencimento do juiz. 20. Reclamação julgada procedente, para o fim de invalidar a ordem de busca no domicílio funcional do titular de prerrogativa de foro e, por consequência óbvia, reconhecer a ilicitude das provas ali obtidas, bem como de eventuais elementos probatórios outros delas derivados. 21. Determinado o desentranhamento dos respectivos autos de apreensão e dos relatórios de análise de material apreendido, com sua consequente inutilização, bem como a

> inutilização de cópias e espelhamentos de documentos, computadores e demais dispositivos eletrônicos, e a restituição de todos os bens apreendidos no citado local, caso já não tenha ocorrido. 22. Determinada, ainda, a inutilização de todas as provas derivadas daquelas obtidas na busca, que deverão ser desentranhadas dos autos e, se for o caso, restituídas a quem de direito. (Rcl 24473, Relator(a): Min. DIAS TOFFOLI, Segunda Turma, julgado em 26/06/2018, PROCESSO ELETRÔNICO DJe-187 DIVULG 05-09-2018 PUBLIC 06-09-2018)

Em caso de flagrante

A busca e apreensão no caso de flagrante é lícita se amparada por ordem judicial ou em casos de previsão legal e se não tiver alguma ilicitude como já decidido pelo STF:

> TRÁFICO DE ENTORPECENTES. PRISÃO EM FLAGRANTE. PROVA ILÍCITA. 1. Cuidando-se de crime de natureza permanente, a prisão do traficante, em sua residência, durante o período noturno, não constitui prova ilícita. Desnecessidade de prévio mandado de busca e apreensão. 2. HC indeferido. (STF – HC 84772/MG – Rel. Min. Ellen Gracie – DJ 19/10/2004)[519]

Com consentimento ou a convite do suspeito ou de familiares

A busca e apreensão com consentimento da própria pessoa ou a convite dela é a princípio lícito. Há renúncia no ato ao direito a inviolabilidade domiciliar.

Já se o consentimento ou o convite for feito por alguém que não a própria pessoa objeto da busca e apreensão, se tratará de busca e apreensão ilícita porque outrem (ainda que familiar) não pode fazer renúncia em nome alheio.

A Suprema Corte dos Estados Unidos em Amos v. EUA (255 US 313 – 1921) entendeu que a autorização da esposa para fazer busca e apreensão em seu domicílio em relação a seu marido seria uma renúncia inconstitucional.

---

519 No mesmo sentido: STF – HC 73921/MG – Rel. Min. Néri da Silveira – DJ 06/08/1996.

Em escritório de advocacia

A busca e apreensão em escritório de advocacia é a princípio, ilícita. Não pode haver exercício da advocacia sem garantia da inviolabilidade do seu local de trabalho. O art. 7º, II da Lei nº 8.906/94 prevê a inviolabilidade do local de trabalho do advogado desde que relativo ao exercício de advocacia.

Não cabe busca e apreensão em escritório de advocacia sob acusação de obstrução à justiça por tal delito ser incompatível com a natureza advocatícia de dever de defesa dos interesses do seu cliente.

Ainda que se entendesse ser possível busca e apreensão em escritório de advocacia, o STF entende que o mandado somente poderia se limitar ao advogado acusado de crime e a eventual cliente acusado de crime, mas não a outros sujeitos e outras questões não envolvidas no delito originário da medida apreensiva:

> *HABEAS CORPUS*. BUSCA E APREENSÃO FUNDAMENTADA. VERIFICAÇÃO DE QUE NO LOCAL FUNCIONAVA ESCRITÓRIO DE ADVOCACIA. NECESSIDADE DE FUNDAMENTAÇÃO ESPECÍFICA. AUSÊNCIA DE COMUNICAÇÃO AO MAGISTRADO ANTES DA EXECUÇÃO DA MEDIDA. IMPOSSIBILIDADE DE EXECUÇÃO EM SITUAÇÃO DISTINTA DAQUELA DETERMINADA NA ORDEM JUDICIAL. NULIDADE DAS PROVAS COLHIDAS. ORDEM CONCEDIDA. 1. O sigilo profissional constitucionalmente determinado não exclui a possibilidade de cumprimento de mandado de busca e apreensão em escritório de advocacia. O local de trabalho do advogado, desde que este seja investigado, pode ser alvo de busca e apreensão, observando-se os limites impostos pela autoridade judicial. 2. Tratando-se de local onde existem documentos que dizem respeito a outros sujeitos não investigados, é indispensável a especificação do âmbito de abrangência da medida, que não poderá ser executada sobre a esfera de direitos de não investigados. 3. Equívoco quanto à indicação do escritório profissional do paciente, como seu endereço residencial, deve ser prontamente comunicado ao magistrado para adequação da ordem em relação às cautelas necessárias, sob pena de tornar nulas as provas oriundas da medida e todas as outras exclusivamente delas decorrentes. 4. Ordem concedida para declarar a nulidade das provas oriundas da busca e apreensão no escritório de advocacia do paciente, devendo o material colhido ser desentranhado dos autos do INQ 544 em curso no

> STJ e devolvido ao paciente, sem que tais provas, bem assim quaisquer das informações oriundas da execução da medida, possam ser usadas em relação ao paciente ou a qualquer outro investigado, nesta ou em outra investigação. (STF – HC 91610, Relator(a): Min. GILMAR MENDES, Segunda Turma, julgado em 08/06/2010, DJe-200 DIVULG 21-10-2010 PUBLIC 22-10-2010 EMENT VOL-02420-02 PP-00237 RTJ VOL-00216-01 PP-00346)

Em escritório de contabilidade

A busca e apreensão em escritório de contabilidade é a princípio, ilícita. O STF entendeu ser ilícita a prova obtida em decorrência de busca e apreensão de livros contábeis e documentos fiscais em escritório de contabilidade sem ordem judicial[520]

Em quarto de hotel e hospedagem

A busca e apreensão em quarto de hotel, motel, hostel, pensão ou outro local de hospedagem é ilícita, pois se equiparam a domicílio para garantia de sua inviolabilidade.

Busca e apreensão coletiva

A busca e apreensão coletiva é a princípio, ilícita, uma vez que deve ser individualizada e para garantir o controle de legalidade. Somente será lícita se pela peculiaridade da situação, haver justificativa razoável de fazer busca e apreensão coletiva. Busca e apreensão sem devida fundamentação judicial

Por afrontar o devido processo legal, contraditório, ampla defesa e dificultar o controle do ato, também é ilícita a busca e apreensão sem devida fundamentação judicial.[521]

520 STF – HC 930580/RJ – Rel. Min. Celso de Mello – DJ 10/06/2008.

521 TRF da 1ª Região – HC 200001000893155 – Rel. Juiz Fed. Conv. Mário César Ribeiro – DJ 05/10/2011.

Busca e apreensão em mala

Também é ilícita a busca e apreensão sem devida fundamentação judicial[522], a busca e apreensão em mala sem estado de flagrância ou ordem judicial.[523]

Busca e apreensão em veículo

Também é ilícita a busca e apreensão sem estado de flagrância ou ordem judicial.

Busca e apreensão em local diverso do constante do mandado ou do autorizado pelo juízo

Também é ilícita a busca e apreensão em local diverso do constante do mandado ou em local diferente do autorizado pelo juízo. Equivale a inexistência de autorização judicial, por ser nula, por ser uma autorização judicial inválida. Neste trilho:

> *Habeas corpus*. 2. Inviolabilidade de domicílio (art. 5º, IX, CF). Busca e apreensão em estabelecimento empresarial. Estabelecimentos empresariais estão sujeitos à proteção contra o ingresso não consentido. 3. Não verificação das hipóteses que dispensam o consentimento. 4. Mandado de busca e apreensão perfeitamente delimitado. Diligência estendida para endereço ulterior sem nova autorização judicial. Ilicitude do resultado da diligência. 5. Ordem concedida, para determinar a inutilização.

COAÇÃO OU TORTURA

Não é segredo para ninguém que a humanidade e também os brasileiros, em um passado não muito distante, sofreram uma série de afrontas à sua dignidade e integridade física e psíquica. Não era raro a obtenção de confissões e provas por meio de tortura e coação.

---

522 TRF da 1ª Região – ACR 199901000371486 – Rel. Juiz Fed. Conv. Leão Aparecido Alves – DJ 29/07/2004.

523 No mesmo sentido: STF – HC 73921/MG – Rel. Min. Néri da Silveira – DJ 06/08/1996.

Em resposta a repulsa destes procedimentos, após período não democrático e seguindo uma tendência mundial, a Constituição Federal brasileira previu em seu art. 5º, III, que "ninguém será submetido a tortura e nem a tratamento desumano ou degradante".

Depreende-se de tal norma a existência de um direito fundamental à integridade física e psíquica[524] concomitante ao direito fundamental à dignidade humana. Acredita-se que a própria tortura está incluída no gênero de tratamento desumano ou degradante, existindo além dela outras situações como a coação.

No objeto deste estudo, elegeu-se a tortura e coação por serem as situações mais frequentes. A tortura pode ser definida como

> imposição deliberada e sistemática de sofrimento físico ou mental, promovido por umas ou mais pessoas, as quais, agindo por conta própria ou a mando de quem quer que seja, procuram forçar alguém a dar informações, confessar, denunciar outrem ou proceder de modo a satisfazer os intuitos do agente[525].

Já a coação é "toda ameaça ou pressão injusta exercida sobre um indivíduo para forçá-lo, contra a sua vontade, a praticar um ato ou realizar um negócio"[526].

A diferença entre tortura e coação ocorre porque na tortura pode se dar na modalidade de violência física e a coação não e a duas porque a tortura possui um grau de intensidade e sofrimento maior.

Apesar destas peculiaridades, tanto a prova obtida mediante tortura quanto por meio de coação é considerada ilícita. Pela gravidade e repulsa da tortura e coação, não se consegue imaginar uma hipótese em que poderia prevalecer a prova ilícita no âmbito processual civil. Entende-se que em prova envolvendo tortura e coação, não se poderia falar em sopesamento e prevalên-

---

524 TRF da 1ª Região – HC 200001000893155 – Rel. Juiz Fed. Conv. Mário César Ribeiro – DJ 05/10/2011.

525 STF – HC 930580/RJ – Rel. Min. Celso de Mello – DJ 10/06/2008.

526 TRF da 1ª Região – ACR 199901000371486 – Rel. Juiz Fed. Conv. Leão Aparecido Alves – DJ 29/07/2004.

cia da exceção da admissibilidade da prova ilícita como também defende Ingo Wolfgang Sarlet[527].

A jurisprudência é uníssona em apontar a ilicitude da prova obtida mediante tortura:

> PENAL E PROCESSUAL PENAL. CONFISSÃO OBTIDA MEDIANTE TORTURA. PROVA ILÍCITA, NULA E DE NENHUM EFEITO. APELO MINISTERIAL IMPROVIDO.
>
> 1. A confissão obtida na fase do inquérito, mediante comprovada tortura policial, e que foi retratada em juízo, é imprestável para embasar um decreto condenatório.
>
> 2. Apelo ministerial improvido. (TRF 1 – ACR/TO – 200643000011656 – Rel. Des. Fed. Hilton queiroz – DJ 28/01/2008)

Em interessante estudo realizado pela Secretaria de Documentação Coordenadoria de Análise de Jurisprudência da Seção de Jurisprudência Internacional e Gestão do Tesauro do STF noticia-se decisões internacionais sobre esta discussão[528]:

> Corte Interamericana de Direitos Humanos 10) García Cruz y Sánchez Silvestre Vs. México (2013). Em 1997, Juan García Cruz e Santiago Sánchez Silvestre foram presos sem mandado pelos supostos crimes de posse de arma de fogo de uso exclusivo do Exército, Marinha e Força Aérea; associação criminosa e rebelião; homicídio; lesão corporal; roubos com violência; crime organizado e danos à propriedade. Enquanto estavam sob custódia policial, foram torturados e forçados a confessar a prática de tais crimes. Ambos foram condenados a penas pecuniárias e privativas de liberdade. Em 2011, o Ministério Público iniciou investigação para averiguar o crime de tortura sofrido pelos acusados. Foi reconhecido que a sentença penal condenatória estava baseada em declarações obtidas sob coação, o que afronta os princípios constitucionais da autoincriminação, presunção de inocência e julgamento justo. Em 2013, a condenação cri-

527 TRF da 2ª Região – ACR 200951014900593 – Rel. Des. Fed. Messod Azulay Neto – DJ 14/12/2009.

528 http://www.stf.jus.br/arquivo/cms/jurisprudenciaBoletim/anexo/Pesquisa5Coletadematerialgenticoparafinscriminais.pdf em 17/10/2019.

minal foi revogada e os condenados foram absolvidos e libertados. Ao analisar o caso, a CIDH reconheceu a responsabilidade do Estado em razão da tortura infligida aos acusados – em ampla violação dos direitos à liberdade e integridade pessoais dos condenados –, da acusação infundada e em decorrência da negligência na investigação para apreciar os fatos.

Insta salientar que por se tratarem de conceitos abertos (tortura, coação, tratamento desumano, tratamento degradante), pode haver polêmica na definição dos mesmos. Por exemplo, a menção de que dada pessoa irá processar judicialmente outra se não assinar determina confissão não se trata de coação, haja vista que o art. 153 do Código Civil dispõe que "não se considera coação a ameaça do exercício normal de um direito, nem o simples temor reverencial".

POLÍGRAFO

Polígrafo é um equipamento que supostamente detecta quando o indivíduo fala mentiras. O polígrafo é uma prova ilícita por não possuir comprovação científica de sua eficácia e por afrontar a intimidade do indivíduo.

Entende-se, salvo melhor juízo, que a mesma não pode ser utilizada no processo por não ser uma verdadeira prova.

SORO DA VERDADE

O soro da verdade é uma droga ou conjunto de drogas que ministradas fariam que a pessoa – teoricamente – falasse a verdade. O soro da verdade é uma prova ilícita por não possuir comprovação científica e por afrontar a intimidade do indivíduo.

Entende-se também, salvo melhor juízo, que a mesma não pode ser utilizada no processo por não ser uma verdadeira prova.

SOLILÓQUIO

Solilóquio é um monólogo ou ato da pessoa conversar sozinha. O solilóquio é a uma prova ilícita por afrontar a intimidade do indivíduo.

Apenas em situações excepcionais poderá ser utilizada.

TESTEMUNHO INDIRETO OU DE OUVIR DIZER

Testemunho indireto também chamado de testemunho de ouvir dizer é o testemunho que atesta apenas a declaração de outrem sobre determinado fato e não o fato citado.

No sistema jurídico brasileiro, o testemunho indireto ou de ouvir dizer não é uma prova ilícita por não existir proibição legal como representado pelo aresto abaixo:

> CORRUPÇÃO ATIVA. PAGAMENTO. PROPINA EXIGIDA. TESTEMUNHO INDIRETO. Não configura corrupção ativa sujeitar-se a pagar a propina exigida pela autoridade policial, sobretudo se, na espécie, não houve obtenção de vantagem indevida com o pagamento da quantia. No nosso sistema penal, não se aceita a confissão extrajudicial obtida mediante depoimento informal (sabidamente classificado como prova ilícita), porém não se obsta, em princípio, aceitar o testemunho indireto, ou por ouvir dizer. Precedentes citados do STF: HC 80.949-RJ, DJ 14/12/2001; do STJ: HC 22.371-RJ, DJ 31/3/2003. (STJ – HC 62.908-SE, Rel. Min. Laurita Vaz, julgado em 6/11/2007).

A prova será admitida por ser lícita, mas logicamente não terá o mesmo valor de um testemunho direto ou presencial.

CÂMERAS TÉRMICAS DE PRESENÇA

A utilização de cameras térmicas de presença é uma prova ilícita por afrontar a intimidade e/ou inviolabilidade de domicílio e somente pode ser admitida excepcionalmente.

AMOSTRA DE SANGUE, SALIVA OU MATERIAL GENÉTICO

A obtenção de amostra de sangue, saliva ou material genetico sem consentimento do titular é ilícito por afrontar a dignidade da pessoa humana e intimidade. O STF já teve oportunidade de se manifestar:

> INVESTIGAÇÃO DE PATERNIDADE – EXAME DNA – CONDUÇÃO DO RÉU 'DEBAIXO DE VARA'. Discrepa, a mais não poder, de garantias constitucionais implícitas e explícitas – preservação da dignidade humana, da intimidade, da intangibilidade do corpo humano, do

> império da lei e da inexecução específica e direta de obrigação de fazer – provimento judicial que, em ação civil de investigação de paternidade, implique determinação no sentido de o réu ser conduzido ao laboratório, 'debaixo de vara', para coleta do material indispensável à feitura do exame DNA. A recusa resolve-se no plano jurídico-instrumental, consideradas a dogmática, a doutrina e a jurisprudência, no que voltadas ao deslinde das questões ligadas à prova dos fatos. (STF – HC 71.373, rel. min. Francisco Rezek, red. p/ o acórdão min. Marco Aurélio, P.j. 10-11-1994, DJ de 22-11-1996)

Em interessante estudo realizado pela Secretaria de Documentação Coordenadoria de Análise de Jurisprudência da Seção de Jurisprudência Internacional e Gestão do Tesauro do STF noticia-se decisões internacionais sobre esta discussão[529]:

> Portugal 8) Acórdão 155/07 (2007). De acordo com o Tribunal Constitucional de Portugal, a realização de exame compulsório a fim de coletar amostra de saliva para análise genética contra a vontade do acusado, mesmo que seja realizado sem feri-lo ou sem afetar sua saúde, pode ser considerado ofensa à sua integridade física. Se o exame for feito sob ameaça de força física, sem prévia autorização do tribunal, constituirá interferência não autorizada em sua vida privada. Na opinião do Tribunal, o direito de não se autoincriminar abrange o respeito do desejo do acusado de permanecer em silêncio e de não ser obrigado a fornecer, forçosamente, amostras de DNA utilizadas contra ele em processos penais. No entanto, a Corte asseverou que a análise do material genético permite apenas uma avaliação especializada cujo resultado é incerto, não sendo o mesmo que fazer uma declaração e, portanto, não viola o direito do acusado de não se incriminar ou de não admitir culpa. [Resumo da decisão disponível na base de jurisprudência da Comissão de Veneza 'POR-2007-1-004']
>
> (...)
>
> 11) Van Der Velden v. The Netherlands (2006). A coleta de material celular através do atrito de cotonete na parte interna da bochecha e a re-

529 http://www.stf.jus.br/arquivo/cms/jurisprudenciaBoletim/anexo/Pesquisa5Coletadematerialgenticoparafinscriminais.pdf em 17/10/2019.

> tenção das informações sobre o perfil de DNA do indivíduo constituem invasão ao direito à privacidade, em afronta ao artigo 8º da Convenção Europeia de Direitos do Homem. No entanto, reconheceuse que, em relação a condenados, essas medidas correspondem a uma intromissão proporcional, pois servem ao objetivo legítimo de prevenção e investigação de crimes, além da proteção dos direitos e liberdades de outros, sendo, portanto, consideradas necessárias em uma sociedade democrática. [Case-lawoftheEuropeanCourtofHumanRights].

Apenas em situações excepcionais pode ser admitida tal prova ilícita.

Relembre-se ainda o caso concreto da cantora mexicana, Glória Trevi, que foi presa no Brasil e engravidou durante o período em que se encontrava na carceragem da Polícia Federal, tendo sido acusados agentes federais de tê-la engravidado. A Justiça Federal determinou, então, que fosse recolhida amostra da placenta da cantora, quando do parto, para análise de DNA, para confrontação com o material genético dos funcionários públicos que a estavam custodiando. Contra tal decisão, a cantora ajuizou Reclamação no STF, alegando afronta a sua intimidade e a de seu filho e que somente poderia haver tal exame de DNA com sua concordância.

Em tal julgamento, o STF admitiu o recolhimento da placenta da cantora, sem seu consentimento, por entender que, naquele caso concreto, prevalece o princípio da moralidade administrativa, da persecução penal pública, da segurança pública, da honra e da imagem dos agentes acusados e da própria instituição, em confronto com o alegado direito da mãe de preservação da sua intimidade e do pai de seu filho:

> Reclamação. Reclamante submetida ao processo de Extradição n.º 783, à disposição do STF. 2. Coleta de material biológico da placenta, com propósito de se fazer exame de DNA, para averigüação de paternidade do nascituro, embora a oposição da extraditanda.

> 4. Invocação dos incisos X e XLIX do art. 5º, da CF/88. 4. Ofício do Secretário de Saúde do DF sobre comunicação do Juiz Federal da 10ª Vara da Seção Judiciária do DF ao Diretor do Hospital Regional da Asa Norte - HRAN, autorizando a coleta e entrega de placenta para fins de exame de DNA e fornecimento de cópia do prontuário médico da parturiente. 5. Extraditanda à disposição desta Corte, nos termos da Lei n.º 6.815/80.

> Competência do STF, para processar e julgar eventual pedido de autorização de coleta e exame de material genético, para os fins pretendidos pela Polícia Federal. 6. Decisão do Juiz Federal da 10ª Vara do Distrito Federal, no ponto em que autoriza a entrega da placenta, para fins de realização de exame de DNA, suspensa, em parte, na liminar concedida na Reclamação. Mantida a determinação ao Diretor do Hospital Regional da Asa Norte, quanto à realização da coleta da placenta do filho da extraditanda. Suspenso também o despacho do Juiz Federal da 10ª Vara, na parte relativa ao fornecimento de cópia integral do prontuário médico da parturiente. 7. Bens jurídicos constitucionais como 'moralidade administrativa', 'persecução penal pública' e 'segurança pública' que se acrescem, – como bens da comunidade, na expressão de Canotilho, – ao direito fundamental à honra (CF, art. 5°, X), bem assim direito à honra e à imagem de policiais federais acusados de estupro da extraditanda, nas dependências da Polícia Federal, e direito à imagem da própria instituição, em confronto com o alegado direito da reclamante à intimidade e a preservar a identidade do pai de seu filho. 8. Pedido conhecido como reclamação e julgado procedente para avocar o julgamento do pleito do Ministério Público Federal, feito perante o Juízo Federal da 10ª Vara do Distrito Federal. 9. Mérito do pedido do Ministério Público Federal julgado, desde logo, e deferido, em parte, para autorizar a realização do exame de DNA do filho da reclamante, com a utilização da placenta recolhida, sendo, entretanto, indeferida a súplica de entrega à Polícia Federal do 'prontuário médico' da reclamante. (RCL 2040 qO/DF – Rel. Min. Néri da Silveira – DJ 21/02/2002)

QUEBRA DE SIGILO

A Constituição Federal prevê que resta consagrado o direito fundamental à privacidade em vários dos seus dispositivos como, por exemplo, no inc. X do art. 5º da Constituição Federal (X – são invioláveis a intimidade, a vida privada, a honra e a imagem das pessoas, assegurado o direito a indenização pelo dano material ou moral decorrente de sua violação) e nos incisos XI e XII do mesmo art. 5º da Constituição Federal (XI – a casa é asilo inviolável do indivíduo, ninguém nela podendo penetrar sem consentimento do morador, salvo em caso de flagrante delito ou desastre, ou para prestar socorro, ou, durante o dia, por determinação judicial; XII – é inviolável o sigilo da correspondência e das comunicações telegráficas, de dados e das comunicações telefônicas, salvo, no último caso, por ordem judicial, nas hipóteses e na forma que a lei estabelecer para fins de investigação criminal ou instrução processual penal).

O direito à privacidade segundo Paulo Gustavo Gonet Branco teria por objeto os comportamentos e acontecimentos atinentes aos relacionamentos pessoais em geral, às relações comerciais e profissionais que o indivíduo não deseja que se espalhem ao conhecimento público[530].

O direito à privacidade deriva da dignidade da pessoa humana, se tratando de verdadeira necessidade social, pois ninguém consegue viver dignamente e desenvolver sua personalidade sem o resguardo de sua privacidade.

E um dos instrumentos jurídicos aptos a resguardar o direito à privacidade dos indivíduos é o sigilo. O sigilo é o direito do indivíduo de impedir o não conhecimento de informação da sua privacidade por outrem.

Diante disso, as provas devem ser colhidas obedecidos e respeitados os eventuais sigilos existentes.

A prova obtida em afronta a privacidade de alguém ou em desrespeito ao sigilo é prova ilícita, não podendo a princípio ser admitida no processo.

O sigilo pode ser de várias espécies, sendo as mais importantes: a) sigilo telefônico; b) sigilo epistolar; c) sigilo bancário; d) sigilo fiscal e; e) sigilo profissional.

O sigilo telefônico (que tem por objeto as comunicações telefônicas) e o sigilo epistolar (que tem por objeto as comunicações por cartas) já foram abordados em sede do tópico das interceptações *lato sensu*, subsistindo a análise do sigilo bancário, fiscal e profissional.

O sigilo bancário é o direito do indivíduo de não ver divulgadas a terceiro, informações a respeito de suas atividades bancárias sem o seu consentimento. E o acesso e utilização de informações bancárias de um indivíduo sem seu consentimento denomina-se de quebra de sigilo bancário. A quebra de sigilo bancário pode ser autorizada judicialmente ou não. A primeira, desde

530 SARLET, Ingo Wolfgang *et al.* Curso de direito constitucional. São Paulo: Revista dos Tribunais, 2012; p. 371.

que atendidos os requisitos legais é considerada prova lícita, enquanto a segunda não, a não ser na hipótese das Comissões Parlamentares de Inquérito que possuem poder expresso de quebra de sigilo bancário[531].

Ausência de autorização judicial

Primeiro, importante destacar que não há quebra de sigilo quando a própria pessoa ou órgão que tem acesso a informações sigilosas podem ter acesso aos mesmos por seu cargo, ofício ou natureza. Por exemplo, não há se falar em sigilo de imposto de renda para a Receita Federal. Já o ato de ter acesso a informação sigilosa que não poderia ter é chamada quebra de sigilo. A quebra de sigilo sem autorização judicial é ilícita. A prova decorrente de tal quebra também o é. Dificilmente poderá ser utilizada, apenas em situação excepcional quando ultrapassar os filtros da proporcionalidade.

Autorização judicial julgada inválida

A quebra de sigilo por meio de autorização judicial julgada inválida, invalida a licitude da prova. Como precisa de autorização válida, a invalidação da autorização judicial equivale a inexistência de autorização.

Quebras de sigilo sucessivas

A quebra de sigilo sucessivo é ilícita, *a priori*, a não ser que haja justa causa para tanto.

Devassa

A devassa é a quebra de sigilo de grande extensão e/ou por grande período. É ilícita e inadmissível. Ninguém pode ser objeto de devassa.

531 SIDOU, J. M. Othon *et al.* Dicionário jurídico: Academia Brasileira de Letras Jurídicas. Rio de Janeiro: Forense Universitária, 2003; p. 860.

Bloqueio judicial e informações bancárias pelo BACEN-JUD

O bloqueio judicial pelo BACEN é ferramente lícita e útil e somente é ilícita se afrontar direito fundamental.

A penhora *online*, medida de constrição judicial baseada no BACEN-JUD, consiste no bloqueio *online* de ativos financeiros de sujeito de processo judicial não configura quebra de sigilo, se tratando de importante instrumento de satisfação do crédito. Não se trata de quebra de sigilo porque não informa a movimentação financeira do indivíduo, mas tão somente gera o bloqueio do valor devido. Tanto não é quebra de sigilo bancário que segundo a ordem do art. 854 do CPC[532], a penhora *online* pode ter lugar como primeira opção de promover constrição ao patrimônio do devedor como apontado pelo STJ em recurso repetitivo:

> RECURSO ESPECIAL REPRESENTATIVO DE CONTROVÉRSIA. ARTIGO 543-C, DO CPC. PROCESSO JUDICIAL TRIBUTÁRIO. EXECUÇÃO FISCAL. PENHORA ELETRÔNICA. SISTEMA BACEN-JUD. ESGOTAMENTO DAS VIAS ORDINÁRIAS PARA A LOCALIZAÇÃO DE BENS PASSÍVEIS DE PENHORA. ARTIGO 11, DA LEI 6.830/80. ARTIGO 185-A, DO CTN. CÓDIGO DE PROCESSO CIVIL. INOVAÇÃO INTRODUZIDA PELA LEI 11.382/2006. ARTIGOS 655, I, E 655-A, DO CPC. INTERPRETAÇÃO SISTEMÁTICA DAS LEIS. TEORIA DO DIÁLOGO DAS FONTES. APLICAÇÃO IMEDIATA DA LEI DE ÍNDOLE PROCESSUAL. A UTILIZAÇÃO DO SISTEMA BACEN-JUD, no período posterior à vacatio legis da Lei 11.382/2006 (21.01.2007), prescinde do exaurimento de diligências extrajudiciais, por parte do exeqüente, a fim de se autorizar o bloqueio eletrônico de depósitos ou aplicações financeiras (Precedente da Primeira Seção: EREsp 1.052.081/RS, Rel. Ministro Hamilton Carvalhido, Primeira Seção, julgado em 12.05.2010, DJe 26.05.2010. Precedentes das Turmas de Direito Público: REsp 1.194.067/PR, Rel. Ministra Eliana Calmon, Segunda Turma, julgado em 22.06.2010, DJe 01.07.2010; AgRg no REsp

---

532 Art. 854. Para possibilitar a penhora de dinheiro em depósito ou em aplicação financeira, o juiz, a requerimento do exequente, sem dar ciência prévia do ato ao executado, determinará às instituições financeiras, por meio de sistema eletrônico gerido pela autoridade supervisora do sistema financeiro nacional, que torne indisponíveis ativos financeiros existentes em nome do executado, limitando-se a indisponibilidade ao valor indicado na execução.

> 1.143.806/SP, Rel. Ministro Humberto Martins, Segunda Turma, julgado em 08.06.2010, DJe 21.06.2010; REsp 1.101.288/RS, Rel. Ministro
>
> Benedito Gonçalves, Primeira Turma, julgado em 02.04.2009, DJe 20.04.2009; e REsp 1.074.228/MG, Rel. Ministro Mauro Campbell Marques, Segunda Turma, julgado em 07.10.2008, DJe 05.11.2008. Precedente da Corte Especial que adotou a mesma exegese para a execução civil: REsp 1.112.943/MA, Rel. Ministra Nancy Andrighi, julgado em 15.09.2010). (...) (STJ – REsp 1.184.765/PA – Rel. Min. Luiz Fux – DJ 24/11/2010).

Acaso se utilize outras ferramentas do BACEN-JUD, como a informação de movimentação financeira, aí sim haverá quebra de sigilo de forma judicial, que estará sujeita ao controle de admissibilidade da prova ilícita. O Convênio BACEN STJ/CJF 2005 e Regulamento BACEN JUD preveem que poderão ser dirigidas às instituições financeiras não somente ordens para bloqueios, mas também outras ordens judiciais como informação sobre o saldo bloqueável até o valor indicado na ordem de requisição, saldo bloqueável consolidado, extratos, consolidados ou específicos, de contas correntes/contas de investimentos, contas de poupança e/ou investimentos e outros ativos. Nesta hipótese, somente terá cabimento a quebra do sigilo bancário como última alternativa para localização de bens como aponta a jurisprudência do STJ:

> PROCESSO CIVIL – EXECUÇÃO FISCAL – INFORMAÇÕES SOBRE BENS A SEREM PENHORADOS – SIGILO BANCÁRIO – QUEBRA – ESGOTAMENTO DOS MEIOS POSSÍVEIS PARA LOCALIZAÇÃO – NECESSIDADE. 1. Só se admite quebra do sigilo bancário, quando o credor-exeqüente já esgotou os meios possíveis à localização de bens do devedor-executado. Precedentes. 2. Regimental improvido. (STJ – AgRg no REsp 727231/PB – Rel. Min. Humberto Gomes de Barros – DJ 01/03/2007)[533]

Assim, a prova ilícita decorrente de quebra de sigilo sem autorização judicial ou com autorização judicial sem os requisitos legais é considerada prova ilícita.

---

533 SARLET, Ingo Wolfgang *et al.* Curso de direito constitucional. São Paulo: Revista dos Tribunais, 2012; p. 379.

Obtenção de endereço de parte por sistemas de convênio do Tribunal Atualmente se vê muitas vezes as partes pleitearem ao juízo a obtenção da outra parte via sistemas de convênio do Tribunal como por exemplo informações existents nos Tribunais Regionais Eleitorias, BACEN-JUD, dentre outros.

A obtenção de endereço não é resguardada por sigilo e portanto, lícita.

Dados de movimentação bancária

Dados de movimentação bancária obtidos sem autorização judicial são ilícitos. Trata-se de quebra de sigilo bancário.

Número de conta bancária

Obtenção de número de conta bancária sem autorização judicial é ilícita, *a priori*. A não ser que tenha obtido de forma lícita, como encontrando em um cheque que teve contato ou algo do gênero.

Acesso a dados bancários pela autoridade fazendária

Discute-se se a quebra de sigilo bancário pela autoridade fazendária é prova ilícita ou não. Acredita-se que a mesma é prova ilícita. O sigilo devido a sua importância, excepcionalidade e necessidade de controle, não pode ser quebrado pela autoridade administrativa. Ademais, a lei complementar 105/2001 que dispõe sobre o sigilo das operações de instituições financeiras dispõe em seu art. 1º, §4º que a quebra de sigilo bancário somente se dá em sede de inquérito ou processo judicial, excluindo, portanto, a possibilidade de quebra de sigilo pela autoridade fazendária. O art. 6º da Lei Complementar 105/200128 deve ser interpretado conjuntamente com o art. 1º, §4º pelo que somente se admite a quebra de sigilo pelas autoridades e agentes fiscais tributários com autorização judicial. Como bem lembrado pelo Min. Celso de Mello em seu voto, a administração fazendária não guarda equidistância do contribuinte e tampouco possui a imparcialidade necessária a quebra de sigilo, sendo impossível tal medida sem autorização judicial[534]. Ainda se faz esclare-

534 No mesmo sentido: STJ – AgRg no REsp nº 644.456/SC – Rel. Min. Teori Albino Zavascki – DJ 04/04/2005.

cer, que a Lei Complementar 105/2001 prevê em seu bojo exceções que não se caracterizam como quebra de sigilo.

A jurisprudência não diverge:

> CONSTITUCIONAL E PENAL. OMISSÃO DE INFORMAÇÃO E PRESTAÇÃO DE DECLARAÇÃO FALSA ÀS AUTORIDADES FAZENDÁRIAS. ART. 1º, I, LEI Nº 8.137/1990. SENTENÇA PELA ABSOLVIÇÃO SUMÁRIA. PROVA ILÍCITA. QUEBRA DE SIGILO BANCÁRIO SEM AUTORIZAÇÃO JUDICIAL. NECESSIDADE. ENTENDIMENTO DO SUPREMO TRIBUNAL FEDERAL EM FEITO SUBMETIDO AO REGIME DE REPERCUSSÃO GERAL. PRECEDENTES DESTE REGIONAL. APELAÇÃO IMPROVIDA. I. O Supremo Tribunal Federal, em feito submetido ao regime de repercussão geral (RE 389808-PR), entendeu ser incompatível com a Constituição Federal o disposto no art. 6º da LC 105/2001, o qual adoto, reconhecendo que a quebra do sigilo bancário, disciplinada na Lei nº 105/2001 e demais normas regulamentadoras, só poderá acontecer mediante autorização judicial, sendo, portanto, inconstitucional a sua realização na esfera Administrativa sem tal autorização. II. Precedentes da 4ª Turma do TRF 5ª Região: AC-531843/PE (rel. Des. Federal Margarida Cantarelli, j. 13.12.2011, DJe 16.12.2011, p. 279) e AC-447007/CE (rel. Des. Federal Edílson Nobre, j. 22.11.2011, DJe 25.11.2011, p. 300). III. Apelação improvida. (TRF da 5ª Região – ACR 200885000029479 – Rel. Des. Fed. Ivan Lira de Carvalho – DJ 19/04/2012)[535,536]

> DIREITO PROCESSUAL PENAL. NULIDADE DE PROVA ADVINDA DE QUEBRA DE SIGILO BANCÁRIO PELA ADMINISTRAÇÃO TRIBUTÁRIA SEM AUTORIZAÇÃO JUDICIAL. Os dados obtidos pela Receita Federal com fundamento no art. 6º da LC 105/2001, me-

---

535 Art. 6º da LC 105/2001 – As autoridades e os agentes fiscais tributários da União, dos Estados, do Distrito Federal e dos Municípios somente poderão examinar documentos, livros e registros de instituições financeiras, inclusive os referentes a contas de depósitos e aplicações financeiras, quando houver processo administrativo instaurado ou procedimento fiscal em curso e tais exames sejam considerados indispensáveis pela autoridade administrativa competente.

536 Voto do Min. Celso de Mello no STF – RE 389808/PR – Rel. Min. Marco Aurélio de Mello – DJ 15/12/2010.

> diante requisição direta às instituições bancárias no âmbito de processo administrativo fiscal sem prévia autorização judicial, não podem ser utilizados para sustentar condenação em processo penal. Efetivamente, afigura-se decorrência lógica do respeito aos direitos à intimidade e à privacidade (art. 5º, X, da CF) a proibição de que a administração fazendária afaste, por autoridade própria, o sigilo bancário do contribuinte, especialmente se considerada sua posição de parte na relação jurídico-tributária, com interesse direto no resultado da fiscalização. Apenas o Judiciário, desinteressado que é na solução material da causa e, por assim dizer, órgão imparcial, está apto a efetuar a ponderação imprescindível entre o dever de sigilo – decorrente da privacidade e da intimidade asseguradas aos indivíduos em geral e aos contribuintes, em especial – e o também dever de preservação da ordem jurídica mediante a investigação de condutas a ela atentatórias. Nesse contexto, diante da ilicitude da quebra do sigilo bancário realizada diretamente pela autoridade fiscalizadora sem prévia autorização judicial, deve ser reconhecida a inadmissibilidade das provas dela advindas, na forma do art. 157 do CPP, de acordo com o qual 'São inadmissíveis, devendo ser desentranhadas do processo, as provas ilícitas, assim entendidas as obtidas em violação a normas constitucionais ou legais'. Precedente citado do STF: RE 389.808-PR, Tribunal Pleno, DJe 9/5/2011. Precedente citado do STJ: RHC 41.532-PR, Sexta Turma, DJe 28/2/2014; e AgRg no REsp 1.402.649-BA, Sexta Turma, DJe 18/11/2013. (STJ – REsp 1.361.174-RS, Rel. Min. Marco Aurélio Bellizze, julgado em 3/6/2014).

O STF no RE 389808/PR submetido ao regime de repercussão geral e julgado pelo Pleno entendeu que não pode haver a quebra de sigilo bancário pela autoridade fazendária sem ordem judicial diante da regra de privacidade prevista no inc. XII do art. 5º da Constituição Federal:

> SIGILO DE DADOS – AFASTAMENTO. Conforme disposto no inciso XII do artigo 5º da Constituição Federal, a regra é a privacidade quanto à correspondência, às comunicações telegráficas, aos dados e às comunicações, ficando a exceção – a quebra do sigilo – submetida ao crivo de órgão equidistante – o Judiciário – e, mesmo assim, para efeito de investigação criminal ou instrução processual penal. SIGILO DE DADOS BANCÁRIOS – RECEITA FEDERAL. Conflita com a Carta da República norma legal atribuindo à Receita Federal – parte na relação jurídico-tributária – o afastamento do sigilo de dados relativos ao contribuinte. (STF – RE 389808/PR – Rel. Min. Marco Aurélio – DJ 15/12/2010)

Acesso a dados bancários pelo Ministério Público

Acesso a dados bancários pelo Ministério Público sem autorização judicial é ilícita. Da mesma forma do mencionado pela autoridade fazendária, não pode o Ministério Público promover a quebra de sigilo bancário de determinada pessoa, exigindo para tanto, autorização judicial[537].

A prova consistente ou baseada em sigilo bancário quebrado indevidamente é prova ilícita e como tal, não deve a priori ser admitida, salvo situação excepcionalíssima onde se ultrapasse a prevalência prima facie da proibição de prova ilícita, motivação e postulado da proporcionalidade. Na prática é difícil imaginar uma situação no processo civil onde prevaleceria a quebra de sigilo bancário ilícito.

Acesso a dados bancários pela autoridade policial

Acesso a dados bancários pela autoridade policial sem autorização judicial é ilícita.

Obtenção de endereço pelas informações do FISCO

A obtenção de endereço pelas informações do FISCO é lícita a princípio porque o endereço não é resguardado por sigilo.

Quebra de sigilo por comissão parlamentar de inquérito – CPI

A CPI pode quebrar sigilos fiscal, bancário e de dados sem necessidade de aval judicial, devendo no entanto, ser fundamentada e motivada e restando sujeita a controle jurisdictional. Não cabe as CPIs a quebra de sigilo telefônico, por força do previsto no art. 5º, XII da Constituição Federal que dispõe serem as quebras de sigilo telefônico prcivativas do Poder Judiciário.

537 No mesmo sentido: TRF da 5ª Região - AC 00010165020114058302 - Rel. Des. Fed. Margarida Cantarelli - DJ 16/12/2011; TRF da 1ª Região - AC 200238000224614 – Rel. Juiz Fed. Conv. Rafael Soares Pinto – DJ 24/08/2007.

Quebra do sigilo fiscal

O sigilo fiscal também segue o mesmo raciocínio do sigilo bancário, podendo apenas em medida excepcional ser quebrado no processo civil e mediante ordem judicial. Assim, via de regra, não se poderá em uma execução civil permitir-se de antemão a quebra judicial do sigilo fiscal consistente na juntada de declaração de imposto de renda do devedor para localizar bens passíveis de penhora, mas poderá deferir tal quebra como última alternativa para encontrar tais bens conforme aponta a jurisprudência:

> AGRAVO DE INSTRUMENTO. EXECUÇÃO. EXPEDIÇÃO DE OFÍCIO À RECEITA FEDERAL. QUEBRA DO SIGILO FISCAL. POSSIBILIDADE. ESGOTAMENTO DAS DILIGÊNCIAS NECESSÁRIAS QUANTO À LOCALIZAÇÃO DE BENS DO DEVEDOR. RECURSO PROVIDO. (TJPR – AC 8998434 – Rel. Des. Luiz Taro Oyama – DJ 27/06/2012)[538]

Da mesma forma que no sigilo bancário, nem mesmo o Ministério Público pode promover a quebra de sigilo fiscal, necessitando de autorização judicial:

> SIGILO FISCAL. QUEBRA. MP. IMPOSSIBILIDADE. A Turma reiterou o entendimento de que o Ministério Público, no uso de suas prerrogativas institucionais, não está autorizado a requisitar documentos fiscais e bancários sigilosos diretamente ao Fisco e às instituições financeiras, sob pena de violar os direitos e garantias constitucionais de intimidade da vida privada dos cidadãos. Somente quando precedida da devida autorização judicial, tal medida é válida. Assim, a Turma concedeu a ordem para determinar o desentranhamento dos autos das provas decorrentes da quebra do sigilo fiscal realizada pelo Ministério Público sem autorização judicial, cabendo ao magistrado de origem verificar quais outros elementos de convicção e decisões proferidas na ação penal em tela e na medida cautelar de sequestro estão contaminados pela ilicitude ora reconhecida. (STJ – HC 160646/SP – Rel. Min. Jorge Mussi – DJ 1/9/2011)

A prova consistente ou baseada em sigilo fiscal quebrado indevidamente é prova ilícita e como tal, não deve a priori ser admitida, salvo situação ex-

538 Em sentido contrário: TRF da 5ª Região – HC 00771823201040500000 – Rel. Des. Fed. Rogério Fialho Moreira – DJ 22/07/2010.

cepcionalíssima onde se ultrapasse a prevalência prima facie da proibição de prova ilícita, motivação e postulado da proporcionalidade.

Quebra do sigilo profissional

No que atine ao sigilo profissional pode-se definir como direito do indivíduo de não ver divulgada informação sobre sua pessoa pela qual o profissional tem conhecimento em virtude de profissão ou ofício como ocorre com os advogados, médicos, jornalistas, etc. Como bem apontado pelo STJ

> O interesse público do sigilo profissional decorre do fato de se constituir em um elemento essencial à existência e à dignidade de certas categorias, e à necessidade de se tutelar a confiança nelas depositada, sem o que seria inviável o desempenho de suas funções, bem como por se revelar em uma exigência da vida e da paz social.
>
> Hipótese em que se exigiu da recorrente ela que tem notória especialização em serviços contábeis e de auditoria e não é parte na causa – a revelação de segredos profissionais obtidos quando anteriormente prestou serviços à ré da ação. (STJ – RMS 9612/SP – Rel. Min. Cesar Asfor Rocha – DJ 03/09/1998)

E da mesma forma como os demais sujeitos, não se pode *a priori* quebrar (mesmo que judicialmente) o sigilo profissional, mas apenas em situações excepcionais e desde que por ordem judicial como a decorrente de pedido do próprio paciente médico:

> ADMINISTRATIVA. MANDADO DE SEGURANÇA. 'QUEBRA DE SIGILO PROFISSIONAL'. EXIBIÇÃO JUDICIAL DE 'FICHA CLÍNICA' A PEDIDO DA PRÓPRIA PACIENTE. POSSIBILIDADE, UMA VEZ QUE O ART. 102 DO CÓDIGO DE ÉTICA MÉDICA', EM SUA PARTE FINAL, RESSALVA A AUTORIZAÇÃO. O SIGILO É MAIS PARA PROTEGER O PACIENTE DO QUE O PRÓPRIO MÉDICO. RECURSO ORDINÁRIO NÃO CONHECIDO. (STJ – RMS 5821/SP – Rel. Min. Adhemar Maciel – DJ 15/08/1996)

Da mesma forma que nos sigilos bancários e fiscais, a prova consistente ou baseada em sigilo profissional quebrado indevidamente é prova ilícita e como tal, não deve a *priori* ser admitida[539], salvo situação excepcionalíssima onde se ultrapasse a prevalência prima facie da proibição de prova ilícita, motivação e postulado da proporcionalidade.

PROVA ELETRÔNICA ILÍCITA

O desenvolvimento da tecnologia fez surgir representações do mundo fático em novas plataformas telemáticas. Da mesma forma, provas começaram a ser utilizadas das mais diversas formas. Passou-se a utilizar imagens obtidas em redes de relacionamento informático, obter áudio em arquivos digitais, fotografias digitais, comprovação de conversas via *software* de conversação informática, obtenção de dados de terceiros por softwares maliciosos, etc. Tratam-se das chamadas provas eletrônicas.

Assim, passou-se a discutir a licitude de tais meios de provas e sua admissibilidade. Entende-se por força dos arts. 439 a 441 do CPC, que as provas eletrônicas são *a priori* lícitas, devendo o magistrado analisar sua admissibilidade no caso concreto.

Assim, uma vez sendo lícita, a prova eletrônica poderá ser perfeitamente utilizada. Na hipótese de ilicitude da prova eletrônica, deverá haver superar as barreiras da proibição da regra da prova ilícita, da motivação e da proporcionalidade, para somente após ser admitida no processo.

Email pessoa e corporativo

A doutrina e jurisprudência diferencia o email em pessoal ou corporativo.

O email pessoal é o correio eletrônico de uso privativo do indivíduo, enquanto o email corporativo é o email vinculado ao empregador do indivíduo ou função do indivíduo em uma pessoa jurídica.

Apesar do email ser a princípio um mecanismo lícito de prova, pode haver alguma peculiaridade no caso concreto que seja capaz de torná-lo ilícito. Assim, poderia ser ilícita a prova consistente em email de terceiro obtido sem

539 Pela inadmissibilidade da prova ilícita consistente na quebra de sigilo profissional: STJ – HC 59967/SP – Rel. Min. Nilson Naves – DJ 29/06/2006.

sua ciência e autorização. Poderia também ser lícita a utilização por determinada empresa de email corporativo utilizado por seus prepostos, haja vista que se trata de patrimônio daquela pessoa jurídica e da ciência prévia do preposto de tal natureza do email como aponta a jurisprudência:

> E-MAIL CORPORATIVO. MONITORAMENTO. PROVA LÍCITA. JUSTA CAUSA. O e-mail corporativo traduz-se em um serviço de correio interno e privativo da empresa, cuja natureza jurídica equivalente a uma ferramenta de trabalho, voltado exclusivamente para o exercício de sua atividade comercial, não cabendo ao empregado valer-se deste instrumento de trabalho para dar destinação diversa, utilizando-o para assuntos de interesse pessoal ou privado. Esta categoria de e-mail é passível de monitoramento pelo empregador, cujo objetivo primordial é a proteção das informações da sua empresa, bem como um meio de evitar atividades ilegais e abusivas pelos seus empregados, capazes a afetar a imagem da empresa e gerar possíveis prejuízos, portanto, não há violação de qualquer expectativa de privacidade e confidencialidade. É lícita a prova obtida do email corporativo, visando a demonstrar justa causa para a despedida do empregado. Dou provimento ao recurso da ré. (...) (TRT da 23ª Região – RO 00621-2008-009-2300-0 – Rel. Juiz Conv. Carla Leal – DJ 01/04/2009).
>
> AGRAVO DE INSTRUMENTO EM RECURSO DE REVISTA – E-MAIL CORPORATIVO – ACESSO PELO EMPREGADOR SEM A ANUÊNCIA DO EMPREGADO – PROVA ILÍCITA NÃO CARACTERIZADA.
>
> Consoante entendimento consolidado neste Tribunal, o e-mail corporativo ostenta a natureza jurídica de ferramenta de trabalho, fornecida pelo empregador ao seu empregado, motivo pelo qual deve o obreiro utilizá-lo de maneira adequada, visando à obtenção da maior eficiência nos serviços que desempenha. Dessa forma, não viola os arts. 5º, X e XII, da Carta Magna a utilização, pelo empregador, do conteúdo do mencionado instrumento de trabalho, uma vez que cabe àquele que suporta os riscos da atividade produtiva zelar pelo correto uso dos meios que proporciona aos seus subordinados para o desempenho de suas funções. Não se há de cogitar, pois, em ofensa ao direito de intimidade do reclamante. Agravo de instrumento desprovido . AGRAVO DE INSTRUMENTO EM RECURSO DE REVISTA – CONVERSA – GRAVAÇÃO FEITA POR UM DOS INTERLOCUTORES – PROVA ILÍCITA NÃO CARACTERIZADA. O

> Supremo Tribunal Federal já firmou entendimento no sentido de que a gravação de conversa por um dos interlocutores, a fim de repelir conduta ilícita do outro, não se enquadra na vedação prevista no art. 5º, LVI, da Carta Magna, constituindo-se, pois, exercício regular de direito. Agravo de instrumento desprovido. (TST – AIRR 1640408620035010051 – Rel. Min. Luiz Philippe Vieira de Mello Filho – DJ 15/10/2008)

Se o email corporativo for de um servidor público, não estará protegido por sigilo[540], mesmo que contenha conteúdo pessoal do servidor. Isso porque se o servidor utiliza o email corporativo para fins pessoais, não poderá vindicar a proteção. É o modo de pensar do STJ:

> DIREITO ADMINISTRATIVO. MONITORAMENTO DE E-MAIL CORPORATIVO DE SERVIDOR PÚBLICO. As informações obtidas por monitoramento de e-mail corporativo de servidor público não configuram prova ilícita quando atinentes a aspectos não pessoais e de interesse da Administração Pública e da própria coletividade, sobretudo quando exista, nas disposições normativas acerca do seu uso, expressa menção da sua destinação somente para assuntos e matérias afetas ao serviço, bem como advertência sobre monitoramento e acesso ao conteúdo das comunicações dos usuários para cumprir disposições legais ou instruir procedimento administrativo. No que diz respeito à quebra do sigilo das comunicações telemáticas, saliente-se que os dados são objeto de proteção jurídica. A quebra do sigilo de dados telemáticos é vista como medida extrema, pois restritiva de direitos consagrados no art. 5º, X e XII, da CF e nos arts. 11 e 21 do CC. Não obstante, a intimidade e a privacidade das pessoas, protegidas no que diz respeito aos dados já transmitidos, não constituem direitos absolutos, podendo sofrer restrições, assim como quaisquer outros direitos fundamentais, os quais, embora formalmente ilimitados – isto é, desprovidos de reserva –, podem ser restringidos caso isso se revele imprescindível à garantia de outros direitos constitucionais. No caso, não há de se falar em indevida violação de dados telemáticos, tendo em vista o uso de e-mail corporativo para cometimento de ilícitos. A reserva da intimidade, no âmbito laboral, público ou privado, limita-se às informações familiares, da vida privada, política, religiosa e sindical, não servindo para acobertar ilíci-

540 No mesmo sentido: STJ – RMS 48.665-SP, Rel. Min. Og Fernandes, julgado em 15/9/2015, DJe 5/2/2016.

tos. Ressalte-se que, no âmbito do TST, a temática já foi inúmeras vezes enfrentada (TST, RR 613/2000-013-10-0, DJe 10/6/2005). (RMS 48.665-SP, Rel. Min. Og Fernandes, julgado em 15/9/2015, DJe 5/2/2016).

Whatsapp e aplicativos de transmissão de mensagens

Muito em voga é a discussão da licitude de acesso a mensagens por aplicativos de mensagens, principalmente o whatsapp e telegram. A transmissão de aplicativos como o Whataspp e telegram possuem o mesmo tratamento da comunicação telefônica, estando cobertas pelo sigilo de comunicação porque a conversa (independente de qual seja) é questão de intimidade do indivíduo, necessitando de autorização judicial para o acesso aos mesmos (art. 5º, X da Constituição Federal|)[541] :

> *HABEAS CORPUS*. TRÁFICO DE DROGAS. PRESOS EM FLAGRANTE QUE TIVERAM SEUS TELEFONES CELULARES ACESSADOS PELA POLÍCIA SEM MANDADO JUDICIAL. NULIDADE. OCORRÊNCIA. *HABEAS CORPUS* CONCEDIDO. 1. A defesa, no writ originário, pleiteava a revogação da prisão preventiva em decorrência da falta de justa causa oriunda da nulidade das provas adquiridas por meio do acesso aos smartphones. Neste *habeas corpus* substitutivo de recurso ordinário, a defesa repisa o argumento de nulidade da quebra do sigilo dos telefones celulares, mas cinge-se a pedir a 'exclusão processual de todas as provas obtidas e as provas derivadas'. 2. Existem dois tipos de dados protegidos na situação dos autos: os dados gravados no aparelho acessados pela polícia ao manusear o aparelho e os dados eventualmente interceptados pela polícia no momento em que ela acessa aplicativos de comunicação instantânea. A partir desse panorama, a doutrina nomeia o chamado direito probatório de terceira geração, que trata de 'provas invasivas, altamente tecnológicas, que permitem alcançar conhecimentos e

---

541 No mesmo sentido: STJ – RHC 89.385/SP, Rel. Ministro ROGERIO SCHIETTI CRUZ, SEXTA TURMA, julgado em 16/08/2018, DJe 28/08/2018; STJ – HC 372.762/MG, Relator Ministro FELIX FISCHER, QUINTA TURMA, julgado em 03/10/2017, DJe 16/10/2017; STJ – REsp 1727266/SC, Rel. Ministro JORGE MUSSI, QUINTA TURMA, julgado em 05/06/2018, DJe 15/06/2018 – STJ – RHC 73.998/SC, Rel. Ministro JOEL ILAN PACIORNIK, QUINTA TURMA, julgado em 06/02/2018, DJe 19/02/2018.

resultados inatingíveis pelos sentidos e pelas técnicas tradicionais'. 3. Em verdade, sempre haverá, no âmbito das liberdades públicas, possibilidade de reavaliações da interpretação jurídica dada aos fatos julgados, sendo nefasto o estabelecimento de conclusões *a priori* absolutas. Nessa medida, o acesso aos dados do celular e às conversas de whatsapp sem ordem judicial constituem devassa e, portanto, violação à intimidade do agente. 4. Habeas corpus concedido, a fim de reconhecer a ilegalidade das provas produzidas pelo acesso aos telefones celulares sem mandado judicial, determinando ao Juiz de primeira instância que avalie quais evidências devem ser eliminadas dos autos por derivação, bem como as que devem remanescer em função de fonte independente ou de descoberta inevitável.

(STJ - HC 418.180/RN, Rel. Ministro ROGERIO SCHIETTI CRUZ, SEXTA TURMA, julgado em 06/11/2018, DJe 21/11/2018)

PENAL E PROCESSO PENAL. RECURSO EM *HABEAS CORPUS*. TRÁFICO DE DROGAS. PRISÃO EM FLAGRANTE. APARELHO TELEFÔNICO APREENDIDO. VISTORIA REALIZADA PELA POLÍCIA MILITAR SEM AUTORIZAÇÃO JUDICIAL OU DO PRÓPRIO INVESTIGADO. VERIFICAÇÃO DE MENSAGENS (CONVERSAS DE WHATSAPP). VIOLAÇÃO DA INTIMIDADE. PROVA ILÍCITA. ART. 157 DO CPP. RECURSO EM *HABEAS CORPUS* PROVIDO. 1. Embora a situação retratada nos autos não esteja protegida pela Lei n. 9.296/1996 nem pela Lei n. 12.965/2014, haja vista não se tratar de quebra sigilo telefônico por meio de interceptação telefônica, ou seja, embora não se trate violação da garantia de inviolabilidade das comunicações, prevista no art. 5º, inciso XII, da CF, houve sim violação dos dados armazenados no celular do recorrente (mensagens de texto arquivadas – WhatsApp). 2. No caso, deveria a autoridade policial, após a apreensão do telefone, ter requerido judicialmente a quebra do sigilo dos dados armazenados, haja vista a garantia, igualmente constitucional, à inviolabilidade da intimidade e da vida privada, prevista no art. 5º, inciso X, da CF. Dessa forma, a análise dos dados telefônicos constante do aparelho do investigado, sem sua prévia autorização ou de prévia autorização judicial devidamente motivada, revela a ilicitude da prova, nos termos do art. 157 do CPP. Precedentes do STJ. 3. Recurso em habeas corpus provido, para reconhecer a ilicitude da colheita de dados do aparelho telefônico do recorrente, sem autorização judicial, devendo mencionadas provas, bem como as derivadas, serem desentranhadas dos autos, exame que será feito pelo Juízo de 1º Grau. (STJ – RHC 101.585/MG, Rel. Ministro REYNALDO SOARES DA FONSECA, QUINTA TURMA, julgado em 18/10/2018, DJe 26/10/2018)

A Lei nº 12.965/2014 (Marco Civil da Internete) dispôs em seu art. 7º que o acesso à internete é essencial à cidadania e são direitos do usuário: "I – inviolabilidade da intimidade e da vida privada, sua proteção e indenização pelo dano material ou moral decorrente de sua violação; II – inviolabilidade e sigilo do fluxo de suas comunicações pela internet, salvo por ordem judicial, na forma da lei; III – inviolabilidade e sigilo de suas comunicações privadas armazenadas, salvo por ordem judicial".

Desta forma, o acesso ao whatsapp – que também vale-se da internet – sem autorização judicial afronta o art. 7º da Lei nº 12.965/2014 como aponta a jurisprudência:

RECURSO ESPECIAL. DIREITO PENAL. LEGISLAÇÃO EXTRAVAGANTE. TRÁFICO DE ENTORPECENTES. DOUTRINA DOS FRUTOS DA ÁRVORE ENVENENADA. LEI N. 11.343/2006. DISPOSITIVO TELEFÔNICO MÓVEL. AUSÊNCIA DE AUTORIZAÇÃO JUDICIAL PARA ACESSO AOS ARQUIVOS E DADOS CONTIDOS NO APARELHO CELULAR. PROVA ILÍCITA. OCORRÊNCIA. CONDENAÇÃO MANTIDA COM BASE EM ROBUSTO MATERIAL PROBATÓRIO. DOSIMETRIA. FUNDAMENTAÇÃO SUFICIENTE. SUBSTITUIÇÃO DA PENA. IMPOSSIBILIDADE. 1. As instâncias ordinárias contrariaram a jurisprudência deste Superior Tribunal, porquanto é ilícita a devassa de dados, bem como das conversas de *whatsapp*, obtidas diretamente pela polícia em celular apreendido no flagrante, sem prévia autorização judicial. Recurso em *habeas corpus* parcialmente provido para declarar a nulidade das provas obtidas no celular do paciente sem autorização judicial, cujo produto deve ser desentranhado dos autos (RHC n. 76.510/RR, Ministro Nefi Cordeiro, Sexta Turma, DJe 17/4/2017). 2. O art. 7º, III, da Lei n. 12.965/2014, resguarda os dados pessoais produzidos a partir da utilização da internet, os quais evidentemente incluem aqueles armazenados no aparelho celular. 3. Deve ser mantida a condenação, *in casu*, porque se firmou em vasto material probatório – testemunhal e pericial –, obtido a partir de investigações da autoridade policial. 4. Recurso especial parcialmente provido para, ao manter a condenação dos recorrentes, determinar a exclusão dos dados extraídos dos aparelhos celulares, sem prévia autorização judicial,

> com o seu desentranhamento do processo, consoante os fundamentos do voto. (STJ – REsp 1675501/MG, Rel. Ministro SEBASTIÃO REIS JÚNIOR, SEXTA TURMA, julgado em 17/10/2017, DJe 27/10/2017)

Se as conversas do aplicativo de mensagens forem disponibilizadas pela própria pessoa proprietária do aparelho, não terá ilicitude alguma porque entende-se que abriu mão da sua intimidade e sigilo de suas comunicações. O mesmo raciocínio se dá pelo responsável legal ao disponibilizar as mensagens da pessoa sob sua responsabilidade.

Já se as conversas do aplicativo forem disponibilizadas por outrem (ainda que parente) que não seja o responsável legal, a princípio será ilícito o acesso a tais dados porque – como dito – outrens não tem o poder de renunciar a intimidade alheia por se tratar de direito personalíssimo.

É lícita – no entanto – a disponibilização e acesso a mensagens por herdeiro do falecido titular do aplicativo de mensagens como já entendeu a jurisprudência:

> Agravo regimental em habeas corpus. 2. Homicídio triplamente qualificado. Pedido de trancamento da ação penal. 3. Licitude da quebra de sigilo de conversas do whatsapp. 4. Prova lícita. 5. Telefone de propriedade da vítima falecida, entregue à polícia pela esposa, interessada no esclarecimento dos fatos. 6. Ausência de constrangimento ilegal a ser reparado na presente via. 7. Agravo regimental a que se nega provimento. (STF – HC 152836 AgR, Relator(a): Min. GILMAR MENDES, Segunda Turma, julgado em 22/06/2018, PROCESSO ELETRÔNICO DJe-153 DIVULG 31-07-2018 PUBLIC 01-08-2018)

> RECURSO ORDINÁRIO EM *HABEAS CORPUS*. HOMICÍDIO QUALIFICADO E PORTE ILEGAL DE ARMA DE FOGO DE USO PERMITIDO. INÉPCIA DA DENÚNCIA. ART. 41, DO CPP. INOBSERVÂNCIA. DADOS E DE CONVERSAS REGISTRADAS NO WHATSAPP. EXTRAÇÃO SEM PRÉVIA AUTORIZAÇÃO JUDICIAL. CONSTRANGIMENTO ILEGAL NÃO CONFIGURADO. RECURSO PARCIALMENTE PROVIDO. 1. A denúncia não descreve a conduta do recorrente quanto à imputação de porte ilegal de arma de fogo, não sendo possível identificar como teria ele contribuído para a consecução desse delito. 2. Não há ilegalidade na perícia de aparelho de telefonia celular pela polícia na hipótese em que seu proprietário – a vítima – foi morto, tendo o referi-

do telefone sido entregue à autoridade policial por sua esposa, interessada no esclarecimento dos fatos que o detinha, pois não havia mais sigilo algum a proteger do titular daquele direito. 3. Recurso parcialmente provido, apenas para trancar a ação penal em relação ao recorrente, quanto à imputação concernente ao crime previsto no art. 14 da Lei n. 10.826/2003, por inépcia formal da denúncia, sem prejuízo de que outra seja oferecida. (STJ – RHC 86.076/MT, Rel. Ministro SEBASTIÃO REIS JÚNIOR, Rel. p/ Acórdão Ministro ROGERIO SCHIETTI CRUZ, SEXTA TURMA, julgado em 19/10/2017, DJe 12/12/2017)

Ainda haverá sigilo no acesso a troca de mensagens por aplicativo em grupos. Não pode, por exemplo, a autoridade acessar celular sem autorização judicial e obter troca de mensagens ainda que destinadas a grupo de conversa por se tratarem de grupos privados. A propagação da conversa por membros do grupo tira o sigilo da comunicação porque torna a mesma pública. O STJ possui precedente:

PENAL. AGRAVO REGIMENTAL NO RECURSO ESPECIAL. CRIME CONTRA A HONRA. PARLAMENTAR ESTADUAL. PROVA ILÍCITA. CONVERSAS DE APLICATIVO WHATSAPP. ÁUDIO PROPAGADO EM GRUPO. INEXISTÊNCIA DE INVIOLABILIDADE DE SIGILO. FUNDAMENTO NÃO ATACADO. INCIDÊNCIA DA SÚMULA 283/STF. IMUNIDADE PARLAMENTAR. OFENSAS NÃO CORRELATAS AO EXERCÍCIO DO MANDATO. VERIFICAÇÃO. SÚMULA 7/STJ. ARGUMENTAÇÃO COM VIÉS CONSTITUCIONAL. NÃO CABIMENTO EM RECURSO ESPECIAL. 1. A parte recorrente, em suas razões recursais, limita-se a alegar que o único meio de prova é uma conversa travada entre o envolvido e terceiro estranho ao feito, por meio do aplicativo whatsapp, sem que houvesse autorização judicial para a quebra do sigilo, sem, contudo, impugnar o fundamento do acórdão recorrido acerca do fato da mensagem ter sido encaminhada em um grupo, o que retira a inviolabilidade da conversa. Assim, a falta de impugnação de tal ponto atrai o óbice da Súmula n. 283/STF, por analogia.

2. Concluir que as palavras ditas pelo ora recorrente estavam protegidas pela imunidade parlamentar, como requer a parte recorrente, implica o revolvimento do conteúdo fático-probatório da demanda, providência vedada em recurso especial. Incidência da Súmula n. 7/STJ. 3. Ademais, em relação à imunidade, descabe a análise da questão sob viés consti-

> tucional, como trazida pelo agravante, sob pena de usurpação da competência do Supremo Tribunal Federal. Eventual maltrato a princípios ou artigos da Constituição Federal decorrentes da interpretação conferida por esta Corte ao tema em discussão é da competência do STF. 4. Agravo regimental não provido. (STJ – AgInt no REsp 1742382/RO, Rel. Ministro REYNALDO SOARES DA FONSECA, QUINTA TURMA, julgado em 11/09/2018, DJe 21/09/2018)

Facebook e redes sociais

Também muito se tem discutido sobre a licitude de acesso a mensagens e informações contidas em redes sociais, principalmente o facebook. Se a rede social possuir visualização pública, não terá se falar em sigilo. Se o utilizador da mensagem também tiver acesso lícito a rede social de outrem, a utilização e acesso a tais mensagens não será ilícita. Será ilícita, no entanto, o acesso e utilização de mensagens, fotos e dados do facebook ou redes sociais que não sejam públicas ou que não haja permissão de acesso ao pretendente utilizador das informações.

Da mesma forma das mensagens por aplicativos, para ser acessadas suas informações, será necessária autorização judicial válida.

Filmagens

A licitude ou não das filmagens dependerá do caso concreto. Dependerá do lugar, do tempo e das peculiaridades do caso.

Da mesma forma das mensagens por aplicativos, para ser feita gravação onde haja o resguardo da intimidade, será necessária autorização judicial válida.

Fotos

A licitude ou não das fotos também dependerá do caso concreto.

Da mesma forma das filmagens, para ser feita gravação onde haja o resguardo da intimidade, será necessária autorização judicial válida.

Celulares

Como hoje se tem uma quantidade enorme de celulares e são verdadeiros computadores pessoais, debate-se com intessidade sobre a licitude da obtenção de provas de dados neles contidos.

A Suprema Corte dos Estados Unidos no caso Riley v. California (573 US – 2014) sobre o sigilo aos dados de cellular. Riley foi acusado de pertencer a uma gangue e cometido homicídio contra integrante de uma gangue rival. Depois teve seu carro apreendido em uma blitz e seu celular (que se encontrava no bolso foi averiguado) onde se encontrou várias fotos e vídeos onde fazia sinais de gangue, além de encontrar outros indícios. Discutiu-se a licitiude ou não do acesso aos dados do celular. A Suprema Corte mencionou que é inconstitucional o acesso a dados do celular sem autorização judicial.

Da mesma forma das filmagens, para ser feita gravação onde haja o resguardo da intimidade, será necessária autorização judicial válida.

Acesso à agenda telefônica

O acesso a agenda telefônica sem autorização judicial é ilícita porque afronta o direito ao sigilo das comunicações telefônicas, onde se inclui a agenda telefônica e os dados constantes no aparelho. A jurisprudência majoritarian é neste sentido:

> PENAL E PROCESSO PENAL. RECURSO EM *HABEAS CORPUS*. 1. TRANCAMENTO DA AÇÃO PENAL. AUSÊNCIA DE EXCEPCIONALIDADE. 2. INÉPCIA DA DENÚNCIA. NÃO VERIFICAÇÃO. OBSERVÂNCIA DO ART. 41 DO CPP. 3. AMPLA DEFESA. EXERCÍCIO ASSEGURADO. 4. ILEGALIDADE DA PRISÃO EM FLAGRANTE. NÃO VERIFICAÇÃO. ART. 302, II, DO CPP. 5. APARELHO TELEFÔNICO APREENDIDO. VISTORIA REALIZADA. AUSÊNCIA DE AUTORIZAÇÃO JUDICIAL.
>
> VIOLAÇÃO DO SIGILO DE DADOS TELEFÔNICOS. PROVA ILÍCITA. ART. 157 DO CPP. 6. RECURSO EM *HABEAS CORPUS* PROVIDO EM PARTE. (...) 5. Diversamente do que registrou a Corte local, os dados constantes do celular do recorrente não poderiam ter sido verificados sem prévia autorização judicial, pois, embora efetivamente não se

> trate de interceptação telefônica, a hipótese revela violação à intimidade, protegida pelo art. 5º, X, da CF. Dessarte, deveria a autoridade policial, após a apreensão do telefone, ter requerido judicialmente a quebra do sigilo dos dados armazenados, os quais somente poderiam ter sido acessados com autorização judicial devidamente motivada, nos termos do art. 7º, III, da Lei n. 12.965/2014. 6. Recurso em habeas corpus provido em parte, apenas para reconhecer a ilicitude da colheita de dados do aparelho telefônico do recorrente, sem autorização judicial, devendo mencionadas provas, bem como as derivadas, serem desentranhadas. (STJ – RHC 92.003/DF, Rel. Ministro REYNALDO SOARES DA FONSECA, QUINTA TURMA, julgado em 05/06/2018, DJe 15/06/2018)

A questão, no entanto, está em análise pelo STF em sede de repercussão geral:

> CONSTITUCIONAL. PROCESSUAL PENAL. PERÍCIA REALIZADA PELA AUTORIDADE POLICIAL EM APARELHO CELULAR ENCONTRADO FORTUITAMENTE NO LOCAL DO CRIME. ACESSO À AGENDA TELEFÔNICA E AO REGISTRO DE CHAMADAS SEM AUTORIZAÇÃO JUDICIAL. ACÓRDÃO RECORRIDO EM QUE SE RECONHECEU A ILICITUDE DA PROVA (CF, ART. 5º, INCISO LVII) POR VIOLAÇÃO DO SIGILO DAS COMUNICAÇÕES (CF, ART. 5º, INCISOS XII). QUESTÃO EMINENTEMENTE CONSTITUCIONAL. MATÉRIA PASSÍVEL DE REPETIÇÃO EM INÚMEROS PROCESSOS, A REPERCUTIR NA ESFERA DO INTERESSE PÚBLICO. TEMA COM REPERCUSSÃO GERAL.
>
> (ARE 1042075 RG, Relator(a): Min. DIAS TOFFOLI, julgado em 23/11/2017, PROCESSO ELETRÔNICO DJe-285 DIVULG 11-12-2017 PUBLIC 12-12-2017)

Acesso às chamadas telefônicas

O acesso às chamadas telefônicas sem autorização judicial também é ilícita. A questão, no entanto, está em análise pelo STF em sede de repercussão geral:

> CONSTITUCIONAL. PROCESSUAL PENAL. PERÍCIA REALIZADA PELA AUTORIDADE POLICIAL EM APARELHO CELULAR ENCONTRADO FORTUITAMENTE NO LOCAL DO CRIME. ACESSO À AGENDA TELEFÔNICA E AO REGISTRO DE CHAMADAS SEM

> AUTORIZAÇÃO JUDICIAL. ACÓRDÃO RECORRIDO EM QUE SE RECONHECEU A ILICITUDE DA PROVA (CF, ART. 5º, INCISO LVII) POR VIOLAÇÃO DO SIGILO DAS COMUNICAÇÕES (CF, ART. 5º, INCISOS XII). QUESTÃO EMINENTEMENTE CONSTITUCIONAL. MATÉRIA PASSÍVEL DE REPETIÇÃO EM INÚMEROS PROCESSOS, A REPERCUTIR NA ESFERA DO INTERESSE PÚBLICO. TEMA COM REPERCUSSÃO GERAL.
>
> (ARE 1042075 RG, Relator(a): Min. DIAS TOFFOLI, julgado em 23/11/2017, PROCESSO ELETRÔNICO DJe-285 DIVULG 11-12-2017 PUBLIC 12-12-2017)

Acesso à localização e movimentação por meio da rede telefônica

Com o avanço da tecnologia é possível hoje que localize e/ou acompanhe um indivíduo pela rede de telefonia de seu telefone. O acesso a tais dados sem ordem judicial válida é prova ilícita. A Suprema Corte dos Estados Unidos no caso Carpenter v. EUA (585 US – 2018) discutiu sobre a ilicitude da obtenção de tais localizações e movimentações de um indivíduo. Neste caso, a polícia prendeu alguns indivíduos envolvidos a vários assaltos a mão armada. Um dos homens confessou o crime e deu os números de celular de outros participantes, o que fez com que o FBI solicitasse judicialmente os registros dos telefones com base na Stored Communications Act (lei de comunicações eletrônicas armazenadas).

Os registros de telefone obtidos pelo governo incluíram as datas e tempo das chamadas e a localização aproximada quando os telefones começavam e terminava a comunicação com base nas conexões das torres celulares, tendo chegado a Timothy Carpenter, acusado de incentivar os crimes, que alegou a ilicitude da prova por entender que tal prova era ilícita por se basear em mandado judicial obtido com base na Stored Communications Act (lei de comunicações eletrônicas armazenadas), que não se aplicaria aos registros telefôncios para localizer celulares e seus usuários.

Tal entendimento foi aceito pela Suprema Corte dos Estados Unidos. Entendeu-se que a Stored Communications Act (lei de comunicações eletrônicas armazenadas) não serve para obter localização dos celulares e seus proprietários.

Blockchains

> Blockchains é mecanismo eletrônico ainda novo. Conforme ensina André Roque, "a tecnologia blockchain permite armazenar com segurança e de forma descentralizada as transações envolvendo determinada criptomoeda. Contudo, embora desenvolvida no código-fonte do Bitcoin, referida tecnologia pode ser utilizada em muitas outras áreas, algumas delas de interesse dos prossionais do Direito. (...)Em síntese, o blockchain funciona como um banco de dados, onde são armazenadas transações em caráter permanente. Cada bloco de informações possui referência ao bloco anterior (daí o termo 'cadeia de blocos') e, por isso, nenhum bloco anterior pode ser alterado sem que modiquem os blocos posteriores[542]".

Os dados armazenados em blockchain é prova lícita, apesar de não possuir fé pública[543] , uma vez que o CPC prevê como lícitas não apenas as provas previstas expressamente como as não proibidas.

Computadores

Os computadores possuem acesso restrito ao seu proprietário, pessoal, salvo se tartar de computador de uma pessoa juridica de patrimônio do empregador do usuário.

Os dados contidos no computador pessoal é coberto pelo sigilo das comunicações limitado ao seu proprietário ou a quem ele permita o acesso. Já os dados do computador corporativo são sigilosos apenas para o usuário e a pessoa juridical proprietária do computador.

Todo o conteúdo, inclusive os arquivos, senhas, dados e IP do computador e endereço são sigilosos.

Discorda-se, portanto, da decisão abaixo:

---

542 Capturado do site https://www.jota.info/paywall?redirect_to=//www.jota.info/opiniao-e-analise/artigos/a-tecnologia-blockchain-como-fonte-de-prova-no-processo-civil-15102018 em 14/10/2019.

543 Idem

> *HABEAS CORPUS*. DIREITO PROCESSUAL PENAL. CRIMES CONTRA A HONRA. PROVA ILÍCITA. INOCORRÊNCIA. ORDEM DENEGADA. 1. A simples titularidade e o endereço do computador do qual partiu o escrito criminoso não estão resguardados pelo sigilo de que cuida o inciso XII do artigo 5º da Constituição da República, nem tampouco pelo direito à intimidade prescrito no inciso X, que não é absoluto. 2. É legítima a requisição do Presidente do Superior Tribunal de Justiça à empresa de telefonia local de informações sobre mensagem eletrônica amplamente divulgada, dando conta da existência de fraude em concurso público para provimento de cargos efetivos do quadro de pessoal do próprio Tribunal a que preside, cuja honorabilidade restou afetada. 3. A complementação de diligência pela autoridade policial não requisita forma sacramental, senão o exame da legalidade da ordem primitiva.
>
> 4. Ordem denegada. (STJ – HC 83.338/DF, Rel. Ministro HAMILTON CARVALHIDO, SEXTA TURMA, julgado em 29/09/2009, DJe 26/10/2009)

DENÚNCIA ANÔNIMA

A denúncia anônima é aquela realizada por sujeito desconhecido. Trata-se de importante mecanismo de auxílio das autoridades na apuração de crimes, haja vista que resguarda a integridade do denunciante e permite chegar as autoridades as informações necessárias para a persecução penal.

Apesar disto, há precedentes que não admitem a prova obtida apenas por denúncia anônima:

> RECURSO ESPECIAL. TRÁFICO DE DROGAS. REVISTA ÍNTIMA. ILICITUDE DAS PROVAS OBTIDAS. RECURSO NÃO PROVIDO. 1. A acusada foi submetida à realização de revista íntima com base, tão somente, em uma denúncia anônima feita ao presídio no dia dos fatos informando que ela tentaria entrar no presídio com drogas, sem a realização, ao que tudo indica, de outras diligências prévias para apurar a veracidade e a plausibilidade dessa informação. 2. No caso, houve apenas 'denúncia anônima' acerca de eventual traficância praticada pela ré, incapaz, portanto, de configurar, por si só, fundadas suspeitas a autorizar a realização de revista íntima. 3. Se não havia fundadas suspeitas

> para a realização de revista na acusada, não há como se admitir que a mera constatação de situação de flagrância – localização, no interior da vagina, de substância entorpecente (45,2 gramas de maconha) –, posterior à revista, justifique a medida, sob pena de esvaziar-se o direito constitucional à intimidade, à honra e à imagem do indivíduo. 4. Em que pese eventual boa-fé dos agentes penitenciários, não havia elementos objetivos e racionais que justificassem a realização de revista íntima. Eis a razão pela qual são ilícitas as provas obtidas por meio da medida invasiva, bem como todas as que delas decorreram (por força da Teoria dos Frutos da Árvore Envenenada), o que impõe a absolvição dos acusados, por ausência de provas acerca da materialidade do delito. 5. Recurso especial não provido. (STJ – REsp 1695349/RS, Rel. Ministro ROGERIO SCHIETTI CRUZ, SEXTA TURMA, julgado em 08/10/2019, DJe 14/10/2019)

Já no âmbito processual civil, a mesma deve ser analisada com mais reserva. Isso porque a prova consistente ou decorrente de denúncia anônima é prova ilícita a teor do art. 5º, IV da Constituição Federal que veda o anonimato. E como prova ilícita, será a princípio inadmissível no processo, salvo em situações excepcionais onde haja a ultrapassagem dos filtros da regra da proibição da prova ilícita, da motivação e da proporcionalidade.

Já a prova autorizada judicialmente decorrente de denúncia anônima e corroborada por outros elementos de prova anteriores não será considerada ilícita como aponta o STJ:

> RECURSO EM *HABEAS CORPUS*. CONCUSSÃO. INSTAURAÇÃO DE INQUÉRITO POLICIAL E POSTERIOR REPRESENTAÇÃO PELA QUEBRA DE SIGILO TELEFÔNICO. DENÚNCIA ANÔNIMA. VALIDADE DESDE QUE CORROBORADA POR OUTROS ELEMENTOS DE INFORMAÇÃO. INVESTIGAÇÃO PRELIMINAR REALIZADA. GRAVAÇÃO CLANDESTINA REALIZADA POR UM DOS INTERLOCUTORES. VALIDADE. INTERCEPTAÇÃO TELEFÔNICA. NULIDADE DA DECISÃO. NÃO OCORRÊNCIA. OBSERVÂNCIA DOS REQUISITOS DA LEI N. 9.296/1996. RECURSO NÃO PROVIDO. 1. Segundo a jurisprudência desta Corte, a denúncia anônima pode dar início à investigação, desde que corroborada por elementos informativos prévios que denotem a verossimilhança da comunicação. 2. Diante da confecção de relatório de investigação preliminar, anterior à portaria

de instauração do inquérito policial, constata-se que o procedimento investigatório foi embasado em outros elementos informativos, além da notícia anônima. 3. (...) 7. Recurso não provido. (RHC 59.542/PE, Rel. Ministro ROGERIO SCHIETTI CRUZ, SEXTA TURMA, julgado em 20/10/2016, DJe 14/11/2016)

FLAGRANTE PREPARADO E FLAGRANTE ESPERADO

Apesar do processo criminal ser a área de excelência dos flagrantes, os mesmos também podem ter repercussão em processos cíveis e administrativos. Assim por exemplo, a licitude do flagrante pode ser relevante em um processo administrativo punitivo de funcionário público flagrado recebendo propina.

No caso do flagrante preparado, dá-se quando a pessoa ocorre flagrante decorrente de crime a qual fora levado a praticar por induzimento de outrem. Já o flagrante esperado se caracteriza tão somente por não haver indução do cometimento do crime, mas apenas espera de sua ocorrência.

A jurisprudência entende que o flagrante preparado é ilícito, enquanto o esperado é lícito:

> *HABEAS CORPUS* - CRIME DE TRÁFICO DE ENTORPECENTES - SUPOSTA OCORRÊNCIA DE FLAGRANTE PREPARADO - AUSÊNCIA DE PROVOCAÇÃO - FLAGRANTEESPERADO - SÚMULA 145/STF - INAPLICABILIDADE QUANDO NÃO HÁ INDUZIMENTO, ESTÍMULO OU PROVOCAÇÃO DA AUTORIDADE PÚBLICA - ALEGADA INSUFICIÊNCIA DA DEFESA TÉCNICA -AUSÊNCIA DE PREJUÍZO AO RÉU - SÚMULA 523/STF - PEDIDO INDEFERIDO.
>
> - Não configura situação de flagrante preparado o contexto em que a Polícia, tendo conhecimento prévio do fato delituoso, vem a surpreender, em sua prática, o agente que, espontaneamente, iniciara o processo de execução do 'iter criminis'. A ausência, por parte dos organismos policiais, de qualquer medida que traduza, direta ou indiretamente, induzimento ou instigação à pratica criminosa executada pelo agente descaracteriza a alegação de flagrante preparado, não obstante a intervenção ulterior da Polícia, lícita e necessária, destinada a impedir a consumação do propósito infracional do delinqüente. Precedentes. - A eventual in-

> suficiência da defesa técnica promovida em favor do réu somente caracterizaria hipótese de invalidação formal do processo penal condenatório, se se demonstrasse, objetivamente, a ocorrência de prejuízo efetivo para o acusado (Súmula 523/STF). É que a causa de nulidade absoluta prevista na legislação processual penal refere-se à falta de defesa e não ao seu eventual exercício deficiente. Precedentes. (STF – HC 74523/SP – Rel. Min. Celso de Mello – DJ 18/02/1997)

Não se considera flagrante preparado (ou seja prova ilícita), no entanto, reportagem de TV no qual o repórter grava ato ilícito se passando por beneficiário do crime como aponta a jurisprudência:

> CORPUS. ALEGAÇÕES DE INEXISTÊNCIA DE CRIME, DE FLAGRANTE PREPARADO E DE ILICITUDE DA PROVA EM QUE SE BASEOU A CONDENAÇÃO. Improcede a pretensão anulatória da condenação por crime inexistente. Não há falar em flagrante preparado, tendo em vista que limitou-se a autoridade policial, alertada da intenção criminosa, a tomar providências necessárias para surpreender o criminoso, no ato da consumação do delito. Inocorrência de ilicitude na prova constante de gravação audiovisual de conversa da ré com a detetive e a repórter de TV, que se fizeram passar por interessadas no anúncio veiculado. Habeas corpus indeferido. (STF – HC 76397/RJ – Rel. Min. Ilmar Galvão – DJ 16/12/1997)

Assim, o flagrante realizado por repórter de funcionário público recebendo propina sem que haja caracterização de flagrante preparado, pode ser utilizado no processo civil ou administrativo:

> DEMISSÃO. REPORTAGEM. TV. PROVA ILÍCITA.
> Trata-se de mandado de segurança contra portaria que demitiu Patrulheiro Rodoviário Federal flagrado por reportagem da TV Globo recebendo propina, o que foi apurado em processo administrativo disciplinar. Prosseguindo o julgamento, a Seção denegou a segurança. Considerou, no dizer do Min. Relator, que sustentar ilicitude da prova na espécie seria defender o direito do servidor à prática de ilicitude administrativa. No caso dos autos, não se pode confundir meio ilícito e inexistência de ilícito por impossibilidade de seu resultado ex ante, por ação de agente provocador, uma vez que ilicitude havia e a ilicitude foi praticada pelo impetrante. Outrossim o Min. Jorge Scartezzini, em voto-vista, destacou que contra a Administração Pública não se aplica o

princípio da insignificância. (STJ – MS 6611/DF – Rel. Min. Hamilton Carvalhido – DJ 25/06/2003)

Diante disso, a prova consistente ou baseada em flagrante preparado é prova ilícita e como tal, não deve *a priori* ser admitida, salvo situação excepcionalíssima onde se ultrapasse a prevalência prima facie da proibição de prova ilícita, motivação e postulado da proporcionalidade.

PROVAS OBTIDAS POR AUTORIZAÇÃO JUDICIAL DEFERIDA POR JUÍZO INCOMPETENTE

Qualquer prova autorizada por juiz incompetente pode ser taxada como ilícita da mesma forma que ocorre com interceptações, busca e apreensões. As mesmas considerações aplicadas na interceptação deferida por juízo incompetente, aplica-se para as demais provas.

QUEBRA DA CADEIA DE CUSTÓDIAS DAS PROVAS

As provas para serem válidas, devem manter sua integralidade, ou seja, suas características que mantenham sua confiabilidade. Segundo Geraldo Prado, "a cadeia de custódia da prova penal nada mais é que um dispositivo dirigido a assegurar a fiabilidade do elemento probatório, ao colocá-lo sob proteção de interferências capazes de falsificar o resultado da atividade probatória".[544]

A sequência ou cadeia em todas as fases da prova até a valoração, deve se manter íntegra.

Se houver algum comprometimento da integralidade da prova até o momenento da valoração, diz-se que houve a "quebra da cadeia de custódia das provas".

Assim, haverá a quebra da cadeia de custódia das provas se um audio de uma interceptação se tornar inaudível por problema de armazenamento, por exemplo.

544 PRADO, Geraldo. Prova penal e sistema epistêmicos: a quebra da cadeia de custódia das provas obtidas por meios ocultos. 1. ed. São Paulo: Marcial Pons, 2014; p. 86.

A quebra da cadeia de custódia das provas torna a mesma ilícita como já decidido pelos nossos tribunais:

> APELAÇÃO CRIMINAL - PROCESSUAL PENAL - INTERCEPTAÇÃO TELEFÔNICA - PEDIDO REQUERIDO E DEFERIDO PERANTE JUÍZO DIVERSO DA AÇÃO PRINCIPAL - POSSIBILIDADE - INVESTIGAÇÕES AINDA NO INÍCIO - EXISTÊNCIA DE DADOS INDICIÁRIOS DE AUTORIA - NECESSIDADE DA QUEBRA DO SIGILO PARA AS INVESTIGAÇÕES - CADEIA DE CUSTÓDIA PROBATÓRIA - QUEBRA - DESAPARECIMENTO DA PROVA - IMPOSSIBILIDADE DE CONTRAPROVA PELA DEFESA - LAUDO PERICIAL CONSIDERADO PROVA ILÍCITA - EXCLUSÃO DA PROVA PERICIAL DOS AUTOS - ANULAÇÃO DO PROCESSO A PARTIR DA DECISÃO DE RECEBIMENTO DA DENÚNCIA, INCLUSIVE.
>
> • É válida a autorização para quebra do sigilo telefônico por Juízo diverso do que tramita a ação penal principal, quando as investigações ainda estão em seu início, e a medida foi requerida em procedimento administrativo cujo objeto era mais amplo do que as investigações policiais.
>
> • Se os réus já estavam sendo investigados pela morte de outra pessoa que não a vítima destes autos e suspeitava-se de que eles integravam um grupo de extermínio, não há que se falar em inexistência de indícios de autoria para a quebra de seus sigilos telefônicos.
>
> • A prova é elemento essencial para a formação da convicção do julgador, devendo, por isso, não apresentar vícios, vez que é através dela que se busca fazer a reconstrução de um fato passado, de modo a criar condições para que o juiz exerça sua atividade recognitiva e aplique a lei ao caso concreto, pois o juiz é ignorante, na medida em que desconhece o fato e terá que conhecê-lo através da prova, que necessariamente deverá demonstrar e realidade dos fatos.
>
> • Nesse cenário, necessário se faz que os materiais probatórios sejam coletados, manuseados, lacrados, transportados, armazenados, recebidos e entregues dentro de um procedimento ou ritual que garanta a máxima segurança e confiabilidade, constituindo a cadeia de custódia as ações voltadas para tais objetivos, pois desde o início até o final do processo judicial é fundamental a demonstração de todas as etapas destinadas

a assegurar o 'rastreamento' e 'continuidade' da evidência. – Assim, a ocorrência da quebra da cadeia de custódia probatória, em face das diversas falhas em sua guarda, manipulação, lacração, armazenamento, recebimento e entrega, terminando com a sua completa destruição, acarreta a ilicitude da prova e a sua exclusão do processo, especialmente quando, em face de sua completa destruição, não se possibilitou à defesa providenciar a imprescindível contraprova.

• Verificando-se que as provas consideradas ilícitas contaminaram gravemente a decisão de recebimento da denúncia, a pronúncia e o acórdão que a confirmou, em especial a primeira, que se louvou inteiramente em tais provas, que exerceram, sem dúvida, enorme grau de influência nas decisões que se seguiram, impõe-se a anulação do processo, a partir da decisão de recebimento da denúncia.

• Se a perícia levada a efeito por peritos oficiais fora validada em decisão de pronúncia a submeter os réus a julgamento popular, há de se reconhecer a incidência dos efeitos da coisa julgada formal sobre a matéria, afigurando-se desarrazoada a invocação de perícia particular, declarada nula por este próprio Sodalício, para efeito de se decretar a anulação ex radice do processado. (TJMG – Apelação Criminal 1.0079.02.018891 2/017, Relator(a): Des.(a) Beatriz Pinheiro Caires , 2ª CÂMARA CRIMINAL, DJ 07/06/2018)

RECURSO ESPECIAL. ART. 305 DO CPM. NULIDADE. INTERCEPTAÇÃO TELEFÔNICA. PROVA EMPRESTADA. QUEBRA DA CADEIA DE CUSTÓDIA DA PROVA. FALTA DE ACESSO À INTEGRALIDADE DAS CONVERSAS. EVIDENCIADO PELO TRIBUNAL DE ORIGEM A EXISTÊNCIA DE ÁUDIOS DESCONTINUADOS, SEM ORDENAÇÃO, SEQUENCIAL LÓGICA E COM OMISSÃO DE TRECHOS DA DEGRAVAÇÃO. FILTRAGEM ESTABELECIDA SEM A PRESENÇA DO DEFENSOR. NULIDADE RECONHECIDA. PRESCRIÇÃO CONFIGURADA. RECURSOS PROVIDOS. DECRETADA A EXTINÇÃO DA PUNIBILIDADE.

1. A quebra da cadeia de custódia tem como objetivo garantir a todos os acusados o devido processo legal e os recursos a ele inerentes, como a ampla defesa, o contraditório e principalmente o direito à prova lícita. O instituto abrange todo o caminho que deve ser percorrido pela prova até sua análise pelo magistrado, sendo certo que qualquer interferência du-

rante o trâmite processual pode resultar na sua imprestabilidade (RHC 77.836/PA, Rel. Ministro RIBEIRO DANTAS, QUINTA TURMA, julgado em 05/02/2019, DJe 12/02/2019). 2. É dever o Estado a disponibilização da integralidade das conversas advindas nos autos de forma emprestada, sendo inadmissível a seleção pelas autoridades de persecução de partes dos áudios interceptados. 3. A apresentação de parcela do produto extraído dos áudios, cuja filtragem foi estabelecida sem a presença do defensor, acarreta ofensa ao princípio da paridade de armas e ao direito à prova, porquanto a pertinência do acervo probatório não pode ser realizado apenas pela acusação, na medida em que gera vantagem desarrazoada em detrimento da defesa. 4. Reconhecida a nulidade, inegável a superveniência da prescrição, com fundamento no art. 61 do CPP. 5. Recursos especiais providos para declarar a nulidade da interceptação telefônica e das provas dela decorrentes, reconhecendo, por consequência, a superveniência da prescrição da pretensão punitiva do Estado, de ofício. (STJ – REsp 1795341/RS, Rel. Ministro NEFI CORDEIRO, SEXTA TURMA, julgado em 07/05/2019, DJe 14/05/2019)

CARTA PSICOGRAFADA

A carta psicografada é a carta escrita por um médium espírita por meio de mensagens atribuídas a espíritos.

Discute se trata de uma prova lícita ou ilícita.

Segundo pensamos é uma prova ilícita, pois como o Estado é laico (art. 19, I da Constituição Federal), prevalence a liberdade religiosa (art. 5º, VI da Constituição Federal) e não há cientificidade na carta psicografada, a mesma seria ilícita.

Ademais, há afronta ao contraditório por não possuir o mínimo de cientificidade e por não permitir a parte contrária se defender.

DIÁRIOS PESSOAIS

O acesso a diários pessoais e cadernos ou materiais de anotações sem autorização judicial é ilícito pelo direito a intimidade que é resguardado constitucionalmente. E como ilícita, somente pode ser utilizada em situações excepcionais.

PROVAS OBTIDAS NO LIXO

Há grande discussão se a prova obtida no lixo é ou não uma prova ilícita.

A Suprema Corte dos Estados Unidos em Califórnia v. Greenwood (486 U.S. 35) julgou tal questão. Greenwood era suspeito de nacotráfico e a polícia investigou por duas vezes (sem mandado) a cesta de lixo do suspeito que se encontrava na calçada em frente a sua casa e acabou achando drogas e o mesmo foi acusado por tráfico com base em tais provas. A questão chegou a Suprema Corte que entendeu por maioria que não afronta a intimidade a obtenção de prova dentro do lixo depositado na cesta de lixo fora da casa do indivíduo porque ao depositar naquele lugar o produtor do lixo já tem ciência que pode ser acessado por animais, crianças, catadores ou qualquer pessoa.

Entendemos de modo diverso. O lixo produzido por uma pessoa e onde o mesmo se deposita é parte da intimidade de uma pessoa, podendo constar ali várias informações que deseje deixar a par do conhecimento de terceiros.

Roxana Pereira Brasileiro Borges cita vários exemplos desta intimidade:

> [...]Imaginando uma hipotética família de classe média urbana brasileira, seu lixo domiciliar é composto basicamente de restos de bens que revelam os mais diversos aspectos de sua vida privada, tais como seus hábitos de consumo; suas preferências culturais, políticas, filosóficas; seu nível econômico; o consumo de remedios e outras drogas; questões de saúde, vícios, hábitos alimentares; práticas religiosas; a avareza ou a perdularidade nos hábitos econômicos; a sustentabilidade ou a inconsequência ambiental; práticas sexuais; relacionamentos; documentos pessoais, certidões, extratos, correspondência, recibos, cobranças, contratos, diários, anotações em geral, etc[545].

O lixo a princípio poderá se encontrar dentro da residência ou estabelecimento da pessoa fisica ou juridical e externamente (aguardando recolhimento, dentro do caminhão de lixo, reciclagem ou aterro ou qualquer outro lugar).

545 BORGES, Roxana Cardoso Brasileiro. Revista Fórum de Direito Civil: RFDC, Belo Horizonte, v. 2, n. 3, p. 11-19, maio/ago. 2013; p. 15.

Como bem coloca a doutrina, é insuficiente para os direitos da personalidade, classificar o lixo como coisa *res delicta* (sem dono) objeto de abandono (derrelição)[546] .

Assim, diante da intimidade que carrega, o lixo ainda que abandono veda que a pessoa que tenha acesso ao mesmo ou o utilize, afronte a intimidade da pessoa ou das pessoas que produziu. Roxana Pereira Brsileiro Borges cita vários exemplos desta intimidade:

> [...]Por isso, apesar do abandono (fato extintivo do direito de propriedade) e do reuso (incentivado pela Política Nacional de Resíduos Sólidos), resíduos de anotaçôes, de roupas, de alimentos e bens consumidos em geral não podem ser usados de forma a violar a privacidade, a intimidade, a imagem, o nome ou a honra da pessoa natural geradora. O acesso ao lixo alheio – para coleta, reuso, reciclagem dos resíduos sólidos domiciliares e até mesmo para diagnóstico – não implica licença para a violação de seus direitos de personalidade. O abandono de coisa como lixo ou resíduo sólido revela exclusivamente a intenção de mero descarte, de disponibilização da coisa em si, não havendo intenção ou sequer consciência, por parte da pessoa geradora, de revelação de dados da sua vida privada. Normalmente, principalmente para as pessoas comuns, há expectativa de privacidade sobre os resíduos sólidos que gera. Embora atue com a cautela média de inutilizar certas coisas ou dilacerar documentos, é possível faticamente — sempre reconstruir dados e levantar aspectos da vida privada da pessoa sobre os quais ela tem expectativa de privacidade. A cautela média de dilacerar documentos, por exemplo, revela expectativa de privacidade sobre seu conteúdo, expectativa de que não será reconstruído[547].

PROVA ESTATÍSTICA

Como ensina Sérgio Cruz Arenhart, em litigios complexos, os meios de prova típicos e tradicionais se mostram muitas das vezes, insuficientes para

546 BORGES, Roxana Cardoso Brasileiro. Revista Fórum de Direito Civil: RFDC, Belo Horizonte, v. 2, n. 3, p. 11-19, maio/ago. 2013; p. 11-19.

547 BORGES, Roxana Cardoso Brasileiro. Revista Fórum de Direito Civil: RFDC, Belo Horizonte, v. 2, n. 3, p. 11-19, maio/ago. 2013; p. 15.

demonstrar um ilícito[548], necessitando de meios de provas diferentes como a prova estatística.

> Conceitua o doutrinador: "A prova estatística corresponde a particular modalidade de prova científica, em que o método estatístico é empregado para, a partir da avaliação de um universo de elementos – inteiramente ou por amostragem – extrair conclusões que possam servir como argumentos de prova no processo civil".

Ademais, o art. 369 do CPC admite todos os meios de prova moralmente legítimos e legais, ainda que não especificados.

A prova estatística equivale a presunção judicial, o que permite seu afastamento por prova em sentido contrário, estando ainda sujeita a admissibilidade como qualquer outra prova.

PROVA POR AMOSTRAGEM

A prova por amostragem é a princípio, lícita tal qual a prova estatística. A prova por amostragem dá-se quando se pega fração de uma ato ilícito ou de uma prova para demonstrar o todo dela.

Aplica-se o que foi falado na prova estatística à prova por amostragem.

Diferencia-se a prova estatística da prova por amostragem pelo fato de que pode haver prova estatística se analisando o todo ou partes e a amostragem se dá apenas com parte de um todo.

---

548 ARENHART, Sérgio Cruz. Rev. Direito Práx., Rio de Janeiro, v. 10, n. 1, 2019, p. 663.

6

RESPONSABILIDADE CIVIL NA OBTENÇÃO OU UTILIZAÇÃO DE PROVA ILÍCITA

Como dito, se a prova é ilícita ela afrontou direito fundamental de alguém. E ao afrontar direito fundamental ela pode ensejar a reparação civil do lesado se houver comprovação de ato ilícito na sua obtenção ou utilização, nexo causal, dano e culpa ou dolo.

O fato da prova ilícita ter sido admitida no processo não afasta necessariamente o direito a indenização pela obtenção de prova ilícita, pois são autônomas as esferas de admissibilidade da prova ilícita e da responsabilidade por sua obtenção ou utilização.

7

NEGÓCIOS JURÍDICOS PROCESSUAIS E PROVA ILÍCITA

> Negócios jurídicos processuais "é o fato jurídico voluntário, em cujo suporte fático se reconhece ao sujeito o poder de regular, dentro dos limites fixados no próprio ordenamento jurídico, certas situações jurídicas processuais ou alterar o procedimento".[549]

E como todo negócio jurídico, para se ter validade, exige agentes capazes, objeto lícito e forma prevista ou não proibida em lei.

Debate-se sobre a possibilidade de firmar negócio jurídico procesual para as partes admitirem uma prova ilícita.

Como a prova ilícita pode ser admitida excepcionalmente admitida no processo, entendemos que da mesma forma, possível a princípio a previsão de negócio jurídico processual entre as partes para admitir uma prova ilícita se não houver outra causa que impeça sua realização.

549 DIDIER JR. Fredie. Curso de direito processual civil. Vol. I. Salvador: Jus Podivm, 2018; p. 439.

CONCLUSÃO

Pode-se colocar como conclusão os seguintes pontos:

1. há uma nova fase evolutiva do processo civil, além das tradicionais fases do sincretismo, do autonomismo e do instrumentalismo do processo;
2. essa nova fase surgiu diante da superação do instrumentalismo do processo, o qual teve grande importância e gerou enorme desenvolvimento do processo civil brasileiro, mas com o passar dos tempos, se mostrou insuficiente para atender aos atuais reclamos da ordem jurídica atual, não dando o devido relevo aos preceitos constitucionais (notadamente os direitos fundamentais), e às vezes sacrificando e sobrepondo os direitos fundamentais, além de em algumas vezes ser utilizado para justificar o arbítrio;
3. surgiu uma nova etapa desenvolvimentista do processo civil chamada de neoprocessualismo ou processo civil constitucional, possuidora de contornos próprios;
4. o neoprocessualismo (que nada mais é do que o neoconstitucionalismo sob a roupagem processual civil) possui as seguintes características: a) constitucionalização do direito processual civil; b) supremacia dos direitos fundamentais; c) admissão dos princípios como normas; d) impossibilidade de supressão ou retrocesso do núcleo essencial dos direitos fundamentais (o por emenda constitucional) (art. 60, §4º da CF); e) aplicação imediata dos direitos fundamentais (art. 5º, §1º da CF); f) máxima eficácia dos direitos fundamentais; g) expansão da jurisdição constitucional; h) preocupação com a realização do justo processo;
5. no neoprocessualismo ocorre uma grande interação entre o processo civil e a constituição, um verdadeiro diálogo de fontes;

6. a prova sempre foi utilizada como mecanismo de obtenção da verdade, a qual variava de acordo com a teoria do conhecimento (da verdade) adotada;
7. entende-se que, dentre as principais teorias do conhecimento, a que mais se coaduna com a visão do neoprocessualismo e com a noção atual de Direito seria a verdade lógico-razoável da linguagem, que seria uma junção entre a verdade lógico-razoável de Recasen Siches e a noção de verdade da filosofia da linguagem de Wittgenstein e Habermas;
8. a verdade lógico-razoável da linguagem, em seu aspecto "lógico-razoável", vai além da lógica tradicional e inclui a lógica do humano ou do razoável (critérios de valoração, pautas axiológicas e pontos de vista estimativos), ou seja, defende a análise de circunstâncias extralógicas;
9. na perspectiva da filosofia da linguagem, a verdade inclui ainda os mecanismos da linguagem dentro de um agir comunicativo (dialética e discursivamente), como aponta Habermas;
10. a espécie de verdade lógica pregada neste estudo deixa de ser uma correspondência entre um objeto e um enunciado e passa a ser uma correspondência entre linguagens;
11. a linguagem deixa de ter o caráter secundário de liame entre sujeito e objeto e passa a ser geradora do próprio conhecimento, podendo inclusive criar a verdade;
12. a relação entre o enunciado e o objeto deixa de ser verdadeiro ou falso, o que passa a ser verificado somente em relação à proposição. Esta verdade é vista em um sistema de referências (vivências do indivíduo) e de acordo com as regras dos jogos de linguagem (no caso do Direito, normas jurídicas);
13. a afirmação de que a verdade teria uma característica lógica da linguagem, acarreta sua relatividade, o que não se caracteriza, porém, como ceticismo, mas, tão somente, o reconhecimento da verdade como mutável, dinâmica, e como o caráter autopoiético do Direito;
14. na concepção da verdade lógico-razoável da linguagem, inexiste sentido na diferenciação entre verdade formal e verdade material, pois, tendo a última caráter absoluto, refulgiria ao conhecimento humano;

15. toda verdade científica seria formal;
16. a verdade lógico-razoável da linguagem adotada no presente labor é a que melhor se relaciona com o tema do neoconstitucionalismo, neoprocessualismo e das provas, deixando claro que, no âmbito jurídico, a verdade dá-se quando as alegações realizadas por meio da linguagem do Direito são aceitas conforme as normas deste o sistema, por meio de um método dialético-discursivo;
17. a prova é o instrumento processual por excelência para demonstrar a verdade-lógico-razoável da linguagem e admite conceito unitário, tendo em vista seu objeto e sua finalidade;
18. a prova jurídica é conceituada como o instrumento processual para a comprovação das alegações das partes e demais participantes do processo, com o escopo de convencer o julgador, e, por tal característica, é caracterizada como instrumento de argumentação jurídica (retórica);
19. pode-se dividir a prova em fases: proposição, admissão, produção e valoração;
20. a prova é um direito fundamental implícito por ser extremamente importante no ordenamento jurídico e por decorrer de regime e princípios constitucionais e tratados de que o Brasil faz parte;
21. o reconhecimento da prova como direito fundamental traz como seus efeitos: a) a vinculação dos poderes públicos e particulares; b) a aplicabilidade imediata do direito fundamental; c) as limitações da prova;
22. a apuração do âmbito de proteção, e por decorrência da natureza das limitações dos direitos fundamentais, pode-se dar por meio da teoria interna (para a qual o núcleo de proteção engloba apenas o direito e seu conteúdo – limitações imanentes – sendo os direitos fundamentais apenas regras, nao sujeitas a sopesamento e com característica de definitivos), ou por meio da teoria externa (para a qual o núcleo de proteção dá-se por duas coisas diversas: direito, e suas limitações, variando o núcleo de proteção no caso concreto);
23. a teoria interna não prospera, por estar afinada com o ultrapassado positivismo, admitindo apenas suas limitações imanentes, incompatíveis com

o neoprocessualismo, com o sopesamento e com a admissão dos princípios como normas. Não prospera pela dificuldade em se definir qual o âmbito de proteção, por não resolver, de forma satisfatória, a infinidade de situações da vida que podem ser atingidas por aquele determinado direito fundamental, bem como por permitir inclusões de outros bens no âmbito do núcleo de proteção, facilitando a arbitrariedade;

24. diante da adoção da teoria externa, acredita-se que a proibição de proposição, da admissão, da produção e da valoração de prova ilícita não está inserida no âmbito do direito fundamental à prova, servindo, em contrário, como limite não imanente àquele direito fundamental, inexistindo, portanto, um direito fundamental à proibição de provas ilícitas, subsistindo apenas uma regra constitucional limitativa do direito fundamental à prova;

25. não há que se falar em princípio ou direito fundamental à proibição de prova ilícita porque, se assim fosse, deveriam ser tratadas como princípio ou direito fundamental todas as feições negativas dos direitos fundamentais, existindo um inaceitável direito fundamental a proibir a ampla defesa ilícita, o direito fundamental de proibição de contraditório ilícito, o direito fundamental a proibir associações ilícitas, etc.;

26. as limitações ao direito fundamental à prova podem se dar por: a) limitações diretamente constitucionais; b) limitações indiretamente constitucionais; c) colisão com outros direitos fundamentais;

27. todas as formas de limitações supracitadas têm base direta ou indireta na Constituição Federal, pois, se assim não fosse, impossível seria uma norma hierarquicamente inferior sem base constitucional limitar uma outra com tal base;

28. as colisões ocorrem quando se dá entrechoque entre direitos fundamentais ou entre direitos fundamentais e valores constitucionais ou entre valores constitucionais, sendo que os direitos fundamentais e valores constitucionais se exteriorizam por normas (regras e princípios), podendo haver ocasiões em que são tanto regras quanto princípios;

29. independentemente de os direitos fundamentais serem regras ou princípios, estarão sujeitos a sopesamento (ponderação), pois, na atual fase do

Direito, da ebulição do pensamento sistemático-tópico e do diálogo das fontes, tem-se procurado harmonizar as normas (princípios e regras) o máximo possível;

30. o que antes era a mera busca para invalidar uma das regras, agora é a tentativa de salvá-las e a harmonizá-las com outras regras e princípios em colisão, com vistas a manter a mobilidade e a unidade do ordenamento jurídico, por meio do diálogo das fontes e, em sua impossibilidade, pela teoria dos princípios, de Humberto Ávila, ou ainda, na impossibilidade, por meio dos métodos tradicionais de resolução de conflitos normativos previstos na Lei de Introdução ao Direito;
31. para a resolução da questão, é importante descobrir a natureza jurídica das normas em conflitos (se regras, princípios ou ambos), sendo que, no caso de a colisão envolver regras, dará prevalência *prima facie* à regra, podendo excepcionalmente ser superada no caso do princípio colidente prevalecer no caso concreto, mediante a ultrapassagem dos filtros da motivação e da proporcionalidade, por meio do sopesamento;
32. no caso de a colisão envolver apenas princípios, dever-se-á realizar o sopesamento para verificar qual dos dois prevalecerá, diante da inexistência de precedência;
33. existem dois limites das limitações aos direitos fundamentais: a) o núcleo essencial dos direitos fundamentais (é o mínimo que deve ser garantido de eficácia ao direito fundamental); b) a proporcionalidade (adequação, necessidade e proporcionalidade em sentido estrito) e/ou razoabilidade;
34. a adequação se configuraria quando o meio escolhido (sacrifício do direito fundamental ou valor constitucional) for apto a alcançar o resultado pretendido;
35. a necessidade exige que o meio escolhido (sacrifício do direito fundamental ou valor constitucional) seja o menos restritivo entre as opções existentes;
36. proporcionalidade, em sentido estrito, exige que o meio escolhido (sacrifício do direito fundamental ou valor constitucional) tenha mais benefícios do que malefícios (seja razoável em relação ao bem sacrificado);

37. são tendências, no Direito Comparado, no que se refere ao tema provas ilícitas: a) propiciar uma aproximação entre os sistemas jurídicos da *civil law* e *commom law*; b) não disciplinar a proibição, ou não, de prova ilícita no âmbito constitucional, deixando a matéria para o âmbito infraconstitucional, ou para a análise do magistrado, no caso concreto; c) não utilizar regras estanques de proibição, ou não, de prova ilícita; d) prever a admissibilidade, ou não, da prova ilícita apenas no caso concreto; e) utilizar a proporcionalidade (nos países da *civil law*) e razoabilidade (nos países da *commom law*) como mecanismo para a aferição da admissibilidade, ou não, da prova ilícita no caso concreto;
38. há uma teoria geral do processo pelos seguintes motivos: a) todos os ramos do Direito Processual têm uma base comum (jurisdição, ação e progresso); b) várias faculdades no país possuem a cadeira autônoma de teoria geral do processo (TGP); c) o critério de divisão em processo civil, processo penal, processo administrativo, etc. é meramente didático e serve para facilitar a atividade legislativa; d) a jurisdição é única, pelo que não se pode aceitar divisão entre ramos do Direito com o o objeto e a finalidade; e) tanto nas demandas cíveis quanto nas penais, as provas (juntamente com as afirmações) servem para embasar as sentenças; f) os objetivos dos ramos do processo são os os: atuação da ordem jurídica de forma imparcial, garantia da liberdade e pacificação social, dentre outros; g) há convergência dos princípios fundamentais da ampla defesa, do contraditório e da isonomia; h) vários institutos possuem similitude de tratamento em todos os ramos do processo, como, por exemplo, a preclusão, a coisa julgada, o processo e a prova;
39. pode-se falar em uma teoria geral da prova e da prova ilícita, o que não significa, logicamente, que cada ramo do processo não possa guardar suas devidas peculiaridades;
40. não raras vezes baseia-se na doutrina e na jurisprudência penal, que, como se sabe, muitas vezes auxilia o estudo do instituto no âmbito civil;
41. dentre as opções existentes para conceituar a prova ilícita, a que melhor atende aos parâmetros do neoprocessualismo e do pensamento sistemático é a de que ela se dá quando a prova afrontar direito fundamental

de alguém e não quando afrontar norma de direito material, salientando que as provas proibidas se dividem em provas ilícitas (afronta a direitos fundamentais) e provas ilegítimas (afronta a normas que não tenham natureza jurídica de direitos fundamentais);

42. há situações em que a infração à norma processual é tão ou mais grave que a infração a norma de direito material;
43. a corrente defensora de que a ilicitude dá-se quando houver afronta à norma de direito material é insuficiente para atender aos reclamos do neoprocessualismo e não dá relevo aos direitos fundamentais, além de que, na maioria dos ordenamentos jurídicos mais avançados da civil Law, como na Alemanha, na Itália e na Espanha, tem-se apontado que a ilicitude da prova diz respeito à contrariedade de direitos fundamentais;
44. pode-se dizer que a prova ilícita é a prova proposta, admitida ou produzida em contrariedade a direito fundamental de alguém;
45. a prova imoral ou moralmente ilegítimas são as provas que afrontam regras morais sem afrontar um direito fundamental, enquanto as provas ilícitas afrontam direito fundamental;
46. a prova ilícita não se confunde com as provas atípicas, sendo estas tipos de provas inominadas, ou não expressamente previstas em lei, inclusive aduzindo que a prova ilícita pode ser típica ou atípica;
47. não se confunde a prova ilícita com o sistema da provalegal, pois este é apenas um dos sistemas para valorar a prova, sendo que, no ordenamento jurídico brasileiro, prevalece o sistema do livre convencimento motivado com poucos resquícios dos outros sistemas;
48. as teorias tradicionais sobre a admissibilidade da prova ilícita são as seguintes: a) admissibilidade absoluta da prova ilícita (na qual se admite a prova ilícita, somente promovendo a punição civil, administrativa ou criminal do responsável pela ilicitude); e b) inadmissibilidade absoluta da prova ilícita (na qual não se admite em hipótese alguma a prova ilícita);
49. as teorias tradicionais são insuficientes para atender ao escopo do processo justo e para se compatibilizar com as noções de verdadelógico-razoável da linguagem e de neoprocessualismo;

50. a teoria da admissibilidade absoluta da prova ilícita tem os seguintes pontos negativos: a) possibilidade de estimular o Estado e os particulares a promoverem toda a sorte de ilícitos para obterem a prova que desejarem, afrontando a dignidade da pessoa humana; b) possibilidade de se tratar de grande estímulo ao crescimento da violência no meio social e de realização de práticas ilícitas; c) possibilidade de fazer letra morta do art. 5º, LVI da Constituição Federal, que proíbe a utilização da prova ilícita;
51. a teoria da inadmissibilidade absoluta da prova ilícita também sofre críticas por: a) fazer prevalecer algumas vezes a segurança jurídica sobre outros valores mais caros em determinados casos concretos; b) evidenciar que a melhor forma de coibir um excesso não é realizando outro; c) poder fazer prevalecer a impunidade e a injustiça sobre a justiça; d) obrigar o magistrado a atuar como se não conhecesse os fatos devidamente comprovados; e) ignorar que há situações em que a ilicitude da prova se realizou por responsabilidade da parte que dela se beneficia; f) evidenciar que o fato de o constituinte ter feito uma primeira ponderação, no caso do art. 5º, LVI da Constituição Federal, não impede que seja feita uma segunda pelo intérprete e aplicador do direito;
52. as teorias tradicionais de admissibilidade da prova ilícita, por serem formas engessadas, são incapazes de atender com eficácia e senso de justiça toda infinidade de casos concretos que possam ocorrer;
53. diante da insuficiência das teorias tradicionais sobre a admissibilidade da prova ilícita no processo civil, entende-se pela prevalência da teoria da admissibilidade relativa da prova ilícita que dispõe, a priori, não se admitir a prova ilícita por força do art. 5º, LVI da Constituição Federal, mas em determinadas situações excepcionais, em que o valor confrontado se sobrepuser a esta regra, poderá ser utilizada tal prova ilícita;
54. a excepcionalidade se dá porque prevalece a regra da limitação constitucional da prova ilícita esculpida no art. 5º, LVI da Constituição Federal, dada a natureza das regras que – *a priori* – se sobrepôem aos princípios de mesma hierarquia;
55. não se poderia fazer da regra limitativa de prova disposta pelo Constituinte letra morta, devendo ser, a princípio, privilegiada, utilizando-se a

teoria dos princípios, de Humberto Ávila, no caso das provas ilícitas no processo civil constitucional;

56. há situações em que prevalece o direito fundamental à prova (que é um princípio), porque o art. 5º, LVI da Constituição Federal não pode ser interpretado isoladamente, mas deve ser interpretado conjuntamente com todo o ordenamento jurídico e, notadamente, o postulado da proporcionalidade. Tira-se como produto a possibilidade, em situações excepcionais, de se admitir a prova ilícita no processo civil.
57. o art. 5º, LVI da Constituição Federal deve ser interpretado à luz do art. 5º, XXXV da Constituição Federal (que submete à apreciação do Poder Judiciário qualquer lesão ou ameaça a direito) e do postulado constitucional da proporcionalidade;
58. deve-se utilizar o postulado constitucional da proporcionalidade para fazer o sopesamento entre o direito fundamental à prova (em conjunto com outro direito fundamental) *versus* a regra da proibição de prova ilícita (ou em conjunto com outro direito fundamental) e ter como produto a prevalência de um deles no caso concreto;
59. a teoria da admissibilidade relativa da prova ilícita mostra-se mais eficaz para a resolução da infinidade de situações concretas que podem ocorrer, além de permitir a realização de um processo justo;
60. utiliza-se as regras e princípios de forma complementar, desempenhando cada qual sua função, sendo inconcebível a existência e a efetividade de um sem o outro;
61. os sistemas jurídicos democráticos têm, na atualidade, tido repúdio àquelas previsões de posturas rígidas no trato da prova ilícita, como no caso das teorias tradicionais sobre sua admissibilidade, pela insuficiência destas teorias para resolverem questões desta estirpe que envolvem alta complexidade, uma infinidade de situações e alteração das perspectivas com alterações das circunstâncias;
62. é inconstitucional a limitação ao direito à prova de forma injustificada e desproporcional;

63. interpretar o art. 5º, LVI da Constituição Federal como vedação absoluta da utilização de prova ilícita é fazer interpretação inconstitucional de norma constitucional;
64. e, acaso se entendesse que o resultado pudesse vir a ser uma interpretação contrária à lei, não haveria óbice, pois seria de acordo com o Direito;
65. o papel do intérprete e aplicador do Direito não é de apenas ser "boca da lei", ou autômato, mas de construir e reconstruir esses significados, não sendo razoável crer que a aplicação do Direito abarca um meio de subsunção entre conceitos prontos antes de suas aplicações;
66. *a priori*, prevalece a inadmissibilidade de prova ilícita no processo civil e, excepcionalmente, sua admissibilidade;
67. a teoria relativa da admissibilidade da prova ilícita sofre seu controle por meio da prevalência prima facie das regras, da motivação e do postulado da proporcionalidade;
68. somente quando ultrapassado esses filtros, poder-se-á admitir a utilização de prova ilícita;
69. a prova ilícita só não poderá ser utilizada em um processo após decisão não passível de recurso com efeito suspensivo ou com o trânsito em julgado;
70. as consequências jurídicas variam de acordo com a admissibilidade, ou não, da prova ilícita;
71. se a prova ilícita for admitida, as consequências serão as seguintes: a) a prova ilícita permanece no processo; b) a prova ilícita será considera existente, válida e eficaz; c) a prova ilícita terá status semelhante ao da prova lícita; d) a prova ilícita será normalmente valorada e levada em consideração quando da decisão judicial; e) no caso de o magistrado verificar o acometimento de alguma ilicitude penal ou administrativa na obtenção da prova ilícita, ele deve cientificar o órgão próprio para a abertura do respectivo processo;
72. se a prova ilícita for inadmitida, as consequências serão diversas e variadas. Neste caso, ela (a prova ilícita): a) será considerada inexistente (inadmissível), não possuindo validade e eficácia; b) deverá ser desentra-

nhada; c) não será valorada e levada em consideração, quando da decisão judicial; d) no caso de o magistrado verificar o acometimento de alguma ilicitude penal ou administrativa na obtenção da prova ilícita, ele deve cientificar o órgão próprio para abertura do respectivo processo; e) será desentranhada, e a sentença poderá ser rescindida, se ela (a prova ilícita) for a única para ensejar a condenação ou for determinante para tal; f) será desentranhada, e se ela não contaminar os atos posteriores do processo (inclusive a sentença), todos os atos subsequentes permanecerão válidos e não sujeitos a ação rescisória; g) será submetida a (passará por) determinação de desentranhamento, mas a sentença permanecerá válida, se ela (a prova ilícita) não foi desentranhada e se houve julgamento e o julgamento não guardou incompatibilidade com a declaração de ilicitude da prova, ou se não foi tal prova determinante no processo; h) se a prova ilícita não foi desentranhada e se houve julgamento e o julgamento guardar incompatibilidade com a declaraçao de ilicitude da prova, ou seja, se tal prova for determinante, haverá necessidade de desentranhamento da prova e a sentença será válida, sendo passível no entanto, de decretação de invalidade por meio de ação rescisória; i) na hipótese de um magistrado a quo entender como lícita uma prova que fora posteriormente reconhecida como ilícita pelo tribunal, ou considerar como ilícita uma prova que fora considerada lícita pelo tribunal, esse magistrado não poderá atuar mais no feito. Isto porque, por mais que se tente, já estará contaminado pela influência da prova, devendo haver o seu afastamento, tratando-se da teoria de descontaminação do julgado, segundo a qual o julgador deve se abster de julgar, com fulcro no art. 145, §1º do CPC (chamada erroneamente de suspeição por foro íntimo) ou com base no art. 145, IV do CPC (interesse no julgamento da causa em favor de uma das partes), com vistas ao afastamento do magistrado do processamento e do julgamento da demanda judicial.

73. não há inexistência jurídica da decisão embasada unicamente, ou de forma determinante, em prova ilícita inadmitida no processo, mas apenas situação passível de ação rescisória desde que não haja outros elementos de prova que geraram a condenação; a prova derivada de prova ilícita inadmitida no processo estará sujeita a sopesamento para verificar a pos-

sibilidade, ou não, de sua admissibilidade, não se admitindo, a princípio, as provas ilícitas derivadas (*fruits of the poisonous tree*), salvo em situações em que for ultrapassada a prevalência prima facie das regras, motivação e o sopesamento, havendo exceções a tais teorias como no caso de exceção de fonte autônoma, (*teory of independence source*), de descoberta inevitável (*inevitable discovery exception*), teoria da exceção de boa fé (*teory of good faith*), teoria do nexo causal atenuado (*teory of attenuation doctrine*), teoria da contraprova (*teory of evidence admissible for impeachment*), teoria da serendipidade ou encontro fortuito de provas e de prova emprestada;

74. há possibilidade de utilização de ação rescisória para desconstituir a decisão judicial por consideração de prova ilícita impossível de ser admitida com base em prova falsa (art. 966, VI do CPC), ou erro de fato (art. 966, VIIIdo CPC) ou ainda ofensa a literal disposição de lei (art. 966, V do CPC);
75. ainda que a ação rescisória baseada em prova ilícita seja julgada procedente, tal situação por si só não é apta a ensejar o julgamento da pretensão objeto da decisão rescindenda em favor do autor da dita rescisória, podendo o réu ajuizar nova ação dentro do prazo prescricional e obter tutela favorável por outros meios de prova;
76. são exemplos de provas ilícitas as consistentes ou decorrentes de interceptação *stricto sensu*, interceptação ambiental, escuta, escuta ambiental, gravações, busca e apreensão, coação ou tortura, quebra de sigilo (telefônico, epistolar, bancário, fiscal e profissional), prova eletrônica ilícita, invasão de domicílio, denúncia anônima e flagrante preparado e esperado.
77. a interceptação lato sensu é o mecanismo pelo qual alguma pessoa capta imagem, comunicação, dados ou voz sem que uma ou mais pessoas saibam;
78. interceptação lato sensu se divide em: a) interceptação *stricto sensu*; b) interceptação ambiental; c) escuta; d) escuta ambiental; e) gravações clandestinas;
79. a interceptação stricto sensu dá-se quando terceiro capta som, imagem, comunicação, dados e/ou voz sem conhecimento dos envolvidos diretos na situação e desde que não esteja presente fisicamente no ambiente

como por exemplo se dá na interceptação telefônica (grampo) e interceptação de email ou dados informáticos;

80. interceptação stricto sensu (independentemente da modalidade que se dê) sem autorização judicial ou desconforme com a lei é considerada ilícita e a princípio não pode ser utilizada no processo civil;
81. a ausência de autorização judicial válida na interceptação lato sensu é prova ilícita;
82. são requisitos para a licitude da interceptação lato sensu: a) autorização judicial válida; b) autorização promovida por juízo compente; c) fundamentação da decisão que deferir a interceptação; d) a prova não possa ser feita por outros meios; e) situação grave para justificar a interceptação; f) prazo não superior a 15 dias, salvo prorrogações autorizadas judicialmente;
83. é ilícita a interceptação lato sensu com ausência de autorização judicial ou interceptação em período não abrangido pela autorização judicial, podendo ser utilizada apenas em situações excepcionais;
84. é lícita a autorização judicia per relationem (que faz referência a alegações de um dos participantes do processo) , podendo ser utilizada apenas em situações excepcionais;
85. é ilícita a interceptação lato sensu autorizada por juízo incompente, podendo ser utilizada apenas em situações excepcionais;
86. é lícita a interceptação lato sensu deferida por juízo competente e que posteriormente há alteração da competência por promoção, aposentadoria, redistribuição por criação de nova Vara, fato superveniente, etc.);
87. é ilícita a interceptação lato sensu sucessiva desde que as prorrogações sejam justificadas e razoáveis, podendo ser utilizada apenas em situações excepcionais;
88. é ilícita a interceptação lato sensu com autorização judicial obtida posteriormente à efetiva interceptação, podendo ser utilizada apenas em situações excepcionais;
89. é ilícita a interceptação lato sensu com autorização judicial por prazo indeterminado ou desarrazoado, podendo ser utilizada apenas em situações excepcionais;

90. a interceptação telefônica autorizada judicialmente cuja decisão foi posteriormente declarada nula é considerada ilícita como se autorização não houvesse, bem como também é ilícita a interceptação telefônica fora dos ditames da Lei n. 9.296/96 (aplicada analogicamente ao processo civil);
91. configura interceptação *stricto sensu*, e, portanto prova ilícita, a utilização em um processo de interceptação realizada por um dos interlocutores de determinada conversa que não é parte neste mesmo processo, mas se caracteriza gravação e não interceptação quando a conversa gravada dá-se entre uma das partes do processo e a testemunha do processo com o escopo de comprovar a inverdade das declarações prestadas por aquela testemunha;
92. admite-se excepcionalmente a interceptação stricto sensu quando o interesse a ser protegido pela utilização desta prova ultrapassar os filtros da prevalência *prima facie* das regras, da motivação e proporcionalidade como, por exemplo, no caso de devedor de alimentos de difícil localização e satisfação do crédito alimentar;
93. pode-se ainda taxar uma interceptação a princípio lícita como ilícita por afronta aos filtros da motivação ou da proporcionalidade quando, por exemplo, a mesma prorrogar por anos a fio;
94. por se tratar de prova ilícita, a priori não se admite a interceptação *stricto sensu*, admitindo-a excepcionalmente quando o interesse a ser protegido pela utilização desta prova ultrapassar os filtros da prevalência prima facie da regra da proibição de prova ilícita, motivação e proporcionalidade;
95. interceptação ambiental dá-se quando terceiro capta som, imagem, comunicação, dados e/ou voz sem conhecimento dos envolvidos diretos na situação, estando presente fisicamente no ambiente, diferenciando-se da interceptação stricto sensu da pelo fato de que na primeira não há a presença no ambiente da comunicação do terceiro interceptador, enquanto que na segunda hipótese há;
96. a priori, a situação comum de valer-se de detetive particular para captar imagem de pessoas em situação de intimidade sem o conhecimento destas se caracteriza interceptação ambiental, vedada pelo ordenamento jurídico;

97. da mesma forma que a interceptação *stricto sensu*, admite-se excepcionalmente a interceptação ambiental tão somente quando o interesse a ser protegido pela utilização desta prova ultrapassar os filtros da prevalência prima facie da regra da proibição de prova ilícita, motivação e proporcionalidade;
98. a escuta dá-se quando terceiro capta som, imagem, comunicação, dados e/ou voz com conhecimento de pelo menos um dos envolvidos diretos na situação e desde que não esteja presente fisicamente no ambiente, diferenciando-se da interceptação pelo fato de na primeira nenhum dos envolvidos diretos na situação tem conhecimento da captação de seus sons, imagens, comunicação, dados e/ou voz por terceiro, enquanto que na segunda modalidade pelo menos um deles terá ciência;
99. exemplo de escuta dá-se nas hipóteses em que a polícia com o consentimento de um dos interlocutores capta áudio de conversa do mesmo com terceiro, não estando presente fisicamente no local;
100. escuta sem autorização judicial é ilícita, enquanto a que possui este tipo de autorização é lícita;
101. da mesma forma que a interceptação *stricto sensu*, admite-se excepcionalmente a escuta ilícita quando o interesse a ser protegido pela utilização desta prova ultrapassar os filtros da prevalência *prima facie* da regra da proibição de prova ilícita, motivação e proporcionalidade;
102. escuta ambiental dá-se quando terceiro capta som, imagem, comunicação, dados e/ou voz com conhecimento de pelo menos um dos envolvidos diretos na situação, estando presente fisicamente no ambiente, diferenciando-se da escuta pelo fato de que na primeira não há a presença no ambiente da comunicação do terceiro autor da escuta, enquanto que na segunda hipótese há;
103. escuta ambiental autorizada judicialmente é lícita, enquanto a não autorizada é ilícita;
104. da mesma forma que a interceptação stricto sensu, admite-se excepcionalmente a escuta ambiental ilícita quando o interesse a ser protegido pela utilização desta prova ultrapassar os filtros da prevalência *prima facie* da regra da proibição de prova ilícita, motivação e proporcionalidade;

105. a escuta ambiental por viva-voz é prova ilícita se realizada sem autorização judicial e somente será admitida excepcionalmente;
106. as gravações podem ser autorizadas ou clandestinas, sendo que as primeiras se dão quando todos envolvidos diretos na situação permitem a captação de som, imagem, comunicação, dados e/ou voz e na segunda hipótese, há um desconhecimento ou não consentimento por um dos envolvidos diretos na situação que tem seu som, imagem, comunicação, dados e/ou voz captado;
107. a gravação clandestina, não é necessariamente ilícita, pois se o participante da situação (acaso não haja proibição legal) pode revelar para quem desejar, inclusive em sede judicial (depoimento pessoal ou testemunhal), não há se falar em ilicitude;
108. destarte, é lícita a gravação clandestina feita por um dos interlocutores, desde que não haja causa legal de sigilo ou reserva;
109. é ilícita a gravação imoral, como por exemplo, a gravação de uma conversa em que um marido se faz passar por filho para falar com sua esposa para obter confissão;
110. também é lícita a gravação realizada em local público se não há motivo relevante para entender em sentido contrário;
111. ainda seria lícita a utilização como prova de uma gravação ocorrida em prédio público, com funcionário público no exercício do seu mister, em uma via pública ou uma sessão pública do legislativo;
112. é lícita a gravação de agente publico se não há direito fundamental ou normal legal limitando tal gravação;
113. não configura prova ilícita a utilização de gravação de programa de rádio, internete ou televisão destinado ao público;
114. no caso da prova sobre a qual recai a suspeita de ilícita se tratar de um áudio, deve a parte ou a Justiça fazer a degravação do mesmo para atender a ampla defesa e contraditório, sob pena de ilicitude da prova, não havendo necessidade de fazer a degravação de todo (degravação completa) o áudio (sob pena de afronta a proporcionalidade), mas apenas das partes importantes para a resolução da lide (degravação parcial);

115. apesar de não haver obrigação de fazer a degravação de todo o aúdio, é direito líquido e certo do envolvido ter acesso ao áudio completo;
116. a não ser que haja dúvida fundada, não há necessidade de perícia de voz para dar validade ao audio;
117. somente será considerada ilícita a gravação na hipótese de haver impedimento legal para tanto, o que é raro ocorrer;
118. nas hipóteses de inerceptação lato sensu ilícitas, deverá se fazer o sopesamento (prevalência prima facie da proibição de prova ilícita, motivação e postulado da proporcionalidade) para verificar a sua admissibilidade ou não;
119. a busca e apreensão se trata de medida consistente na localização e apreensão de pessoas ou coisas;
120. a busca e apreensão desde que revestidas das formalidades legais e autorização judicial são lícitas;
121. a busca e apreensão ocorre normalmente em domicílios que são espaço físico de privacidade, englobando casa, apartamento, residência, fazenda, empresa, barco, barraca de camping, quarto de hotel/pensão/motel/habitação coletiva, escritório, trailer, clube recreativo ou qualquer outro habitáculo onde o indivíduo resida definitive ou temporariamente ou exerça seu ofício;
122. é ilícita a busca e apreensão sem autorização judicial, se não for em flagrante delito, apenas podendo ser admitida excepcionalmente;
123. é ilícita a busca e apreensão com autorização judicial de juízo incompetente, apenas podendo ser admitida excepcionalmente;
124. será lícita a busca e a apreensão sem autorização judicial no caso de flagrante;
125. se considera ilícita a busca e apreensão realizada por convite da própria pessoa ou mediante autorização desta e se considera ilícita a busca e apreensão realizada por convite ou autorização de seus familiars, podendo ser admitida excepecionalmente;
126. é ilícita a busca e apreensão em escritório de advocacia, apenas podendo ser admitida muito excepcionalmente;

127. ainda que assim não fosse, não poderia a busca e apreensão atingir provas referente a outros sujeitos (clients) do advogado que não foram objeto da busca e apreensão;
128. é ilícita por exemplo a prova obtida em decorrência de busca e apreensão de livros contábeis e documentos fiscais em escritório de contabilidade sem ordem judicial ou busca e apreensão, apenas podendo ser admitida excepcionalmente;
129. é ilícita a busca e apreensão em quarto de hotel ou hospedagem, apenas podendo ser admitida excepcionalmente;
130. é iícita a busca e apreensão coletiva, sem a devida fundamentação, em mala e em veículo sem ordem judicial ou situação de flagrante de delito, apenas podendo ser admitida excepcionalmente;
131. é ílicita a busca e apreensão em local diverso do mandado ou do autorizado pelo juízo;
132. acaso haja busca e/ou apreensão em desconformidade com os direitos e garantias fundamentais, deverá se fazer o sopesamento (prevalência *prima facie* da proibição de prova ilícita, motivação e postulado da proporcionalidade) para verificar a sua admissibilidade ou não;
133. é fato notório que a humanidade e também os brasileiros, em um passado não muito distante, sofreram uma série de afrontas à sua dignidade e integridade física e psíquica, não sendo raro a obtenção de confissões e provas por meio de tortura e coação;
134. pela repulsa a estes procedimentos desumanos, após período autoritário e seguindo uma tendência mundial, a Constituição Federal brasileira previu em seu art. 5º, III que "ninguém será submetido a tortura e nem a tratamento desumano ou degradante";
135. depreende-se do art. 5º, III da Constituição Federal a existência de um direito fundamental à integridade física e psíquica concomitante ao direito fundamental à dignidade humana;
136. acredita-se que a própria tortura está incluída no gênero de tratamento desumano ou degradante, existindo além dela outras situações como a coação;

137. a tortura pode ser definida como imposição intencional e sistemática de sofrimento mental ou físico com o escopo de obter algo;

138. a coação é ameaça ou injusta pressão para realizar determinado ato coercitivamente;

139. a diferença entre tortura e coação ocorre porque na tortura pode se dar na modalidade de violência física e a coação não e a duas porque a tortura possui um grau de intensidade e sofrimento maior;

140. tanto a prova obtida mediante tortura quanto por meio de coação é considerada ilícita;

141. pela gravidade e repulsa da tortura e coação, não se consegue imaginar uma hipótese em que poderia prevalecer a prova ilícita no âmbito processual civil, não se podendo falar em sopesamento e prevalência da exceção da admissibilidade da prova ilícita;

142. por se tratarem de conceitos abertos (tortura, coação, tratamento desumano, tratamento degradante), pode haver polêmica na definição dos mesmos;

143. é ilícita a prova obtida por polígrafo (detector de mentiras) por não possuir comprovação científica de sua eficácia e por afrontar a intimidade do indivíduo e por tal natureza não pode ser admitida no processo;

144. é ilícita a prova obtida por solilóquio (monólogo ou ato da pessoa, conversar sozinha) por afrontar a intimidade do indivíduo;

145. o testemunho indireto ou de ouvir dizer atesta apenas a declaração de outrem sobre determinado fato citado e não o fato em si, sendo prova lícita por não haver proibição legal, apesar de não ter o mesmo valor de um testemunho direto ou presencial;

146. é ilícita a utilização de cameras térmicas de presença por afrontar a intimidade e/ou inviolabilidade de domicílio, apenas podendo ser admitida excepcionalmente;

147. é ilícita a prova consistente na obtenção de amostra de sangue, saliva ou material genético sem consentimento do titular por afrontar a dignidade da pessoa humana e intimidade, podendo ser admitida apenas muito excepcionalmente;

148. a Constituição Federal prevê que resta consagrado o direito fundamental à privacidade em vários dos seus dispositivos como, por exemplo, no inc. X do art. 5º da Constituição Federal (X – são invioláveis a intimidade, a vida privada, a honra e a imagem das pessoas, assegurado o direito a indenização pelo dano material ou moral decorrente de sua violação) e nos incs. XI e XII do mesmo art. 5º da Constituição Federal (XI – a casa é asilo inviolável do indivíduo, ninguém nela podendo penetrar sem consentimento do morador, salvo em caso de flagrante delito ou desastre, ou para prestar socorro, ou, durante o dia, por determinação judicial; XII – é inviolável o sigilo da correspondência e das comunicações telegráficas, de dados e das comunicações telefônicas, salvo, no último caso, por ordem judicial, nas hipóteses e na forma que a lei estabelecer para fins de investigação criminal ou instrução processual penal);

149. o direito à privacidade tem por objeto manter no círculo de conhecimento do indivíduo ou de quem ele deseje situações de relacionamento pessoal, comercial e profissional;

150. o direito à privacidade deriva da dignidade da pessoa humana, se tratando de verdadeira necessidade social, pois ninguém consegue viver dignamente e desenvolver sua personalidade sem o resguardo de sua privacidade;

151. um dos instrumentos jurídicos aptos a resguardar o direito à privacidade dos indivíduos é o sigilo;

152. o sigilo é o direito do indivíduo de impedir o não conhecimento de informação da sua privacidade por outrem;

153. as provas devem ser colhidas obedecidos e respeitados os eventuais sigilos existentes, sob pena de ser taxada como ilícita;

154. o sigilo pode ser de várias espécies, sendo as mais importantes: a) sigilo telefônico; b) sigilo epistolar; c) sigilo bancário; d) sigilo fiscal; e e) sigilo profissional;

155. o sigilo telefônico (que tem por objeto as comunicações telefônicas) e o sigilo epistolar (que tem por objeto as comunicações por cartas);

156. o sigilo bancário é o direito do indivíduo de não ver divulgadas a terceiro, informações a respeito de suas atividades bancárias sem o seu consentimento;

157. o acesso e utilização de informações bancárias de um indivíduo sem seu consentimento denomina-se de quebra de sigilo bancário;

158. a quebra de sigilo bancário pode ser autorizada judicialmente ou não, sendo que a primeira, desde que atendidos os requisitos legais é considerada prova lícita, enquanto a segunda não, a não ser na hipótese das Comissões Parlamentares de Inquérito que possuem poder expresso de quebra de sigilo bancário;

159. é ilícita a quebra de sigilo sem autorização judicial, com autorização judicial julgada inválida, com quebras sucessivas, apenas sendo admitidas excepcionalmente;

160. a devasse é a quebra de sigilo de grande extensão e/ou por grande período, sendo ilícita e inadmissível;

161. a penhora on-line, medida de constrição judicial baseada no BACEN-JUD, consiste no bloqueio on-line de ativos financeiros de sujeito de processo judicial não configura quebra de sigilo, se tratando de importante instrumento de satisfação do crédito;

162. a penhora on-line também não se trata de quebra de sigilo porque não informa a movimentação financeira do indivíduo, mas tão somente gera o bloqueio do valor devido, bem como por estar prevista na legislação brasileira;

163. acaso se utilize outras ferramentas do BACEN-JUD, como a informação de movimentação financeira, aí sim haverá quebra de sigilo de forma judicial, que estará sujeita ao controle de admissibilidade da prova ilícita;

164. o Convênio BACEN STJ/CJF 2005 e Regulamento BACEN-JUD preveem que poderão ser dirigidas às instituições financeiras não somente ordens para bloqueios, mas também outras ordens judiciais como informação sobre o saldo bloqueável até o valor indicado na ordem de requisição, saldo bloqueável consolidado, extratos, consolidados ou específicos, de contas correntes/contas de investimentos, contas de poupança e/ou in-

vestimentos e outros ativos, sendo que nestas hipóteses, somente terá cabimento a quebra do sigilo bancário como última alternativa para localização de bens;

165. não é prova ilícita a obtenção de endereço de parte por sistema de convênio do tribunal ou pelo FISCO pelo fato de endereço não ser resguardado por sigilo;

166. é ilícita a obtenção de dados de movimentação bancária e de número de conta bancária obtidos sem autorização judicial, salvo se obtido de forma lícita como no caso de entrega pelo titular da conta;

167. é ilícito o acesso pela autoridade fazendária de dados bancários do contribuinte sem ordem judicial pelo fato do órgão fazendário não guarder equidistância do contribuinte e não possuir imparcialidade, tendo o STF afetado a questão ao regime de repercussão geral por meio do RE 389808/PR;

168. é ilícito o acesso pelo Ministério Púbico de dados bancários do contribuinte sem ordem judicial pelo fato do órgão ministerial não guarder equidistância do indivíduo e não possuir imparcialidade;

169. é ilícito o acesso da autoridade policial de dados bancários do contribuinte sem ordem judicial pelo fato do órgão policial não guarder equidistância do indivíduo e não possuir imparcialidade;

170. a CPI pode quebrar sigilo fiscal, bancário e de dados sem necessidade de aval judicial, devendo a decisão ser motivada e fundamentada e estando sujeita a controle jurisdictional;

171. a CPI não cabe quebra de sigilo telefonônico por serem estas privativas do Poder Judiciário a teor do art. Art. 5º, XII da Constituição Federal;

172. o Ministério Público pelo mesmo motive de não poder quebra o sigilo bancário, não pode quebrar o sigilo fiscal;

173. a prova ilícita decorrente de quebra de sigilo sem autorização judicial ou com autorização judicial sem os requisitos legais é considerada prova ilícita e só pode ser admitida excepcionalmente;

174. no que atine ao sigilo profissional pode-se defini-lo como direito do indivíduo de não ver divulgada informação sobre sua pessoa pela qual o

profissional tem conhecimento em virtude de profissão ou ofício como ocorre com os advogados, médicos, jornalistas, etc.;

175. da mesma forma como os demais casos de sigilo, não se pode *a priori* quebrar (mesmo que judicialmente) o sigilo profissional, mas apenas em situações excepcionais e desde que por ordem judicial como a decorrente de pedido do próprio paciente médico, ou seja, a prova consistente ou baseada em sigilo profissional quebrado indevidamente é prova ilícita e como tal, não deve a priori ser admitida, salvo situação excepcionalíssima onde se ultrapasse a prevalência *prima facie* da proibição de prova ilícita, motivação e postulado da proporcionalidade;

176. o desenvolvimento da tecnologia fez surgir representações do mundo fático em novas plataformas telemáticas;

177. da mesma forma, provas começaram a ser utilizadas das mais diversas formas, passando a se utilizar imagens obtidas em redes de relacionamento informático, obter áudio em arquivos digitais, fotografias digitais, comprovação de conversas via software de conversação informática, obtenção de dados de terceiros por softwares maliciosos, etc.;

178. as provas representadas através de meios eletrônicos são chamadas provas eletrônicas;

179. entende-se por força dos arts. 439 a 441 do CPC, que as provas eletrônicas são *a priori* lícitas, devendo o magistrado analisar sua admissibilidade no caso concreto;

180. o email pode ser pessoal ou corporativo. O email pessoal é o correio eletrônico de uso privativo do indivíduo, enquanto o email corporativo é o email vinculado ao empregador do indivíduo ou função do indivíduo em determinado local;

181. apesar do email ser a princípio um mecanismo lícito de prova, pode haver alguma peculiaridade no caso concreto que seja capaz de torná-lo ilícito;

182. se o email corporativo for de um servidor público, não estará protegido por sigilo, mesmo que contenha conteúdo pessoal do servidor;

183. o tratamento legal do whatsapp e aplicativos de mensagens é o mesmo da comunicação telefônica, estando cobertas pelo sigilo de comunicação,

salvo se as comunicações forem disponbilizadas pela própria pessoa proprietária do aparelho ou responsável legal pelo proprietário;

184. é ilícita a disponibilização de comunicação de whatsapp ou aplicativos realizada por outrem (ainda que parente) que não o titular do aplicativo ou seu responsável legal;
185. é lícita a disponibilização de comunicações de falecido por seu herdeiro;
186. mesmo nos aplicativos em grupo haverá sigilo, não podendo as autoridades ou terceiros acessar tais conversas sem ordem judicial, sendo que a propagação da conversa por membros do grupo para terceiros tira o sigilo das comunicações;
187. é lícita a obtenção de informações de facebook e redes sociais que tenham visualização pública, não o sendo quando possuir restrição ou proteção por senhas e assemelhados;
188. a licitiude ou não da obtenção e uso de filmagens e fotos dependerá do caso concreto;
189. o acesso a dados e informações de celular (inclusive agenda telefonônica, chamadas telefônicas, localização e movimentação por meio da rede telefônica) sem autorização judicial é a princípio, ilícita;
190. *blockchain* é uma tecnologia consistente num banco de dados onde constam dados em caráter permanente, onde nenhum bloco anterior pode ser alterado sem alterar o bloco posterior;
191. a prova armazenda em *blockchain* é prova atípica lícita, apesar de não possuir fé pública;
192. é ilícito o acesso a computador de outrem e seus dados (arquivos, senhas, dados, IP, endereços, etc.), sem autorização judicial, salvo se o computardor ser patrimônio do empregador;
193. uma vez sendo lícita, a prova eletrônica poderá ser perfeitamente utilizada, já na hipótese de ilicitude da prova eletrônica, deverá haver superar as barreiras da proibição da regra da prova ilícita, da motivação e da proporcionalidade, para somente após ser admitida no processo;
194. a denúncia anônima é aquela realizada por sujeito desconhecido, trantando-se de importante mecanismo de auxílio das autoridades na apu-

ração de crimes, haja vista que resguarda a integridade do denunciante e permite chegar as autoridades as informações necessárias para a persecução penal, apesar de não se admitir prova obtida apenas por denúncia anônima;

195. no âmbito processual civil, a denúncia anônima deve ser analisada com mais reserva, pois porque a prova consistente ou decorrente de denúncia anônima é prova ilícita a teor do art. 5º, IV da Constituição Federal que veda o anonimato e pelo fato de poder ser utilizada como mecanismo de se utilizar do estudo para vingar ou prejudicar de alguém;

196. a prova autorizada judicialmente decorrente de denúncia anônima e corroborada por outros elementos de prova anteriores não será considerada ilícita;

197. a prova consistente ou derivada de denúncia anônima no processo civil será prova ilícita, e portanto inadmissível no processo, salvo em situações excepcionais onde haja a ultrapassagem dos filtros da regra da proibição da prova ilícita, da motivação e da proporcionalidade;

198. apesar do processo criminal ser a área de excelência dos flagrantes, os mesmos também podem ter repercussão em processos cíveis e administrativos como por exemplo, a licitude do flagrante pode ser relevante em um processo administrativo punitivo de funcionário público flagrado recebendo propina;

199. no caso do flagrante preparado, dá-se quando a pessoa ocorre flagrante decorrente de crime a qual fora levado a praticar por induzimento de outrem, enquanto o flagrante esperado se caracteriza tão somente por não haver indução do cometimento do crime, mas apenas espera de sua ocorrência;

200. o flagrante preparado é ilícito, enquanto o esperado é lícito;

201. não se considera flagrante preparado (ou seja prova ilícita), no entanto, reportagem de TV no qual o repórter grava ato ilícito se passando por beneficiário do crime;

202. o flagrante realizado por repórter de funcionário público recebendo propina sem que haja caracterização de flagrante preparado, pode ser utilizado no processo civil ou administrativo;

203. a prova consistente ou baseada em flagrante preparado é prova ilícita e como tal, não deve *a priori* ser admitida, salvo situação excepcionalíssima onde se ultrapasse a prevalência prima facie da proibição de prova ilícita, motivação e postulado da proporcionalidade;

204. a prova obtida por autorização judicial deferida por juízo incompente é ilícita;

205. as provas para serem válidas, devem manter sua integralidade, ou seja, suas características que mantenham sua confiabilidade;

206. a cadeia de custódia das provas são todas as etapas desde a proposição da prova até a valoração da prova onde se mantém a integralidade da prova.

207. a quebra da cadeia de custódia das provas torna a prova ilícita;

208. a prova obtida do lixo de outrem é prova ilícita, apeans podendo ser admitida excepcionalmente;

209. em litigios complexos, os meios tradicionais de prova são insuficientes, admitindo meios de provas de prova como as provas estatísticas;

210. a prova estatística é a prova que utiliza o método estatístico para demonstrar um universo utilizando-se de de probabilidade, sendo lícita e equivalendo a uma presunção judicial e admitindo prova em contrário;

211. a prova por amostragem dá-se quando se pega fração de um ato ilícito ou de uma prova para demonstrar um todo, sendo a princípio lícita e equivalendo a presunção, admitindo prova em sentido contrário;

212. independentemente da prova ilícita ser admitida ou não, a sua obtenção ou uso pode ensejar responsabilidade civil se presente ato ilícito, nexo causal, dano e culpa ou dolo;

213. como a prova ilícita pode ser excepcionalmente admitida, sua admissão pode ser objeto de negócio jurídico processual se não houver outra razão para tanto.

BIBLIOGRAFIA

ABBAGNANO, Nicola. *Dicionário de Filosofia.* Trad. Alfredo Bossi e Ivone Castilho Benedetti. São Paulo: 2007.

ABBOUD, Georges; OLIVEIRA, Rafael Tomaz de. O dito e não-dito sobre a instrumentalidade do processo: críticas e projeções a partir de uma exploração hermenêutica da teoria processual. *Revista de Processo*, São Paulo, Editora Revista dos Tribunais, v. 166, ano 33, p.27-70, 2008.

ABBOUD, Georges. *Jurisdição constitucional e direitos fundamentais.* São Paulo: Editora Revista dos Tribunais, 2011.

ACERO, Juan José et al. *Introducción a la filosofia del lenguage.* Madrid: Ediciones Catedra, 2001.

AIETA, Vânia Siciliano. *A garantia da intimidade como direito fundamental.* Rio de Janeiro: Lumen Juris, 1999.

ALEXY, Robert. *Teoria dos direitos fundamentais.* Trad. Virgílio Afonso da Silva. São Paulo: Malheiros, 2008.

ALMEIDA, Gregório Assagra de. *Direito processual coletivo brasileiro:* um novo ramo do direito processual civil (princípios, regras interpretativas e a problemática de sua interpretação e aplicação). São Paulo: Saraiva, 2003.

______. *Direito material coletivo:* superação da summa divisio. Direito Público e Direito Privado por uma nova *Summa Divisio* Constitucionalizada. Belo Horizonte: Del Rey, 2008.

ALMEIDA JUNIOR, João Mendes. *Direito Judiciário Brasileiro.* Rio de Janeiro: Livraria Editora Freitas Bastos, 1954.

ALVIM, Arruda. *Manual de direito processual civil*: parte geral. v. 1. São Paulo: Editora Revista dos Tribunais, 2000.

_____. Prova Emprestada. *Revista de Processo*, São Paulo, Editora Revista dos Tribunais, v. 202, ano 36, p.403-415, dez. 2011.

ALSINA, Hugo. *Tratado Teórico Práctico de Derecho Procesal Civil y Comercial.* Tomo II. Tucumán: Compañia Argentina de Editores, 1956.

AMENDOEIRA Jr., Sidnei. *Manual de direito processual civil.* V. 1. São Paulo: Saraiva, 2012.

ANDRADE, Adalberto Guedes Xavier de. A aplicabilidade do princípio da inadmissibilidade das provas obtidas por meio ilícito no processo civil. *Revista de Processo*, São Paulo, Editora Revista dos Tribunais, v. 126, ano 30, p. 219-245, 2005.

ARAGÃO, E. D. Moniz de. Direito à prova. *Revista de Processo*, São Paulo, Editora Revista dos Tribunais, v. 39, p. 98-118, 1995.

ARAUJO, Luiz Alberto David; NUNES JUNIOR, Vidal Serrano. *Curso de direito constitucional.* São Paulo: Saraiva, 1998.

ARAZI, Roland. *La prueba em el proceso civil.* Rubinzal-Culzoni Editores: Buenos Aires, 2008.

ARISTÓTELES. *Ética a Nicômaco.* Trad. Antônio de Castro Caeiro. São Paulo: Atlas, 2009.

ASSIS, Jacy de. *Procedimento ordinário.* São Paulo: Livraria dos Advogados, 1975.

ÁVILA, Humberto Bergmann. *Teoria dos princípios.* São Paulo: Malheiros, 2003.

ÀVILA, Thiago André Pierobom. *Provas ilícitas e proporcionalidade:* uma análise da colisão entre os princípios da proteção penal eficiente e da inadmissibilidade das provas obtidas por meios ilícitos. Brasília: Universidade de Brasília, 2006. 295 p. Dissertação (Mestrado) – Programa de Pós-Graduação em Direito, Faculdade de Direito, Universidade de Brasília, Brasília, 2006.

AVOLIO, Luiz Francisco Torquato. *Provas ilícitas* – interceptações telefônicas, ambientais e gravações clandestinas. São Paulo: Revista dos Tribunais, 2003.

AZENHA, Nívia Aparecida de Souza. *Prova ilícita no processo civil* (de acordo com o Novo Código Civil). Curitiba: Juruá, 2003.

BAPTISTA, Francisco de Paula. *Compendio de Theoria e Pratica do processo civil comparado com o commercial e de hermêutica jurídica*. Lisboa: Livraria Clássica Editora de A. M. Teixeira & Cia, 1910.

BARACHO, José Alfredo de Oliveira. *Processo constitucional.* Rio de Janeiro: Forense, 1984.

BARBOSA, Rui. *Comentários à Constituição Federal Brasileira:* coligidos e ordenados por Homero Pires. Vol. 4. São Paulo: Saraiva, 1932.

BARCELLOS, Ana Paula de. *Ponderação, racionalidade e atividade jurisdicional.* Rio de Janeiro: Renovar, 2005.

BARCELLOS, Ana Paula de. Neoconstitucionalismo, direitos fundamentais e controle de políticas públicas. *In* SARMENTO, Daniel (org.). *Direitos fundamentais:* estudos em homenagem ao Prof. Ricardo Lobo Torres. Rio de Janeiro: Renovar, 2006.

BARROS, Marco Antônio de. *A busca da verdade no processo penal.* São Paulo: Editora Revista dos Tribunais, 2011.

BARROSO, Luís Roberto. *O direito constitucional e a efetividade de suas normas:* limites e possibilidades da Constituição brasileira. Rio de Janeiro: Renovar, 1990.

______. *Curso de Direito Constitucional:* os conceitos fundamentais e a construção do novo modelo. São Paulo: Saraiva, 2010.

______. *Neoconstitucionalismo e constitucionalização do Direito.* O triunfo tardio do Direito Constitucional no Brasil. Jus Navigandi, Teresina, ano 9, n. 851, 1 nov. 2005. Disponível em: <http://jus2.uol.com.br/doutrina/texto.asp?id=7547>. Acesso em: 10 jun. 2012.

BASTOS, Celso Ribeiro. *Curso de direito constitucional.* São Paulo: Saraiva, 1999.

______. *Comentários à Constituição do Brasil.* Vol. II. São Paulo: Saraiva, 1989.

BENTHAM, Jeremías. *Tratado de las pruebas judiciales.* V. I. Trad. Manuel Ossorio Florit. Ediciones Jurídicas Europa-América: Buenos Aires, 1959.

BONAVIDES, Paulo. *Curso de Direito Constitucional.* São Paulo: Malheiros, 1998.

BRAGA, Antônio Pereira. *Exegese do Código de Processo Civil:* Crítica, Interpretação e Jurisprudência. Rio de Janeiro: Max Limonad, 1948.

BUENO, Cássio Scarpinella. *Curso sistematizado de direito processual civil:* procedimento comum, procedimento ordinário e sumário. V. 2. São Paulo: Saraiva, 2011.

BÜLOW, Oskar von. *La teoria de las excepciones procesales y los presupuestos procesales.* Trad. Miguel Angel Rosas Lichtschein. Buenos Aires: Ediciones Jurídicas Europa-America, 1964.

CAHALI, Yussef Said. *Divórcio e separação.* São Paulo: Editora Revista dos Tribunais, 1986.

CALAMANDREI, Piero. *Opere giuridiche.* Vol. III. Napoli: Morano, 1965.

CÂMARA, Alexandre Freitas. *Lições de direito processual civil.* V. II. Rio de Janeiro: Lumen Juris, 2012.

CAMBI, Eduardo. Verdade processual objetivável e limites da razão jurídica iluminista. *Revista de Processo*, São Paulo, Editora Revista dos Tribunais, v. 96, p. 234-249, 1999.

______. *Neoconstitucionalismo e neoprocessualismo: direitos fundamentais, políticas públicas e protagonismo judiciário.* São Paulo: Editora Revista dos Tribunais, 2009.

______. *Direito constitucional à prova no processo civil.* São Paulo: Editora Revista dos Tribunais, 2001.

CANARIS, Claus-Wilhelm. *Direitos Fundamentais e Direito Privado.* Coimbra: Almedina, 2003.

______. *Pensamento sistemático e conceito de sistema na ciência do Direito.* Trad. Menezes Cordeiro. Lisboa: Fundação Calouste Gulbenkian, 2008.

CANOTILHO, José Joaquim Gomes. *Direito Constitucional.* Coimbra: Livraria Almedina, 1993.

_____. *Constituição dirigente e vinculação do legislador:* contributo para a compreensão das normas constitucionais programáticas. Coimbra: Coimbra Editora, 1994.

CANOTILHO, J. J. Gomes e MOREIRA, Vital. *Constituição da República Portuguesa anotada.* Volume 1. São Paulo: Revista dos Tribunais, 2007.

CAPPELLETTI, Mauro. *Proceso, ideologias, sociedad.* Trad. Santiago Sentís Melendo y Tomás A. Banzhaf. Buenos Aires: Ediciones Jurídicas Europa-América, 1974.

_____. Formações sociais e interesses coletivos diante da justiça civil. *Revista de Processo*, São Paulo, Vol. 5, jan-mar. de 1977, p. 128-159.

CAPPELLETTI, Mauro; VIGORITI, Vicenzo. I diritti costituzionali delle parti nel processo civile italiano. PADOVA: *Rivista di diritto processuale*, n. 4, 1971.

CAPELLETTI, Mauro; TALLON, Denis. *Fundamental Guarantees of The Parties in Civil Litigation.* Milano: Giuffrè, 1973.

CAPELLETTI, Mauro; PERILLO, Joseph M. *Civil procedure in Italy.* The Hage, Netherlands: M. Nijhoff, 1965.

CAPELLETTI, Mauro *et al. Toward equal justice:* a comparative study of legal aid in modern societies (text and materials). Milano-New York: Giuffrè-Dobbs Ferry, 1975.

CARBONELL, Miguel (org). *Neoconstitucionalismo.* Madrid: Trotta, 2005.

_____ (Org.) *Neoconstitucionalismo(s).* Madrid: Editorial Trotta, 2003.

_____ (Org.) *Teoria del neoconstitucionalismo:* ensaios escogidos. Madrid: Editorial Trotta, 2007.

_____ (Org.) *Nuevos tiempos para el Constitucionalismo in Neoconstitucionalismo(s).* Madrid: Editorial Trotta, 2003.

______. *El neoconstitucionalismo: significado y niveles de análisis.* CARBONELL, Miguel e JARAMILLO, Leonardo Garcia (Org.). *El canon neoconstitucional.* Madrid: Editorial Trotta, 2010; p. 153-164.

CARBONELL, Miguel; JARAMILLO, Leonardo Garcia (Org.) *El canon neoconstitucional.* Madrid: Editorial Trotta, 2010.

CARNAÚBA, Maria Cecília Pontes. *Prova ilícita.* São Paulo: Saraiva, 2000.

CARNELUTTI, Francesco. *Diritto e processo.* Nápoles: Morano, 1958.

______. *La prova civile.* Roma: Edizione Dell'ateneo, 1947.

CARRATTA, Antônio. Funzione dimostrativa della prova: verità del fatto nel processo e sistema probatorio. *Rivista di Diritto Processuale.* Bologna, CEDAM, ano LVI., p. 73-74, 2001.

CARREIRA ALVIM, J. E.; CABRAL, Luciana Gontijo Carreira Alvim. *Teoria geral do processo.* Rio de Janeiro: Forense, 1997.

CARVALHO, Aurora Tomazini. *Curso de teoria geral do Direito.* São Paulo: Noeses, 2010.

CARVALHO, Márcia Silvia Araújo de. Prova ilícita. *Revista dos Tribunais*, São Paulo, Editora Revista dos Tribunais, v. 801, p. 429-447, 2002.

CARVALHO, Waldemar Cláudio. As provas ilícitas no atual ordenamento processual penal brasileiro. *Revista do Tribunal Regional Federal da 1ª Região, Brasília*, ano 6/7, v. 21, p. 47-54, 2009.

CASTANHEIRA NEVES, Antônio. *Metodologia jurídica:* problemas fundamentais. Coimbra: Coimbra Ed., 1993.

CASTILLO, Niceto Alcalá-Zamora y. *Proceso, autocomposición y autodefensa.* México: UNAM, 1970.

CASTRO MENDES, João de. *Do conceito de prova em processo civil.* Lisboa: Ática, 1961.

______. *Direito processual civil.* Lisboa: Faculdade, 1973.

CASTRO, Raimundo Amorim de. *Provas ilícitas e o sigilo das comunicações telefônicas.* Curitiba: Juruá, 2010.

CHAUÍ, Marilena. *Convite à Filosofia*. São Paulo: Ática, 2004.

CHIARLONI, Sérgio. Riflessioni microcomparative su ideologie processuali e accertametno della verità. *Revista de Processo*, São Paulo, Editora Revista dos Tribunais, v. 176, ano 34, p. 105-120, 2009.

CHIOVENDA, Giuseppe. *Instituciones de Derecho Procesal Civil*. v. III. Trad. E. Gómez Orbaneja. Madrid: Editora Revista de Derecho Privado, 1940.

_____. *Principi di Diritto Processuale Civile*. Napoli: Jovene, 1923.

CINTRA, Antonio Carlos de Araújo *et al*. *Teoria Geral do Processo*. São Paulo: Malheiros, 2009.

CIRIGLIANO, Raphael. *Prova Civil:* legislação, doutrina e jurisprudência. São Paulo: Editora Revista dos Tribunais, 1981.

CLÈVE, Clemerson Mèrlin. A teoria constitucional e o direito alternativo: para uma dogmática constitucional emancipatória. In: *Uma vida dedicada ao direito:* homenagem a Carlos Henrique de Carvallho, o editor dos juristas. São Paulo: Editora Revista dos Tribunais, 1995.

COLUCCI, Maria da Glória Lins da Silva; SILVA, Maria Regina Caffaro. Provas ilícitas no processo penal. *Revista de Informações Legislativas*, Brasília, vol. 97, p. 237-250, 1988.

COMOGLIO, Luigi Paolo. *Le prove civili*. Torino: UTET Giuridica, 2012.

COMOGLIO, Luigi Paolo; FERRI, Corrado; TARUFFO, Michele. *Lezione sul processo civile*. Vol. I. Bologna: Società Editrice Mulino, 2011.

COMPARATO, Fábio Konder. *A afirmação histórica dos direitos humanos*. São Paulo: Saraiva, 2007.

CORDERO, Franco. Tre studi sulle prove penali. Milano: A. Giuffrè, 1963.

COSTA, Nilton César Antunes da. Proibição de prova ilícita no processo. São Paulo: *Revista dos Tribunais*, vol. 812, p. 733-756, 2003.

COSTA, Susana Henriques da. Os poderes do juiz na admissibilidade das provas ilícitas. São Paulo: Revista de Processo, vol. 133, p. 85-120, 2006.

COUTURE, Eduardo J. *Estudios de Derecho Procesal Civil.* Tomo III. Buenos Aires: Depalma, 1979.

CRETELLA NETO, José. *Fundamentos principiológicos do processo civil.* Rio de Janeiro: Forense, 2006.

CRISTÓVAM, José Sérgio da Silva. *Colisões entre princípios constitucionais:* razoabilidade, proporcionalidade e argumentação jurídica. Curitiba: Juruá, 2011.

CUENCA, Humberto. *Derecho procesal civil.* Tomo Segundo. Caracas: Universidade Central de Venezuela Ediciones de La Biblioteca, 1975.

DEDA, Artur Oscar de Oliveira. *A prova no processo civil.* São Paulo: Saraiva, 2006.

DELGADO, José Augusto. *Efeitos da coisa julgada e os princípios constitucionais.* In: NASCIMENTO, Carlos Valder do (Coordenador). Coisa julgada inconstitucional. Rio de Janeiro: América Jurídica, 2003.

DEL VECCHIO, Giorgio. *Lições de Filosofia do Direito.* Trad. Antônio José Brandão e Cabral de Moncada. Coimbra: Armênio Amado Editor, 1959.

DENTI, Vittorio. *Estudios de derecho probatorio.* Trad. Santiago Sentís Melendo y Tomás A. Banzhaf. Buenos Aires: Ediciones Jurídicas Europa-America, 1974.

DESCARTES, René. *Discurso do Método.* Regras para a direção do Espírito. Trad. Pietro Nassetti. São Paulo: Martin Claret, 2002.

______. *Discurso do Método.* Regras para a direção do Espírito. Trad. Maria Ermantina Galvão. São Paulo: Martins Fontes, 2003.

DEU, Teresa Armenta. *La prueba ilícita:* um estúdio comparado. Madrid: Marcial Pons, 2011.

DIDIER JR., Fredie. *Curso de Direito Processual Civil.* VOl. I. Salvador: Jus Podium, 2010.

DIMOULIS, Dimitri; MARTINS, Leonardo. *Teoria geral dos direitos fundamentais.* São Paulo: Editora Revista dos Tribunais, 2009.

DINAMARCO, Cândido Rangel. *Instituições de Direito Processual Civil.* Vol. III. São Paulo: Malheiros, 2004.

______. *A instrumentalidade do processo.* São Paulo: Malheiros Editores, 2009.

______. *Nova era do processo civil.* São Paulo: Malheiros Editores, 2003.

______. *Relativizar a coisa julgada material.* Revista da Escola Paulista da Magistratura, São Paulo: Imprensa Oficial vol. 2, n. 2, jul-dez. de 2001, p. 07-46.

DOXSEY, Sônia Rabello. Resguardo à intimidade, prova do adultério e a nova Constituição Federal. São Paulo: *Revista de Processo*, vol. 57, p. 102-108,1990.

DUCLERC, Elmir. *Prova penal e garantismo:* uma investigação crítica sobre a verdade fática construída através do processo. Rio de Janeiro: Lumen Juris, 2004.

DURANT, Will. *Filosofia da vida.* Trad. Monteiro Lobato. São Paulo: Companhia Editora Nacional, 1970.

ECHANDIA, Hernando Devis. *Compendio de Derecho Procesal:* pruebas judiciales. Tomo II. Bogotá: Editorial ABC, 1973.

______. Pruebas ilícitas. *Revista de Processo,* São Paulo, vol. 32, p. 82-93, 1983.

FACCHINI NETO, Eugênio. Constituição, Direitos Fundamentais e Direito Privado In: SARLET, Ingo Wolfgang (Org.). *Constituição, Direitos Fundamentais e Direito Privado.* Porto Alegre: Livraria do Advogado, 2010.

FADEL, Sérgio Sahione. *Código de processo civil comentado: Arts. 1º a 1.220*: atualizado por J. E. Carreira Alvim. Rio de Janeiro: Forense, 2003.

FARIAS, Edilsom. *Restrição de direitos fundamentais.* Disponível em: <http://journal.ufsc.br/index.php/sequencia/article/download/15416/13989>. Acesso em: 22 de abril de 2012.

FERNANDES, Antônio Scarance. *Processo penal constitucional.* São Paulo: Editora Revista dos Tribunais, 2012.

FERNANDES, Bernardo Gonçalves. *Curso de Direito Constitucional.* Rio de Janeiro: Lumen Juris, 2011.

FERRAGUT, Maria Rita. *Presunções no direito tributário.* São Paulo: Dialética, 2001.

FERRAJOLI, Luigi. *Direito e razão:* teoria do garantismo penal. São Paulo: Editora Revista dos Tribunais, 2010.

FERREIRA FILHO, Manoel Gonçalves. *Curso de direito constitucional.* São Paulo: Saraiva, 2006.

FERREIRA, Pinto. *Curso de direito constitucional.* São Paulo: Saraiva, 1991.

FIX-ZAMUDIO, Héctor. *Latinoamerica:* Constitucion, processo e derechos humanos. México: Miguel Angel Porrúa, 1998.

FRAGA, Affonso. *Instituições do processo civil brasileiro.* Tomo II. São Paulo: Livraria Acadêmica, 1940.

FUX, Luiz. *Tutela de segurança e tutela da evidência*: fundamentos da tutela antecipada. São Paulo: Saraiva, 1996.

GAIO JÚNIOR, Antônio Pereira. *Instituições de Direito Processual Civil.* Belo Horizonte: Del Rey, 2011.

GADAMER, Hans-Georg. *Verdade e método.* Trad. Flávio Paulo Meurer. Petrópolis: Vozes, 2008.

GALANTE, Vincenzo. *Diritto processuale civile.* Napoli: Lorenzo Alvano Libraria, 1909.

GASTAL, Alexandre Fernandes. *A suficiência do juízo de verossimilhança para a decisão de questões fáticas.* Porto Alegre: UFRGS, 2006. 203 P. Tese (Doutorado) – Programa de Pós-Graduação em Direito, Faculdade de Direito, Universidade Federal do Rio Grande do Sul, Porto Alegre, 2006.

GIANNICO, Maricí. *A prova no código civil:* natureza jurídica. São Paulo: Saraiva, 2005.

GEBRAN NETO, João Pedro. *A aplicação imediata dos direitos e garantias individuais:* a busca de uma exegese emancipatória. São Paulo: Editora Revista dos Tribunais, 2002.

GIBRAN, Gibran Khalil. *O profeta.* Trad. Mansour Chalita. Rio de Janeiro: Lumensana, 1975.

GIULIANI, Alessandro. *Il concetto di prova:* contributo alla logica giuridica. Milano: Giuffrè Editore, 1971.

GÓES, Gisele Santos Fernandes. Termos jurídicos indeterminados: interpretação ou discricionariedade judicial? In: LOTUFO, Renan (Org.). *Sistema e tópica interpretação do ordenamento.* Barueri: Manole, 2006.

GOMES, Antônio Magalhães e FERNANDES, Antônio Scarance. Os resultados da interceptação telefônica como prova penal. *Revista de Processo*, São Paulo, vol. 44; p. 85-99, 1986.

GOMES, Luiz Flavio. Prova ilícita: direito à exclusão dos autos do processo *(exclusionary rule). Revista dos Tribunais,* São Paulo, vol. 92; p. 471-484, 2003.

GONÇALVES, Aroldo Plínio. *Técnica Processual e teoria do processo.* Rio de Janeiro: Aide, 1992.

GONZÁLEZ, Evaristo González. La prueba ilícita: uma (re)visión crítica. In: LLUCH, Xavier Abel e PICÓ E JUNOY, Joan (Orgs.). *Objeto y carga de la prueba civil.* Barcelona: Bosch Editor, 2007.

GRECO, Leonardo. O conceito de prova. *Revista da Faculdade de Direito de Campos, Campos,* Ano IV, n. 4 e ano V, n. 5, pp. 213-269, 2003-2004.

GRECO FILHO, Vicente. *Tutela constitucional das liberdades.* São Paulo: Saraiva, 1989.

GRINOVER, Ada Pellegrini. *As garantias constitucionais do direito de ação.* São Paulo: Editora Revista dos Tribunais, 1973.

______. *Liberdades públicas e processo penal: as interceptações telefônicas.* São Paulo: Saraiva, 1976.

______. *Os princípios constitucionais e o código de processo civil.* São Paulo: Bushatsky, 1975.

______. *O processo em evolução.* Rio de Janeiro: Forense Universitária, 1988.

______. Le garanzie del processo civile nella nuova Costituzione brasiliana. *Rivista di diritto processuale,* Padova, n. 2, Apr-Giu, 1989.

GROPPALI, Alexandre. *Doutrina do Estado.* Trad. Paulo Edmur de Souza Queiroz. São Paulo: Saraiva, 1953.

GUASP, Jaime. *Derecho Procesal Civil.* Tomo I. Madrid: Instituto de Estudios Políticos, 1968.

GUERRA FILHO, Willis Santiago. *Teoria processual da constituição*. São Paulo: Celso Bastos Editor: Instituto Brasileiro de Direito Constitucional, 2000.

_____. *Teoria processual da constituição*. São Paulo: RCS, 2007.

_____. Derechos Fundamentales, proceso y principio de proporcionalidade. *Revista de Processo,* São Paulo, vol. 95, 2003.

GURVICH, M. A. *Derecho Procesal Civil Soviético.* Trad. Miguel Labán e rev. Héctor Cuadra. México: Instituto de Investigações Jurídicas, 1971.

GUSMÃO, *Manuel Aureliano de. Processo Civil e Comercial:* explanação de um programa. v. I. São Paulo: Saraiva, 1921.

__________. *Processo Civil e Comercial:* explanação de um programa. v. II. São Paulo: Saraiva, 1924.

HABERMAS, Jurgen. *Verdad y justificacion.* Madrid: Editorial Trotta, 2002.

HARET, Florence Cronemberger. *Presunções no Direito Tributário:* teoria e prática. São Paulo: USP, 2010, 651 pgs. Tese de doutoramento, Curso de Pós-graduação em Direito da USP, Departamento econômico e financeiro, São Paulo, 2010.

HEIDEGGER, Martin. *Ser e tempo.* Trad. Márcia Sá Cavalcante Schuback. Petrópolis: Vozes, 2009.

HESSE, Konrad. *A força normativa da Constituição*. Trad. Gilmar Mendes. Porto Alegre: Sergio Antonio Fabris Editor, 1991.

HOBSBAWN, Eric J. *Era dos extremos:* o breve século XX: 1914-1991. Trad. Marcos Santarrita. São Paulo: Companhia das Letras, 1995.

LARENZ, Karl. *Metodologia da Ciência do Direito*. Trad. José Lamego. Lisboa: Fundação Calouste Gulbenkian, 2009.

______. El derecho justo: fundamentos de ética jurídica. Madrid: Civitas, 2002.

LASSALE, Ferdinand. *A essência da Constituição*. Rio de Janeiro: Lumen Juris, 1998.

LEAL, Rosemiro Pereira. *Teoria geral do processo*: primeiros estudos. Rio de Janeiro: Forense, 2009.

LEAL, André Cordeiro. *Instrumentalidade do processo em crise*. Belo Horizonte: Método, 2008.

LENT, Friedrich. *Diritto processuale civile tedesco*. Parte Prima. Trad. Edoardo F. Ricci. Napoli: Morano Editore, 1962.

LENZ, Luís Alberto Thompson Flores. Os meios moralmente legítimos de prova. *Revista dos Tribunais*, São Paulo, vol. 621, p. 273-282, 1988.

LESSA, Pedro. *Do Poder Judiciário*. Rio de Janeiro: Livraria Francisco Alves, 1915.

LESSONA, Carlos. *Teoria General de la Prueba en Derecho Civil: parte general*. Madrid: Instituto Editorial Reus, 1928.

LIEBMAN, Enrico Tullio. *Manuale di Diritto Processuale Civile*. v. I. Milano: Dott. A. Giuffrè Editore, 1968.

——. Diritto costituzionale e processo civile. *Rivista di Diritto Processuale, Padova*, 1952, p. 327-332.

LIMA, Alcides de Mendonça. A eficácia do meio de prova ilícito no Código de Processo Civil. *Revista de Processo*, São Paulo, vol. 43, p. 138-141, 1986.

LLUCH, Xavier Abel e PICÓ E JUNOY, Joan. *Objeto y carga de la prueba civil*. Barcelona: Bosch Editor, 2007.

LOPES DA COSTA, Alfredo Araújo. *Direito processual civil brasileiro*. Rio de Janeiro: Forense, 1959.

LÓPEZ, Jesús García. *El valor de la verdad y otros estudios*. Madrid: Gredos, 1970.

LOPES, João Batista. *A prova no direito processual civil*. São Paulo: RT, 2006.

MACHADO, Agapito. Prova ilícita por derivação. *Revista dos Tribunais*, São Paulo, vol. 712, p. 507-508, 1985.

MALATESTA, Nicola Framarino dei. *A lógica das provas em matéria criminal.* Trad. J. Alves de Sá. Lisboa: Livraria Clássica Editora, 1927.

MARINONI, Luiz Guilherme. Prova ilícita in Constituição Federal: avanços, contribuições e modificações no processo democrático brasileiro. In: MARTINS, Ives Gandra; REZEK, Francisco (Orgs.). *Constituição Federal.* São Paulo: Editora Revista dos Tribunais: CEU-Centro de Extensão Universitária, 2008.

______. *Teoria geral do processo.* São Paulo: Editora Revista dos Tribunais, 2010.

MARINONI, Luiz Guilherme; ARENHART, Sérgio Cruz. *Manual do processo de conhecimento: a tutela jurisdicional através do processo de conhecimento.* São Paulo: Editora Revista dos Tribunais, 2003.

______. *Prova.* São Paulo: Editora Revista dos Tribunais, 2009.

MARQUES, Cláudia Lima. *Diálogo das fontes:* do conflito à coordenação de normas do direito brasileiro. São Paulo: Editora Revista dos Tribunais, 2012.

MARQUES, José Frederico. *Manual de direito processual civil.* V. I. São Paulo: Saraiva, 1977.

______. Superação das antinomias pelo diálogo das fontes. *Revista da ESMESE.* V. 07, p. 43-44, 2004.

MARTELETO FILHO, Wagner. *O direito à não autoincriminação no processo penal contemporâneo.* Belo Horizonte: Del Rey, 2012.

MARTINS, Ives Gandra e REZEK, Francisco. *Constituição Federal.* São Paulo: Editora Revista dos Tribunais: CEU-Centro de Extensão Universitária, 2008.

MAXIMILIANO, Carlos. *Comentários à Constituição Bahiana.* Rio de Janeiro: Jacintho Ribeiro dos Santos, 1923.

MATTA, José Eduardo Nobre. A prova ilícita e o princípio da verdade real no processo penal – hermenêutica do art. 5º da lei 9296/96 (estudo em homenagem ao Min. Marco Aurélio de Mello). *Revista dos Tribunais,* São Paulo, vol. 801, p. 429-447, 2002.

MATTIROLO, Luis. *Tratado de derecho judicial civil.* Tomo II. Trad. Constancio Bernaldo de Quirós e Manuel López-Rey y Arrojo. Madrid: Editorial Réus, 1933.

MEDEIROS NETO, Elias Marques. *Proibição da provas ilícita no processo civil brasileiro.* São Paulo: Editora Fiúza, 2010.

MEDINA, José Miguel Garcia e WAMBIER, Teresa Arruda Alvim. *Parte geral e processo de conhecimento.* São Paulo: Editora Revista dos Tribunais, 2009.

MELENDO, Santiago Sentis. *Estudios de Derecho Procesal.* V. I. Buenos Aires: Ediciones Jurídicas Europa-America, 1967.

MENDES, Ana Araújo Ximenes Teixeira. A eficácia das normas constitucionais e a interpretação pragmática da Constituição. Themis: Revista da ESMEC, Fortaleza, v. 6, n. 2, p. 79-110, ago./dez. 2008. Disponível em: <http://bdjur.stj.jus.br/dspace/handle/2011/25851>. Acesso em: 10 jun. 2012.

MENDES, Gilmar Ferreira *et al. Curso de direito constitucional.* São Paulo: Saraiva, 2010.

MENDONÇA, Rachel Pinheiro de Andrade. *Provas ilícitas:* limites à licitude probatória. Rio de Janeiro: Lumen Juris, 2001.

MENDRONI, Marcelo Batlouni. *Provas no processo penal:* estudo sobre a valoração das provas penais. São Paulo: Atlas, 2010.

MICHELI, Gian Antonio. *Curso de Derecho Procesal Civil:* El proceso contencioso de cognicion. Vol. II. Trad. Santiago Sentis Melendo. Buenos Aires: Ediciones Jurídicas Europa-America, 1970.

MIRANDA, Jorge. *Manual de direito constitucional.* Coimbra: Coimbra Editora, 1990.

MITTERMAYER, C. J. A. *Tratado de la prueba em matéria criminal.* Madrid: Editorial Reus, 1929.

MOLINARO, Carlos Alberto e MILHORANZA, Mariângela Guerreiro. A questão da prova ilícita vista pelos Tribunais. Revista de Processo, São Paulo, vol. 145, p. 276-290, 2007.

MONTEIRO, João. *Teoria do processo civil.* Tomo I. Atual. J. M. de Carvalho

Santos. Rio de Janeiro: Editor Borsoi, 1956.

MORAES, Alexandre de. *Direito Constitucional.* São Paulo: Atlas, 2001.

MOREIRA, José Carlos Barbosa. *A Constituição e as provas ilicitamente obtidas.* Revista dos Tribunais, São Paulo, vol. 84, p. 144-155, 1996.

______. *O novo processo civil brasileiro:* exposição sistemática do procedimento. Rio de Janeiro: Forense, 2001.

______. O juiz e a prova. Revista de Processo, São Paulo, vol. 135, p. 177-184, 1984.

MORTARA, Ludovico. *Commentario Del Códice e Delle Leggi di Procedura Civile.* V. 2. Milano: Casa Editrice Dottor Francesco Vallardi, 1922.

MOUSSALEM, Tárek Moysés. *Fontes no direito tributário.* São Paulo: Noeses, 2006.

MÜLLER, Friedrich. *O Novo Paradigma do Direito – Introdução à teoria e metódica estruturantes do direito.* São Paulo: Revista dos Tribunais, 2007.

NAPPI, Giuseppe. *Commentario al Códice Di Procedura Civile.* V. 1º. Milano: Societá EditriceLibraria, 1941.

NASCIMENTO, Amauri Mascaro. *Iniciação ao Direito do Trabalho*. São Paulo: LTr, 2009.

NAVARRO, José Bonet. La prueba en el proceso civil. Cuestiones fundamentales. Santiago, *Revista Chilena de Derecho*, vol. 36, p. 445-449, 2009.

NERY JUNIOR, Nelson. *Código de processo civil comentado e legislação extravagante em vigor.* São Paulo: Editora Revista dos Tribunais, 1996.

______. *Princípios do processo na Constituição Federal:* processo civil, penal e administrativo. São Paulo: Editora Revista dos Tribunais, 2009.

NEVES, Daniel Amorim Assumpção. *Manual de direito processual civil.* Rio de Janeiro: São Paulo, 2012.

NINO, Carlos Santiago. *Introdução à análise do Direito*. Trad. Elza Maria Gasparatto. São Paulo: Martins Fontes, 2010.

NOGUEIRA, Paulo Lúcio. *Curso completo de processo civil.* São Paulo: Saraiva, 1993.

NOVAIS, Jorge Reis. *Direitos fundamentais:* trunfos contra a maioria. Coimbra: Coimbra Editora, 2006.

NOVELINO, Marcelo. *Direito Constitucional.* Rio de Janeiro: Forense; São Paulo: Método, 2012.

NUNES, Castro. *Teoria e prática do Poder Judiciário.* Rio de Janeiro: Edição Revista Forense, 1943.

NUNES, Dierle *et al. Curso de direito processual civil:* fundamentação e aplicação. Belo Horizonte: Forum, 2011.

OLIVEIRA, Carlos Alberto Alvaro de. *Do formalismo no processo civil:* proposta de um formalismo-valorativo. São Paulo: Saraiva, 2009.

ORBEA, Juan Varea. El control judicial de la prueba ilícita em el proceso civil español. *In:* LLUCH, Xavier Abel e PICÓ E JUNOY, Joan (Orgs.). *Objeto y carga de la prueba civil.* Barcelona: Bosch Editor, 2007.

ORTEGA Y GASSET, José. *Que és conocimiento?.* Madrid: Alianza, 1984.

______. *Que és filosofia?.* Madrid: Alianza, 1989.

PALACIO, Lino Enrique. *Manual de derecho procesal civil.* Tomo I. Buenos Aires: Abeledo-Perrot, 1968.

PASCAL, Blaise. *Pensamentos.* Trad. Paulo M. Oliveira. Bauru: EDIPRO, 1995.

PERELMAN, Chaïm. *Retóricas.* Trad. Maria Ermantina Galvão G. Pereira. São Paulo: Martins Fontes, 1997.

PERLINGIERI, Pietro. *O direito civil na legalidade constitucional.* Trad. Maria Cristina De Cicco. Rio de Janeiro: Renovar, 2008.

PESCATORE, Matteo. *Sposizione compendiosa della procedura civile e criminale nelle somme sue ragioni e nel suo ordine naturale.* Torino: Unione Tipografico, 1887.

PIEROTH, BODO e SCHLINK, Bernhard. *Direitos fundamentais.* Trad. Antônio Francisco de Sousa e Antônio Franco. São Paulo: Saraiva, 2012.

PINA, Rafael e LARRAÑAGA, Jose Castilho. *Instituciones de Derecho Procesal Civil.* México: Editorial Parrua, 1961.

PINHEIRO, Fernanda Letícia Soares. *Princípio da proibição da prova ilícita no processo civil.* Curitiba: Juruá Editora, 2004.

PISANI, Andrea Proto. Chiose sul diritto alla prova nella giurisprudenza della Corte costituzionale. *Revista de Processo*, São Paulo, vol. 176, p. 93-104, 2009.

PITT, Gioconda Fianco. *Prova indicaria e convencimento judicial no processo civil.* Porto Alegre: UFRGS, 2008. 161 P. Tese (Mestre) – Programa de Pós-Graduação em Direito, Faculdade de Direito, Universidade Federal do Rio Grande do Sul, Porto Alegre, 2008.

PONTES DE MIRANDA, Francisco Cavalcanti. *Comentários ao Código de Processo Civil.* V. 1. Rio de Janeiro: Revista Forense, 1947.

______. *Tratado da ação rescisória das sentenças e de outras decisões.* Rio de Janeiro: Forense, 1976.

______. *Tratado de direito privado.* T. 1. Rio de Janeiro: Borsoi, 1972.

PRATA, Edson. *Processo de Conhecimento.* V. 1. São Paulo: Leud, 1989.

PULIDO, Carlos Bernal. *Refutácion y defensa del neoconstitucionalismo.* IN: CARBONELL, Miguel (Org.). *Teoria del neoconstitucionalismo:* ensaios escogidos.Madrid: Editorial Trotta, 2007, p. 289-325.

QUEIJO, Maria Elizabeth. *O direito de não produzir prova contra si o:* o princípio nemo tenetur se detegere e suas decorrências no processo penal. São Paulo: Saraiva, 2012.

QUEIROZ, Cristina. *Direitos fundamentais* (teoria geral). Coimbra: Coimbra Ed., 2002.

REDENTI, Enrico. *Diritto Processuale Civile:* il processo ordinario di congnizione in primo grado. Il sistema delle impugnazioni. V. II. Milano: Dott. A. Giuffrè Editore, 1957.

REICHELT, Luis Alberto. *A prova no direito processual civil.* Porto Alegre: Livraria do Advogado Editora, 2009.

REZEK, J. F. *O direito internacional no século XXI.* São Paulo: Saraiva, 2002.

REZENDE, Astolpho. *A posse e sua proteção.* Atual. Barbosa Moreira. São Paulo: Lejus, 2000.

RICCI, Francesco. *Comento ao Codice Di Procedura Civil Italiano.* V. 1. Firenze: Casa Editrice Librain – Tratelli Cammelli, 1905.

RICCI, Gian Franco. Le prove illecite nel processo civile. *Rivista Trimestrale di Diritto e Procedura civile,* 1987, p. 34-87.

RAMALHO, Joaquim Ignácio. *Prática civil e commercial.* São Paulo: Typographia Imparcial de Joaquim Roberto de Azevedo Marques, 1861.

ROCCO, Ugo. *Tratado de Derecho Procesal Civil*: parte general. V. II. Bogotá:-Temis e Depalma: Buenos Aires, 1970.

RODRIGUES, Fernando Pereira. *A prova em direito civil.* Coimbra: Coimbra Editora, 2011.

ROQUE, André Vasconcelos. O estado de necessidade processual e a admissibilidade das provas (aparentemente) ilícitas. *Revista de Processo*, São Paulo, vol. 153, p. 311-326, 2007.

RORTY, Richard. "Metaphilosophical difficulties of Linguistic Philosophy". In: The Linguistic Turn. Recent essays in philosophical method. Chicago: University of Chicago Press, 1967, p. 1-39.

ROSENBERG, Leo. *Tratado de Derecho Procesal Civil.* Tomo I. Trad. Ângela Romera Vera e Superv. Eduardo B. Carlos e Ernesto Krotoschin. Buenos Aires: Ediciones Jurídicas Europa-America, 1955.

SANCHI, Luis Pietro. El constitucionalismo del derecho. *In*: CARBONELL, Miguel (Org.). *Teoria del neoconstitucionalismo: ensaios escogidos.*Madrid: Editorial Trotta, 2007.

SANTOS, Ernane Fidélis. *Manual de Direito Processual Civil.* Vol. I. São Paulo: Saraiva, 1998.

SANTOS, Gildo dos. *A prova no processo civil.* São Paulo: Editora Revista dos Tribunais, 2010.

SANTOS, Moacyr Amaral dos. *Prova judiciária no cível e comercial.* V. I. São Paulo: Max Limonad, 1970.

SAREDO, Giuseppe. *Istituzione Di Procedura Civile.* V. I. Firenze: Giuseppe Pelas Editore, 1887.

SARLET, Ingo Wolfgang. *A eficácia dos direitos fundamentais.* Porto Alegre, RS: Livraria do Advogado, 2001.

______. *Neoconstitucionalismo e influência dos direitos fundamentais no direito privado: algumas notas sobre a evolução brasileira.* In: SARLET, Ingo Wolfgang (Org.). *Constituição, Direitos Fundamentais e Direito Privado.* Porto Alegre: Livraria do Advogado, 2010; p. 13-36.

SARMENTO, Daniel. *Direitos fundamentais e relações privadas.* Rio de Janeiro: Lúmen Júris, 2006.

______. *A ponderação de interesses na Constituição Federal.* Rio de Janeiro: Lúmen Júris, 2003.

______. O neoconstitucionalismo no Brasil: riscos e possibilidades. *In:* SARMENTO, Daniel e LEITE, Salomão e SARLET, Ingo Wolfgang (Orgs.). *Direitos Fundamentais e Estado Constitucional:* estudos em homenagem a J. J. Gomes Canotilho. São Paulo: Editora Revista dos Tribunais, 2009.

SARLET, Ingo Wolfgang. *A eficácia dos direitos fundamentais:* uma teoria geral dos direitos fundamentais na perspectiva constitucional. Porto Alegre: Livraria do Advogado, 2009.

SARLET, Ingo Wolfgang *et al. Curso de direito constitucional.* São Paulo: Editora Revista dos Tribunais, 2012.

SATTA, Salvatore. *Manual de derecho procesal civil:* las disposiciones generales e el proceso de congnicion. Vol. I. Trad. Santiago Sentis Melendo e Fernando de La Rua. Buenos Aires: Ediciones Jurídicas Europa-America, 1971.

SATTA, Salvatore e PUNZI, Carmine. Diritto Processuale Civile. *Rivista di diritto processuale,* Padova, n. 3, 1992.

SCARPA, Antonio. *La prova civile: percorso giurisprudenziali.* A. Giuffrè, 1963, 2009.

SCHMITT, Carl. *Teoria de la Constitucion*. Madrid: Editorial Revista de Derecho Privado, 1927.

SCHÖNKE, Adolfo. *Derecho Proccesal Civil*. Barcelona: Bosch Casa Editorial, 1950.

SICHES, Luis Recasens. *Filosofia del Derecho*. México: Editorial Porrúa, 2010.

SIDOU, J. M. Othon. *Dicionário jurídico*: Academia Brasileira de Letras Jurídicas. Rio de Janeiro: Forense Universitária, 2003.

SILVA, José Afonso da. *Curso de direito constitucional positivo*. São Paulo: Malheiros, 1995.

SILVA, Virgílio Afonso da. *A constitucionalização do direito*: os direitos fundamentais nas relações entre particulares. São Paulo: Malheiros, 2011.

______. *Direitos fundamentais*: conteúdo essencial, restrições e eficácia. São Paulo: Malheiros, 2010.

SILVA, Paulo Thadeu Gomes da. *Direitos fundamentais*: contribuição para uma teoria geral. São Paulo: Atlas, 2010.

SOARES, Fábio Aguiar Munhoz. *Prova ilícita no processo:* de acordo com a nova reforma do Código de Processo Penal. Curitiba: Juruá, 2009.

SOBRINHO, Elicio de Cresci. *Fundamentos Histórico-Retóricos da Teoria Geral da Prova*. *Revista de Processo*, São Paulo, vol. 63, p. 42-53, 2007.

SODER, José. *Direitos do homem*. São Paulo: Nacional, 1960.

SOUZA, Artur César de. A parcialidade positiva do juiz (justiça parcial) como critério de realização no processo jurisdicional das promessas do constitucionalismo social. *Revista de Processo*, São Paulo, vol. 96, p. 29-53, 2007.

SOUZA PINTO, José Maria Frederico. *Primeiras linhas sobre o processo civil brasileiro*. Tomo I. Rio de Janeiro: Eduarto e Henrique Laemmert Editores, 1850.

SOUZA, Joaquim José Caetano Pereira. *Primeiras linhas sobre o processo civil*. Accommodadas ao fôro do Brasil até o anno de 1877 por Augusto Teixeira de Freitas. mprenta: Rio de Janeiro, H. Garnier, 1906.

SPIEGELBERG, José Luis Seoane. *La prueba en la ley de enjuiciamento civil 1/2000:* disposiciones generales y presunciones. Pamplona: Editorial Aranzadi, 2007.

STEINMETZ, Wilson. *Colisão de direitos fundamentais e princípio da proporcionalidade.* Porto Alegre: Livraria do Advogado, 2001.

______. *A vinculação dos particulares a direitos fundamentais.* São Paulo: Malheiros, 2004.

STRECK, Lênio Luiz. *Hermenêutica Jurídica e(m) Crise:* Uma exploração hermenêutica da construção do Direito. Porto Alegre: Livraria dos Advogados, 2003.

TALAMINI, Eduardo. Prova emprestada no processo civil e penal. *Revista de Processo*, São Paulo, vol. 91, p. 92-114, 1998.

TARUFFO, Michelle *et all. La prova nel processo civile.* Milano: Dott. A. Giuffrè Editore, 2012.

TARUFFO, Michele. *La prova dei fatti giuridici:* nozioni generali. Milano: Giuffrè Editore, 1992.

TEIXEIRA, Wendel de Brito Lemos. A desconsideração da personalidade jurídica nas associações civis em relações de consumo à luz do neoconstitucinalismo. In: MARTINS, Fernando Rodrigues e LOTUFO, Renan (Orgs.). *20 anos do Código de Defesa do Consumidor*: conquistas, desafios e perspectivas. São Paulo: Saraiva 2010, p. 197-216.

TEIXEIRA, Wendel de Brito Lemos. O princípio da imparcialidade do julgador como garantia fundamental e seus efeitos no processo. *Revista de Processo*, São Paulo, vol. 186, p. 332-352, 2010.

______. *Inibições processuais: abstenção, impedimento e suspeição no processo civil, processo administrativo e arbitragem.* Belo Horizonte: Del Rey, 2011.

TOMÉ, Fabiana Del Padre. *A prova no direito tributário.* São Paulo: Noeses, 2008.

TORNAGUI, Hélio. *Comentários ao Código de Processo Civil.* V. 1. São Paulo: Editora Revista dos Tribunais, 1974.

THEODORO JÚNIOR, Humberto. *Curso de Direito Processual Civil.* Vol. I. Rio de Janeiro: Forense, 2004.

______. *A execução de sentença e a garantia do devido processo legal.* Rio de Janeiro: Aide, 1987.

______. *Prova - princípio da verdade real - poderes do juiz - ônus da prova e sua eventual inversão - provas ilícitas - prova e coisa julgada nas ações relativas à paternidade (DNA).* Revista Brasileira de Direito Família do IBDFAM, nº 3, outubro-dezembro de 1999, p. 05-23.

TROCKER, Nicolò. Il valore costituzionale del 'giusto processo'. *In:* CIVININI, Maria Giuliana e VERARDI, Carlo Maria (Org.). *Il nuovo articolo 111 della Costituzione e il giusto processo civile.* Milano: Franco Angeli, 2007.

TROCKER, Nicolò. *Processo civile e costituzionale*: problemi di diritto tedesco e italiano. Milano: Giuffrè, 1974.

TUCCI, Rogério Lauria. *Curso de Direito Processual Civil*: processo de conhecimento. V. II. São Paulo, 1989.

VALLE FILHO, Oswaldo Trigueiro. *A ilicitude da prova*: teoria do testemunho do ouvir dizer. São Paulo: Editora Revista dos Tribunais, 2004.

VASCONCELOS, Roberto Prado de. Provas ilícitas (Enfoque Constitucional). Revista dos Tribunais, São Paulo, vol. 791, p. 456-486, 2001.

VIDAL, Hélvio Simões. Provas ilícitas e a extensão dos seus efeitos (fernwirkung der beweisverbote). *Revista Jurídica do Ministério Público do Estado de Minas Gerais*, Belo Horizonte, n.11, p. 208-214, 2008.

VIDIGAL, Luis Eulalio de Bueno. *Direito processual civil.* São Paulo: Saraiva, 1965.

VIEIRA, Oscar Vilhena. *Direitos fundamentais*: uma leitura da jurisprudência do STF. São Paulo: Malheiros, 2006.

VILANOVA, Lourival. *As estruturas lógicas e o sistema de Direito Positivo.* São Paulo: Noeses, 2010.

WALTER, Gerhard. I diritti fondamentali nel processo civile tedesco. *Rivista di Diritto Processuale, Bologna*, pp. 733-749, gen-mar de 2001.

WAMBIER, Luiz Rodrigues *et al. Curso Avançado de Processo Civil.* V. I. São Paulo: Editora Revista dos Tribunais, 2007.

WINDSCHEID, Bernhard e MUTHER, Theodor. *Polêmica sobre la 'actio'.* Trad. Tomáz A. Banzhaf. Buenos Aires: Ed. Jurídicas Europa-América, 1974.

WITTGENSTEIN, Ludwig. *Tractatus Logico-Philosophicus.* Trad. Luiz Henrique Lopes dos Santos. São Paulo: Editora da Universidade de São Paulo, 2010.

WITTGENSTEIN, Ludwig. *Investigações filosóficas.* Trad. Marcos G. Nontagnoli. Petrópolis: Vozes, 2009.

ZHIVKO, Stalev. Fundamental guarantees of litigants in civil proceedings: A Surery of the Laws of the European People's Democracies. *In:* CAPELLETTI, Mauro e TALLON, Denis (Orgs.). *Fundamental guarantees of the parties in civil litigation.* Milano: Giuffrè, 1973.

ZAGREBELSKY, Gustavo. *El derecho dúctil*: ley, derechos, justicia. Madrid: Trotta, 1999.

ZANZUCCHI, Marco Tulio. *Diritto Processuale Civile.* Vol. I. Milano: Giuffrè, 1947.

ZEISS, Walter. *El dolo procesal*: aporte a le precisacion teorica de una prohibicion del dolo en el proceso de cognicion civilistico. Trad. Tomas A. Banzhaf. Buenos Aires: Ediciones Jurídicas Europa-América, 1979.

ZILLI, Marcos Alexandre Coelho. *We the people...Revista Brasileira de Ciências Criminais*, São Paulo, vol 79, p. 185-208, 2009.

ZUFELATO, Camilo. *Coisa julgada coletiva.* São Paulo: Saraiva, 2011.

Impresso em novembro de 2020